W0361668

Dietrich Eggert / Christina Reichenbach / Sandra Bode

Das Selbstkonzept Inventar (SKI) für Kinder im Vorschul- und Grundschulalter

Theorie und Möglichkeiten der Diagnostik

Dietrich Eggert / Christina Reichenbach / Sandra Bode

Das Selbstkonzept Inventar (SKI) für Kinder im Vorschul- und Grundschulalter

Theorie und Möglichkeiten der Diagnostik

borgmann

© 2003 by SolArgent Media AG, Basel

Veröffentlicht in der Edition:
borgmann publishing • Hohe Straße 39 • D-44139 Dortmund

Titelfoto: Zefa/SIS (Sandra Dionisi)
Illustrationen: Tina Stegmann, Hannover
Gesamtherstellung: Löer Druck GmbH, Dortmund

Bestell-Nr. 8566

ISBN 3-86145-245-6
(ISBN 978-3-86145-245-4)

Urheberrecht beachten!
Alle Rechte der Wiedergabe dieses Fachbuches zur beruflichen Weiterbildung, auch auszugsweise und in jeder Form, liegen beim Verlag. Mit der Zahlung des Kaufpreises verpflichtet sich der Eigentümer des Werkes, unter Ausschluss der § 52a und § 53 UrhG., keine Vervielfältigungen, Fotokopien, Übersetzungen, Mikroverfilmungen und keine elektronische, optische Speicherung und Verarbeitung (z.B. Intranet), auch für den privaten Gebrauch oder Zwecke der Unterrichtsgestaltung, ohne schriftliche Genehmigung durch den Verlag anzufertigen. Er hat auch dafür Sorge zu tragen, dass dies nicht durch Dritte geschieht. Der gewerbliche Handel mit gebrauchten Büchern ist verboten.

Zuwiderhandlungen werden strafrechtlich verfolgt und berechtigen den Verlag zu Schadenersatzforderungen. (Die Kopiervorlagen auf den Seiten 178, 179, 181, 183, 186, 187, 189, 192, 193, 199, 201, 224-255, 298-300, 301-315 stehen dem Käufer dieses Buches für den *nichtgewerblichen* Gebrauch zur Verfügung.)

Inhalt

Vorwort zum Buch 9

Kapitel 1 11
Theorie des Selbstkonzeptes:
Elemente und Vernetzung 11

1.1 Die Konstruktion der Identität der Person aus dem sich entwickelnden Selbstkonzept 11
1.2 Theorie des Selbstkonzeptes 12
1.2.1 Wie gewinnt man einen Zugang zum Selbstkonzept? 13
1.2.2 Definition des Selbstkonzeptes 14
1.2.3 Ist Selbstkonzept gleich Identität? 16
1.2.4 EPSTEIN´s Überlegungen zur Theorie des Selbsts und der Welt 18
1.2.5 Theorie der Selbstwirksamkeit von BANDURA (1982) 18
1.2.6 Aufbau des Selbstkonzeptes 19
1.2.7 Elemente des Selbstkonzeptes 19
1.2.8 Quellen selbstbezogener Informationen 21
1.3 Aufgaben des Selbstkonzeptes 25
1.3.1 Hierarchischer Aufbau des Selbstkonzeptes 27
1.4 Elemente des Selbstkonzeptes 28
1.4.1 Selbsteinschätzung 29
1.4.2 Körperkonzept 32
1.4.3 Fähigkeitskonzept 35
1.4.4 Selbstbild und Selbstbewertung 37
1.5 Das Selbstkonzept als lebendiges System 40
1.5.1 Erfolgserwartung 41
1.5.2 Selbstkonzept und Kausalattribution 42
1.5.3 Zielorientierung 44
1.5.4 Beziehungsmuster 45
1.6 Messung des Selbstkonzeptes 46
1.6.1 Beobachtung und Einschätzung des Selbstkonzeptes 47
1.6.2 Verfahren zur Erfassung des Selbstkonzeptes 48
1.7 Generelle Überlegungen zur Veränderung des Selbstkonzeptes 49

Kapitel 2 53
Selbstkonzept und Schule 53

2.1 Auswirkungen der Schule auf das Selbstkonzept 54
2.1.1 Das Selbstkonzept und die Schülerpersönlichkeit 54
2.1.2 Schule als System und Selbstkonzept 55
2.1.3 Auswirkungen des Selbstkonzeptes auf zukünftiges Verhalten 56

2.1.4 Auswirkungen des Selbstkonzeptes auf den Umgang mit Kritik 57
2.1.5 Auswirkungen des Selbstkonzeptes auf die Auswahl und den Umgang mit Situationen 57
2.1.6 Auswirkungen des Selbstkonzeptes auf die Bereitschaft, sich anzustrengen und ein Risiko einzugehen 58
2.1.7 Auswirkungen des Selbstkonzeptes auf die Leistungsmotivation 58
2.1.8 „Die sich selbst erfüllende Prophezeiung“ 59
2.1.9 „Erlernte Hilflosigkeit“ 59
2.2 Lehrerverhalten und das Selbstkonzept von Schülern 60
2.2.1 Der Zusammenhang zwischen Erwartungen und Bewertungen des Lehrers und dem Selbstkonzept des Schülers 61
2.2.2 Selbstkonzept und Bezugsnorm 62
2.2.3 Auswirkungen des Selbstkonzeptes auf Interaktionen in der Schulklasse 64
2.2.4 Klassenklima und Selbstkonzept 64
2.3 Selbstkonzept und Schulleistung 66
2.3.1 Aufbau des Fähigkeitskonzeptes und Schulleistung 67
2.3.2 Wie gestaltet man einen selbstkonzeptförderlichen Unterricht? 69
2.4 Das Selbstkonzept von Schülern mit besonderem Förderbedarf 74
2.4.1 Das Selbstkonzept von Schülern mit Lernproblemen 74
2.4.2 Das Selbstkonzept von Schülern der Schule für Lernbehinderte 76
2.4.3 Das Selbstkonzept von Schülern mit kognitiven Problemen 79
2.4.4 Das Selbstkonzept von Menschen mit Körperbehinderungen 80
2.4.5 Das Selbstkonzept von Menschen mit Sehschädigungen 81
2.4.6 Das Selbstkonzept von Menschen mit Hörschädigungen 83
2.5 Wie entsteht ein positives oder negatives Selbstkonzept? 84
2.6 Psychomotorik als Methode der Förderung des Selbstkonzeptes 87
2.6.1 Erfahrung von Selbst – Wirksamkeit als Handlungsprinzip in der psychomotorischen Förderung 89
2.6.2 Der psychomotorische Dialog als Prinzip psychomotorischer Förderung 90

Kapitel 3 97
Veränderungen im diagnostischen Denken 97
3.1 Paradigmenwandel 97
3.2 Ökosystemisches Denken 98

3.2.1 Ganzheitlichkeit, Vernetztheit und Rekursivität als zentrale Aspekte systemischen Denkens 98
3.2.2 Zum Menschenbild: das Kind als Human-Ökosystem 99
3.2.3 Zum Systembegriff 100
3.3 Zur Diagnostik im öko-systemischen Ansatz 101
3.3.1 „Störungen“ 101
3.3.2 Zur Beobachterabhängigkeit von Wirklichkeitskonstruktionen 102
3.3.3 Konsequenzen für die Diagnostik 102
3.3.4 Wege zu einer qualitativen Diagnostik 103
3.3.5 Praktisches Vorgehen einer individualisierten Diagnostik 105
3.3.6 Welche Qualität hat eine individualisierte Diagnostik? 106
3.3.7 Mehrperspektivische Beobachtungsweise 107
3.3.8 Rolle des Diagnostikers 108
3.4 Grundzüge öko-systemischer Förderung aus praktischer Sicht 111
3.4.1 Prinzipien einer öko-systemischen Förderung 111
3.4.2 Ziele und Wege einer öko-systemischen Förderung 112
3.5 Was könnte man an Veränderungen in der Praxis umsetzen? 115

Kapitel 4 **119**
Praxis der Diagnostik mit dem Selbstkonzeptinventar (SKI) **119**
4.1 Vorbemerkungen 119
4.2 Arbeit mit Diagnostischen Inventaren 119
4.3 Grundgedanken und Ursprünge Diagnostischer Inventare 120
4.4 Konstruktion bzw. Aufbau von Diagnostischen Inventaren 121
4.5 Anwender und Einsatzort des Selbstkonzeptinventars (SKI) 122
4.6 Ziele der Diagnostik mit dem SKI 123
4.7 Diagnostische Wege und Methoden zur Erfassung des Selbstkonzeptes 123
4.7.1 Beobachtung 124
4.7.2 Mündliche und schriftliche Befragung 125
4.7.2.1 Mündliche Befragung 126
a) Gespräch 126
b) Befragung 126
c) Interview 127
4.7.2.2 Schriftliche Befragung 128
a) Fragebogen 128
b) (Adjektiv-)Checkliste 128
c) Semantisches Differential 129
d) Rating-Verfahren 129
e) Q-Sorts (Sortierverfahren) 130
4.7.3 Arbeitsprodukte 130

4.7.4 Vor- und Nachteile der Verfahren und Methoden zur Erfassung des Selbstkonzeptes 131
4.8 Mittel/Zugangswege 133
4.9 Dimensionen des Selbstkonzeptes 134
4.10 „Bedienungsanleitung“ – Aufgabenglossar 138
4.10.1 Beobachtungsbogen 139
4.10.2 Diagnostische Menüs 142
4.10.3 Aufgabenblatt 144
4.10.4 Die Zone der nächsten Entwicklung 146
4.10.5 Praktisches Vorgehen 149
4.10.5.1 Vorgehensweisen 149
4.10.5.2 Aufgabensammlung 150
4.10.5.3 Kernaufgaben 150
4.10.5.4 Übergang zur Förderung 151
4.11 Qualitative Beobachtung, Hypothesenbildung & Förderung: Auswertung als ein Prozess unterschiedlicher Aufgaben 151
4.12 Arbeit mit einem Individuellen Entwicklungsplan zum Selbstkonzept 155
4.13 Umsetzung der Prinzipien Diagnostischer Inventare 157

Praxisteil **165**
Kernaufgaben 171
Arbeitsprodukte 175
Mündliche Befragungen 205
Schriftliche Befragungen 223
Beobachtungssituationen 257

Anhang **297**
Beobachtungsbogen zum Selbstkonzept 298
Diagnostische Menüs 325

Literatur **359**

Vorwort zum Buch

In der Diagnose und Förderung von Kindern im Vorschul- und Grundschulalter hat das Selbstkonzept in den letzten Jahren an Bedeutung gewonnen, denn nicht selten gründet sich eine geringe Lern- und Leistungsmotivation, schlechte Schulleistungen und wenig Selbstvertrauen, wie sie Kinder mit besonderem Förderbedarf oft zeigen, auf negativen Vorstellungen der Kinder über die eigene Leistungsfähigkeit und die eigene Person. Dies gilt aber auch besonders für Kinder mit einem speziellen kulturellen Hintergrund in sozialen Brennpunkten, deren Wertvorstellungen schlichtweg anderen Regeln folgen als bei Kindern deutscher Herkunft. Zudem haben Untersuchungen gezeigt, dass das Selbstkonzept von Schulversagern und Sonderschülern deutlich negativer als das von Regelschülern ist. Oft sind (unerwünschte) Verhaltensweisen des Kindes nur zu verstehen, wenn wir sie bei der Suche nach den Stärken des Kindes mit den Augen des Kindes betrachten. Dann kann sich eine scheinbare Schwäche in der Schule unversehens zu einer Stärke in seinem Milieu wandeln und das ist wichtig für einen Förder- und Entwicklungsplan. Kinder reagieren eben in unterschiedlichem Lebenskontext auf sehr verschiedene Weise. Nicht immer kann sich Schule darauf auch angemessen einstellen.

Um dafür ein Verständnis zu entwickeln ist ein Einblick in das Selbstkonzept des Kindes notwendig, in seinen Dialog mit sich selbst, mit den Aufgaben und mit der Situation. Unsere Arbeit richtet sich in erster Linie an den diagnostisch arbeitenden Praktiker, für den auch die theoretischen Definitionen und Grundfragen als Grundlage der diagnostischen Tätigkeit wichtig sind. Die zentrale Fragestellung lautet „Wie können wir uns in der Beobachtung, Diagnostik und Förderung dem wichtigen Bereich des Selbstkonzeptes von Kindern nähern und welche Konsequenzen können wir für die Förderung, den Unterricht und die Therapie daraus ziehen?"

Wir haben uns wieder für die schon bei den anderen veröffentlichten Inventaren gewählte Form der Trennung von Theorieteil und Praxisteil entschieden, um den Wünschen von Praktikern entgegenzukommen, es dem Leser zu ermöglichen beide Teile getrennt zu lesen. Dadurch sind in minimalem Umfang Überschneidungen in den Teilen möglich. Natürlich ist es sehr sinnvoll beide Teile zu lesen, denn die theoretische Fundierung des praktischen Vorgehens erscheint uns interessant und ertragreich zugleich.

Im Theorieteil wird im ersten Kapitel der Versuch unternommen, verschiedene Definitionen und Verständnisse des Selbstkonzeptes zusammenzustellen und daraus ein praktikables Modell für eine Diagnostik zu entwickeln. In einem zweiten Kapitel gehen wir dann der Frage nach, welche Bedeutung das Selbstkonzept für die Schule hat. Aus der Fülle der vorliegenden Literatur zu den Einflüssen von Lehrern, Schulfächern, Mitschülern, Unterrichtsklima, gesetzten Standards für das Lernen und auf Schüler mit besonderem Förderbedarf haben wir eine Auswahl zusammengestellt, die uns zur Begründung unseres Vorgehens sinnvoll und nützlich schien. Da es viele Praktiker mit unterschiedlichen Schwerpunkten ihrer Arbeit gibt, kann es sein, dass gerade der besondere Schwerpunkt von Ihnen als Praktiker vielleicht ein wenig zu kurz gekommen ist. Leider würde es aber den Umfang dieses Bandes sprengen, wenn wir noch mehr als bereits erfolgt verschiedene Aspekte berücksichtigt hätten.

Das dritte Kapitel widmet sich einer kurzen Darstellung unserer theoretischen Position in der Diagnostik, die auf öko-systemischer Grundlage geschieht. Gegenüber den Darstellungen in den anderen Diagnostischen Inventaren (DMB, DIAS, DITKA und RZI) wird der mit den Inventaren vertraute Leser einiges Neue und einiges Bekannte finden.

Im Praxisteil wird nach einer kurzen Einführung in den Umgang mit Diagnostischen Inventaren eine umfangreiche Materialsammlung von unterschiedlichen Methoden präsentiert: von zeichnerischen Darstellungen über Fragebogen bis hin zu diagnostischen Sequenzen und Menüs, wieder in Kernaufgaben und Beobachtungssituationen aufgeteilt. Wir bieten dem Praktiker damit ein großes Repertoire an diagnostischen Situationen an, aus der er seine Auswahl situations- und kindbezogen treffen kann.

Wichtige Anregungen für den Theorie- und Praxisteil sowie Ideen für die Materialsammlungen stammen aus den Examensarbeiten von: *Enno Friedemann - Zemkalis (1999), Inken Bruns und Birte Weigel (2000) und vor allem von Sandra Bode (2001).*

Mit dem vorliegenden Band verlassen wir die Reihe der vorwiegend psychomotorischen Inventare (DMB, DIAS, DITKA, RZI) und stellen eine Itemsammlung vor, die sich dem Aspekt des Selbstkonzeptes des Kindes widmet, einer eher psychologischen Dimension. Unserer Ansicht nach ist es vor dem Beginn einer diagnostischen Beschäftigung mit einem Kind sehr wichtig, Vorstellungen davon zu gewinnen, wie das Kind sich selbst in seiner Welt und der gemeinsamen Umwelt sieht. Wie stellt es sich als handelndes Wesen dar? Geht es erfolgsorientiert in Leistungssituationen oder ist es nur wenig motiviert sich mit alltäglichen und schulischen Situationen auseinander zu setzen? Wie fühlt es sich vorbereitet und eingestellt auf die Anforderungen des Lebens? Was denkt es von seinem Lernstil und seinen Lernerfolgen? Wie bewertet es sich und seine Fähigkeiten? Wie bewertet es sich moralisch? Einen Einblick in die innere Dynamik des Selbstkonzeptes eines Kindes über den inneren Dialog zu erhalten, ist eine gewinnbringende Aufgabe und ein sehr guter Weg zum Verständnis des ganzen Kindes.

Wir hoffen, dass der vorliegende Text und die Aufgabensammlung Zuspruch, Nachdenken und praktische Hilfe im Alltag für den Anwender bringen kann. Über – durchaus auch kritische – Anmerkungen würden wir uns freuen*.

Hannover, im Mai 2003

Dietrich Eggert / Christina Reichenbach / Sandra Bode

---

* Sie erreichen uns am besten per E-Mail: eggert@erz.uni-hannover.de

Kapitel 1

Theorie des Selbstkonzeptes: Elemente und Vernetzung

Beginnen wir mit einigen kurzen Zitaten von Menschen mit negativem Selbstkonzept, die verdeutlichen sollen, wie stark Selbstbewusstsein, Zuversicht, Anstrengungs- und Leistungsbereitschaft durch ein negatives Selbstbild eingeschränkt sein können:

Zitate von Jugendlichen in Maßnahmen der Erziehungshilfe:

Was ich gern einmal haben möchte? Du bist vielleicht witzig, das bekomme ich sowieso nicht.

!ch habe keine Zukunft.

Was soll ich schreiben (meine Stärken)? Gibt es bei mir nicht.

Ich bin ein Mädchen ohne Selbstbewusstsein. Manchmal stehen die Chancen für mich ganz gut (Lehrstellensuche), aber dann geht es wieder den Berg hinunter, also warum soll ich noch selbstbewusst sein?

Das bringts sowieso alles nichts. Die meckern den ganzen Tag an mir herum. Und das für so wenig Kohle. Morgen bin ich krank.

1.1 Die Konstruktion der Identität der Person aus dem sich entwickelnden Selbstkonzept

Was ist Identität? Für die Zwecke dieses Textes wollen wir die Frage nach dem Wesen der Identität und dem Verhältnis zum Selbstkonzept eingangs erst einmal versuchsweise so beantworten:

Das aus dem Gefühl einer geglückten Auseinandersetzung mit den Umweltanforderungen entstehende Bewusstsein eines Selbst, das unverwechselbar in verschiedenen sozialen Beziehungen des Individuums zu seinem Lebenskontext über die Zeit hinweg ist. Persönlicher (non- verbaler) Ausdruck, Gestik, Mimik, Köpersprache und Persistenz der Kooperationsstile (nicht Inhalte) gehören dazu. Grundlage ist ein stabiles Selbstkonzept. Das Selbstkonzept liefert die Bausteine der Identität.

Gemeint ist also ein relativ zeitstabiler Anteil an der Persönlichkeit, der in gewissen Grenzen veränderbar ist und dennoch ein Gefühl einer unverwechselbaren Person mit Identität vermittelt. So kann man den Eindruck einer stabilen Person haben, diese kann sich jedoch zeitlich mit sehr unterschiedlichen Selbstkonzepten plagen.

Die Theorie des Selbstkonzeptes ist also eine wichtige Grundlage der Vorstellung von sozialer Identität. In besonderer Weise zeigt sich Identität über die Jahre hinweg vor allem in der Sprachformung und dem nichtsprachlichen Ausdruck: nämlich in der Sprachmelodie, Mimik (den Bewegungsabläufen) und der Gestik (den typischen sprachbegleitenden Bewegungshandlungen) und in der Gesamtmotorik (und daran erkennen Menschen in der Regel einander auch dann, wenn sie sich vielleicht 40 Jahre nicht begegnet sind) – auch wenn das Individuum der Meinung ist, es habe sich über die Jahre sehr stark verändert. Das der Identität zugrunde liegende Selbstkonzept kann über die Zeit hinweg variabel sein, dennoch ist die sich konstituierende Identität relativ stabil.

Einen Weg zur Erfassung und Beschreibung des Selbstkonzeptes eines Menschen zu finden ist nicht ganz einfach. Man kann ihn natürlich fragen, wie er sich fühlt, welche Ziele er hat und wie er sich ausgerüstet fühlt, diese Ziele auch zu seiner Zufriedenheit zu erreichen. Man kann ihn fragen, ob er seine Handlungen moralisch rechtfertigen kann oder ob er sich mit seiner sozialen Umwelt im Einklang befindet und noch anderes mehr. Man kann aus diesen Mitteilungen und aus Fremdbeobachtungen Rückschlüsse auf das Selbstkonzept ziehen, jedoch kann man das Selbstkonzept nie direkt beobachten.

Die Aufgabe einer Beschreibung des Selbstkonzeptes lässt sich im Rahmen der diagnostischen Methoden lösen – allerdings mit recht hohem Aufwand. Der Weg zur Erfassung und Beschreibung des Selbstkonzeptes ist dornig: er führt über ein Gespräch mit dem Menschen über seine „innere Situation = den inneren Dialog“ und seiner Interpretation von sich selbst in der Welt hin zu Betrachtungen des Ausdrucks des Verhaltens einer Person bis hin zu einer Beobachtung von Stilen der Kommunikation und Kooperation mit anderen und zu einer „ganzheitlichen“ Betrachtung des Miteinanders von Persönlichkeitsmerkmalen des Menschen in einem lebendigen System.

Wir werden uns im folgenden Text also zuerst einmal der Beschreibung des Selbstkonzeptes und dann später wieder der Frage zuwenden, wie man sich Identität und Selbstkonzept in Verbindung miteinander vorstellen kann.

1.2 Theorie des Selbstkonzeptes

Im folgenden Text möchten wir uns vorwiegend der Darstellung einer Theorie des Selbstkonzeptes widmen. Dieses Selbstkonzept ist für die Lebensführung im Alltag, für die Lebensplanung und die Persönlichkeitsentwicklung und damit auch für schulisches Lernen von außerordentlicher Bedeutung. Die Theorie und die praktische Bedeutung des Selbstkonzeptes sollen deshalb im ersten Kapitel des theoretischen Teils erörtert werden.

1.2.1 Wie gewinnt man einen Zugang zum Selbstkonzept?

Um einen ersten Zugang zur Thematik des Selbstkonzeptes zu bekommen, wollen wir zu Beginn dieses Abschnittes einige Fragen an den Leser stellen, die er versuchen sollte für sich selber zu beantworten:

Wer bin ich?
Wie bin ich (Eigenschaften und Merkmale)?
Was sind meine Stärken und Schwächen?
Welche Fähigkeiten besitze ich sonst noch?
In welchen Situationen zeige ich diese Fähigkeiten und in welchen eher nicht?
Wie möchte ich gern sein?
Bin ich zufrieden/unzufrieden mit mir?
Wie gehe ich mit Konflikten um?
Was will ich vom Leben?
Wie wirke ich auf andere?
Bin ich zufrieden mit meiner Wirkung auf andere oder möchte ich dabei etwas ändern?
Was denken andere über mich?
Wie denke ich, dass andere über mich denken?
Wie stelle ich mich dar?
Wer oder wie möchte ich sein?
Was sind meine Ziele im Leben?
Wie gehe ich mit Erfolgen um?
Wie gehe ich mit Niederlagen um?
Wie bewerte ich meine Handlungen moralisch?

Sind sie auf Widersprüche gestoßen? Ist ihnen vielleicht aufgefallen, dass sie unter Freunden aufgeschlossen und temperamentvoll sind, ihrem Vorgesetzten gegenüber jedoch eher zurückhaltend und dadurch schüchtern wirken (oder umgekehrt)? Dass ihre Familie sie für liebevoll, ihre berufliche Umgebung sie für herrisch hält? Oder dass sie in Ruhe freundlich und zugewandt, unter Belastung aber kühl und arrogant auf andere wirken? Sind Sie ein strahlender Erfolgsmensch oder ein „liebenswerter Chaot“ und es passieren ihnen ständig Missgeschicke?

Viele Gegensätze (von denen diese natürlich nur Beispiele sind) vereinen sich in einer Person und geben ihr ihre Identität. Das Selbstkonzept ist folglich nicht frei von Widersprüchen und Brüchen, und bereits dieser erste Zugang zur Thematik lässt die Komplexität des Selbstkonzeptes erahnen. Vielleicht ist ihnen außerdem aufgefallen, dass sie die oben gestellten Fragen heute ganz anders beantworten als sie dies vor zehn Jahren getan hätten, obwohl sie doch die gleiche Person geblieben sind. Dies lässt darauf schließen, dass sich das Selbstkonzept eines Menschen im Laufe des Lebens durchaus ändern kann, aber dennoch eine gewisse Stabilität aufweist.

1.2.2 Definition des Selbstkonzeptes

Vereinfacht ausgedrückt beinhaltet das Selbstkonzept die Antworten auf die oben gestellten Fragen.

„Es (das Selbstkonzept) ist die zusammengefasste, konzentrierte, aber änderbare Summe der tausendfachen Erfahrungen eines Menschen mit sich selbst und über sich: Wie er ist, wie er lebt, was er kann und was er nicht kann." (TAUSCH & TAUSCH 1977). In der Literatur sind zahlreiche Definitionen zum Selbstkonzept zu finden. Nicht alle Autoren, die sich mit dieser Thematik beschäftigen bzw. beschäftigt haben, benutzen bei ihren Ausführungen den Begriff **„Selbstkonzept"**. Weitere verwendete Begriffe sind z.B. **Selbstbild, Selbstschema, Selbstmodell** und **Selbsttheorie, Selbstwertgefühl**. In der Regel werden diese Begriffe synonym gebraucht, die inhaltliche Bedeutung schwankt jedoch von Autor zu Autor, **da es bisher keine einheitlich akzeptierte Definition des Konstruktes Selbstkonzept gibt.**

Für die Lebensaspekte Schule und Beruf ist Leistung ein hoher Wert. Voraussetzungen von Leistung sind Fähigkeit und Anstrengung, aber auch Arbeitsmoral, nämlich die innere Überzeugung, dass Leistung und Anstrengung sich auch lohnen. So kann man neben dem allgemeinen Selbstkonzept ein Selbstkonzept der schulischen und beruflichen Leistung setzen, die sich wiederum untergliedern in ein Selbstkonzept in Mathematik, Deutsch, Fremdsprachen oder in ein Selbstkonzept für eine bestimmte Berufswahl. Wertschätzung und Erfolg in der Gruppe, in Schule und Beruf spiegeln sich dann im sozialen Selbst wieder. Über das schulische Selbstkonzept findet sich mehr Information im Kapitel 2.

Wir möchten im Folgenden Kernaussagen zum Verständnis des Selbstkonzeptes darstellen und dazu zunächst (einige) mögliche Definitionen vorstellen.

Beginnen wir mit einer Alltagsdefinition von Selbstkonzept. Der Brockhaus sagt dazu:

„Selbstbild, Selbstkonzept: Ein relativ konsistentes, aber änderbares System von Erwartungen, Beurteilungen, Überzeugungen, Gefühlen und Wunschvorstellungen bezüglich der eigenen körperlichen, psychologischen, sozialen Fähigkeiten und Verhaltensmerkmalen (Aussehen, Interessen, Gefühle, Werte u.a.). Es ist damit (...) ein wesentlicher Teil der Persönlichkeit, aus dem heraus die Person spontan und kreativ handelt (...). Das Selbstkonzept entsteht in Auseinandersetzung mit der sozialen Umwelt, mit deren Erwartungen und deren Reaktionen auf die eigene Person, sowie aus der Selbstbeobachtung des eigenen Verhaltens und der eigenen inneren (kognitiven und körperlich-emotionalen) Prozesse (...)." (BROCKHAUS, Die Enzyklopädie 1998)

Eine wissenschaftliche Definition wäre:

Das Selbstkonzept umfasst beim Menschen das hierarchisch geordnete System seiner Wertvorstellungen und Selbstwertgefühle. Es dient der Regulation der Handlungen und stellt sowohl die bewusste und unbewusste Repräsentation von Erfahrungen mit sich selbst in der Biographie eines Individuums dar, als auch seine zukunftsorientierten Erwartungshaltungen.

Im Selbstkonzept spiegeln sich sowohl Einflüsse der Eltern und ihrer Wertvorstellungen als auch die Erlebnisse und Erfahrungen des Individuums mit anderen Menschen wieder. Diese Einflüsse und Erfahrungen zeigen sich im Laufe der Entwicklung der Persönlichkeit im Sinne einer Auseinandersetzung mit der jeweils für eine Epoche wichtigen Ereignissen und den darin dominierenden subjektiv widergespiegelten Werthaltungen, sowie im inneren Dialog des Menschen mit sich selbst im Verlauf seiner Erfahrungen mit anderen Menschen und mit seinem Umfeld.

Im Selbstkonzept finden wir sowohl die Summe individueller Einstellungen, Werthaltungen, Handlungsziele, als auch das individuelle Abbild der gemachten Erfahrungen im Umgang mit der Umwelt. (Eggert 1996)

Die soeben aufgeführten Definitionen führen zu einigen grundsätzlichen

Thesen zum Selbstkonzept:

- Jeder Mensch macht fortlaufend Erfahrungen mit sich und über die eigene Person.
- Aus den verarbeiteten Erfahrungen und Informationen über die eigene Person konstruiert sich das Individuum sein Selbstkonzept.
- Dabei sind nur Erfahrungen und Informationen relevant, die für die Person eine emotionale Bedeutsamkeit haben.
- Selbstkonzepte konstruieren sich aus der Interaktion mit der Umwelt.
- Das Selbstkonzept ist ein sehr komplexes, dennoch aber durchaus geordnetes (hierarchisch strukturiertes) Gebilde; verschiedene Informationen sprechen den Menschen auf unterschiedlichen Ebenen an.
- Die Entstehung des eigenen Selbstkonzept ist einem Menschen normalerweise nicht bewusst; es wird unabsichtlich konstruiert.
- Zwischen Selbstkonzept und Handlung besteht eine wechselseitige Beziehung: Das Selbstkonzept beeinflusst das Handeln und umgekehrt erfährt das Individuum in Handlungssituationen etwas über sich selbst.
- Das Selbstkonzept ist grundsätzlich veränderbar, zeigt dabei aber dennoch eine gewisse grundlegende Konstanz.
- Das Selbstkonzept besteht aus mehreren Teilbereichen, die jedoch nicht isoliert nebeneinander stehen, sondern miteinander verknüpft sind. Das Selbstkonzept ist somit ein lebendiges System.

1.2.3 Ist Selbstkonzept gleich Identität?

Ist das Selbstkonzept nun das Selbe wie die Identität eines Menschen. In der Umgangssprache, aber auch in der wissenschaftlichen Literatur werden die Begriffe Selbstkonzept und Identität häufig nur unscharf voneinander abgegrenzt. Nach NEUBAUER z.B. ist Identität

„das Erlebnis erfolgreicher Behauptungen des Selbstkonzeptes innerhalb vielfacher Interaktionsbeziehungen, gespeichert durch die Gedächtnisfunktionen. Sie stützt sich auf die typische und einzigartige Kombination von Merkmalen und der damit verbundenen sozialen Reaktionen und Bewertungen als Verankerung des Konzeptes" (NEUBAUER1976, 104). Andere Autoren benutzen den Begriff Identität anstelle des Begriffes Selbstkonzept. Entsprechend definieren WITHBOURNE und WEINSTOCK Identität als *„Selbstdefinition"* (1982, 30) eines Menschen.

„Es (Identität) *ist eine Antwort auf die Frage ´Wer bin ich?´. Es ist die Gesamtheit eigener Qualitäten, denen sich ein Erwachsener bewusst ist. (...) Einige der Qualitäten, die Identität ausmachen, sind körperliche Erscheinungen, Fähigkeiten, Wünsche und Motive, Ziele, soziale Überzeugungen und Einstellungen, Werthaltungen und das System von Rollenerwartungen, die auf einen Erwachsenen zuhause, am Arbeitsplatz und in der Gesellschaft als Ganzes gerichtet werden".*

FREY und HAUSSER gehen davon aus, dass *„Identität aus situativer Erfahrung entsteht, welche übersituativ verarbeitet und generalisiert wird....(Diese) Generalisierungen über verschiedene Lebensbereiche und Zeitabschnitte werden in Form von Konzepten (wie etwa dem Selbstkonzept) gespeichert*". Diese Konzepte dienen als Rahmen der bewussten Selbstwahrnehmungen. Entsprechend ist das Selbstkonzept „das kognitive Selbstbild einer Person" (FREY & HAUSSER 1987, 20). Das Selbstwertgefühl meint *„die emotionale Einschätzung ...im Sinne von Stolz und Scham, Überlegenheit und Unterlegenheit, von Wohlbefinden und Selbstzufriedenheit, Selbstakzeptierung und Selbstachtung*" (ebd.1987, 20). Die Kontrollüberzeugung Selbstkonzept deckt dann den motivationalen Bereich ab*:" als Annahme, die eigene Lage beeinflussen zu können oder ihr ausgeliefert zu sein, persönliche Pläne umsetzen zu können oder die Zukunft nicht vorhersehen zu können*" (ebd. 1987, 21).

Nach NEUBAUER wiederum beinhaltet der Begriff „Identität" folgende Aspekte (vgl. KRUPITSCHKA 1983, 16):

a) Identität als „Gefühl" der Kontinuität der eigenen Person in Raum und Zeit (egal wie sich meine Umwelt wandelt, ich bleibe immer derselbe Erlebnisträger).

b) Identität als einzigartige Kombination von Eigenschaften und Merkmalen eines Individuums.

c) Identität als Prozess der Auseinandersetzung mit den Anforderungen und Erwartungen der Umwelt und dem gleichzeitigen Bestreben seine individuellen Besonderheiten darzustellen.

Am meisten entspricht nach Neubauer die Version b) der üblichen Vorstellung vom Selbstkonzept, wenngleich auch die weiteren Aspekte des Identitätsbegriffes mit Teilmerkmalen des Selbstkonzeptes korrespondieren.

In diesem Sinne kann das Selbstkonzept als der Teilbereich der Identität eines Menschen verstanden werden, „der sich auf die individuelle Einzigartigkeit der identifizierbaren, selbsterfahrenen, selbst- und fremdbewerteten Merkmalsausstattung einer Persönlichkeit bezieht." (KRUPITSCHKA 1983, 16f).

EPSTEIN versteht Identität als die Theorie, die sich ein Individuum von der Wirklichkeit konstruiert. Diese Theorie *„umfasst Subtheorien über die eigene Person (eine Selbsttheorie), über die Außenwelt (eine Umwelttheorie) und über die Wechselwirkung zwischen beiden Subtheorien."* Jeder von uns konstruiert willentlich oder unwillentlich seine Theorie von der Wirklichkeit und ordnet somit, was ohne eine solche Theorie chaotische Erfahrungswelt bliebe. In diesem Sinne bilden Selbstkonzept und Weltkonzept die beiden Teilbereiche aus denen sich die Identität eines Menschen konstruiert. Dabei beeinflussen Selbst- und Umweltkonzept sich wechselseitig. (EPSTEIN 1979, 16). *„Wie das Individuum sich selbst sieht, ist natürlich nicht unabhängig von der Wahrnehmung seiner Umwelt. Wie es seine Umwelt konzeptualisiert, ist in hohem Maße eine Reflektion seiner Selbstkognitionen und umgekehrt."*

EPSTEIN:
Identität als Subtheorie vom Selbst und von der Welt

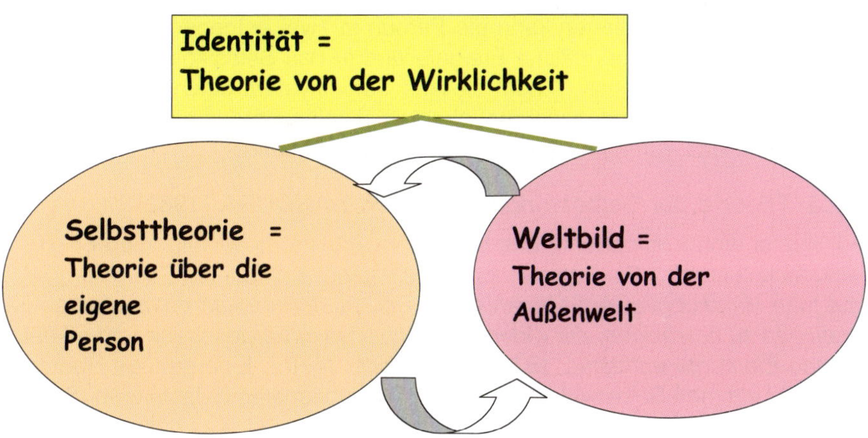

Ein Großteil der Autoren, die sich mit dem Thema beschäftigen, sehen das Selbstkonzept als einen Teilaspekt der Identität an, wobei die Rolle, die dem Selbstkonzept innerhalb der verschiedenen Definitionen zugeordnet wird, unterschiedlich ist. Wir wollen für unseren Text das Selbstkonzept als einen konstituierenden Teilbereich der Identität ansehen.

1.2.4 EPSTEIN´s Überlegungen zur Theorie des Selbsts und der Welt

EPSTEIN versteht Identität als die Theorie, die sich ein Individuum von der Wirklichkeit konstruiert. Diese Theorie umfasst *„Subtheorien über die eigene Person (eine Selbsttheorie), über die Außenwelt (eine Umwelttheorie) und über die Wechselwirkung zwischen beiden Subtheorien“* (1979, 16). In diesem Sinne bilden Selbstkonzept und Umweltkonzept die beiden Teilbereiche, aus denen sich Identität zusammensetzt. Menschen und andere Organismen höherer Ordnung sind bestrebt, durch ihr Verhalten Positives zu erleben und Schmerz zu vermeiden, d.h. eine optimale Lust – Unlust – Balance anzustreben.

Das Selbstkonzept ist dabei als der Teilaspekt der Identität zu verstehen, *„der sich auf die individuelle Einzigartigkeit der identifizierbaren, selbsterfahrenen, selbst- und fremdbewerteten Merkmalsausstattung einer Persönlichkeit bezieht“* (KRUPITSCHKA 1983, 16). Selbst- und Umweltkonzept stehen dabei in einem wechselseitigen Verhältnis zueinander und beeinflussen sich gegenseitig:

„Wie das Individuum sich selbst sieht, ist natürlich nicht unabhängig von der Wahrnehmung seiner Umwelt. Wie es seine Umwelt konzeptualisiert, ist in hohem Maße eine Reflektion seiner Selbstkognitionen und umgekehrt“ (EPSTEIN 1979, 16). Personen mit niedrigem Selbstwertgefühl reagieren extrem kritisch und sensitiv auf Misserfolge sowie auf Zurückweisungen, und nur kurzfristig positiv auf Erfolge. Sie haben eine geringe Frustrationstoleranz und eine pessimistische Einstellung zum Leben.

Auf bedrohliche Situationen kann die Person in zwei entgegengesetzten Weisen reagieren. Das bedrohliche Ereignis wird in das Selbstkonzept assimiliert oder sie reagiert defensiv, indem sie das Selbstsystem einengt. Im letzteren Fall kann Angst vermieden werden, aber gleichzeitig werden emotionale Spontaneität und das Aufnehmen von Erfahrungen verhindert.

1.2.5 Theorie der Selbstwirksamkeit von BANDURA (1982)

Für ihn ist eine Komponente des Selbstkonzeptes sehr wichtig, die er Selbstwirksamkeit nennt. *„Die Selbstwirksamkeit bezieht sich auf die Beurteilung, wie gut man Handlungsabläufe organisieren und ausführen kann, um künftige Situationen zu bewältigen, die widersprüchliche, unvorhergesehene und oft belastende Elemente enthalten“* (BANDURA 1982, 747ff.). Eine geringe Überzeugung der eigenen Selbstwirksamkeit führt zu emotionalen Belastungen (Stress: „ich schaffe es nicht, mein Verhalten so zu steuern, wie ich es haben möchte“), reduziert die Leistungsfähigkeit sowie das Bewältigungsverhalten, weil sie die Aufmerksamkeit auf nicht-aufgabenbezogene Gedanken lenkt. Im Weiteren ruft sie Ängste hervor. Nur die Überzeugung, eine Aufgabe auch lösen zu können, lässt eine Person handeln.

1.2.6 Aufbau des Selbstkonzeptes

Nach EPSTEIN (1979, 15) besteht eine Selbsttheorie aus der hierarchischen Anordnung von Postulaten unterschiedlicher Ordnung wie z.B. der Folgenden: „Ich bin ein guter Tennisspieler (untere Ordnung)" und „Ich bin ein guter Sportler (Höherer Ordnung)". Postulate höherer Ordnung können durch konkrete Erfahrungen schwer verändert werden, da sie starke Generalisierungen darstellen. Postulate höherer Ordnung besitzen oft die Funktion von sich selbst erfüllenden Prophezeiungen. Darüber wird später in diesem Kapitel noch etwas mehr gesagt.

In einer sich ständig verändernden und dennoch subjektiven und für sich einzigartigen Realität lebt das Individuum und braucht eine Theorie zur Strukturierung seiner Erfahrungen und zur Lenkung seiner Handlungen. Dabei ist der Mensch bestrebt, durch sein Verhalten Positives zu erleben und Schmerz zu vermeiden, d.h. eine optimale „Lust – Unlust – Balance" zu gewährleisten.

Die Selbsttheorie unterstützt das Individuum in der Suche nach positiven Erfahrungen. Deshalb ist für das Kind und später für den Erwachsenen die Aufrechterhaltung des Selbstkonzeptes genauso wichtig wie die positive emotionale Beziehung zur Mutter. *„Es ist bekannt, daß ein Kind, welches die Beziehung zu einer geliebten Person aufgeben muß mit schweren depressiven Symptomen reagiert....In vergleichbarer Weise wird eine Person, deren Selbstwertgefühl tiefgreifend beeinträchtigt ist, depressiv und suizidgefährdet werden* (EPSTEIN 1979, 19).

1.2.7 Elemente des Selbstkonzeptes

Nach NEUBAUER (1976) hat das Selbstkonzept zwei grundlegende Elemente:

- Element der Kenntnis (kognitive Komponente; „Selbstbild")
- Element der Bewertung (emotional, evaluative bzw. affektive Komponente; „Selbstwertschätzung")

Auf diese grundlegende Unterteilung jedes Selbstkonzeptes wird später noch näher einzugehen sein. Im Moment genügt es zu wissen, dass die Selbstwertschätzung als emotional, evaluative Komponente (Selbst-Bewertung) neben dem Selbstbild als der kognitiven Komponente (Selbst-Beschreibung) einen wesentlichen Aspekt des Selbstkonzeptes eines Menschen ausmacht, jedoch nicht mit diesem gleichgesetzt werden darf. Die Selbstwertschätzung, auch „allgemeines Selbstwertgefühl" genannt, kann vor diesem Hintergrund definiert werden als „ein persönliches Werturteil, das in den Einstellungen des Individuums zu sich selbst zum Ausdruck kommt“ (KRUPITSCHKA 1983, 7). Es gibt das Ausmaß an, in dem sich das Individuum als fähig, bedeutsam, erfolgreich und wertvoll ansieht und resultiert aus Vorgängen der Selbstbewertung, vor dem Hintergrund von persönlichen, durch gesellschaftliche Normen und Erwartungen beeinflussten Standards und Werten.

Das Selbstbild oder Selbstkonzept ist ein Teil der Persönlichkeit. „Als Selbstbild wird die Gesamtheit derjenigen Vorstellungen und Meinungen verstanden, zu denen eine Person in Urteilen und im (...) Nachdenken über sich selbst kommt. Es ist dabei möglich, daß sich das Selbstbild inhaltlich auf Merkmale aus den anderen Bereichen erstreckt, z.B. auf das Eigenbild von den eigenen Verhaltensstilen und Motiven“ (SEITZ1977, 12).

Bei TAUSCH/TAUSCH ist das Selbstkonzept „das unbewußte und bewußte Bild (Konzept), das wir von uns Selbst, von unserer eigenen Person machen. Es bildet sich aus Erfahrungen, die wir mit uns machen“ (TAUSCH/TAUSCH1991, 51). „In jeder Situation, in der wir handeln, bringen wir gleichsam das Konzept von uns selbst mit. Wir bringen die Annahmen und Erwartungen über unsere Qualitäten, Fähigkeiten, Wünsche und Fehler mit. Und entsprechend diesem Konzept verhalten wir uns“ (TAUSCH/TAUSCH 1991, 59). Nach ROGERS ist ein positives Selbstkonzept für die psychische Gesundheit und damit auch für die Lebensqualität wichtig (1976, 51). Das Selbstkonzept stellt dabei einen zentralen Begriff in der Persönlichkeitstheorie Rogers dar (BOMMERT1982, 29).

ROGERS betont die Bedeutung der Interaktion für die Bildung des Selbstkonzeptes. Wenn sich das Individuum seines Selbst bewusst geworden ist, entwickelt es das Bedürfnis nach positiver Beachtung, zu der Haltungen wie Wärme, Respekt, Liebe und Sympathie zählen. Die Befriedigung dieses Bedürfnisses kann die Person nicht von sich aus erreichen, sie ist dabei von anderen abhängig. Wenn positive Beachtung erfahren wird, erlebt das Individuum sie schließlich als Selbstbeachtung, wobei das Bedürfnis nach Selbstbeachtung ein erlerntes Bedürfnis darstellt. Man könnte sagen, dass die positive Beachtung damit nicht länger von der Interaktion mit anderen abhängig ist, sondern in das Selbstkonzept aufgenommen wurde und sich somit ein positives Selbstkonzept ausbildet (vgl. ROGERS 1991, 50). Es setzt voraus, dass ein Kind erlebt hat, von anderen akzeptiert und geschätzt worden zu sein. Durch die klinische Erfahrung kommt ROGERS zu dem Schluss, dass das Selbstkonzept einen Bereich darstellt, in dem Erfahrungen aussortiert werden, die nicht ohne weiteres vom Bewusstsein zugelassen werden können.

Da ein Mensch immer neue Erfahrungen macht, die sein Selbst betreffen, kann die Entwicklung des Selbstkonzeptes nie abgeschlossen sein, sie ist ein lebenslanger Prozess.

Das Selbstkonzept hat somit neben dem Einfluss auf das Verhalten auch Einfluss auf das Erleben einer Person. Mit den Erfahrungen, die der Mensch macht, kann er auf verschiedene Weise umgehen: sie können ignoriert werden, wenn sie für das Selbstkonzept nicht relevant sind, sie können bewusst gemacht und in das Selbstkonzept aufgenommen werden, oder sie können verzerrt bewusst gemacht und verändert in das Selbstkonzept übernommen werden (vgl. ROGERS 1991, 29ff.).

Die Bedrohung des Selbstkonzeptes kann abgewendet werden, indem die Erfahrung von der Gewahrwerdung ferngehalten wird (Wahrnehmungsverleugnung) oder indem die Erfahrung anders als erlebt symbolisiert wird (Wahrnehmungsverzerrung). Beide Mechanismen dienen dazu, eine Bedrohung des Selbstkonzeptes zu vermeiden und werden als „Abwehrverhalten" bezeichnet. Beispielsweise kann bei dem Selbstkonzept-Merkmal ‚Ich bin ein schlechter Schüler' die Erfahrung einer guten Zensur dadurch verzerrt werden, dass sie dem glücklichen Zufall und nicht der Fähigkeit des Schülers zugeschrieben wird (vgl. ROGERS 1991, 30f.).

Besteht dagegen Kongruenz zwischen Selbstbild und Erfahrung, wird die Person als „integriert, ganz, echt" bezeichnet. Die Kongruenz zeichnet sich dadurch aus, dass das Individuum in der Lage ist, sein Selbstkonzept zu überprüfen und gemäß der neuen Erfahrungen zu verändern. Wenn das für alle Erfahrungen gelten würde, dann wäre das Individuum „eine mit sich in völliger Übereinstimmung befindliche, also eine psychisch völlig gesunde Person „fully functioning person" (ROGERS 1991, 32), die als Ideal bezeichnet werden kann. Bei größerer Kongruenz steht das Individuum seinem Erleben offener gegenüber, Angst und Spannungen nehmen ab, Verhalten wird kontrollierbarer und es können bessere Beziehungen zu anderen Personen aufgebaut werden etc. (vgl. ROGERS 1976, 46).

1.2.8 Quellen selbstbezogener Informationen

Viele Autoren, die sich mit dem Selbstkonzept beschäftigen, gehen davon aus, dass Aufbau und Wandel der Selbstkonzepte eng mit der menschlichen Informationsverarbeitung verknüpft sind. Wesentliche Beiträge zu dieser Thematik stammen von FILIPP (1978) und wurden nach und nach durch Autoren wie RUSTEMEYER (1993) ergänzt.

Folgt man dem Ansatz von FILIPP, „so organisiert der Mensch sein Wissen über sich selbst derart, dass er selbstbezogene Informationen aus den erlebten Person-Umwelt-Interaktionen sein Leben lang sammelt und verarbeitet. Alle gesammelten selbstbezogenen Informationen werden von der jeweiligen Person zu mehreren Konzepten über sich selbst generiert und integriert" (LASKOWSKI 2000, 37).

Wir gehen im Folgenden von sechs verschiedenen Quellen selbstbezogener Informationen aus:

- Fremdbeurteilungen
- Sozialer Vergleich
- Selbstbeobachtung
- selbstbezogenes Denken
- innerer Dialog
- Sinnessysteme

Einen Teil der Informationen über sich selbst erhält der Mensch über Eigenschaftszuweisungen durch andere Personen. Diese **Fremdbeurteilungen** können direkt im Zuge verbaler Interaktion oder indirekt über Verhaltensweisen vorgenommen werden. Eine direkte Fremdbeurteilung wäre es z.B. wenn eine Mutter ihr Kind als faul bezeichnet oder eine Freundin ihren Freund als großzügig betitelt (vgl. LASKOWSKI 2000, 39). Indirekte Fremdbeurteilungen treten immer dann auf, wenn ein Mensch im Zuge interpretativer Schlussfolgerungen aus dem Verhalten anderer Personen Informationen über sich selbst bezieht. Wenn der Schüler Peter bei der Lösung schwieriger Probleme häufig seine Mitschülerin Julia um Hilfe bittet, so wird Julia vermutlich zu der Annahme gelangen, dass Peter sie für kompetent und hilfsbereit hält, ohne dass Peter dies jemals direkt verbal geäußert hat (vgl. FILIPP 1979, 134).

Menschen verarbeiten jedoch nicht nur selbstbezogene Informationen, die ihnen unmittelbar aus ihrer sozialen Umwelt bereitgestellt werden, sondern sie spielen auch selbst eine aktive Rolle in der Generierung selbstbezogener Informationen. Eine Möglichkeit hierzu besteht darin, dass sie sich mit anderen Personen bezüglich bestimmter Merkmale vergleichen und aus diesem **sozialen Vergleich** Schlüsse über die eigene Person ziehen (FILIPP1979,135). Zum Beispiel verrichtet ein Schüler seine Aufgaben langsamer als ein Großteil seiner Mitschüler und mag daraus schließen, dass er träge, wenig intelligent oder sehr gründlich ist (vgl. LASKOWSKI 2000, 39).

Eine weitere wesentliche Quelle selbstbezogener Informationen liegt in der Kompetenz von Menschen, aus der **Selbstbeobachtung** ihres Verhaltens Rückschlüsse über die eigene Person (ihre Fähigkeiten, Eigenschaften, Gewohnheiten, Einstellungen usw.) zu ziehen (vgl. FILIPP 1979, 136). Ein Kind zum Beispiel, das von sich weiß, dass es viel Wert darauf legt gute Noten zu schreiben, viel für die Schule übt und bei Wettkampfspielen immer gewinnen möchte, kann aus dieser Selbstbeobachtung schließen, dass es sehr ehrgeizig ist (vgl. LASKOWSKI 2000, 40). Andere Kinder mit weniger Fähigkeit zur Selbstbeobachtung brauchen mehr und direktere Informationen über ihr Verhalten bis es ihnen bewusst wird, dass Wünsche der Umwelt bestehen dieses zu ändern.

Menschen beobachten sich nicht nur selbst, sondern denken auch über sich selbst nach. Bei diesem **selbstbezogenen Denken** ist es ihnen möglich, mehrere einzelne, gespeicherte Selbsterfahrungen zu globaleren neuen Erkenntnissen über die eigene Person zu verbinden. Auf diese Weise werden aus vergangenen Selbsterfahrungen neue selbstbezogene Informationen gewonnen (vgl. FILIPP 1979, 138). Wenn ein Kind sich als gesprächig, kontaktfreudig und unternehmungslustig erlebt, kann es daraus generieren, dass es eine aufgeschlossene Person ist (vgl. LASKOWSKI 2000, 40).

Der Königsweg zum Verständnis eines Kindes in seinem Selbstkonzept ist der **innere Dialog**, der sich im Kind einstellt, wenn es sich einer unbekannten Aufgabe gegenübergestellt sieht. Kann man das Kind dazu bewegen, uns einen Blick in seinen Dialog mit sich selbst zu gewähren, dann kann man einen direkten Weg zu einem Verständnis der das Selbstkonzept bestimmenden Kräfte gewinnen.

Ein Kind denkt angesichts einer neuartigen Textaufgabe in Mathematik: „Also das ist ja was ganz Neues. Hatten wir so was schon? Nee, glaube ich eher nicht. Woran erinnert mich denn das? Also, dann probiere ich mal folgendes....? Geht das eigentlich? Weiß ich nicht genau. Aber ich melde mich mal und sage es dann. Was wohl der Lehrer sagt, wenn er mich drannimmt? Meistens ist es ja richtig, also probiere ich es jetzt mal."

Als eine weitere Informationsquelle des Selbstkonzeptes können die **Sinnessysteme** angesehen werden. Durch die verschiedenen Sinnenssysteme erfährt der Mensch seine Umwelt (z.B. durch Abtasten von Gegenständen/z.B. durch fühlen, sehen, riechen, schmecken...), aber ihm werden auch Informationen über den eigenen Körper bereitgestellt. Mit Hilfe seiner Extero- und Interorezeptoren (Oberflächen- und Tiefenwahrnehmung) kann der Mensch seinen Körper erleben und wahrnehmen. Diese Körpererfahrungen stellen einen wesentlichen Teil der allgemeinen Selbsterfahrung dar, zusammen mit dem subjektiven Erleben der Wertigkeit der Körperwahrnehmung.

Wahrnehmung als (aktiver, konstruktiver) Prozess verstanden, ist subjektabhängig und auf Erfahrung bezogen. Wahrnehmung ist eine aktive, subjektive Konstruktion des menschlichen Geistes. Demzufolge kann in diesen Konstruktionsprozess nicht direkt von außen eingegriffen werden. Es können aber bestimmte Umweltbedingungen geschaffen werden, welche den Wahrnehmungsprozess in Gang setzen, fördern und gestalten (vgl. WALTHES 1999).

„Eine herausragende Bedeutung fällt dabei dem visuellen Sinnenssystem zu [Anm. d. Verf.: über das Auge, den Gesichtssinn, werden i.d.R. 80-85% der Reize aus der Umwelt aufgenommen]. Der Mensch kann mittels der Augen seinen Körper bildhaft im Gedächtnis abspeichern („Körper-Bild") und als anschauliche Vorstellung wieder aktivieren. Unterstützend wirkt dabei das haptische Sinnessystem mit. So können Körperpartien noch mit den Händen ertastet werden, die durch den Gesichtssinn ohne technische Hilfsmittel (z.B. Spiegel) nicht mehr ins Blickfeld genommen werden können. Durch die übrigen Sinnenssysteme (Gehör, Geruch, Geschmack) fallen weitere Informationen an" (PAULUS 1991, 101f).

Über die kinästhetische Wahrnehmung bekommt der Mensch z.B. Informationen über Muskelspannungen und Gelenkstellungen. Kinästhetisches Empfinden ist auch Grundlage für das Wiederfinden von Gegenständen, das sich merken können von Wegen sowie für das Erfassen von Körperrichtungen und die Entwicklung der Formwahrnehmung (vgl. EGGERT 2000, 64ff).

Die vestibuläre Wahrnehmung besteht aus verschiedenen Prozessen:

- das vestibuläre System nimmt mit Rezeptoren des Gleichgewichtsorgans im Innenohr Schwerkraft und Bewegungsreize auf
- durch Auswertung der Reize kann Kopf- und Körperhaltung m. H. von Muskelspannung reguliert und der Körper im Gleichgewicht gehalten werden (vgl. WÜBBE 1998, 236)
- zuständig für Aufbau der Haltemechanismen, für Aufrichtung des Körpers gegen die Schwerkraft, für Gleichgewichtsaufrechterhaltung, für Balancesicherheit auf verschiedenen Untergründen, für Wahrnehmung von Drehbewegungen, Bewegungsgeschwindigkeit und räumliche Orientierungen (vgl. EGGERT 2000, 63f.)

Das Selbstkonzept eines Menschen besteht nun einerseits aus den selbstbezogenen Informationen, die er in der Interaktion mit der Umwelt (und mit seinem Körper) erfährt sowie konstruiert und andererseits besteht das Selbstkonzept wiederum auf der Grundlage der Informationsaufnahme und -verarbeitung über die Sinne. Das Selbstkonzept eines Menschen determiniert, welche Erfahrungen ein Mensch macht, welche Informationen ins Selbstkonzept integriert werden und wie die Informationen verarbeitet werden (ob z.B. eine Verzerrung oder Verfälschung der Informationen stattfindet). Das Selbstkonzept wirkt wie ein „Filter“ auf die neuen Informationen ein.

Um die genaue Wirkungsweise dieses „Filters“ zu erfassen, ist es notwendig sich die Frage zu stellen, warum Menschen nur bestimmte Informationen als selbstbezogen ansehen, auswählen, verarbeiten und in ihr Selbstkonzept integrieren und nach welchen Kriterien sie dabei vorgehen. Zu dieser Fragestellung gibt es unterschiedliche Auffassungen. So meinen einige Autoren, dass Menschen solche selbstbezogenen Informationen akzeptieren und in ihr Selbstkonzept integrieren, die mit dem bestehenden Konzept übereinstimmen und andere sind der Auffassung, dass Menschen nur selbstbezogene Informationen akzeptieren und aufnehmen, die ihre Selbstwertschätzung schützen oder erhöhen (vgl. LASKOWSKI 2000, 42).

Bei beiden Verarbeitungsformen kann es zu Wahrnehmungsverzerrungen kommen. Macht das Individuum eine neue Selbsterfahrung, die von seinem bestehenden Selbstkonzept abweicht, aber dennoch relevant für ihn ist, wird es diese Erfahrung möglicherweise verzerrt wahrnehmen oder verleugnen, weil die Tendenz besteht, die Diskrepanz zwischen bestehendem Selbstkonzept und neuen Selbsterfahrungen möglichst gering zu halten (Konsistenzprinzip). So kann es beispielsweise dazu kommen, dass ein Schüler, welcher der Auffassung ist, ein schlechter Rechner zu sein, bei einer unerwartet guten Note in Mathematik diesen Erfolg abwertet (z.B. auf Zufall zurückführt), weil diese Erfahrung nicht in sein bestehendes Selbstkonzept passt und dementsprechend eine gewisse Bedrohung darstellt.

RUSTEMEYER ergänzt diese beiden Meinungen durch eine dritte Verarbeitungsweise, die dem „Motiv nach realistischer Informationseinholung" entspricht (RUSTEMEYER 1993, 114). Er ist der Ansicht, dass die Informationseinholung und Informationsverarbeitung sowohl durch die beiden verzerrenden Verarbeitungsweisen im Sinne des Motivs nach Selbstwerterhöhung und des Motivs nach Selbstkonsistenz als auch durch eine nicht verzerrende Verarbeitungsweise im Sinne des Motivs nach realistischer Informationseinholung gleichzeitig beeinflusst wird. Die letzte Verarbeitungsweise tritt immer dann ein, wenn es für die jeweilige Person wichtig ist, eine realistische Einschätzung der eigenen Fähigkeiten vorzunehmen, um situationsangemessen handeln zu können (vgl. RUSTEMEYER 1993, 102).

„Wenn man zum Beispiel eine bestimmte Note in Mathematik im Abitur erreichen will, ist es vorher sehr wichtig, seine bisherigen mathematischen Fähigkeiten genau bzw. realistisch einzuschätzen, um die eigenen Schwachstellen zu erkennen und das richtige Maß an Übung planen zu können, damit man die gewünschte Note auch tatsächlich bekommt" (LASKOWSKI 2000, 45).

Für welche Situationen allerdings die selbstwertdienliche Informationsverarbeitung gilt und wann Informationen eher nach dem Konsistenzprinzip verarbeitet werden, darüber bestehen unterschiedliche Auffassungen. Wir sind wie FILIPP der Meinung, „daß weder das Konsistenz- noch das Selbstwertprinzip allein für die selektive Verarbeitung selbstbezogener Informationen hinreichenden Erklärungswert besitzt" (FILIPP 1979, 142), sondern die Informationsverarbeitung durch beide Motivkomplexe gleichzeitig beeinflusst wird.

1.3 Aufgaben des Selbstkonzeptes

Der Mensch konstruiert sich also sein Selbstkonzept, indem er (bedeutsame) selbstbezogene Informationen, die er aus verschiedenen Quellen erlangt, wahrnimmt und zu einem Konzept über die eigene Person verarbeitet und generalisiert. Die folgende Box zeigt, wie sich z.B. Studenten der Sonderpädagogik (Alter im Mittel 22 Jahre) in positiven und negativen Selbstbeschreibungen sehen:

Positive eigene Eigenschaften, die das Selbstkonzept kennzeichnen (n = 57 Befragte)

Lustig, humorvoll
Offen, aufgeschlossen
Hilfsbereit
Zuverlässig
Harmoniebedürftig
Ehrlich
Verantwortungsbewusst
Geduldig

Negative Eigenschaften der eigenen Person:

Ungeduldig
Inkonsequent
Unordentlich
Launisch
Zickig
Arrogant
Depressiv

Aber welche Gründe gibt es für diese Konstruktionen? Welche Aufgaben und Ziele werden mit dem Selbstkonzept verfolgt? EPSTEIN (1979) beantwortet diese Fragen folgendermaßen:
„Würden wir unsere Erfahrungen nicht verknüpfen, ordnen und zu einer naiven Theorie integrieren, blieben unsere Erfahrungen chaotisch und aussagenlos. Menschen brauchen sie (eine naive Wirklichkeitstheorie), um Ereignisse globaler Art und in der persönlichen Umgebung interpretieren zu können, denn sie ist Grundlage dafür, daß das Leben weitgehend sinnvoll gesteuert werden kann"

Aufgaben und Ziele des Selbstkonzeptes stichwortartig skizziert:

- Das Selbstkonzept dient dem Menschen als Strukturierungs- und Orientierungshilfe. Es ermöglicht dem Individuum neue Erfahrungen und Informationen zu verarbeiten und einzuordnen, Verhalten zu antizipieren, zu erklären und damit Kontrolle über sich und seine Umwelt auszuüben (vgl. MRAZEK 1991, 224).
- Das Selbstkonzept ermöglicht es dem Menschen im Voraus empfundenen Verlust von Kontrolle (Vermeidung antizipierten Kontrollverlustes, PAULUS 1991, 95) und gibt dem Individuum auf diese Weise ein Gefühl von Sicherheit und Konsistenz.
- Das Selbstkonzept hat zum Ziel, dem Individuum eine positive Selbstwertschätzung zu sichern, indem es den Rahmen vorgibt, innerhalb des-

sen Informationen und Erfahrungen interpretiert und bewertet werden. Auf diese Weise werden Informationen und Erfahrungen, welche die Selbstwertschätzung in Frage stellen und gefährden gar nicht oder nur verzerrt wahrgenommen und uminterpretiert.

- Das Selbstkonzept ermöglicht dem Individuum eine optimale Lust-Unlust-Balance zu sichern. Es steuert die Motivation eines Menschen, indem es Einfluss auf sein Handeln und Verhalten nimmt, und determiniert auf diese Weise, inwieweit er sich erfolgs- oder misserfolgsorientiert, lustvoll oder lustlos auf eine Auseinandersetzung mit seiner physikalischen und sozialen Umwelt einlässt.

HARTER, mit deren Fragebogen zum Selbstkonzept eine ganze Reihe von empirischen Untersuchungen im angelsächsischen Sprachraum durchgeführt wurden (HARTER, 1983,1985) unterscheidet folgende Aspekte des Selbstkonzeptes : **Leistungsorientierung** (Bin ich gut in der Schule? ... im Sport?), **Soziale Kompetenz** (Kann ich andere beeinflussen? ... mich mit anderen vertragen? Folgen andere meinen Vorschlägen?), **Moralische Dimension** (Bin ich ein guter Mensch? Tue ich was richtig ist?) und **Sozial akzeptiert sein** (Mögen mich die anderen? Habe ich viele Freunde? Ist es richtig, wie ich die anderen beeinflusse?). VERMEER hat mit diesen Skalen bei Menschen mit einer geistigen Behinderung die Bedeutung der wahrgenommenen Selbst – Kompetenz im Körpererleben untersucht und erhebliche Unterschiede zwischen Menschen mit hohem und niedrigen Selbstkonzept in den sportlichen Kompetenzen gefunden (VERMEER 1990, 1984; SCHWARZ/VERMEER u.a. 1999).

ASENDORPF & VAN AKEN (1993) haben in der Münchner Longitudinalstudie das Self Perception Profile von HARTER bei 2. bis 4. Klassen durchgeführt und gefunden, dass das Selbstkonzept schon im frühen Grundschulalter bereichsspezifisch organisiert ist, d.h. unterschiedliche Teile für die Leistungen in verschiedenen Fächern enthält (etwa für Mathematik eine andere Kompetenzvorstellung als für Deutsch oder Musik und Sport). Ein allgemeines Selbstkonzept dürfte nach Ansicht der Autoren schon mit etwa vier Jahren vorhanden sein. Kinder können z.B. sich fit in Mathematik fühlen und bei einem durchgängig positiven Selbstkonzept aushalten, das ihre Leistungen in Deutsch dafür niedriger sind. Prägende Wirkungen eines negativen Einflusses zeigen sich darin, dass negative Verhaltensweisen aus der Sicht von Kindern und Eltern im Vorschulalter eine hohe Relevanz für das (spätere) familiale Zusammenleben aufweisen (STURZBECHER/FREYTAG 1999, 42).

1.3.1 Hierarchischer Aufbau des Selbstkonzeptes

Mit der folgenden Zusammenstellung wird versucht, einige Teilbereiche des Selbstkonzeptes in ihrem Zusammenhang zu verdeutlichen. Zuerst einmal sei festgehalten, dass das Selbstkonzept sich hierarchisch aus verschiedenen Ebenen aufbaut, die eng miteinander vernetzt sind und in der folgenden Abbildung beschrieben werden.

Hierarchischer Aufbau des Selbstkonzeptes

Hilfsbereit...freundlich...sozial...helfe Schwächeren ..guter Schüler..
4. Ebene: Ich bin ein guter Mensch

Gut in Mathematik...gut in Deutsch...gut in Sachunterricht...schlecht in Musik
3. Ebene: Ich bin ein guter Schüler

10 x Ich will und kann... 2 x Ich will und kann nicht...
2. Ebene: Ich bin gut in Mathematik

Ich kann.... Ich kann nicht.... Ich kann ...... Ich kann... Ich kann....
1. Ebene: Ich kann gut im Zahlenraum bis 100 rechnen

Mit hierarchisch ist der Aufbau von einfachen Theoremen zu Theoremen höherer Ordnung gemeint, die durch Nicht – Können leicht widerlegt werden können („Ich kann gut rechnen" besteht z.B. aus der Annahme und Erfahrung, dass mir von 10 Versuchen 9 Versuche gelingen und einer nicht). Darauf baut sich die Annahme auf „Ich bin gut in Mathematik" (mir gelingt es sehr viele Aufgaben zu lösen), auf der nun wiederum die Annahme aufbaut „Ich bin ein überdurchschnittlicher Schüler (bin gut in Mathematik, Deutsch, Sachunterricht, aber nicht so gut in Musik). Der Gipfel ist dann durch eine generelle Annahme gekennzeichnet, dass ich auch ein moralisch guter Schüler sein muss, weil ich nicht nur alle Aufgaben gut lösen kann, die mir gestellt werden, sondern weil ich mich stets moralisch richtig verhalte (mit tolerierbaren Ausnahmen). Während man annehmen kann, dass Schüler in sie tragenden Umgebungen diese Stufen durchlaufen, können Schüler mit Lernproblemen auf verschiedenen Niveaus scheitern. Doch darüber mehr am Schluss dieses Kapitels.

1.4 Elemente des Selbstkonzeptes

Für unsere Arbeitszwecke haben wir uns aus den verschiedenen berichteten theoretischen Ansätzen ein Konzept zusammengestellt, dass unseres Erachtens später als Rahmen für eine praktikable Diagnostik benutzt werden kann.

Die wichtigsten Elemente eines Selbstkonzeptes als lebendiges, sich wandelndes und vernetztes Systems sind:

die Selbsteinschätzung,

das Körperkonzept,

das Fähigkeitskonzept,

die Selbstbewertung

und das Selbstbild.

Alle Komponenten sind miteinander vernetzt (was die Pfeile zwischen ihnen verdeutlichen sollen), sie sind also kovariierend und miteinander verknüpft – sie bilden das lebendige System des Selbstkonzeptes. Diese Elemente sollen uns später diagnostisch weiterhelfen.

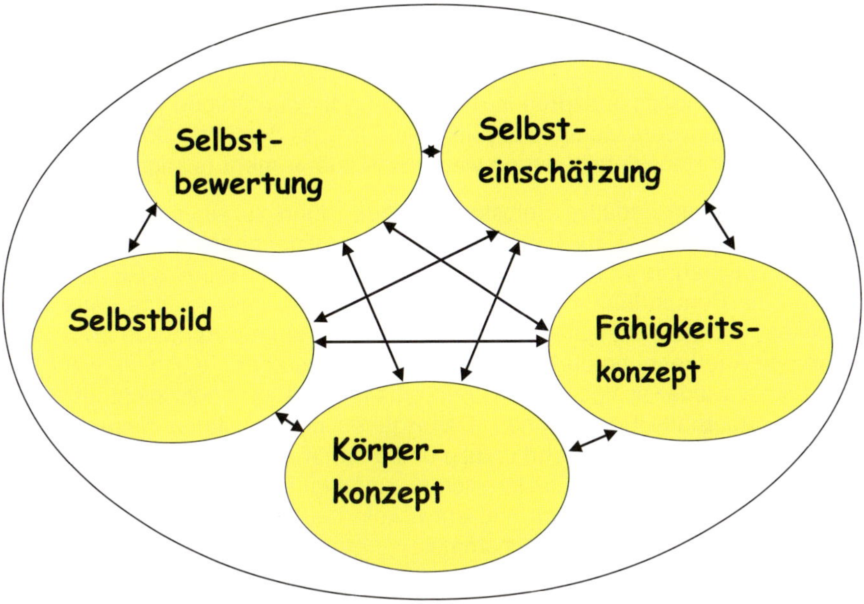

Diese Systeme bestehen nun wiederum aus Subsystemen, die wir uns in einander und mit den anderen Subsystemen in einem komplexen Bild verknüpft vorstellen müssen. Zur Beschreibung sollen sie im Folgenden in ihren Elementen dargestellt werden.

1.4.1 Selbsteinschätzung

Die Selbsteinschätzung eines Menschen verdeutlicht, wie hoch ein Mensch sich und seine Fähigkeiten einschätzt. Ausgangspunkt zur Entwicklung eines individuellen Selbstkonzeptes ist die individuelle Selbsteinschätzung. Diese Selbsteinschätzung wird wesentlich durch Umwelt – Faktoren bestimmt. Zu diesen Faktoren zählen: (Miss-) Erfolgserwartung, Kausalattribuierung, Zielorientierung, Belohnungsstrukturen des Umfeldes und moralische Selbsteinschätzung.

Eine Einschätzung seiner Selbst besteht zum einen aus einer gedanklichen Vorwegnahme (Selbstvertrauen), aus einer aktuellen Komponente (Selbstwertgefühl) und aus einer übersituativen bzw. generalisierten Einschätzung (Selbstwertschätzung) (vgl. NEUBAUER 1976).

Die **Selbsteinschätzung** als Teil des Selbstkonzeptes ist der am besten wissenschaftlich untersuchte Bereich des Selbstkonzeptes. Erfolgs-Misserfolgsmotivierung (HECKHAUSEN, 1988) ist entscheidend für die Auswahl der Lebensaufgaben und ihre Bewältigung. Die gleiche Bedeutung hat auch die Kausalattribuierung, die Erklärung der Ursache des Erfolgs bzw. Misserfolgs. Rechne ich selbstverständlich meiner umwerfenden Persönlichkeit einen Erfolg bei einer schwierigen Aufgabe zu oder sage ich depressiv, dass der Erfolg zufällig war, weil die Aufgabe zu leicht war. Die Selbsteinschätzung hängt auch von der Zufriedenheit mit dem Ansehen in der Gruppe ab und natürlich von den üblichen Belohnungsstrukturen in der Klasse oder der Gruppe (COVINGTON, 2000) aber auch vom Gefühl des „Selbstwertes" des Schülers. Über Erfolgsorientierung und Kausalattribuierung wird etwas später mehr gesagt.

Eine durchgängig negative Selbsteinschätzung führt zu einer personen- und nicht sachbezogenen Kausalattribuierung und zu einer negativen Erfolgserwartung – das Ergebnis ist eine „erlernte Hilflosigkeit" (SELIGMAN & PETERSON, 1986). Eine Person fühlt sich hilflos, wenn sie erlebt, dass sie ihre Lage nicht verbessern kann, gleichgültig was sie auch tut. Wenn ein Kind sich anstrengt, Liebe und Anerkennung der Eltern zu erhalten, dies aber nie schafft, wenn ein Kind immer wieder schlechte Zensuren erhält, ob es lernt oder nicht, dann erfährt es dauerhafte Frustrationen. Dann gehen die Aktivitäten dieser Person zurück, sie werden zunehmend untätig und unmotiviert und schneiden sich von neuen Erfahrungen ab. Sie halten sich für unfähig, trauen sich nichts zu, meinen, dass sie nichts bewirken und entwickeln bei längerer Dauer Depressionen oder psychosomatische Symptome.

Die Selbsteinschätzung beinhaltet das Gefühl stets etwas leisten zu können und erfolgreich zu sein (Leistungs-Selbstwertgefühl). Damit verknüpft ist das Gefühl, sozial kompetent sein zu können (Gefühl der sozialen Kompetenz) und für und mit anderen arbeiten zu können an einem von allen geschätzten Erfolg. Daraus ergibt sich das Gefühl sozial akzeptiert zu sein und das Gefühl etwa moralisch „richtiges" zu tun. Natürlich spielt bei der sozialen Kompetenz und Akzeptanz die physische Attraktivität eine hohe Rolle. Ein physisch attraktiver Mensch hat es leichter, sich akzeptiert zu fühlen und dadurch sozial auch kompetenter zu sein.

Die individuelle Selbsteinschätzung einer Person wird umweltbedingt durch folgende Faktoren maßgeblich beeinflusst (vgl. NEUBAUER 1976):

Von **Selbstwertgefühl** wird gesprochen, wenn es um die aktuelle Einschätzung individueller Kompetenzen nach der Bewältigung einer Handlung geht. Welches Gefühl hat der Mensch nach der Handlungsausführung bzgl. seiner individuellen Fähigkeiten.

Von **Selbstvertrauen** spricht man, wenn es um die Einschätzung übersituativer individueller Fähigkeiten bzgl. der kommenden An- bzw. Herausforderungen geht. Die Frage, ob eine konkrete zu bewältigende Aufgabe geschafft werden kann, steht hierbei im Vordergrund.

Selbstwertschätzung meint hingegen eine generelle Einschätzung von individuellen Fähigkeiten bzgl. bestimmter Anforderungen (motorisch, kognitiv, psychosozial, kommunikativ). Hier liegen bereits bestimmte Erfahrungen zugrunde, welche diese Einschätzung prägen.

In der Selbstwertschätzung zeigt sich somit die Möglichkeit des Individuums, sich ein Zeitraster aufbauen zu können, das von der Vergangenheit über die Gegenwart bis zur Zukunft reicht. „Ich konnte, deshalb kann ich jetzt und werde in Zukunft auch können“ so könnte man diese Kette beschreiben. Dazu gehört die Fähigkeit, erreichbare und sinnvoll anzustrebende Ziele beschreiben zu können und daraus eine realistische Leistungserwartung ableiten zu können.

Moralische Selbsteinschätzung beinhaltet Vergleiche bzgl. der eigenen Einschätzung seiner Selbst zu vorhanden (eigenen oder fremden) moralischen Vorstellungen. Die Frage, ob es gut war, wie sich jemand verhalten hat steht dabei im Vordergrund. Habe ich in einer Situation keinen erwarteten Erfolg gehabt, aber mich moralisch richtig verhalten? Ist mein moralisch richtiges Verhalten eventuell in einer sozialen Situation per se erfolglos, weil es mich sozial ausgeschlossen hat?

Die individuelle Selbsteinschätzung eines Menschen ist nun weiter unmittelbar abhängig von dem Körperkonzept und dem Fähigkeitskonzept der Person in seinen jeweiligen Facetten bzw. wird von diesen geprägt. Über das Körperkonzept wollen wir in dem folgenden Abschnitt berichten.

1.4.2 Körperkonzept

Das individuelle **Körperkonzept** eines Menschen kann als Grundlage für die Entwicklung des Selbst und eines Selbstkonzeptes betrachtet werden, da der Körper der Ausgangspunkt für jegliche Erfahrungen (affektiv wie kognitiv, bewusst wie unbewusst) ist. Die vielfältigen Aspekte des Körperkonzeptes sind stark durch die Möglichkeiten der individuellen Entwicklung und der individuellen Sichtweisen in verschiedenen Entwicklungsphasen und die individuellen Entwicklungsvoraussetzungen eines Menschen geprägt und dementsprechend auch beeinflussbar.

Im Rahmen des Körperkonzeptes werden verschiedene Funktionsbereiche genannt, die Einfluss auf das Körperkonzept haben. Primär kann das Körperkonzept unter den Dimensionen Körperschema (Kognition) und Körpergefühl (Emotion) betrachtet werden (anlehnend an BIELEFELD 1991):

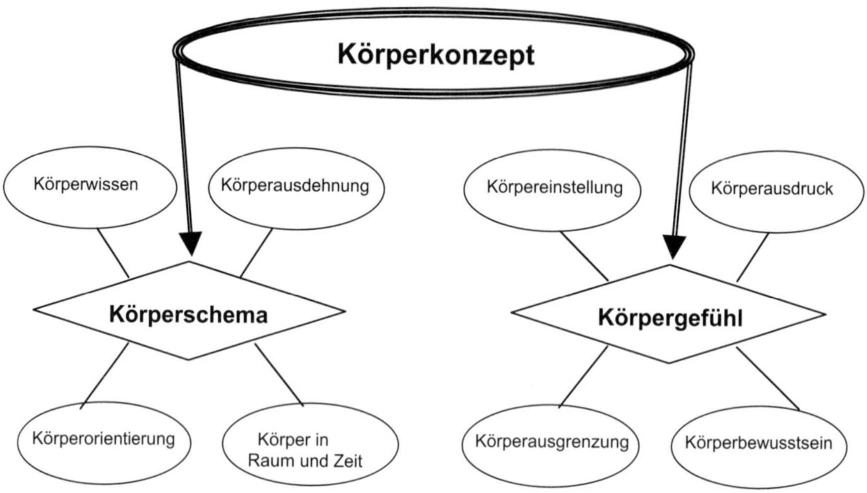

Unter **Körperschema** werden die Aspekte gefasst, welche sich an kognitiven Inhalten orientieren. Es wird die Frage gestellt, ob der eigene Körper wahrgenommen werden kann und ob der Mensch Kenntnis über einzelne Teile, Aufbau und Struktur seines Körpers besitzt.

Der Aspekt Körperschema kann noch in einzelne Bereiche untergliedert werden:

- Körperwissen,
- Körperausdehnung,
- Körper in Raum und Zeit sowie
- Körperorientierung.

Körperwissen kennzeichnet das Wissen vom eigenen Körper, dessen Bau und Funktionen, einschließlich der Lateralität, und zeigt auf, in welcher Form der Mensch sein Wissen darlegt (verbal, handlungsorientiert etc.) (vgl. BIELEFELD 1991, 17).

Körperausdehnung beschreibt die Einschätzung der eigenen körperlichen Grenzen (Höhe, Breite, Umfang) auf rein kognitiver Ebene. Sie beschreibt das Gefühl des Körpers in seinem Umfang und seiner Mächtigkeit. Über Erfahrungen des eigenen Körperraums gelangt der Mensch zu Vorstellungen über den außerkörperlichen Raum. Die Fähigkeit der Körperausdehnung bildet nach FISCHER das Fundament für alle Orientierungsleistungen in Raum und Zeit (vgl. 1996, 103).

Körper in Raum und Zeit beschreibt den Umgang des Menschen mit räumlichen und zeitlichen Strukturen (vgl. EGGERT 2002). Das Fundament für alle Orientierungsleistungen in Raum und Zeit bildet die Fähigkeit der Körperausdehnung (vgl. FISCHER 1996, 103). Die bereits in der frühen Kindheit beginnende Differenzierung der Raum- Zeit- Dimension spielt eine große entwicklungspsychologische Rolle besonders in der Vorschulzeit beim Übergang vom vorschulischen Lernen zum schulischen Lernen im eigentlichen Sinn (Erwerb der Kulturtechniken Rechnen, Lesen und Schreiben). Auch beim Erwachsenen bauen Teile des psychomotorischen Lernens auf den Raum – Zeit – Dimensionen auf.

Körperorientierung beinhaltet konkret, ob der Mensch die Informationen bzw. Meldungen, die er über seinen Körper hat, auch in Beziehung zu anderen Faktoren setzen kann und diese mit bereits vorhanden Informationen und Erfahrungen vergleicht. Die Meldungen über seinen eigenen Körper bzw. die Orientierung *im* eigenen Körper erhält der Mensch über sog. Proprioceptoren und derartige Orientierungsleistungen werden auch als Tiefensensibilität bezeichnet (vgl. BIELEFELD 1991, 20). Die Orientierung am eigenen Körper (Oberflächensensibilität) erfolgt mittels taktiler Wahrnehmung (Differenzierung und Lokalisation).

Unter **Körpergefühl** werden die Aspekte gefasst, welche sich an emotionalen Inhalten orientieren. Es wird die Frage gestellt, wie der eigene Körper emotional wahrgenommen und individuell bewertet wird. Des Weiteren befasst sich das Körpergefühl mit der Frage nach dem Ausdruck, dem Bewusstsein und der Einstellung des bzw. zum eigenen Körper. Die Entwicklung eines Körpergefühls ist sehr stark erfahrungsabhängig und entwickelt sich parallel oder später im Vergleich zum Körperschema (vgl. BIELEFELD 1991).

Körperausdruck geht der Frage nach, was ein Mensch mit seinem Körper in bestimmten Situationen ausdrückt bzw. ausdrücken möchte und wie dies von anderen verstanden wird (nämlich der Eindruck, der zum Ausdruck gehört).

Zusammengefasst bedeutet *Körperbewusstsein,* inwieweit ein Mensch sich bewusst mit seinem Körper auseinandersetzt, ihn erlebt und wahrnimmt.

Körpereinstellung verdeutlicht, welche Einstellung der Mensch zu seinem eigenen Körper besitzt, ob er mit diesem allgemein (un-)zufrieden ist. Einstellungen eines Menschen zu seinem Körper stehen immer in einem engen Zusammenhang mit den Werten und Normen der jeweiligen zeitlichen Epoche.

Körperausgrenzung erfasst die Fähigkeit, den eigenen Körper als deutlich von der Umwelt abgegrenzt zu erleben.

Kurz zusammengefasst:

Das Körpergefühl beschreibt die subjektiven Empfindungen, die der Körper unmittelbar vermittelt („Ich bin zu dick" sagen z.B. viele Frauen und Männer und sind dies objektiv nicht), das Körpererleben beschreibt die positiven Gefühle beim Bewegen des Körpers (z.B. „ich fühle mich gut" nach dem Sporttreiben), das Körperschema das Wissen von den Umfängen des Körpers, die Kenntnis des Körpers und das Wissen um den Körper, seine Funktionen und Teile und der Beziehungen zwischen ihnen (z.B. „da passe ich rein" beim Anblick einer Hose im Geschäft). Entwicklungspsychologisch besonders bedeutungsvoll ist das Gefühl des Körpers in der Bewegung in Raum und Zeit (als Grundlage von Spracherwerb und Mathematik). Vom Körper gehen die räumliche Vorstellung und das zeitliche Raster im Entwicklungsprozess aus; er ist sozusagen die individuelle Vergleichsbasis für diese Operationen.

Der eigene Körper spielt bei der Entwicklung des Selbstkonzeptes eine wichtige Rolle. Im Jugend- und Erwachsenenalter stellt der Körper den einzig konkret erfahrbaren Teil des Selbst dar. Je nach Altersgruppe und Geschlecht nimmt das Körperkonzept in unterschiedlichem Maße Einfluss auf das Selbstkonzept und das Selbstwertgefühl. Zusammenfassend kann formuliert werden, dass Selbstkonzepte als aktive, vielseitig strukturierte kognitive Systeme aufgefasst werden, die einen bedeutsamen Einfluss auf die Verarbeitung von Informationen und die Steuerung des Verhaltens haben. Erfahrungen des eigenen Körpers in unterschiedlichen Kontexten spielen für die Entwicklung des Selbstkonzeptes eine wichtige Rolle (ALFERMANN 1998).

Bezüglich des Körperkonzeptes spielt die sportliche Leistungsfähigkeit eine wichtige Rolle. So zeigt sich in Querschnittsstudien, dass sportlich Aktive mit ihrer Leistungsfähigkeit zufriedener sind als Nichtsportler; sie schenken ihr mehr Aufmerksamkeit und sind überzeugter davon, eigenständig Einfluss auf die sportliche Leistungsfähigkeit nehmen zu können. Insgesamt scheinen sportlich aktive Jugendliche (beiderlei Geschlechts) zumeist über ein positiveres Körper- und Selbstkonzept zu verfügen als Nichtaktive (ALFERMANN 1998). Auch in Längsschnittstudien ließen sich Zusammenhänge zwischen sportlicher Aktivität und der Entwicklung eines positiven Selbstkonzept nachweisen.

ALFERMANN zieht aus diesen Studien den Schluss, dass das Selbstkonzept durch sportliche Aktivität gesteigert werden kann. Allerdings bedarf es bestimmter

Voraussetzungen:

- Training sollte auch mit der Verbesserung motorischer Fähigkeiten verbunden sein, oder
- es sollte eine subjektive Verbesserung der Leistungsfähigkeit auch wahrgenommen werden können

Besonders hervorzuheben ist, dass die Verbesserung des Selbstkonzeptes in verschiedenen Probandengruppen beobachtet werden konnte und daher dieser Effekt offenbar generalisierbar ist. Allerdings ist auch kritisch anzumerken, dass die Entwicklung des Selbstkonzeptes vielen unterschiedlichen Einflüssen ausgesetzt ist, unter denen der Sport eben nur einer ist. HEIM/BRETTSCHNEIDER meinen allerdings, dass sich im Hinblick auf das Selbstwertgefühl generell positive Wirkungen kaum nachweisen lassen" (2002,134). Allenfalls profitieren Mädchen von leistungssportlichen Ambitionen und gewinnen daduch an Ansehen.

1.4.3 Fähigkeitskonzept

Mit dem Fähigkeitskonzept wird der Bereich des Selbstkonzeptes beschrieben, der sich auf die Selbstwahrnehmung der eigenen Leistungen und Fähigkeiten bezieht. Im Fähigkeitskonzept zeigt sich die individuelle Bewertung angestrebter Ziele. Dabei muss die eigene Bewertung der Frage, ob und wie ich ein Ziel auch erreicht habe, nicht unbedingt mit der Bewertung durch andere übereinstimmen. Kennen diese anderen meine Ziele zu wenig, so wird dies sogar eher wenig wahrscheinlich sein.

Eine nicht unwesentliche Rolle spielt dabei auch die Einschätzung der eigenen kognitiven und emotionalen Begabung. Natürlich dürfen wir auch hier den Einfluss der anderen Faktoren nicht vergessen: das Fähigkeitskonzept hängt auch vom Selbstbild, der Selbstbewertung und der Selbsteinschätzung ab und diese natürlich wieder von der physischen Attraktivität (oder der Einschätzung, wie leicht einem Menschen Erfolge fallen können).

Neben dem Wissen über die eigenen Fähigkeiten umfasst das Fähigkeitskonzept außerdem Bewertungen und Gefühle gegenüber der eigenen Leistungsfähigkeit. Das individuelle Fähigkeitskonzept beinhaltet somit sowohl kognitive als auch emotionale Aspekte und wird häufig durch das Körperkonzept mit geprägt. Insbesondere im Bereich der psychomotorischen Förderung, in dem Bewegung und somit auch der Körper das primäre Medium einer Entwicklungsförderung darstellt, nimmt das Körperkonzept großen Einfluss auf das Fähigkeitskonzept.

Als Determinanten des Fähigkeitskonzeptes nennen MEYER und PLÖGER (1979):

- Die zeitliche Konsistenz und Abfolge eigener Handlungsergebnisse (individuelle Lerngeschichte)
- Den Vergleich eigener Handlungsergebnisse mit denen anderer Personen (soziale Bezugsnorm)
- Direkt und indirekt mitgeteilte Fremdbewertungen der eigenen Fähigkeiten durch andere Personen (vgl. KRUPITSCHKA 1990, 71)

Das folgende Beispiel stammt wieder aus einer Studentengruppe eines Seminars zum Selbstkonzept im Sommersemester 2003 und soll die Wirkung von suggestiven Setzungen auf das Fähigkeitsselbst verdeutlichen:

In den vier Ecken des Seminarraums bilden sich vier Chöre, die den Kampf innerer Stimmen darstellen sollen. Die folgende Phrasen werden von leise bis zu lauter werdend vorgetragen:

Begabungseinschätzung:	„Ich könnte..."
Ziele:	„Ich will...."
Eigene Bewertung der Kompetenzen:	„Ich kann..."
Bewertung der eigenen Kompetenzen durch andere:	„Du kannst nicht...."

Welcher der vier Chöre setzt sich durch, d.h. welcher der suggestiven Botschaften folgt die Person?

Dimensionen des Fähigkeitskonzepts bilden dabei Aspekte der Wahrnehmung, der Bewertung und des Wissens der individuellen eigenen Fähigkeiten (vgl. KRUPITSCHKA 1990) (s. S. 37 oben).

Die Frage nach der **Wahrnehmung eigener Fähigkeiten** (ob und wie wahrgenommen wird) ist bedeutend bei der Erstellung eines individuellen Bildes von seinen eigenen Fähigkeiten.

Eine **Kenntnis eigener Fähigkeiten** auf verschiedenen Entwicklungsebenen verdeutlicht neben dem eigenen Wissen und der Reflexion auch etwas über die individuelle Lerngeschichte des Menschen und seinen bisherigen Erfahrungen. Inwieweit ist er sich seiner Fähigkeiten bewusst und wie beeinflussen diese wahrgenommenen Fähigkeiten die Leistungsstruktur.

Eine **Bewertung eigener Fähigkeiten** gibt Auskunft über die individuelle Einschätzung und Wertung der persönlichen Kompetenzen eines Menschen.

Der Aspekt der Bewertung der eigenen Fähigkeiten hängt sehr eng mit der *Selbsteinschätzung* eines Menschen zusammen.

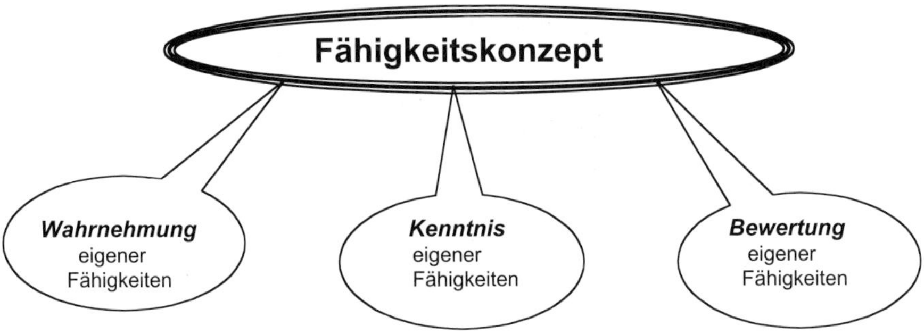

Aus den Komponenten der Selbsteinschätzung, verbunden mit dem Körperkonzept und dem Fähigkeitskonzept entwickeln sich individuell die Selbstbewertung und das Selbstbild. In diesen beiden Aspekten spiegeln sich die bisher genannten Aspekte eines Selbstkonzeptes wieder. Selbstbewertung und Selbstbild werden durch Selbsteinschätzung sowie Fähigkeitskonzept und dem Körperkonzept geprägt.

1.4.4 Selbstbild und Selbstbewertung

Selbstbewertung meint, wie ein Mensch **emotional** seine eigenen Handlungen bewertet und welche Gefühle er bzgl. der Bewertungen zeigt. **Selbstbild** meint hingegen, wie ein Mensch seine eigenen Handlungen „**objektiv**" einschätzt. Was weiß der Mensch über seine Kompetenzen und wie beschreibt er diese? Wir wollen wegen der engen Nachbarschaft der beiden Elemente sie miteinander in diesem Abschnitt beschreiben.

Aussagen bezüglich des Selbstbildes und der Selbstbewertung ermöglichen dann eine Einschätzung von außen bzw. auf einer Metaebene. Die folgenden drei Komponenten des Selbstkonzeptes, welche sowohl affektive als auch kognitive Elemente beinhalten, verlangen demzufolge eine gewisse Reflexionsfähigkeit in Bezug auf sich selbst und setzen dementsprechend ein vorhandenes Selbstbild und eine Selbstbewertung voraus.

Das **Idealselbst** zeigt Vorstellungen des Menschen, wie er gern sein möchte. Wie stelle ich mich mir selbst vor, wie ich in optimaler Weise sein könnte?

Das Idealselbst beinhaltet neben dem erwünschten Selbst, das innerhalb der eigenen erreichbaren Möglichkeiten liegt, auch den Vergleich mit dem unrealistischen, nicht erreichbaren Wunschbild einer Person sowie die Vorstellungen darüber, wie die Person sich entsprechend den individuellen, gesellschaftlichen und/oder kulturellen Standards optimal verhalten könnte bzw. sein sollte (vgl. KRUPITSCHKA 1990, 14).

Vorstellungen vom **Realselbst** beinhalten die Betrachtungen des Menschen über sein wirkliches (äußeres) Erscheinungsbild, das Wissen um die erreichte eigene soziale Identität (Etikettierungen, Staatszugehörigkeit, soziale Schicht), die Hervorhebung von Personen oder Gegenständen für sein Leben (Ausdehnung des Selbst) sowie auch psychische Dispositionen (Einstellungen, Werte, Gewohnheiten) (vgl. KRUPITSCHKA 1990, 14) – und dies in realistischer Form. Dabei sind in unterschiedlichen Situationen verschiedene Formen des Realselbst denkbar.

Das **Soziale Selbst** gibt Auskunft, wie der Mensch sich selbst in Bezug zu anderen Personen sieht, wie er sich gegenüber anderen darstellt und verhält. Wie verhalte ich mich in einer Gruppe mit unterschiedlichen Zielen? Es gibt zum einen Auskunft über die wahrgenommenen Einschätzungen durch andere Personen (so, wie sich das Individuum von anderen Personen wahrgenommen glaubt) sowie bzgl. der Darstellung des Selbst anderen Personen gegenüber. Je nach sozialem Kontext und Motiven kann sich eine Person anderen Menschen gegenüber unterschiedlich darstellen (z.B. ängstlich allein und stark in der Gruppe). Mögliche Motive einer unterschiedlichen Selbstdarstellung können u.a. sein: Bedürfnis nach Anerkennung, Bedürfnis der Aufrechterhaltung eines positiven Selbstkonzeptes, Einübung bzw. Ausübung sozialer Rollen (vgl. KRUPITSCHKA 1990, 15f).

Die wahrgenommene Fremdeinschätzung beinhaltet, wie ein Mensch glaubt auf andere zu wirken und von anderen beurteilt zu werden, sowie die erlebte Wertschätzung durch andere (vgl. BALDERING 1993, 59). Laut KRUPITSCHKA nimmt die wahrgenommene Fremdeinschätzung einen sehr viel größeren Einfluss auf das Selbstkonzept als die direkte Fremdeinschätzung selbst (1990, 27). Dabei wird das Selbstkonzept insbesondere von wahrgenommenen Fremdeinschätzungen jener Personen geprägt, die für das Individuum von emotionaler Bedeutsamkeit sind.

Aus einem Selbstkonzept Seminar stammt die folgende Darstellung von Real- Ideal- und sozialem Selbst eines 15-jährigen Mädchens (aus der Sicht der Studentinnen).

Die Person:
Mädchen, 15 Jahre, stark geschminkt wegen vieler Pickel, normal schlanke Figur, braune lange Haare, enge Kleidung, durchschnittlich in der Schule, Freund (2 Jahre älter) und einige gute Freundinnen.

Realselbst:
Busen zu klein
Po zu groß
Zu viele Pickel
Kleidung zu billig, Schuhe OK
Macht sich Gedanken um Schulbildung
Stolz auf den Freund
Mittelmäßig im Tanzen
Freundinnen sind wichtig

Idealselbst
Schlanker (größerer Busen, kleinerer Hintern, keine Pickel)
Andere Kleidung
Erweiterter Realschulabschluss als Ziel
Will gut tanzen können
Beziehung zum Freund soll für immer halten
In der Gesellschaft akzeptiert sein

Soziales Selbst
Von Eltern bevormundet, aber im großen und ganzen akzeptiert, respektiert und geliebt
Lehrer sind OK, sie wird akzeptiert
Die Klasse mag sie
Allein unsicher und ängstlich (außerhalb der Schule)
In der Gruppe stark

1.5 Das Selbstkonzept als lebendiges System

Wieder müssen wir uns vorstellen, dass die aus analytischen Gründen hier getrennt voneinander beschriebenen Elemente kaum voneinander zu trennen sind, denn sie sind miteinander eng verknüpft in einem lebendigen System. Auch die folgenden Komponenten sind in einem Prozess der Entwicklung des Selbstkonzeptes als wichtige, aber passsager Bausteine zu verstehen, die uns ein Verständnis der Prozesse vermitteln können, aber nicht getrennt von den anderen Elemente verstanden werden sollten.

1.5.1 Erfolgserwartung

Die „Selbstwerttheorie (COVINGTON 2000,181) nimmt an, dass die Leistungsziele von Schülern – gleich ob sie lernprozessorientiert oder leistungsorientiert sind – einen lebenslangen Kampf des Schülers darstellen, sich ein Gefühl des Selbstwertes zu schaffen, das ihm die Zugehörigkeit zu einer Gesellschaft sichert, zu deren hohen Werten Kompetenz und Wohlverhalten gehören. In unserer Gesellschaft sind Individuen nur wertvoll in Bezug auf ihre Leistung und ihre Leistungsmotivation. In diesem Sinne sind gute Noten der Gradmesser des persönlichen Wertes eines Schülers. Erfolgsorientierte Schüler definieren Erfolg als der Beste zu sein, unabhängig von den Erfolgen der anderen. Kompetenz wird definiert als harte Arbeit an ihren Fähigkeiten um persönlich bedeutungsvolle Ziele erreichen zu können. Auf der anderen Seite definieren Schüler ohne diese Überzeugung Kompetenz als Statusproblem, d.h. sie fühlen sich dem Zwang ausgesetzt, besser als andere sein zu müssen. Dazu gehört Misserfolge zu vermeiden und dem Gefühl zu entweichen inkompetent zu sein. Die vielfachen Fehler – Vermeidungstendenzen drücken den Zwang des Individuums aus, sein Selbstwertgefühl an Noten zu binden und deshalb von Leistungszielen dominiert zu werden (COVINGTON 2001,181). Nach COVINGTON kann eine Gruppe die Mitglieder bei Konflikten wesentlich besser stabilisieren.

HECKHAUSEN hat die Reduzierung auf erfolgsorientierte und misserfolgsorientierte Personen in der Motivationsforschung bereits als zu eng beschrieben, weil die Leistungsmotivation auch durch das Selbstkonzept mitbestimmt wird. Ein Leistungsmotiv wird wirksam erst im Rahmen eines persönlichen Selbstbewertungssystems und hängt von dem Konzept einer Fähigkeit gleichermaßen ab. Beim Misserfolg wird dies deutlich: *„ein Mißerfolg blockiert die Handlung, widerlegt Erfolgserwartungen und zieht die kritische Aufmerksamkeit auf sich – lauter Anlässe für den Handelnden, seine Aufmerksamkeit auf sich selbst zu richten und sich mit dem Bild von der eigenen Tüchtigkeit und einer möglichen Revision konfrontiert zu sehen“* (1988, 496).

HECKHAUSEN unterscheidet drei Arten von Misserfolgsfurcht und dazugehörige Abwehrstrategien:

1.) Furcht vor Selbstabwertung,
2.) Furcht vor sozialer Abwertung und
3.) Furcht vor materiellem Verlust (HECKHAUSEN 1988, 497) .

Es gibt jedoch eine Koppelung von Leistungsmotiv und Selbsteinschätzung: Erfolgsmotivierte haben ein höheres Selbstkonzept der Fähigkeit und Misserfolgsorientierte eine geringere Fähigkeit.

(Miss)-Erfolgserwartung beinhaltet die Frage, welche Erwartungen bzgl. Erfolg oder/ und Misserfolg ein Mensch an sich selbst (im Vorhinein) stellt. Und die zweite Frage ist, wie der Mensch mit Erfolg oder Misserfolg umgeht. Hat ein Mensch eine hohe Erwartung an sich selbst, so kann er zum einen Handlungen selbstbewusster, mit einem erhöhten Selbstvertrauen, angehen, er kann sich dadurch aber auch einem großen inneren Druck aussetzen. Bei Nichterfüllung der an sich gestellten Erwartung wird die Selbsteinschätzung nicht erfüllt und das Selbstwertgefühl, das Selbstvertrauen und die Selbstwertschätzung können nachhaltig beeinflusst werden. Bei einer Erfüllung der Erwartung ist aufgrund einer Bestätigung der Wirkung des eigenen Handelns bzw. Verhaltens eine Steigerung oder Konstanz des individuellen Selbstwertgefühls, des Selbstvertrauens und der Selbstwertschätzung zu vermuten.

Hat ein Mensch eine niedrige Erwartung an sich selbst bzw. sieht ein Mensch keine Verbindung zwischen seinem eigenen Handeln und den Konsequenzen, so kann er zum einen Handlungen unsicher und mit einem eher niedrigen Selbstvertrauen angehen, da er nicht weiß, was folgt. Es ist aber auch möglich, dass er lockerer an die Handlungsausführung herangeht, da er von seinem Misserfolg überzeugt ist und die Konsequenzen nicht seinem Handeln, sondern externen Faktoren zuschreibt.

Stellt sich ein erwarteter Misserfolg nicht ein, also bei unerwartetem Erfolg, könnte der Mensch mit einem erhöhten Selbstwertgefühl und erhöhter Selbstwertschätzung reagieren; außerdem könnte sein Selbstvertrauen bei nächsten Aufgaben größer sein. Er könnte aber diesen Erfolg auch wiederum externen Faktoren zuschreiben und nicht seinen eigenen Fähigkeiten, so dass sich an seiner negativen Selbsteinschätzung nichts verändert. Bei Erfüllung der Erwartung eines Misserfolges liegt die Vermutung nahe, dass der Mensch sich in seiner geringen Selbstwertschätzung bestätigt fühlt, was eine Konstanz oder Verringerung seines Selbstwertgefühls und/oder seines Selbstvertrauens für zukünftige Anforderungen nach sich zieht bzw. ziehen kann.

Letzteres bezeichnet SELIGMAN auch als sog. „erlernte Hilflosigkeit". Hierbei wird davon ausgegangen, dass das eigene Verhalten nicht kontrollierbar ist, sondern eher extern verursacht wird (Schicksal, Glück, Zufall) und somit das eigene Verhalten und die Konsequenz unabhängig voneinander sind, also dass eine Person die Konsequenz durch sein Verhalten nicht beeinflussen kann. Dementsprechend wird Hilflosigkeit erlernt und es stellt sich ein Motivationsverlust und Passivität bzgl. des willentlichen Handelns ein (SELIGMAN/ELDER 1986, 377ff).

1.5.2 Selbstkonzept und Kausalattribution

Die Attributionstheorie und ihre Forschung beschäftigen sich damit, „die Vielfalt möglicher Einzelursachen, die zur Erklärung von Ereignissen sowie von Handlungen und deren Ergebnissen herangezogen werden, zu klassifizieren und auf wenige übergreifende Dimensionen zu reduzieren" (KRUPITSCHKA 1990, 81).

WEINER u.a. haben dazu ein Vierfelder-Schema möglicher Ursachenerklärungen für Leistungen entwickelt, in dem die Unterteilung von stabilen versus variablen, internalen (in der Person selbst liegend) versus externalen (außerhalb in der Umwelt liegend) Faktoren vorgenommen wird.

Klassifikationsschema für Ursachen von Erfolg und Misserfolg nach WEINER u.a. 1971 (In: KRUPITSCHKA 1990, 82)

	internal	external
Stabil	Fähigkeit	Aufgabenschwierigkeit
Variabel	Anstrengung	Zufall

Fähigkeit bzw. Begabung, Anstrengung, Aufgabenschwierigkeit und Zufall werden als die vier bedeutendsten Attributionen erachtet, auf die Personen ihre Leistungsergebnisse zurückführen. Andere Ursachen wie Müdigkeit, Krankheit, Missverstehen der Aufgabenstellung usw. erscheinen dagegen als weniger aussagekräftig für das Selbstkonzept (LASKOWSKI 2000, 92).

Wenn sich ein Schüler beispielsweise einen Misserfolg durch mangelnde Begabung erklärt, handelt es sich um eine internal- stabile Attribution. Bei einer Erklärung des Misserfolgs mit Pech oder Zufall liegt dagegen eine external-variable Attribution vor.
Welche Attributionen ein Mensch wählt, ist im wesentlichen von seinem (Fähigkeits-)Selbstkonzept abhängig.

In verschiedenen Untersuchungen wurde mehrfach bestätigt, dass erfolgsmotivierte Menschen, die über ein (global gesehen) positives Fähigkeitskonzept und eine hohe Selbstwertschätzung verfügen, ihre Erfolge mehr auf die eigenen Fähigkeiten und Anstrengung (internal) und weniger auf Glück und Aufgabenleichtigkeit zurückführen, während sie Misserfolge eher ihrer unzureichenden Anstrengung oder ungünstigen Umständen (Pech) und weniger der eigenen Unfähigkeit zuschreiben (vgl. KRUPITSCHKA 1990, 87f).

Für die Selbstkonzeptdiagnostik sind diese Untersuchungsergebnisse von Bedeutung, weil sie verdeutlichen, dass anhand der Attributionstendenzen eines Menschen Rückschlüsse auf dessen Selbstkonzept, insbesondere auf sein Fähigkeitskonzept und die Selbstwertschätzung gezogen werden können. Für die Selbstkonzeptförderung verdeutlichen diese motivbedingten Attributionsmuster, dass die Schaffung einer Erfolgsituation nicht unbedingt eine positive Beeinflussung des Selbstkonzeptes zur Folge haben muss, da ein Erfolg möglicherweise nicht auf in der Person liegende Ursachen zurückgeführt wird.

Eine Zuschreibung bestimmter individueller Eigenschaften ist stark mit der individuellen (Miss-) Erfolgserwartung verbunden. Demzufolge hat eine derartige Zuschreibung auch Auswirkungen auf die Entwicklung von Selbstvertrauen, Selbstwertschätzung und Selbstwertgefühl. Schreibt sich ein Mensch negative Eigenschaften bzw. Nichtkönnen zu, so werden Erfolge eher als zufällig bewertet und nicht als eigene Kompetenz anerkannt. Misserfolge hingegen werden dann als selbstverständlich angesehen und bestätigen die Person in seinem (negativen) Bild über sich selbst.

Wenn man Attribuierungstendenzen untersucht, gibt man meistens von außen die möglichen Alternativen in Fragebogen vor. Wird spontan gefragt, dann wird nach Misserfolgen oder unerwarteten Ausgängen vermehrt attribuiert. Schüler mit niedrigem Selbstkonzept attribuieren vermehrt, d.h. sie suchen im Erfolgsfall nach den Ursachen, um so später nicht zu scheitern. Im schulischen Alltag nehmen die Schüler besonders die Ursachen von Erfolg wahr. Dabei lösen schulische Leistungsrückmeldungen über alle Schulfächer generalisierte Attribuierungen aus. Unterschiedliche Erhebungstechniken lösen aber unterschiedliche Attribuierungstendenzen aus (MÖLLER/KÖLLER 1995).

1.5.3 Zielorientierung

Zielorientierung geht der Frage nach, ob ein Mensch sich im Vorhinein Ziele bzgl. der Bewältigung einer Anforderung aufstellt und inwieweit diese Ziele auch von ihm erreicht werden können und wie diese Ziele ins Selbstkonzept einbezogen werden können. Die individuelle Zielorientierung wird demnach auch von der eigenen (Miss-) Erfolgserwartung sowie der Kausalattributierung beeinflusst. Je mehr ein Mensch an seinen Erfolg glaubt bzw. davon ausgeht, desto eher wird er sich Ziele stecken und desto höher bzw. differenzierter werden die entsprechenden Ziele sein.

Ein wesentliches Element des Gefühls von Selbstwert und von Selbstvertrauen ist also das Erreichen von einmal selbst gesteckten Zielen. Werden alle gesteckten Ziele erreicht, wird vielleicht einmal ein Niveau von gänzlich unerfüllbaren Zielen erreicht? Was geschieht dann im Selbstkonzept? Denkt man an den hierarchischen Aufbau des Selbstkonzeptes, dann ist die Frage wichtig auf welcher Ebene die Ziele nicht mehr erreicht werden können und welche Kompensationsmöglichkeiten es gibt? Gibt es eine Stufe, auf der nicht mehr erreicht werden kann und was geschieht dann im Selbstkonzept?

Mögliche Fragen in diesem Zusammenhang sind:

Welche Ziele möchte das Kind mit seinen Handlungen erreichen ?
Welche Ziele möchte das Kind mit seinen Handlungen nicht erreichen ?
Welche Ziele meint es erreichen zu müssen (was Eltern, Familie, Lehrer, Mitschüler von ihm erwarten) ?
Was sind seine eigenen Ziele für diese spezielle Situation unabhängig von den Erwartungen anderer?
Was würde es tun, wenn es den Erwartungsdruck nicht geben würde?
Was macht das Kind, wenn es die Ziele in der Situation erreicht?
Was macht das Kind, wenn es die Ziele in der Situation nicht erreicht?

Es geht bei dieser Frage um die Balance zwischen den Zielen und ihrer Erreichbarkeit, die den Kindern bewusst sein sollte. Nur erreichbare Ziele (bzw.

gerade eben noch erreichbare) bringen uns dazu, uns weiterzuentwickeln. Ein hohes Ziel kann Ansporn sein, aber auch das erhöhte Risiko des Scheiterns in sich tragen. Scheitern aber ist in unserer Gesellschaft gleich Niederlage (Misserfolg). Die Chance, im Scheitern auch eine neue Möglichkeit für einen Erfolg mit anderen Mittel zu sehen, wird immer weniger populär.

1.5.4 Beziehungsmuster

Da das Selbstkonzept sich auf der Grundlage einer emotionalen Auseinandersetzung mit sich selbst in der Welt entwickelt, spielen auch die Bezugspersonen des Lebenskontextes eine bedeutsame Rolle vor allem in den von ihnen gesendeten „Du sollst immer....“ – Botschaften. Dabei sind u.a. die suggestiv vermittelten Botschaften in der Familie und die sogenannten Generationenverträge von besonderer Bedeutung, die meist wenig bewussten Zielsetzungen und Einstellungen, die in Familien von den Großeltern über die Eltern bis zu den Kindern vorherrschen und die Leistungen und das Erleben des einzelnen oft sehr stark als suggestive Botschaften beeinflussen („Eine Frau raucht nicht auf der Strasse!“ oder „Ein guter Junge ist immer pünktlich, höflich und gibt keine Widerworte!“ usw.).

Interessant ist zum Beispiel, wenn man bei sich selbst nach solchen suggestiven Verhaltensregeln sucht, die von den Eltern oder den Großeltern gesetzt und an uns weitergereicht wurden. Von diesen „Soll“ – Botschaften finden sich viele im Selbstkonzept (z.B. „Du sollst immer pünktlich, ehrlich und erfolgreich sein“ oder „Du sollst immer kreativ und spontan sein und Langeweile gibt es nicht.“). Einige der möglichen Fragen enthält die folgende Liste:

Stichwort „Generationenverträge“

Vater
Was möchte er, wie ich mich verhalte?
Welche Ziele soll ich erreichen – eigene oder die von ihm gesetzten?
Wie bewertet er mein Verhalten?
Wann gibt er Lob oder Tadel?
Wie groß ist das Vertrauen zu ihm?
Kann ich mich jederzeit an ihn wenden?
Ist er abweisend, wenn ich seine Forderungen nicht erfülle?
Wie setzt er Grenzen für Exprimentierfreude?
Wie ermutigt er mich, mehr zu wagen?

Mutter
Was möchte sie, wie ich mich verhalte?
Welche Ziele soll ich erreichen – eigene oder die von ihr gesetzten?
Wie bewertet sie mein Verhalten?
Wann gibt sie Lob oder Tadel?
Wie groß ist das Vertrauen zu ihr?
Welche Bedingungen stellt sie an mich um mich zu akzeptieren?

Kann ich mich jederzeit an sie wenden?
Ist sie abweisend, wenn ich ihre Forderungen nicht erfülle?
Wie setzt sie Grenzen für Exprimentierfreude?
Wie ermutigt sie mich, mehr zu wagen?
Wie groß ist ihr Verständnis für mich?
u.a.

Bruder
Ist er mein Freund und Verbündeter in allen Fragen? In welchen nicht?
Wie hilft er mir? Und wo nicht?
Was hält er geheim und was nicht?
Können wir zusammen Geheimnisse vor den Eltern oder anderen haben?
Fühlen wir gleich in allen Fragen?
u.a.

Schwester
Ist sie meine Freundin und Verbündete in allen Fragen? In welchen nicht?
Wie hilft sie mir? Und wo nicht?
Können wir zusammen Geheimnisse vor den Eltern oder anderen haben?
Was hält sie geheim und was nicht?
Fühlen wir gleich in allen Fragen?
u.a.

Großvater

Wie ist er (in meiner Erinnerung)? Was sagte er zu mir: lobend, – anerkennend, – kritisierend, – richtungsweisend, – kurz und knapp seine Philosophie, usw. Welche Aufträge hat er mir direkt und indirekt über Vater und Mutter mitgegeben? Wie sollte ich seiner Meinung nach sein und was sollte ich im Leben erreichen?
u.a.

Großmutter

Siehe oben. Zusätzlich: wie haben Oma und Opa sich verstanden? Auf welcher Basis? Wer hat nachgegeben und wer nicht? Wer hat sich kurzfristig und langfristig mit seinen Vorstellungen durchgesetzt? Was hat sie mir mitgegeben? Was denke ich gebe ich direkt von meinem Vater an meine Kinder weiter?
u.a.

1.6 Messung des Selbstkonzeptes

Versucht man in Kooperation mit dem Kind im Dialog gemeinsam sich schrittweise dem Verständnis des Selbstkonzeptes einer Person zu nähern, so liegt ein Hauptproblem darin, dass das Selbstkonzept nicht direkt beobachtbar ist, sondern nur aus dem Verhalten zu sich selbst und zu anderen bedeutsamen Personen des Lebenskontextes indirekt erschlossen werden kann. Lediglich die kommunikativen verbalen und motorischen Reaktionen kann man beobachten, dennoch ist ihre Interpretation oft mehrdeutig und es bleibt unklar, ob der Untersucher den „richtigen“ Blickwinkel getroffen hat. Viel hängt von der Reichweite und Differenziertheit der subjektiven Theorie des Beobachters ab.

Das Selbstkonzept eines Kindes ist nicht direkt beobachtbar

- mögliche Anhaltspunkte zur Rekonstruktion des Selbstkonzeptes eines Kindes ergeben sich aus der Beobachtung der
  - *motorischen Aktivität und der*
  - *Kommunikation/Interaktion*

im Rahmen einer Kooperation mit dem Kind

- konkrete Spielsituationen ermöglichen ein Maximum an Beobachtungschancen
- die Interpretation der beobachteten Handlungssituationen ist von der „subjektiven" Theorie des Beobachters/Pädagogen abhängig

1.6.1 Beobachtung und Einschätzung des Selbstkonzeptes

Die verschiedenen Dimensionen lassen sich nur in sehr unterschiedlichem Ausmaß beobachten und beschreiben. Während bei manchen Dimensionen ein Zugang leicht ist, finden sich auch Elemente bei denen nur ein indirekter Zugang besteht. Menschen sind nicht immer bereit und in der Lage, ihre Befindlichkeit auch in einer Kommunikationssituation zu zeigen. Insofern wird zumeist der Weg über indirekte Methoden einzuschlagen sein.

Das Körperkonzept ist noch am besten zu beobachten, weil es am gegenständlichsten ist. Es bieten sich eine Vielzahl von Beobachtungsmöglichkeiten. Hier kann das freie und bzw. oder das strukturierte Spiel, in dem das Medium Bewegung eine große Bedeutung hat, sehr viele Informationen liefern. Eher direkt sind die Wege zum Kind über das Gespräch bzw. die Befragung des Kindes zu seinem Wissen und seinen Gefühlen bezüglich seiner selbst, indirekt sind Informationen, die wir uns über „Umwege“ besorgen und dann interpretieren müssen (z.B. über Zeichnungen, Einordnungen und andere Darstellungen).

Wichtig ist dabei auch die physische Attraktivität als natürliche Größe und erlebte Größe (perceived attractivity). Da die physische Attraktivität inzwischen die Leitlinie der kapitalistischen Warenästhetik ist, bestimmt die physische Attraktivität sehr stark die empfundene Position des Menschen in Bezug auf Schönheit- Hässlichkeit; Sympathie – Antipathie und Erfolgreichsein – Erfolglosigkeit und damit auch das Selbstkonzept im ästhetischen Sinne. Wie sehe ich aus und wie möchte ich gesehen werden? Bin ich schlank, groß und blond oder klein, dick und schwarzhaarig? In einer Handlung können alle oder Teile des Körpererlebens mobilisiert werden und sich gegenseitig und andere Bereiche des Selbstkonzeptes mitbestimmen. Besonders offensichtlich ist dies bei der physischen Attraktivität.

Die Dimension des Fähigkeitskonzepts ist zum einen sehr weit gefasst, vor allem, da sich Informationen diesbezüglich auf vielfältige Entwicklungs- und Interessensbereiche des Individuums beziehen können. Andererseits können die Fragestellungen und Beobachtungsgesichtspunkte diesbezüglich sehr klar formuliert werden: nimmt ein Mensch seine Fähigkeiten wahr, hat er Kenntnis von seinen Fähigkeiten und wie bewertet er seine Fähigkeiten?!

Die Dimension der Selbsteinschätzung ist grundlegend, kann aber u.E. häufig allein sehr undifferenziert beschrieben werden. Vor allem hängt dies mit der Reflexionsfähigkeit des zu beobachtenden Individuums zusammen, aber auch mit dessen Bereitschaft über sich selbst Auskunft zu geben (Gespräch, Befragung).

Aus diesem Grund beruhen Hypothesen über die Selbsteinschätzung eines Menschen zumeist auf Fremdeinschätzungen des Beobachters und dessen Interpretationen.

Außerdem ist zu berücksichtigen, dass gerade die Faktoren, die eine individuelle Selbsteinschätzung beeinflussen (Misserfolgserwartung, Kausalattributierung, Zielorientierung, Belohnungsstruktur, moralisches Selbst) sehr stark durch die Umwelt des Individuums mitgeprägt sind und dementsprechend zwar schon zum Selbst gehören, aber auch stark fremdbestimmt sein können.

1.6.2 Verfahren zu Erfassung des Selbstkonzeptes

MUMMENDEY (1984) hat häufig verwendete Verfahren aufgelistet, die das Selbstbild erfassen:

- adjektivische Selbstbeschreibungsverfahren, in denen die Person das Zutreffen bzw. Nichtzutreffen bestimmter Eigenschaften in Bezug auf die eigene Person beurteilt,
- Sortierverfahren, bei denen die Person Kärtchen mit personenbezogenen Aussagen einem vorgegebenen Kategoriesystem oder Kontinuum zuordnet,
- Ratingverfahren, bei denen die Person vorgegebene numerische oder graphische Schätzungsskalen bewertet,
- semantische Differentiale, auch Polaritätenprofile genannt, in denen sich die Person auf Ratingskalen mit bipolaren Adjektiven einstuft und
- Persönlichkeitsfragebogen.

Von den zahlreichen Fragebogenverfahren sind besser bekannt:

Wagner, J.W.L.: Fragebogen zum Selbstkonzept für 4.- 6. Klassen – (FSK 4-6), 1977

Schneewind, K. /Wünsche, P., Fragebogen zur Erfassung von Selbst- und Kompetenzeinschätzungen bei Kindern – (FSK-K), 1989

Deusinger, J.M.: Frankfurter Selbstkonzepteskalen – (FSKN), 1986

Steinhausen, F.M.: Offener Fragebogen für Jugendliche, 1987

Daneben existieren Versionen der Selbstkozept – Fragebögen von HARTER 1983,1985.

1.7 Generelle Überlegungen zur Veränderung des Selbstkonzeptes

Gegenseitige Angewiesenheit, Verpflichtung und positive Wertschätzung sind wichtige Qualitäten für eine Identitätsarbeit. „Anders als ich mich in der Welt vorfinde kann ich nicht sein", also steht im Vordergrund die Akzeptanz der eigenen Person in ihren Stärken und Schwächen. Nach KIRK/GALLAGHER/ANASTASIOW (2000, 293) ist die Grundlage dafür 1.) das Nachmachen von positiven Vorbildern, 2.) das Erproben neuer oder anderer Rollen im Rollenspiel, 3.) eine realistische Leistungsbewertung erwarten können und 4.) daraus eine Generalisierung erwünschter Verhaltensweisen abzuleiten und diese aufrechtzuerhalten.

Wenn man davon ausgeht, dass das Selbstkonzept den meisten Menschen nicht oder nicht ausreichend bewusst ist und dementsprechend nur unzureichend oder gar nicht beschrieben werden kann, dann kann man trotzdem einige Schritte zu einer positiveren Erlebnisbasis zu schaffen versuchen.

1. Emotional bedeutsame Ereignisse üben großen Einfluss auf die Konstruktion des Selbstkonzeptes aus. Man sollte positive Erlebnisse schaffen. Diese positiven emotionalen Zustände muss die Person wiederholt erleben können.
2. Da ein Individuum umso eingeschränkter in seinen Handlungsmöglichkeiten ist, je weniger es sich seiner impliziten Annahmen bewusst ist, sollte eine persönliche Bewusstwerdung der eigenen Möglichkeiten angestrebt werden.
3. Eine Erhöhung der Intensität der Eigenwahrnehmung sollte durch eine selbstzentrierte Aufmerksamkeit unter positiven Aspekt versucht werden.
4. Es sollte das Bedürfnis nach Selbstwirksamkeit verstärkt werden. Es sollte gelernt werden, wie man einen Erfolg für Lernbemühungen zuversichtlich erwarten kann.
5. Man sollte versuchen, die Anstrengungsbereitschaft zu erhöhen.
6. Man sollte Ablenkungen, Hemmungen und Widerstände beschreiben und schrittweise verringern.
7. Man sollte versuchen, den negativen Erfahrungen durch positive Interpretation der Vorgänge eine bessere Deutung zu geben (Reframing).
8. Es sollte das Anspruchsniveau langsam ansteigend erhöht werden.
9. Man sollte eigene Ziele finden.

Methoden, die gleichzeitig die Erfassung, Erweiterung und Veränderung von Selbstkonzepten bewirken, lassen sich z.B. relativ gut im Rahmen einer öko-systemischen Förderdiagnostik und der Psychomotorik finden (siehe Kapitel 3). Diese Methoden sollten das Bewusstwerden der eigenen Person mit ihrem Denken, Handeln, Fühlen ermöglichen. Durch sie sollen emotional bedeutsame Situationen und neue positive Handlungsmöglichkeiten geschaffen werden, um so langsam eine positive Veränderung des Selbstkonzeptes zu bewirken. Dazu gehört die schrittweise Einbeziehung von Eltern, Lehrern, Peers und anderen bedeutsamen Personen in die Förderpläne, soweit dies möglich ist. Selbstkonzepte positiver und negativer Art entstehen nämlich nicht im „luftleeren" Raum, sondern in der ständigen emotionalen Auseinandersetzung zwischen Individuum und Umwelt im Lebenskontext.

Methodisch didaktische Möglichkeiten der Umsetzung dieser Überlegungen in der Arbeit in der Schule können sein:

- Thematisierungen von „Selbstkonzept" im Unterricht in Form eines Projekts oder einer Projektwoche mit Selbstdarstellung, Selbstbehauptung, Konfliktbewältigung etc.
- Verstärkter Einsatz von Rollenspielen zu lebensrelevanten Themen
- Erlebnispädagogische Angebote (Kanufahren, Segeln u.a.; immer mit positiven emotionalen Erlebnissen verbunden, aber auch mit der Erfahrung von Grenzen)
- Unterstützende Maßnahmen in der individuellen oder Gruppenbetreuung im außerschulischen und nachschulischen Bereich.

Vielfältige Ansätze bietet auch die Arbeit mit zeichnerischen Darstellungen, Selbstbeschreibungen, die Beschreibung des inneren Dialogs und körperorientierte Arbeitsformen, gruppenorientierte Übungen und natürlich Elemente der Psychomotorik (vgl. Ausführungen im Praxisteil und zum Ende des zweiten Kapitels).

Die Ziele dieser Übungen (die von den Aufgaben des praktischen Teils ausgehen können) beruhen auf:

- einer Sensibilisierung der emotionalen Wahrnehmungsfähigkeit (differenzierte Wahrnehmung von Gefühlen, Bedürfnissen, Wünschen, Befürchtungen, Ideen, Phantasien, Gedanken; präziseres Erfassen der eigenen Person u.a.),
- einer Erfahrung von Selbstwirksamkeit (aus dem „Ich kann" lernen, was möglich ist),
- der Erhöhung der Selbstverantwortung (Bereitschaft erhöhen, nicht alles auf frühere Misserfolge zurückzuführen oder als von außen bestimmt anzusehen; Verantwortung für das eigene Leben erkennen; Wahlmöglichkeiten sehen u.a.),
- dem verstärkten Ausdruck von positiven Gefühlen (Umgang, Bewusstmachen, Anerkennen, Ausdrücken und Kennenlernen von Gefühlen u.a.)
- dem Abbau unerwünschter Verhaltensstandards (verinnerlichte Vergleichstandards erkennen und verändern lernen aus Erfolgserlebnissen u.a.)

- der Bewusstheit der eigenen Motivation (was sind eigene Ziele und Werte?),
- einer Erhöhung der Selbstakzentuierung (Selbstachtung, Akzeptierung des eigenen Handelns und Erlebens, Wert der eigenen Person erkennen, Unabhängigkeit gewinnen u.a.),
- einer Erfahrung von Grenzen im Handeln und Erleben,
- einer besseren Akzeptierung anderer (Respekt, Toleranz; Meinungen und Gefühle anderer respektieren u.a.),
- einer Erweiterung der interpersonellen Offenheit,
- einem Bewusstwerden von Interdependenzen im Verhalten (gegenseitige Abhängigkeit von Verhaltensweisen und Erleben),
- dem Entdecken der eigenen Stärken und deren effektiven Einsatz in der Kommunikation und im Lernen.

Gerade bei älteren Kindern und bei Jugendlichen ist es keineswegs einfach, langsam und mit vielen Rückschritten ein Selbstkonzept zu einem überwiegend positiven zu machen, aber es ist eine lohnende pädagogisch – therapeutische Anstrengung wert. Kinder mit sich positiv veränderndem Selbstkonzept sehen sich langsam und zunehmend auch einmal auf der Gewinnerseite des Lebens.

Für diesen langsamen Übergang zur positiven Seite könnte der folgende Waschzettel einige Hilfen enthalten, mit dem wir dieses Kapitel abschließen wollen:

Offener Waschzettel für das positive Selbstkonzept

Sieh Dich selbst in Deinen Stärken und Erfolgen und akzeptiere Deine Schwächen und Niederlagen als Teil Deines lebendigen und persönlichen Selbst.

Gehe vom Kind und seiner Selbstwahrnehmung aus, um mit ihm zusammen einen möglichen Lebensplan zu entwerfen.

Versuche, Deinen „inneren Dialog“ und den des Kindes deutlich zu machen bei Aufgaben und Lebensproblemen.

Interaktion und gegenseitiges Akzeptieren kommen **vor** dem Vermitteln von Information.

Gehe vom Erleben des Menschen aus und dann zur kognitiven Strukturierung.

Beginne zu erkennen, dass es nur individuelle Lösungen für individuelle Probleme gibt.

Vermeide Bewertungen und Einschätzungen nicht, denn sie sind für Dich und Dein Gegenüber wichtig. Aber erkläre ihm immer, dass sie Deine Ansichten und Kommentare sind und nicht dass sie allgemeingültig sind.

Suche Verbündete und nimm Hilfen in Anspruch. Du bist nicht unfehlbar!

Sieh im Scheitern eines Planes auch die Chance zu einem konstruktiven Neubeginn.

Lade nicht sofort alle Schuld auf Deine Schultern, wenn es objektive und subjektive Gründe für Dein Scheitern gibt.

Du musst auch für Dich eigene Visionen, Utopien und Träume haben und zulassen, um bei Kindern und Jugendlichen Pläne für die Zukunft entstehen lassen zu können.

Das Subjektive ist oft das Entscheidende.

Vermeide Negativismen in der Selbsteinschätzung, damit nicht eine permanente Misserfolgserwartung bei Dir entsteht – bei Dir nicht und auch nicht bei anderen.

Gefühle zulassen, thematisieren und fördern.

Widerspruch akzeptieren können und Gegenargumente zulassen.

Auch Kritik als sachliche Mitteilung und Zuwendung sehen lernen.

Wir haben in diesem Kapitel die große Reichweite zum Teil sehr unterschiedlicher Theorien zum Selbstkonzept sehen können. Wir haben den Versuch der Beschreibung dieser Theorien unternommen und dabei unser Modell des Selbstkonzeptes bestehend aus den Elementen Selbsteinschätzung, Körperkonzept, Fähigkeitskonzept, Selbstbild und Selbstbewertung formuliert. Doch dieses nur zu analytischen Zwecken so beschriebene Selbstkonzept ist ein äußerst lebendiges und dynamisches System interagierender Komponenten, die zudem einem ständigen Veränderungsprozess in der emotionalen Auseinandersetzung des Individuums mit der Welt ausgesetzt sind. So ist es nur zu gut verständlich, wenn andere Autoren vielleicht zu anderen Schwerpunktsetzungen kommen und neue Autoren wiederum zu neueren Definitionen kommen werden. Das Selbstkonzept als Forschungsgegenstand ist inzwischen beliebt und die Fülle der berichteten Ergebnisse spiegelt natürlich die Breite des Wissenschaftsprozesses wider.

Kapitel 2

Selbstkonzept und Schule

„O je, Frau Meyer, das dürfen sie mich heute nicht fragen, heute bin ich mental ganz schlecht drauf". Kai, 2.Klasse zur Lehrerin.

So fragt ein Schüler mit einem positiven Selbstkonzept, denn später oder morgen meint er, dass die Lehrerin noch einmal fragen wird und dann wird er gut antworten können.

Im Gegensatz dazu:

Maik ist ein Kind mit geringem Selbstbewusstsein und wenig Vertrauen in die eigenen Fähigkeiten. In der Klasse macht er einen ängstlichen Eindruck und traut sich generell wenig zu. Er vermeidet Fragen, wo es nur geht. Wenn er etwas sagen muss, dann sagt er immer nur: „Weiß ich nicht!". Wagt er einmal etwas, dann ist er gleich beim ersten Misserfolg entmutigt und gibt schnell auf. Er hat Angst vor der Klasse zu reden und Angst vor der spöttischen Reaktion seiner Klassenkameraden. Er erwartet, dass sein Lehrer ständig neben ihm steht, um ihm ein wenig Sicherheit und viel Hilfe zu geben. An neue Aufgaben wagt er sich selten, versucht aber gelegentlich alte Aufgaben noch einmal zu lösen. Von seinen Leistungen und seiner Leistungsfähigkeit ist er nicht überzeugt und meint generell, dass er ein Versager wäre. In der Folge setzt er sich keine Ziele mehr." Dies sagt seine Lehrerin Frau Kowalczik vom Schüler Maik.

Ganz offensichtlich ist Maiks Selbstkonzept negativ und enthält keinen Platz für Selbstvertrauen, Selbstwertschätzung und Sicherheit.

Wie ist es dazu gekommen? In einem Geflecht von Komponenten, die wir im vorigen Kapitel beschrieben, haben sich im Kind Umfeld System dauerhaft negative Bewertungen ergeben und wurden ins Selbstbild des Schülers integriert. In der Schule gehören dann auch die Bewertungen des Schülers durch Mitschüler und durch den Lehrer zum sich vervollständigenden Bild eines allseitigen Versagers ohne Hoffnung.

Welche Bedeutung hat nun das Selbstkonzept für die Schülerpersönlichkeit? Inwiefern beeinflusst das Schülerselbstkonzept das (Leistungs-)Handeln und Verhalten des Schülers? In welchem Zusammenhang stehen Schulleistungen und Schülerselbstkonzept? Wie beeinflussen Schule als System, der Lehrer und die Mitschüler in der Schule das Selbstkonzept eines Schülers? Warum ist es für den Lehrer wichtig, Einsicht in das Selbstkonzept bzw. die Selbstkonzepte seiner Schüler zu erlangen?

Die Vorstellungen, die ein Mensch über sich und sein Verhältnis zur Welt entwickelt hat (sein Selbstkonzept), haben einen bedeutenden Einfluss auf sein Verhalten, sein Handeln und seine Selbstwahrnehmung, wie wir im vergangenen Kapitel gesehen haben – und dies besonders in der Schulzeit. Um das

Verhalten eines Schülers (z.B. in Anforderungssituationen, bei Erfolg oder Misserfolg, in Interaktionssituationen) angemessen wahrnehmen und verstehen zu können, ist es dementsprechend wichtig z.B. zu erfahren, was für ein innerer Dialog sich in ihm abspielt, wie er sich selbst als handelnder Akteur sieht und erlebt, welche Ziele er sich setzt und welche Erfolgsaussichten er für sich sieht – und wie er das im Gespräch mit sich selbst thematisiert.

Dies sind Fragen, die man bei der Auseinandersetzung mit der Persönlichkeitsentwicklung eines Kindes im Rahmen der Schule berücksichtigen sollte und mit denen wir uns im folgenden Text beschäftigen wollen. Dazu zunächst ein weiteres kleines Praxisbeispiel, das uns verdeutlichen soll, dass es sich dabei keineswegs um eine einseitige und lineare Abhängigkeit zwischen Versagen und negativem Selbstkonzept handelt:

„An einer Schule für Lernhilfe mit Schülern der ersten und zweiten Klassenstufe fiel mir auf, dass sich einige Kinder Handlungen zutrauten, obwohl sie die dafür notwendigen Kompetenzen aus meiner Sicht nicht besaßen. Im Gegensatz dazu konnte ich auch Kinder beobachten, die sich sehr schnell überfordert fühlten und sich Handlungen häufig nicht zutrauten, obwohl sie meines Erachtens über alle notwendigen Voraussetzungen erfolgreichen Handelns verfügten. In verbalen Äußerungen dieser Kinder (z.B. „Ich kann das sowieso nicht!") wurden häufig sehr negative Vorstellungen über die eigenen Fähigkeiten deutlich. Die Kinder, die sich sehr viel zutrauten schienen dagegen eine eher positive Einstellung bezüglich der eigenen Leistungsfähigkeit zu besitzen. (Bode 2001).

2.1 Auswirkungen der Schule auf das Selbstkonzept

2.1.1 Das Selbstkonzept und die Schülerpersönlichkeit

Das Selbstkonzept eines Schülers

- bestimmt die schulischen Leistungen und die Persönlichkeit des Schülers und wirkt weit über die Schule hinaus (in sozialen Beziehungen und Interaktionen).
- entsteht bereits in früher Kindheit, verstärkt sich aus emotionalen Erfahrungen mit sich selbst und anderen und trennt sich in der Schulzeit in ein selbstbezogenes, ein fächerbezogenes Selbst und in einen sozial bezogenen Teil.

Der Lehrer sollte Möglichkeiten zur Beurteilung des Entstehens des Selbstkonzeptes, der Diagnose und der Förderung kennen, um sich ein ganzheitliches Bild vom Schüler machen zu können und

- um die Reaktionen der Schüler in ihrer Lebenssituation besser verstehen zu können,
- um einen positiven Einfluss auf Lebensqualität und Lebenszufriedenheit des Schülers nehmen zu können,

- um über eine Förderung des Selbstkonzeptes eine Verbesserung der Zufriedenheit des Schülers mit sich selbst erreichen zu können,
- um eine Verbesserung der Schulleistungen zu erreichen, die den Schüler dann wieder zufriedener machen könnte,
- um den Schüler besser aus seinem Lebenskontext heraus verstehen zu können.

2.1.2 Schule als System und Selbstkonzept

Die Schule als System beeinflusst die in ihr lebenden Personen und ihre Beziehungen direkt und indirekt in vielfältiger Weise. Die Strukturen des Schulbetriebs sind abhängig von gesellschaftlichen Normen und deren Veränderung. Eine besondere Rolle für die Entwicklung des Selbstkonzeptes spielt in unserer Gesellschaft dabei der Leistungsbegriff.

Zielvorstellungen unserer Gesellschaft[1] sind:

- Leistung ist ein hoher Wert
- Leistung verschafft Einkommen
- Leistung verschafft gesellschaftliche Anerkennung
- Leistung sichert einen hohen sozialen Status.

Die Voraussetzungen für den Leistungsanspruch der Gesellschaft werden in der Schule geschaffen, wenn man nicht annehmen möchte, dass sie schon viel früher in der Familie gelegt werden. Der Leistungsgedanke prägt über den Einfluss auf das Selbstkonzept Lernmotivation, Anstrengungsbereitschaft, Einsatz persönlicher Kompetenzen, subjektive Zufriedenheit, Zuwendung des Lehrers, Zuwendung und Lob der Eltern und Anerkennung in der Lerngruppe u.a. Das Verhalten eines Schülers im Rahmen seiner individuellen Lerngeschichte hängt von seiner Sichtweise von Leistung im Rahmen seiner individuellen Handlungsmöglichkeiten und den subjektiven Kompetenzen des Schülers ab.

Das Ethos einer Schule und die Betonung des Leistungsgedankens beeinflussen auch das Selbstkonzept des Schülers. Die Schule sendet suggestive Botschaften an die Schüler aus, die selbstkonzeptwirksam sind („alle Schüler unserer Schule haben stets in besonderer Weise zur Elite unserer Stadt gehört" ist so ein suggestiver Satz). Die Identifikation mit der Schule im Sinne einer „Corporate Identity" erhöht das Selbstkonzept von erfolgreichen Schülern und stärkt damit wiederum das Ethos der Schule.

Abweichende Schüler fürchten in einer solchen Schule:

- nur einer von vielen zu sein, daher unwichtig und wertlos zu sein,
- vielleicht den Ansprüchen nicht zu genügen und daher schlecht zu sein,
- ihre Wünsche auszusprechen und Ansprüche zu stellen.

---

[1] Diese gesellschaftlichen Ziele gelten unabhängig von der Frage, ob wir ihnen persönlich zustimmen oder nicht.

Sie werden deshalb eher

- dem Lehrer die Verantwortung übertragen, der „schon weiß was für den Schüler wichtig ist",
- kein Gefühl für Selbständigkeit entwickeln,
- Schwierigkeiten stets als Probleme von sich selbst ansehen
- nicht mehr selbständig nach Lösungen suchen.

2.1.3 Auswirkungen des Selbstkonzeptes auf zukünftiges Verhalten

Das Selbstkonzept einer Person hat entscheidenden Einfluss auf dessen **Erleben bzw. seine eigene Wahrnehmung.** „(...) das aufgebaute Selbstkonzept der Person bestimmt weitgehend die Interpretation und Organisation ihrer Wahrnehmungen, denn diese bisherigen Kategorien geben nun den Rahmen vor, innerhalb dessen neue Informationen und Erfahrungen interpretiert und bewertet werden" (LASKOWSKI 2000, 22).

Mit den selbstbezogenen Erfahrungen, die der Mensch in der Schule macht, kann er auf unterschiedliche Weise umgehen. Daraus baut sich ein positives oder negatives Selbstkonzept aus den Reaktionen der Umwelt auf. So versteht ein Schüler mit einem negativen Selbstkonzept neue Informationen über sich selbst (z.B. schlechte Noten) so, indem er diese in das bereits gebildete negative Konzept einpasst (z.B. „Ich bin eben ein schlechter Schüler, deswegen kann ich nur schlechte Noten haben"). Unvereinbare Sachverhalte (z.B. gute Noten) werden nach Möglichkeit ignoriert, als unwahr abgewertet oder so interpretiert, dass sie sich auf irgendeine Art und Weise integrieren lassen (z.B. durch Zufall oder durch Abschreiben). Das Ergebnis ist eine Stabilisierung des negativen Selbstkonzeptes.

Der Schüler mit einem positiven Selbstkonzept ist dagegen frustrationstolerant, baut Misserfolge als notwendiges Übel in sein ansonsten positives Selbstkonzept ein und es braucht eine lange Zeit von Misserfolgen, bevor er sein Attribuierungsverhalten und seine Selbsteinschätzung als guter Schüler ändert.

Neben den Auswirkungen, die das Selbstkonzept auf das Erleben eines Menschen hat, beeinflusst es außerdem die zukünftige Auswahl von Situationen und den Umgang mit diesen. Erleben und Verhalten stehen in einem engen Zusammenhang: je nachdem wie eine Person eine Situation wahrnimmt, wird sie ihr Verhalten ausrichten. Wenn sich ein Kind beispielsweise von seinem Lehrer nicht ernstgenommen fühlt (Erleben), wird es eventuell mit Rückzug reagieren (Verhalten).

Das Selbstkonzept eines Schülers nimmt also starken Einfluss auf:

- die Ursachenerklärung von Erfolg und Misserfolg (Kausalattribuierung)
- seinen Umgang mit Kritik
- die Auswahl und den Umgang mit bestimmten Situationen
- die Interaktionsprozesse in der Klasse

- die Interaktionen mit dem Lehrer
- die Interaktionen mit der Familie
- seine Anstrengungs- und Risikobereitschaft
- seine gesetzten Ziele
- seine Leistungsmotivation
- seine Ziele und die Wege, diese zu erreichen

2.1.4 Auswirkungen des Selbstkonzeptes auf den Umgang mit Kritik

Menschen mit eher negativem Selbstkonzept sind also sehr viel empfänglicher für (negative) Kritik als andere Kinder mit einem positiven Selbstkonzept, denn sie sehen diese Kritik als ernster und bedeutungsvoller an. Menschen mit einem überwiegend negativem Selbstkonzept beziehen viele Dinge auf sich, die eigentlich nur als sachliche Äußerung gemeint waren. Sie fühlen sich schneller durch Aussagen anderer gedemütigt, ausgelacht und abgelenkt (LASKOWSKI, 2000, 24f). „Man könnte sagen, Menschen mit einem eher günstigen Selbstkonzept gehen weitgehend mit einer „rosaroten Wahrnehmungs-Brille", und Menschen mit einem eher ungünstigen Selbstkonzept gehen eher mit einer „grauschwarzen Wahrnehmungs-Brille" durch die Welt".

Die grauschwarze Brille macht sie also empfänglich für negativ bewertende Signale der Umwelt und verringert die Empfangsbereitschaft für Signale, die hohe Kompetenz und Erfolg vermitteln. Menschen mit schwachem Selbstkonzept sollte also vermittelt werden, dass Kritik ein normales Phänomen der Kommunikation ist und nicht in erster Linie als Kritik an den Kompetenzen einer Persönlichkeit gemeint ist sondern eher als inhaltlicher Kommentar zur Sache.

2.1.5 Auswirkungen des Selbstkonzeptes auf die Auswahl und den Umgang mit Situationen

Menschen verhalten sich häufig so, wie es ihrem Selbstkonzept entspricht. Ein Junge mit dem Selbstkonzept, er sei schüchtern und kontaktscheu, wird sich beispielsweise kaum trauen, ein Mädchen anzusprechen. Wenn er es trotzdem probiert und nicht sofort erfolgreich ist, wird er schnell mutlos aufgeben. Er wird vielleicht gänzlich vermeiden, Mädchen anzusprechen und durch die mangelnden Erfahrungen erlebt er weitere Misserfolge, sein negatives Selbstkonzept wird so im Sinne einer sich selbst erfüllenden Prophezeiung bestätigt. Bei einem Jungen mit einem positiven Selbstkonzept wäre es eher umgekehrt. Er würde sich mehr zutrauen, die Erfahrung, Mädchen anzusprechen, häufiger aufsuchen und aufgrund dessen auch mehr Erfolge erleben. Das wiederum würde sein positives Selbstkonzept bestätigen (HOBMAIR 1997, 435). Dieses Beispiel verdeutlicht, dass ein ganz bestimmt geartetes Selbstkonzept eine ganz bestimmte Einstellung zur Welt bewirkt mit entsprechenden Verhaltensmustern und Verhaltenserwartungen. Dementsprechend kann man von den Verhaltensweisen einer Person auf das zugrundeliegende Selbstkonzept schließen (vgl. DÖNHOFF-KRACHT 1980, 162).

2.1.6 Auswirkungen des Selbstkonzeptes auf die Bereitschaft, sich anzustrengen und ein Risiko einzugehen

Für Auswirkungen auf die Risikobereitschaft ist im wesentlichen das Fähigkeitsselbstkonzept eines Menschen verantwortlich. So wird ein Schüler, der sehr wenig Vertrauen in die eigenen Fähigkeiten und die Vorstellung entwickelt hat („Ich kann gar nichts") eine sehr viel geringere Risikobereitschaft (und damit auch Anstrengungsbereitschaft) zeigen als ein Schüler mit positiveren Annahmen über die eigenen Fähigkeiten. Der Grad der Risikobereitschaft hängt jedoch auch von der Einstellung der Familie (unterstützender Familienhintergrund) und die Einbettung in die Gruppe der Peers ab: je höher die Integration in die Gruppe ist, desto höher auch die Risikobereitschaft.

Im Praxisteil findet sich eine Aufgabe, die dies gut verdeutlicht. Dem Schüler werden in einem Brettspiel zwei Wege zum Ziel ermöglicht: ein Weg für einen Schüler, der Risiko vermeiden möchte und deshalb viele kleine leichte Schritte zum Ziel wählt und ein anderer Weg für einen Schüler mit hohem Selbstkonzept, der das Risiko einer unbekannten schwierigen Aufgabe eingehen möchte, die ihn schneller ans Ziel bringt.

2.1.7 Auswirkungen des Selbstkonzeptes auf die Leistungsmotivation

Unter Leistungsmotivation versteht MEYER „die situativ anregende Tendenz, leistungsbezogenes Verhalten zu vollziehen oder zu unterlassen. Leistungsbezogen ist Verhalten immer dann, wenn das Individuum dessen Resultat anhand von selbst oder von anderen auferlegten Gütemaßstäben, die es als verbindlich erachtet einschätzt. Dabei kann der Handlungseffekt Erfolg- oder Misserfolg sein" (MEYER,1973, S.37).

Ob ein Mensch eine hohe oder niedrige Leistungsmotivation hinsichtlich einer bestimmten Aufgabe zeigt, hängt u.a. davon ab, ob sein Verhalten durch Erfolgs- oder Misserfolgserwartungen geprägt ist. Ein Schüler der beispielsweise immer wieder Misserfolge im Mathematikunterricht erfahren und dementsprechend die Vorstellung entwickelt hat ein Versager in Mathematik zu sein, wird seinem Selbstkonzept entsprechend mit einer Misserfolgerwartung an eine neue Rechenaufgabe herangehen und eine geringe Leistungsmotivation zeigen – und deshalb auch zu keiner Leistung kommen können.

Wie wichtig die Motivation jedoch für das Schulische Lernen ist, macht COVINGTON deutlich, der in der Motivation *„die bedeutendste Variable des schulischen Lernens" sieht* (2000, 171f). Die Motivation bestimmt das schulische Lernen:

„Die Quantität und Qualität des Lernens eines Schülers und sein Wille zur Fortsetzung des Lernens hängen von einer Wechselwirkung zwischen den sozialen und schulischen Zielen, die er in den Klassenraum einbringt und der moti-

vierenden Wirkung dieser Ziele auf ihn zugleich mit den vorherrschenden Belohnungsstrukturen der Klasse ab, welche die Menge und die Qualität des Gelernten bestimmen". Das Lernen eines Schülers wird also bestimmt durch seine Motivation zum Lernen und durch die in seiner Lernumgebung üblichen Belohnungen (Lob des Lehrers, Zustimmung seiner Bezugsgruppe etc.). Je höher die Motivation, je höher die Zustimmung der Gruppe, desto erfolgreicher wird der Schüler sein.

2.1.8 „Die sich selbst erfüllende Prophezeiung"

Aufgrund der beschriebenen Auswirkungen des Selbstkonzeptes auf das Erleben, Verhalten und Handeln eines Menschen, sowie der Tendenz des Menschen, sein Verhalten an sein Selbstkonzept anzupassen, kommt es oft zu dem Phänomen einer sich selbst erfüllenden Prophezeiung. Die Einschätzung der eigenen Leistungsfähigkeit wirkt dabei als sich selbst erfüllende Vorhersage: schätze ich mich hoch in Mathematik ein, so kann ich auch schwierigere Aufgaben lösen. Schätze ich mich jedoch leistungsschwach ein, dann sinkt die Anstrengung und der Schüler versagt bei schwierigeren Aufgaben.

Insbesondere sogenannte Postulate höherer Ordnung scheinen häufig die Funktion von sich selbst erfüllenden Prophezeiungen zu besitzen (EPSTEIN 1979, 16). Ist beispielsweise ein Schüler der Meinung: „Ich bin schlecht in Mathe", dann wird er bei mathematischen Aufgaben schnell zu der Auffassung gelangen, dass er sie nicht lösen kann und eventuell versuchen, sich um die Aufgabe zu drücken, was dazu führt, dass er selten übt und sich durch das anfängliche Vorurteil („Ich bin schlecht in Mathe") tatsächlich zu einem schlechten Rechner entwickelt. Wenn er es doch versucht die Aufgabe zu lösen, wird er bei auftretenden Problemen schnell aufgeben, weil er denkt: „Ich wusste doch, dass ich das nicht kann. Das ist zu schwer für mich" und sich als Versager fühlen. Weil er so früh aufgibt, wird er auch eher ein schlechtes Ergebnis erzielen. Dies bestätigt seine Vorerwartungen und führt zu einer negativen Bekräftigung, wodurch er in Folge sein Selbstkonzept seiner mathematischen Fähigkeiten weiter senken und sich in Zukunft noch weniger zutrauen wird.

„Viele Menschen schränken sich durch solche negativen Vorurteile in vielen Bereichen selbst ein und reduzieren sich sozusagen selbst in ihren Möglichkeiten und in ihrer Lebensführung. Das bedeutet, dass sie sich oft nur auf solche Situationen einlassen, in denen sie sich sicher bzw. gut gerüstet fühlen und andere Situationen vermeiden" (LASKOWSKI 2000, 35).

2.1.9 „Erlernte Hilflosigkeit"

Eine Begründung für eine niedrige Leistungsmotivation beschreibt SELIGMANN (1979, 1986) mit dem Begriff **„Erlernte Hilflosigkeit"**. SELIGMANN geht davon aus, dass ein Kind, welches immer wieder die Erfahrung macht, dass sein Verhalten und seine Handlungen keine gewünschten Veränderung bewirkt, die

Überzeugung ausbildet, dass Verhalten und Konsequenz voneinander unabhängig sind und es Ereignisse – auch durch wiederholtes Lernen und Üben – nicht kontrollieren kann. Die Gedanken des Kindes kreisen dabei um eigene Fähigkeitsmängel, negative Gefühle gegenüber den Aufgaben und dem Aufgabensteller und ein unsystematisches Vorgehen nach Versuch und Irrtum.

Die Kategorien der Gefühle von Hilflosigkeit sind:

- Überzeugung der Unkontrollierbarkeit des Ergebnisses
- Wunsch, mit der Situation fertig zu werden
- Wunsch, die Versuche aufzugeben
- Verlust der Selbstkontrolle
- Hoffnung, doch noch eine Lösung zu finden
- Glaube an die persönliche Unfähigkeit
- Wunsch, der Situation entkommen zu können
- Ärger über sich selbst
- Ärger gegenüber externalen Objekten (nach HECKHAUSEN 1988, 491)

Wenn dieser Zustand länger andauert oder wiederholt auftritt, baut das Kind eine generalisierte Erwartung der Nicht-Kontrollierbarkeit von Ereignissen durch eigenes Verhalten und eigene Handlungen auf. Das Kind lernt Hilflosigkeit. Aufgrund der negativen Einstellungen und Erwartungen wird sich ein Motivationsverlust bezüglich des willentlichen Handelns einstellen. Das Kind wird zunehmend passiver werden, weil aktives Handeln keine (positive) Wirkung zeigt. Darüber hinaus wird das Kind die Überzeugung entwickeln, dass viele Ereignisse durch äußere Mächte wie Schicksal, Zufall, Glück usw. verursacht werden (externe Attribution). Dies führt dazu, dass Misserfolge eher schicksalhaft hingenommen werden, anstatt Handlungsmöglichkeiten zu suchen, welche die Situation verbessern könnten (vgl. LASKOWSKI 2000, 99).

Es lässt sich denken, dass Menschen mit einer erlernten Hilflosigkeit ihr Leben weniger optimistisch sehen, unter Gefühlen wie Resignation, Hilflosigkeit und Hoffnungslosigkeit leiden, die weitgehend depressiven Verstimmungen entsprechen und ein negativeres Selbstkonzept haben als Menschen mit einem selbstverantwortlichen Zuschreibungsmuster. Haben sie diesen Zustand erreicht, dann wird es sehr schwer sein, ihnen individuell den Eindruck zu vermitteln, dass sich Lernen lohnt und zu Erfolgen führt, welche die eigene Zufriedenheit erhöhen.

2.2 Lehrerverhalten und das Selbstkonzept von Schülern[2]

Der Einfluss des Lehrers auf das Selbstkonzept des Schülers, seine Leistungen und Fähigkeiten ist beträchtlich. Der Lehrer möchte in seinen absichtlichen Bemerkungen adäquat verstanden werden, der Schüler versteht jedoch

[2] (Wir folgen in diesem Abschnitt teilweise einer Argumentation von Möhlenkamp 2001)

gelegentlich eher die unabsichtlichen Äußerungen als die absichtlichen. Das erschwert bisweilen die Kommunikation zwischen Lehrer und Schüler.

Der Schüler möchte über die Bewertung seiner Leistungen und seines Verhaltens vom Lehrer erfahren, inwieweit er akzeptiert ist. MEYER meint, dass der Lehrer einem Schüler, den er für unbegabt hält, dies in der Regel nicht direkt mitteilen wird. Dennoch kann er seine Einschätzungen unbewusst z.B. über das Zuweisen leichter Aufgaben, Lob bei leichten Aufgaben etc. mitteilen, was der Schüler wiederum deutlich zu spüren vermag (MEYER 1984, 142f.). Der Schüler kommt so in einen „Teufelskreis" von Selbstempfinden und Lehrerbewertung, der es ihm schwer macht, sich erfolgreich zu verhalten.

2.2.1 Der Zusammenhang zwischen Erwartungen und Bewertungen des Lehrers und dem Selbstkonzept des Schülers

Die Erwartungen des Lehrers an den Schüler und seine Beurteilungen des Schülers werden unmittelbar wirksam, und zwar unterschiedlich bei Schülern mit verschiedenen Ausprägungen des Selbstkonzeptes. In der allgemeinen Verhaltenstheorie des Lehrers fördert er diejenigen, die er für leistungs- und anstrengungsbereit hält und andere nicht, denen er dies weniger zutraut (HÖHN 1973; HOFER 1969).

Diese Einschätzung drückt sich in der Beziehung zwischen dem Lehrer und dem Schüler in den gemeinsamen Handlungen aus. So erhalten leistungsschwache Schüler weniger positives Feedback vom Lehrer, werden bei richtigen Antworten weniger gelobt – was dem Lehrer allerdings auch weniger auffällt. Der Lehrer lächelt leistungsstarken Schülern eher zu und hat häufiger Augenkontakt zu ihnen (BROPHY/GOOD 1976, 295ff). Es ist wahrscheinlich, dass leistungsschwache Schüler oder verhaltensauffällige Schüler weniger Sympathie und Beachtung vom Lehrer erhalten (PETILLON 1982, 33ff).

So werden leistungsschwache und leistungsstarke Schüler unterschiedlich behandelt: trifft eine hohe Lehrererwartung auf ein hohes Selbstkonzept beim Schüler, so kann dieser Schüler auch ein uneindeutiges Verhalten des Lehrers als für ihn günstig interpretieren. Das führt zu einer höheren Leistung, die wiederum vom Lehrer als Bestätigung seiner Erwartungen interpretiert wird und zugleich auch als eine Auswirkung der „guten" Pädagogik betrachtet wird, die dieser Lehrer bietet.

Bei niedriger Lehrererwartung und einem niedrigen Selbstkonzept wird dasselbe Verhalten des Lehrers (uneindeutiges Verhalten) vom Schüler als ungünstig interpretiert. Der Schüler fühlt sich vom Lehrer nicht richtig wahrgenommen und als Schüler mit niedrigem Leistungsniveau eingeschätzt, um den der Lehrer sich nicht kümmern möchte (KRUPITSCHLKA 1990, 50). Seine Leistung wird noch schlechter werden. Der Lehrer hat dabei das Gefühl, dass dieser Schüler seine gute Pädagogik ablehnt oder nicht zu würdigen weiß, weil der

Lehrer unwillkürlich Leistungsstärke beim Schüler als positives Reagieren auf die vom Lehrer gesetzten Impulse bewertet. Leistungsschwäche wird als Unvermögen des Schülers interpretiert, den Impulsen des Pädagogen zu folgen. So ist leicht vorstellbar, wie sich ein Teufelskreis von (enttäuschter) Erwartung des Lehrers – niedriges Selbstkonzept beim Schüler – weiter herabgesetzte Einschätzung des Lehrers – noch niedrigere Leistungen – noch niedrigeres Selbstkonzept etc. aufbauen kann.

Lehrer- und Schülerselbstkonzept hängen nun auch noch in anderer Beziehung zusammen. Menschen mit einem positiven Selbstkonzept fühlen sich eher zu anderen Menschen mit positiver Einstellung hingezogen und können bei diesen auch besser Veränderungen bewirken. Wer sich aber selbst als Schüler nicht akzeptieren kann, macht den Weg zu sich für andere nicht einfach, weil er andere dann auch nicht akzeptieren kann. Eine positive Selbsteinschätzung des Lehrers wird diese Schüler aber nicht erreichen (KRUPITSCHKA 1990, 53). Stellt ein Lehrer aber an einen als leistungsschwach eingeschätzten Schüler keine besonderen Erwartungen, dann kann er positive Veränderungen bei diesem Schüler auch nicht bemerken. Dies bestätigt den Schüler aber wieder in seinem negativen Selbstkonzept – ein vertrackter Teufelskreis.

2.2.2 Selbstkonzept und Bezugsnorm

In einem komplexen Prozess werden Fähigkeitskonzept und individuelle Bezugsnorm des Schülers miteinander kalibriert, d.h. dass der Schüler sich aufgrund seiner wahrgenommenen Fähigkeiten in seiner Leistung einschätzt und diese Einschätzung mit den anderen in der Gruppe und mit den Erwartungen des Lehrers an ihn abwägt.

Hat ein Schüler sich als besonders leistungsfähig eingeschätzt, so wird er mit hoher Motivation neue Aufgaben für sich suchen, die er lösen kann. Der Lehrer wird ihn für seinen Einsatz und für seinen Erfolg loben und dies wird ihn darin verstärken, sich als erfolgsorientiert zu verstehen. Gelegentliche Misserfolge können mit hoher Frustrationstoleranz verkraftet werden, ohne das hohe Selbstkonzept zu gefährden. Ein positiver Kreislauf zwischen Selbsteinschätzung, Anstrengungsbereitschaft, Einsatz und Erfolg baut sich auf und stabilisiert ein ohnehin positives Selbstkonzept weiter. Bei eventuellen Misserfolgen kann dieser Schüler Unterstützung von seiner Gruppe erwarten, die ihm hilft, kürzere Misserfolgsstrecken erfolgreich zu überstehen.

Hat sich jedoch der Schüler aufgrund von mangelnder Unterstützung durch Familie, Peers und Lehrer mit einer niedrigen individuellen Bezugsnorm eingerichtet (Ich bin eben schlecht in Mathematik und werde mich auch nicht bessern, weil ich einfach keine Mathematik kann.), dann werden von ihm auch Anstrengung und Erfolge nicht als Frucht seiner Bemühungen interpretiert, sondern als eher zufällige Erfolge abgebucht (Aufgaben sind zu leicht oder er kann sich zufällig an einen Lösungsweg erinnern, der ihm in anderen Situationen nicht zugänglich ist u.a.). Sein Selbstkonzept wird sich nicht erfolgsorientiert verbessern, sondern misserfolgsorientiert bleiben.

Wenn zwei Schüler mit gleicher individueller Leistung Klassen mit unterschiedlichem Leistungsniveau besuchen, hat der Schüler in der schwächeren Klasse das Gefühl höherer eigener Fähigkeiten als der Schüler in der leistungsstärkeren Klasse, der sich als weniger leistungsfähig einschätzen würde. In besonders leistungsstarken Schulen schätzen sich einzelne Schüler oft bei einem Wechsel in diese Schule schlechter ein.

Leistungsschwache Schüler profitieren beim Wechsel von der Primar- in die Sekundarstufe im psychosozialen Bereich, wenn es dem Lehrer gelingt, die Leistungen der Schüler individuell zu bewerten (Individuelle Bezugsnorm). Soziale Vergleiche (z.B. Vergleiche mit der Bezugsnorm des Klassendurchschnitts) beim Übergang von der Primar- zur Sekundarstufe hindern leistungsstarke Schüler dagegen eher an einer Verbesserung, wenn die individuellen Leistungen mit einer sozialen Bezugsnorm wie etwa dem Klassenniveau verglichen werden. Es beginnt dann ein Absinken des fähigkeitsbezogenen Selbstkonzeptes.

Eine hohe Leistungsstärke von Schulen wirkt sich dagegen eher negativ auf das Selbstkonzept der Schüler bei einem Schulwechsel aus. Bei Untersuchungen wirkte sich dagegen die individuelle Bezugsnormorientierung positiv auf die Schüler aus. Unterricht kann teilweise gegen die negativen Effekte sozialer Vergleiche in der Sekundarstufe anarbeiten, wenn es gelingt den Schülern Kompetenzveränderungen bei sich selber transparent zu machen. „Du arbeitest konsequent mit und hast dich dadurch schon gut gebessert," kann dann der Lehrer zu einem solchen Schüler sagen. Schwierig wird es dann aber, wenn der intraindividuelle Vergleich verlassen wird und der Schüler nach einer Bewertung an der Klassennorm verlangt. Bedürfnisse von Schülern nach Fähigkeitseinschätzungen auf Grund sozialer Vergleiche lassen sich dadurch aber nicht aushebeln (LÜDTKE/KÖLLER 2002).

Der Lehrer sollte also bei Leistungsbeurteilungen generell eine individuelle Bezugsnorm wählen (d.h. die Leistungen des Schülers werden im Vergleich zu seinen früheren Leistungen beurteilt) anstelle einer Beurteilung auf Basis des sozialen Vergleichs mit den anderen Schülern in der Klasse, denn nur dann kann der Schüler die Effekte seiner Anstrengung erkennen. Er lernt, dass es einen Zusammenhang zwischen Erfolg und Anstrengung gibt (hohe Kontrollerwartung), wird dementsprechend motivierter sein, Leistungen zu erbringen (hohe Leistungsmotivation) und mehr Erfolge haben, was sein Fähigkeitskonzept positiv beeinflusst (vgl. LASKOWSKI 2000, 143).

Werden Beurteilungen grundsätzlich auf der Basis des sozialen Vergleichs angestellt, werden leistungsschwächere Schüler grundsätzlich schlechter bewertet, weil sich die Leistungsverteilung innerhalb der Klasse wenig verändert. Der „schlechte" Schüler hat so immer Misserfolg egal ob er sich anstrengt oder nicht. Er kann keinen Zusammenhang zwischen Erfolg und Anstrengung erfahren und kommt zu dem Schluss, selbst keinen Einfluss auf seine Leistungen zu haben (niedrige Kontrollerwartung), was sich negativ auf seine Motivation auswirkt (niedrige Leistungsmotivation).

2.2.3 Auswirkungen des Selbstkonzeptes auf Interaktionen in der Schulklasse

Auch auf das Verhalten einer Person gegenüber anderen Menschen nimmt das Selbstkonzept einen nicht unerheblichen Einfluss. Hat jemand beispielsweise sein Selbstkonzept derart ausgerichtet, dass er erwartet von anderen Menschen nicht geachtet und nicht ernstgenommen zu werden, wird dies an seinem Verhalten bemerkbar sein. Menschen mit solchen Selbstvorstellungen können kaum unbefangen mit anderen umgehen und reagieren in der Interaktion oft unsicher, ängstlich, vorsichtig bis passiv oder misstrauisch und abweisend, weil sie eher negative Reaktionen von anderen erwarten (LASKOWSKI 2000, 33). Menschen mit einem eher negativen Selbstkonzept sind im allgemeinen unsicherer, angespannter, gehemmter, vorsichtiger und weniger aktiv im Umgang mit anderen Menschen (LASKOWSKI 2000, 28). Eine Untersuchung von ROSENBERG (1965) konnte bestätigen, dass Individuen mit hoher Selbstwertschätzung selten über Probleme nachdenken und sich im zwischenmenschlichen Bereich eher zwanglos fühlen, während Individuen mit niedriger Selbstwertschätzung in Interaktionssituationen eher schüchtern reagieren und sich schnell verletzt fühlen (in DÖNHOFF-KRACHT 1980, 164f). Des Weiteren fand ROSENBERG, dass Individuen mit positivem Selbstkonzept mehr Vertrauen in ihre Mitmenschen haben, während Individuen mit eher negativem Selbstkonzept auch zunehmend weniger Vertrauen zeigen. Vereinfacht gesagt, sind Individuen mit einem positiven Selbstkonzept eher autonome, d.h. aus sich selbst heraus geleitete Menschen, während Individuen mit einem negativen Selbstkonzept eher abhängige bzw. durch andere Menschen geleitete Personen sind (vgl. LASKOWSKI 2000, 28).

2.2.4 Klassenklima und Selbstkonzept

Die Anerkennung in der Gruppe der Mitschüler bestimmt einen weiteren wichtigen Teil des Selbstkonzeptes. Das Klassenklima spiegelt die Qualität der Gruppenprozesse in der Klasse wider. Es gibt dabei Zusammenhänge zwischen Merkmalen eines positiven Unterrichtsklimas und einer günstigen Selbstbewertung sowie einer realistischen Einschätzung des eigenen Könnens durch den Schüler und der Unterrichtsgestaltung durch den Lehrer.

Klimapositive Merkmale sind dabei nach DREESMANN (1982,164) die folgenden:

* Kooperation von Schüler und Lehrer
* Individualisierung (persönliches Eingehen von Seiten des Lehrers auf den Schüler)

* wenig Lehrerkontrolle
* Aussicht auf Erfolg
* wenig Konkurrenz
* geringer (oder langsam ansteigender) Schwierigkeitsgrad
* Disziplin und Organisiertheit
* gute Verständlichkeit des Unterrichts
* Förderung von Selbstvertrauen, Eigenverantwortlichkeit und Eigeninitiative
* Förderung einer realistischen Einschätzung der eigenen Fähigkeiten

Das sogenannte **Unterrichtsklima** als subjektive Bedingung (individuelle Wahrnehmung der Klasse durch einen Schüler) bestimmt also die Persönlichkeitsentwicklung von Schülern auch im Jugendlichenalter. Die psychische Befindlichkeit von Schülern (Alter im Mittel 16 Jahre) in unterschiedlichen Lernumwelten wurde von WINKLER-METZKE/STEINHAUSEN (2001,30) untersucht. Ein negatives Unterrichtsklima ist gekennzeichnet durch Leistungsdruck, Konkurrenzdruck und mangelnde soziale Unterstützung und wird als Bedrohungssituation für das Selbstkonzept erlebt. Die Ergebnisse: die Bewertung der negativen oder positiven Effekte der Lernumwelt ist altersabhängig, ältere Schüler bewerten anders als Jüngere. Bei den Mädchen ist der subjektiv beeinträchtigende Effekt der Abwertung größer als bei Jungen. Ablehnung durch Personen kann zu psychischen Störungen führen, es ist aber auch möglich, dass psychische Störungen zu Ablehnung führen. Bei den Jungen führen Konkurrenzdruck und Leistungsdruck in der Klasse zu negativen Auswirkungen auf das Selbstkonzept.

Die Anerkennung in der Gruppe führt auch in anderen Bereichen zu einem positiven Selbstkonzept, wenn nämlich hohe Kontaktfreudigkeit, sicheres Auftreten den Schüler zu einem attraktiven Interaktionspartner machen. Schüler mit guten Schulleistungen werden dabei häufiger als attraktive Interaktionspartner gewählt, was wiederum ihr Selbstkonzept erhöht. Wird ein Schüler dagegen von anderen gemieden (weil er zum Beispiel schulische Leistungs- oder Verhaltensnormen nicht erfüllt), dann führt das zu einer Verringerung seines Selbstkonzeptes, was wiederum zu einer Verringerung seiner Attraktivität als Interaktionspartner führen wird. Schülerselbstkonzept und Beliebtheit beeinflussen sich also wechselseitig in zirkulärer Form. Den negativen Zirkel von schlechter Schulleistung – negativem Selbstkonzept – verringerter Attraktivität als Interaktionspartner – noch negativeres Selbstkonzept kann der Schüler nur durchbrechen, indem er entweder bessere Schulleistungen zeigt, oder über sportliche Leistungen oder physische Attraktivität sein Image in der Gruppe und Klasse verbessert (WIDEAMAN et al 1992).

Personen mit einem positiven Selbstkonzept reagieren auf soziale Situationen eher mit Erfolgs-, Personen mit einem negativen Selbstkonzept eher mit Misserfolgserwartung. Angst, von den Mitschülern abgelehnt zu werden, kann zu Erwartungshaltungen wie ‚Ich werde keinen Ton rausbekommen' führen. Wenn daraufhin das Sozialverhalten des Schülers (z.B. durch Erröten, Stottern) beeinträchtigt wird, wird seine soziale Attraktivität bei den Mitschülern gemindert (KRUPITSCHKA 1990, 60). Demgegenüber sind Schüler mit einem positiven Selbstkonzept in der Lage, eine Selbstwertbedrohung (z.B. ausgelacht werden beim Lösen einer Aufgabe) abzuwenden, indem sie zur Erklärung ihrer nicht erbrachten Leistung auf externale Faktoren zurückgreifen wie etwa Zufall, Pech, hohe Aufgabenschwierigkeit u.a. (KRUPITSCHKA 1990, 60).

2.3 Selbstkonzept und Schulleistung

Die Schulleistung ist der Maßstab für den Aufbau des Selbstkonzeptes eines fähigen Schülers. Gute Noten führen zu einem hohen Selbstkonzept. Natürlich spielen auch andere Faktoren dabei eine bedeutende Rolle: die Beziehung zum Lehrer, zu den anderen Mitschülern und die Bewertung der schulischen Leistung durch die Familienmitglieder. In unterschiedlichem Ausmaß prägen diese Größen das Selbstkonzept. Das Fähigkeitsselbst bestimmt sich somit weitgehend über soziale Vergleichsprozesse. Es teilt sich im Laufe des Schülerlebens auf in spezielle Selbstkonzepte für einzelne Schulfächer.

Eine Untersuchung zur Kausalattribution im Mathematikunterricht der Klasse 3/4 von TIEDEMANN (1995) zeigte, dass im Urteil der Lehrkräfte:

- Mädchen nicht so gut logisch denken können wie Jungen,
- Mädchen bei erhöhter Anstrengung weniger Erfolge erwarten als Jungen,
- Mathematik für Mädchen ein schwereres Fach als für Jungen ist und
- unerwarteter Erfolg bei Mädchen weniger auf gute Fähigkeiten zurückführbar ist als bei Jungen.

Dieses Bild überträgt sich auch auf die Kinder: Mädchen haben bei gleicher Leistung ein schlechteres Selbstbild als Jungen. Dieses „Verhältnis“ entwickelt sich in Klasse 3/4. In Klasse 1/2 ist es hingegen noch relativ ausgewogen.

In einer weiteren Studie ist TIEDEMANN (2000, 191ff) der Frage nachgegangen, welchen Einfluss stereotype Vorstellungen von Eltern auf das mathematische Selbstkonzept der Schüler in Klasse 3/4 haben.

Auf die Frage, wie Väter/Mütter die Fähigkeiten der eigenen Kinder im mathematischen Bereich einschätzen gab es ein eindeutiges Ergebnis: Fähigkeiten der Söhne werden bei gleicher Leistung deutlich besser eingeschätzt, als jene der Mädchen. Auch die Mädchen selbst schätzen sich jedoch bei gleichen Fähigkeiten im mathematischen Bereich häufig schlechter als die Jungen ein.

In einer anderen Untersuchung sollten Schüler ihr soziales Verhalten selbst einschätzen. Das Ergebnis war: je „schwieriger“ die Klasse desto weniger schätzten die Schüler sich selbst als sozial kompetent ein. Ein geschlechtsspezifischer Unterschied zeigte, dass Mädchen ihre sozialen Fähigkeiten höher einschätzen als Jungen. (TIEDEMANN, 2000). In „schwierigen Klassen" (bezogen auf Sprachschwierigkeiten, Anteil von Einelternfamilien, Fluktuation innerhalb der Klasse, soziales Klima, u.a.) fällt es Schülern schwerer, ihre eigenen Fähigkeiten realistisch einzuschätzen: den Schülern gelingt es kaum, eine angemessene Einschätzung ihrer schulischen Fähigkeiten vorzunehmen. Es gilt jedoch: je besser das „Klassenklima", desto besser ist auch die Selbsteinschätzung der eigenen Fähigkeiten der Schüler.

2.3.1 Aufbau des Fähigkeitskonzeptes und Schulleistung

Der Zusammenhang zwischen Schulversagen und dem Selbstkonzept stellen BETZ & BREUNINGER (1982) in ihrem Modell des „Teufelskreises Lernstörungen" dar. Ein Schüler hat zum Beispiel im ersten Stadium Probleme mit der Schriftsprache und stellt fest, dass seine Mitschüler schneller lesen können als er selbst. Er schließt daraus, dass diese die Anforderungen der Lehrer besser erfüllen können als er selbst, dass er also einen Defekt hat und sich von den anderen Kindern unterscheidet. In der Folge des Leistungsversagens lehnt die Klasse den Schüler immer mehr ab, sein Selbstwertgefühl sinkt, sein Lehrer und seine Eltern werden unzufrieden.

Im zweiten Stadium findet der Schüler selbst nur abwertende Beschreibungen seines eigenen Verhaltens – er ist faul oder dumm. Er schützt sich mit Behauptungen wie: „ Ich will oder brauche ja gar nicht zu lesen". Dadurch nimmt er sich jedoch die Möglichkeit Anerkennung bei den anderen zu finden. Durch Stören des Unterrichts versucht er die Aufmerksamkeit wieder zu gewinnen.

Im dritten Stadium vertiefen sich die Lücken im Lesen. Das Kind fühlt sich eingeschränkt, behindert und ausgeschlossen, die Eltern reagieren mit Unverständnis. Eine Lese – Vermeidung führt zu einem weiteren Rückstand, dies führt zu einer weiteren Verschlechterung des Selbstwertgefühls.

Im vierten Stadium zeigt der Schüler eine generelle Misserfolgserwartung und dafür typische Attribuierungstendenzen: Erfolge werden auf Zufälle und nicht mehr auf sein eigenes Handeln zurückgeführt. Ein negatives Selbstkonzept hat sich gebildet. Aus diesem Kreisprozess führt nur eine Veränderung des Selbstkonzeptes heraus (BETZ/BREUNINGER 1982, 11ff). Veränderungen können dann über den „Angriffspunkt Selbstwertgefühl" und über Elternarbeit und durch Lerntherapeuten erfolgen, wobei entweder die Lücken im Lernen, die Verbesserung der Lerntechniken oder die Bearbeitung der Angst im Vordergrund der therapeutischen Bemühungen stehen sollten (BETZ/BREUZNINGER 1982, 52).

Wird Schülern ein Leistungsergebnis zurückgemeldet, vergleichen sie ihre Leistung nicht nur mit den Leistungen anderer Schüler im sozialen Vergleich, sondern auch mit ihren eigenen internen Standards. Sie bewerten ihre Leistungen in diesem Fach über die Zeit und mit ihrer Leistungsfähigkeit in anderen Fächern – sie machen also personbezogene und fachbezogene Vergleiche. Dieses interne Bewertungssystem des Schülers sollte der Lehrer kennen, wenn er versucht, das Selbstkonzept eines Schülers zu verbessern.

Dabei können Lob und Tadel u.U. paradoxe Wirkungen haben: Lob nach Erfolg führt nicht immer zu einer Einschätzung als wirklich leistungsfähiger Schüler, genauso wenig wie Tadel nach Misserfolg nicht zwangsläufig zu einer Einschätzung von geringer Leistung führt. Findet ein Schüler, der sich mit einem anderen Schüler gleicher Leistung vergleicht, dass nur er gelobt wird und der andere nicht, dann verkehrt sich das verstärkend gemeinte Lob ins Gegenteil: das Selbstkonzept wird weiter sinken, weil der Lehrer nicht „echt" war. Wenn er nämlich gerecht gewesen wäre, dann hätte er auch den anderen Schüler in einer vergleichbaren Situation loben müssen. Dass er das nicht getan hat, macht sein Verhalten unecht. Für die „Echtheit" von Lehrerurteilen und den sozialen Vergleich haben Schüler oft ein untrügliches Gespür.

Fachbezogene Vergleiche bieten den Schülern eine Möglichkeit, Misserfolge in einem Fach durch relative Stärken in anderen Fächern zu kompensieren. Andererseits kann Lehrerlob für eine Leistung in einem Schulfach zu niedrigen eigenen Selbsteinschätzungen führen, wenn andere Schüler für die gleiche Leistung nicht gelobt werden. „Wenn der mich für diese Leistung ausführlich lobt und den anderen nicht, dann kann die Leistung keine besondere Bedeutung haben" (MÖLLER 1999).

MÜLLER (1999) meint: „Das „**leistungsbezogene Selbstvertrauen**" hat sich als eine relativ stabile Kompetenzüberzeugung erwiesen, vergleichbar einem überdauernden Persönlichkeitsmerkmal. Verschiedene Facetten sind dabei wichtig:

(1) **Eigene Fähigkeiten** („Für Mathematik habe ich einfach keine Begabung.")

(2) **Sozialer Vergleich** („Wie gut bist du in Mathe, verglichen mit den anderen in der Klasse? Stell dir dabei vor, alle Schüler deiner Klasse stünden in einer Reihe hintereinander: vorne der Beste, am Ende der Schlechteste. Wo würdest du stehen?")

(3) **Zukunftsperspektiven** („Welche Note könntest du in Mathe erreichen, wenn du dich nach besten Kräften anstrengen würdest?" „Um wieviel könntest du dich verbessern, wenn du Mathearbeiten ohne Zeitbegrenzung schreiben könntest?")

(4) **Wahrgenommene Schwierigkeiten** des Unterrichts („Wie schwierig ist der Matheunterricht für dich?" evtl. spezifiziert nach Teilgebieten des Fachs).

OERTER/MONTADA (2002) berichten von Metaanalysen von Untersuchungen, nach denen die schulische Leistung hoch mit fachspezifischen Selbstkonzepten korreliert, mäßig mit dem allgemeinen Leistungs–Selbstkonzept und gar nicht oder nur schwach mit nicht schulischen Anteilen des Selbstkonzeptes. Andere Variablen wie der Schülerjahrgang (gut oder weniger gut), der sozioökonomische Status, das Fähigkeitsniveau und die verwendeten Messmethoden spielen außerdem eine wichtige Rolle. Also kann man mit zunehmendem Alter annehmen, dass das Selbstkonzept von Schülern ein sehr differenziertes Bild bieten kann: bei einem mittleren allgemeinen Leistungsselbstkonzept kann sich z.B. ein hohes mathematisches Selbstkonzept vorwiegend bei Jungen ausbilden. Auf der anderen Seite kann ein niedrigeres Selbstkonzept sozialer Fähigkeiten zu beobachten sein.

Vier Stufen des Niveaus der Bildung des schulbezogenen Selbstkonzeptes werden von OERTER/MONTADA unterschieden: Tüchtigkeitsselbst, Integration von Anstrengung und Fähigkeit in das Selbstkonzept, Integration des im sozialen Vergleich definierten Fähigkeitskonzepts und Integration der gesellschaftlichen Positionierung durch Leistung und Fähigkeit. Später differenziert sich das Selbstkonzept nach der Schule noch um das berufliche Selbstkonzept. Insgesamt beeinflusst das System Schule die Identitätsentwicklung also ganz generell auch über die Selbstkonzeptentwicklung hinaus.

2.3.2 Wie gestaltet man einen selbstkonzeptförderlichen Unterricht?

Zuerst einmal ist es wichtig, sich einen Einblick in das Selbstkonzept der Schüler zu verschaffen, das einen so großen Einfluss auf die Leistungen besitzt. Im praktischen Teil werden dazu ganz konkrete Wege gezeigt. Hat man ein grundlegendes Verständnis für das Selbstkonzept von einem Schüler oder einer ganzen Schülergruppe gewonnen, dann kann man sich Schritte überlegen, die Lernumwelt so zu gestalten, dass sie für alle Schüler förderlich wird.

Dazu sind folgende Faktoren wichtig:

1. Der Lehrer muss um den hohen Einfluss seiner bewussten und unbewussten Einstellungen wissen, mit denen er das Klassenklima und den einzelnen Schüler beurteilt. Der Lehrer übt sowohl über sein Verhalten als auch über seine Haltungen und Erwartungen an den Schüler direkt und indirekt Einfluss auf das Schülerselbstkonzept aus. Dabei ist nicht das Verhalten des Lehrers in direkter Weise für das Selbstkonzept des Schülers von Bedeutung, sonders das subjektiv wahrgenommene Lehrerverhalten, nämlich seine direkten und indirekten Bewertungen der Leistung und der Person des Schülers in der Widerspiegelung durch den Schüler.

2. Die Wahrnehmung des Schülers von der Bewertung durch den Lehrer ist wichtig, nicht das tatsächliche Verhalten des Lehrers. Man sollte immer mit einem unerwarteten abweichenden Verständnis des Schülers rechnen, gerade dann, wenn man es sehr gut mit diesem Schüler meint.
3. Einen weiteren wichtigen Einflussfaktor auf das Schülerselbstkonzept stellen die moralischen Bewertungen dar. Über diese Bewertungen erfährt der Schüler wichtige Orientierungsdaten zur Selbstbewertung. Generell sollte darauf geachtet werden, dass Bewertungen aufgabenbezogen und nicht global vorgenommen werden, denn globale negative Bewertungen gehen mit einer Abwertung der Gesamtperson einher (NEUBAUER 1976, 136).
4. Man sollte sich nicht scheuen, externe Hilfen anzunehmen. Sinnvoll ist es z.B. eine andere Person um einen Unterrichts- oder Therapiebesuch zu bitten, der im Sinne einer Supervision ein Empfinden für die eigenen Verhaltensstile und deren Wirkungen vermitteln kann.

Weitere Einflüsse sind: konsequentes Lehrerverhalten (Rechte und Grenzen gemeinsam definieren), um Orientierungslosigkeit, Unsicherheit und Labilität zu vermeiden und Selbstkontrolle zu ermöglichen.

Ein besonders schwieriges Problem ist es, die Balance zu finden zwischen Unter- und Überforderung, d.h. für jeden Schüler ein passendes Anspruchsniveau zu finden, um dadurch die Eigenaktivität des Kindes zu fördern und zugleich zu vermeiden, einen Schüler durch Überforderung zu verunsichern und dadurch sein Selbstkonzept zu schwächen.

Der Unterricht soll es dem Schüler ermöglichen, unterschiedliche Handlungskompetenzen zu zeigen und vielfältige Problemlösungsstrategien zu entwikkeln. Ein positives Unterrichtsklima ist dabei wichtig, genauso wie ein Anknüpfen an den Interessen der Schüler (Von den Stärken der Schüler ausgehen). Die von TAUSCH/TAUSCH geforderte grundlegende positive Haltung den Schülern gegenüber sollte sich in Verstehen, Achtung, Sympathie und Echtheit ausdrücken – eine Forderung, die nicht immer ganz einfach in den Unterricht umzusetzen ist.

Um das Kind in der Entwicklung einer positiven Selbstwertschätzung zu unterstützen, ist es wichtig, dass es sich mit all seinen Fähigkeiten, Stärken und Schwächen als Person von seinen wichtigen Bezugspersonen (z.B. Eltern, Erzieher und Lehrer) akzeptiert, respektiert und geschätzt fühlt – auch wenn er schlechte Leistungen zeigt –, denn nur dann kann das Kind sich selbst akzeptieren und empfindet sich selbst als wertvoll und liebenswert (vgl. KRUPITSCHKA 1990, 104). Dabei ist es wichtig, dass die Erzieher positive Anerkennung, Wärme und Zuneigung nicht von Bedingungen abhängig machen (z.B. vom Erbringen bestimmter Leistungen), denn dies führt dazu, dass sich das Kind bei Misserfolgen wertlos und ungeliebt fühlt und veranlasst es dazu, unerwünschte Erfahrungen (z.B. schlechte Noten) über selektive Wahrnehmungsprozesse zu verzerren oder zu verleugnen, was wiederum die Entwicklung eines realistischen Selbstkonzeptes gefährdet. Gleichzeitig sollte jedoch auch ein Ansporn für hohe Leistungen ausgehend von leichteren zu schwereren Aufgaben angestrebt werden; auch hier wieder eine problematische Balance in der Erziehung zwischen Verständnis und Akzeptanz des Kindes einerseits und dem Anspruch andererseits, Ziele zu setzen und die Erreichung dieser Ziele anzustreben.

Zu einem selbstkonzeptförderlichen Unterricht ist außerdem ein konsequentes Lehrerverhalten notwendig. Dazu gehört, dass in partnerschaftlicher Weise Regeln definiert werden, so dass jeder Einzelne um seine Rechte und Grenzen weiß und dabei noch Verhaltensspielräume hat. Wenn diese Regeln nicht konsequent eingehalten werden und zwischen kindlichen Reaktionen und Erzieherverhalten kein für das Kind erkennbarer Zusammenhang besteht, kann das zu Orientierungslosigkeit, Unsicherheit, Selbstkonzeptlabilität und Selbstwertzweifeln führen (KRUPITSCHKA 1990, 104f). Es ist allerdings auch nicht sinnvoll, den Kindern in übermäßig autoritärer Art und Weise gegenüberzutreten, da dies zu mangelnder Eigeninitiative, unreflektierter Übernahme von Fremdbewertungen, Normen etc. und damit zu wenig Selbständigkeit und Eigenverantwortlichkeit führen kann (KRUPITSCHKA, 104).

Um übermäßig viele Widersprüche zwischen Selbstkonzept und Erfahrungen zu vermeiden, die beim Individuum Ängste auslösen können und somit die Weiterentwicklung des Selbstkonzeptes gefährden, ist es notwendig darauf zu achten, dass an jeden einzelnen Schüler im Sinne einer inneren Differenzierung ein angemessenes Anspruchsniveau gestellt wird. Dabei sollten sowohl Über- als auch Unterforderungen vermieden werden (KRUPITSCHKA, 105). Dies beinhaltet auch das Anbieten unterschiedlicher Handlungs- und Aneignungsebenen, damit gewährleistet ist, dass jeder Schüler den für ihn optimalen Lernweg finden kann und Erfolgserlebnisse hat, die seine Selbstwertschätzung und sein Fähigkeitskonzept positiv beeinflussen können. Nicht scheuen sollte man sich davor, sinnvolle Leistungsnormen aufzustellen, um Anstrengungsbereitschaft und Lernmotivation auch darauf zu beziehen.

Am Beispiel Mathematik kann gezeigt werden, wie die Einflüsse der Variablen Intelligenz, fachspezifisches Vorwissen und leistungsbezogenes Selbstvertrauen auf die Mathematik-Note zu gewichten sind (MÜLLER 1999,5). Bei der Mathematik-Note beeinflussen das fachspezifische Selbstvertrauen und die Vorkenntnisse zu Beginn der weiterführenden Schule (5. Klasse) die Note gleichermaßen. Im Laufe der Schulzeit wird jedoch das fachspezifische Vorwissen immer deutlicher zum aussagefähigsten Prädiktor für die Schulnote. Zunächst beeinflusst also das Selbstkonzept die Note – umgekehrt kaum. Ab Klasse 6 wird auch das Selbstvertrauen durch die Schulnote wesentlich geprägt. Leistungsbezogenes Selbstvertrauen und Schulnote verhalten sich zueinander reziprok.

Gute Maßnahmen für die Schulpraxis setzen gute Diagnostik sowohl des sozial-emotionalen und motivationalen als auch des Leistungsstatus (und -entwicklung) voraus. Wegen der gegenseitigen Beeinflussung fachlicher Leistungsergebnisse und des Selbstvertrauens lohnt es, Unterrichtsvariablen und Lehrerverhaltensweisen zu benennen, die beide Schülermerkmale positiv beeinflussen.

Es gibt ein Muster **förderlicher Unterrichtsmerkmale**, die bestehen aus:

- Klarheit des Unterrichts,
- lehrstofforientierte Zeitnutzung,
- effizientes Klassenmanagement (Organisatorisches so knapp wie möglich),
- intensive individuelle fachliche Unterstützung sowie
- Geduld mit langsam lernenden Schülern.

Förderlich für das **schulische Selbstvertrauen** sind:
- Klarheit/Verständlichkeit des Unterrichts,
- häufiges Lob und stetige Ermunterung,
- laufende Kenntnis der Lehrkraft über den aktuellen Leistungsstand der Schüler mittels ausdrücklich nicht bewertender, individualdiagnostischer Maßnahmen,
- Mühelosigkeit und Freude der Lehrkräfte am Unterricht (à Kompetenz und Selbstwirksamkeitserwartung des Lehrers),
- humorvolle Lehrer (MÜLLER, 1999).

Zur besseren Übersicht haben wir diese **Aspekte eines das Selbstkonzept der Schüler fördernden Unterrichts** noch einmal stichwortartig zusammengefasst:

- Dem Schüler Wertschätzung, Rücksichtnahme, Empathie und Echtheit entgegenbringen. Auf diese Weise kann das kindliche Bedürfnis nach positiver Rückmeldung befriedigt werden. Das Kind lernt sich selbst zu achten und zu respektieren, was wiederum zu einem positiven Selbstkonzept beitragen kann.
- Bewertungen sollten aufgabenbezogen und nicht global vorgenommen werden, weil globale, negative Bewertungen mit einer Abwertung der gesamten Person einher gehen.
- Der Lehrer sollte den Schülern Ursachen für Misserfolge deutlich machen. So kann vermieden werden, dass das Kind alle Misserfolge auf seine ungenügenden Fähigkeiten bezieht (negatives Attribuierungsverhalten.) Misserfolg kann z.B. auch durch zu wenig Anstrengung oder einen zu hohen Schwierigkeitsgrad der Aufgabe begründet sein.

- Umgang mit Misserfolgen schulen.
- Von den Stärken des Schülers ausgehen und ihm auf diese Weise Erfolge vermitteln, die sein Selbstbewusstsein stärken können.
- Unterschiedliche Handlungs- und Aneignungsebenen anbieten, damit gewährleistet ist, dass jeder Schüler den für ihn optimalen Weg finden kann. Auf diese Weise werden Erfolgerlebnisse wahrscheinlicher, was sich positiv auf das Selbstbewusstsein auswirkt.
- Angemessenes Anspruchsniveau / Vermeidung von Unter- oder Überforderungen.
- Konsequentes Lehrerverhalten, denn Inkonsequenz kann zu Verunsicherungen und Selbstwertzweifeln seitens der Schüler führen.
- Kein übermäßig autoritäres Lehrerverhalten, denn dies verhindert die Entwicklung von Selbständigkeit und Eigenverantwortlichkeit seitens der Schüler.
- Eigenaktivität des Schülers fördern, dann erlebt der Schüler sich selbst als Verursacher von Erfolg und Misserfolg. Dies ist wichtig für die Entwicklung von Eigenverantwortlichkeit und den Aufbau eines realistischen Konzeptes eigener Fähigkeiten.
- Dem Schüler zum Erwerb vielfältiger Handlungskompetenzen und Problemlösestrategien verhelfen. Das Kind kann dann Umweltanforderungen besser bewältigen und wird selbstsicherer.
- Interessen der Schüler berücksichtigen, weil die persönliche Bedeutsamkeit einer Aufgabe bei Erfolg die positiven Selbstwertemotionen erhöht.
- Soziales Lernen fördern, denn das Sozialverhalten hat Einfluss auf das Selbstkonzept, weil es bestimmt wie angesehen und beliebt ein Mensch ist.
- Partner- und Gruppenarbeiten in den Unterricht einbeziehen. So ist dem Schüler die Möglichkeit gegeben, sich mit anderen auseinander zu setzten und sein Durchsetzungsvermögen zu erproben und zu schulen.
- Dem Schüler Verantwortung übertragen, weil der Schüler sich auf diese Weise als wichtig und wertvoll erfährt.
- Die Zusammenarbeit mit der Familie so früh wie möglich suchen und gemeinsame Strategien der Förderung absprechen und durchführen.

Man sieht an dieser Zusammenstellung schon, dass eine Fülle von Faktoren an einem Selbstkonzept des Schülers beteiligt sind und naturgemäß auch an einem Förderplan für einen individuellen Schüler berücksichtigt werden müssen.

2.4 Das Selbstkonzept von Schülern mit besonderem Förderbedarf

Über die Auswirkungen des Selbstkonzeptes auf die Leistungsmotivation und damit auf die schulische Leistungsfähigkeit eines Schülers haben wir bereits gesprochen. Dabei wurde deutlich, dass sich ein negatives (Fähigkeits-)Selbstkonzept negativ auf die schulische Leistungsfähigkeit auswirkt und sich geringe schulische Leistungen (Misserfolge) wiederum negativ auf das Selbstkonzept auswirken können. Generell kann man vor allem im Grundschulalter davon sprechen, dass Schulleistungen und Selbstkonzept miteinander korrelieren: je niedriger die Schulleistung, desto schwächer das Selbstkonzept.

Lässt sich daraus nun schließen, dass Schüler mit Lernschwierigkeiten oder individuellen Beeinträchtigungen grundsätzlich ein negativeres Selbstkonzept haben, als leistungsstärkere Schüler?

2.4.1 Das Selbstkonzept von Schülern mit Lernproblemen

Das Selbstkonzept von Schülern, die überwiegend geringe schulische Leistungen erbringen und dadurch einen erhöhten individuellen Förderbedarf haben, wurde schon mehrfach untersucht:

MOSER (1986) untersuchte das Selbstkonzept von lernbehinderten Schülern in Schweizer Regelklassen und verglich sie mit Schülern der traditionellen Hilfsschule. Er fand:
1. Das Selbstkonzept des integrierten lernbehinderten Schüler ist höher als das Selbstkonzept des Hilfsschülers (Ausdruck von MOSER 1986,153).
2. Das Selbstkonzept des Regelschülers unterscheidet sich nicht vom Selbstkonzept des integrierten Lernbehinderten.
3. Das Selbstkonzept des Regelschülers ist höher als das Selbstkonzept des Hilfsschülers – gemessen mit dem FSK 4-6 von WAGNER.

Die Feststellung, dass lernbehinderte Schüler unabhängig vom Schultyp ein schlechteres Selbstkonzept als Regelschüler haben, möchte MOSER vermeiden, genauso wie Aussagen über die bessere Eignung des integrierten Regelschulmodells, weil seiner Meinung nach die Förderung des lernbehinderten Schülers durch die damalige Neuartigkeit des Modells „Integration" zustande gekommen sein könnte. Generell könne man jedoch von einer Koppelung von Schulleistung und Selbstkonzept sprechen: je besser die Schulleistung, desto besser das Selbstkonzept.

WIDEAMANN et al (1992) stellten fest, dass „schlecht in der Schule sein" durchaus eine Bedingung ist, die das Selbstkonzept negativ beeinflusst. Mit einem Fragebogen wurden 1140 Schüler der achten Klasse untersucht; Unterschiede nach Schulleistung, Regelklasse oder Integrationsklasse, Erziehungsprobleme und Lernstörungen, ethnischem Hintergrund (Weiß, Schwarz, Spanisch sprechend) und Geschlecht wurden untersucht. WIDEAMANN et al (1992, 399) fanden, dass Schüler z.T. Strategien entwickelt haben, die es ihnen ermöglichen trotz schlechter Leistungen ein positives Selbstkonzept und damit auch positives Selbstwertgefühl aufrechtzuerhalten:

Discounting: Herunterspielen der Bewertung schlechter Leistungen
(z.B.: „Die Schule bedeutet mir nichts, das wahre Lernen findet draußen statt.")

Übertriebene Selbsteinschätzung: unrealistische Selbstbewertung durch einen Vergleich mit extrem schlechten Schülern
(z.B.: „Ich bin gar nicht so schlecht, weil ich immer noch besser als A oder B bin.")

Wird die Bedeutung der schulischen Leistungen heruntergespielt, so können diese Schüler eine Verminderung ihres Selbstwertgefühls vermeiden. Schüler mit hohem Leistungsniveau hatten die höchsten Werte für das Selbstkonzept, zwischen den anderen beiden Gruppen fanden sich nur wenige Unterscheide. Das Selbstkonzept männlicher Schüler lag höher in den Bereichen körperlicher und emotionaler Leistungsfähigkeit sowie der physischen Attraktivität. Mädchen hatten höhere Werte in Ehrlichkeit und verbaler Beziehung. Schwarze Schüler hatten das niedrigere Selbstkonzept gegenüber weißen und spanischen Schülern. Das niedrigste Niveau des Selbstkonzeptes zeigten weiße Schüler mit Erziehungsproblemen.

CLEVER/BEAR/JUVONEN (1992) beschreiben aber das Abwerten (Discounting) nicht als durchgängigen Abwehrmechanismus bei Kindern mit Lernstörungen in Integrationsklassen. Ihrer Ansicht nach unterscheiden sich zwar Schüler mit Lernstörungen (Learning disabled = LD) von Schülern mit schlechter Schulleistung (Low achievement = LA) und normaler Schulleistung (Normal achievement = NA) insofern als LD und LA Schüler niedrigere schulische Fähigkeitskonzepte haben. LD Schüler haben dazu noch eine niedrigere Selbstwahrnehmung ihrer emotionalen und sozialen Verhaltensweisen als LA und NA Kinder. In ihrer empirischen Studie (n = 193 Schüler) fanden sie, dass Kinder mit niedriger Schulleistung (LA) und mit Lernstörungen (LD) niedrigere Selbstwertgefühle als Schüler mit normalen Schulleistungen hatten. Trotzdem haben sich alle drei Gruppen im globalen Selbstwertgefühl als zufrieden gezeigt. Dies wird als Auswirkung des Mainstreaming in den Integrationsklassen interpretiert. Trotz niedriger Lese – Leistungen hatten Kinder mit Lernstörungen gleiche Selbstwertgefühle wie LA und NA Schüler. Eine Vermutung der Autoren ist auch, dass Kinder mit NA in Integrationsklassen ihr Selbstkonzept verbessern, wenn sie mit Kindern mit Lernstörungen oder Schülern mit niedriger Schulleistung zusammenarbeiten.

2.4.2 Das Selbstkonzept von Schülern der Schule für Lernbehinderte

Man kann annehmen, dass die Umschulung von einer Regelschule in die Sonderschule für Lernbehinderte in der Regel mit negativen Konsequenzen für das Schülerselbstkonzept verbunden ist. Auch wenn in den Klassen 4 – 6 der „Schonraum“ Effekt positive Veränderungen beim Schüler setzen sollte, werden in den höheren Klassen zum Schulabschluss hin die negativen Konsequenzen eines Besuchs der Sonderschule immer deutlicher. So steigt die allgemeine Angst von Schülern der Schule für Lernbehinderte (DENZ/SCHRÖDER/EGGERT u.a. 1980) zum Ende der Schulzeit beträchtlich an. Vorher war die Schulangst durch den Wechsel in den Schonraum Sonderschule abgesunken. Angst kann man auch als ein Anzeichen eines problematischen Selbstkonzeptes sehen. Das Selbstkonzept würde sich dann gegen Ende der Schulzeit verringern, weil die Lebensangst im Angstfragebogen dann zunimmt, weil dem Schüler deutlich wird, dass seine Lebens- und Berufschancen nicht groß sind.

Was erwarten Schüler der Schule für Lernbehinderte vom Leben? Thomas PETER befragte 1998 18 Schüler (m=12; w=6) aus 8. Klassen einer (ländlichen) Schule für Lernhilfe[3] und fand unterschiedliche Wünsche ans Leben für Jungen und Mädchen:

Jungen können gut:
Arbeiten, Rechnen, Laufen, Schwimmen, Kochen u.a.
Mädchen dagegen können gut:
Kochen, Textilarbeit, Hauswirtschaft, Malen u.a.

Jungen können nicht:
Auto oder Motorrad fahren, Rechnen, Lesen u.a.
Mädchen können nicht:
Schwimmen, Schreiben, Fliegen, Aufpassen u.a.

Es möchten sein:
die Jungen:
Bauer, Pilot, Zimmermann, Tischler u.a.
die Mädchen:
Friseuse, Floristin, Tierpflegerin, Kosmetikerin u.a.

Es möchten später einmal haben:
die Jungen:
Auto, schöne Frau, viel Geld, Haus u.a.
die Mädchen:
Auto, Mann, Kinder, Haus u.a.

---

[3] In Niedersachsen heißt die Schule für Lernbehinderte Schule für Lernhilfe.

Es möchten verbessern:
die Jungen:
ihr Verhalten, Zensuren, Deutsch, besser auf Eltern hören u.a.
die Mädchen:
Mathe, Sport, nicht mit den Geschwistern streiten

Es haben Angst:
die Jungen:
vor dem Tod; vor Skinheads; vor der Familie; vor Hunden
die Mädchen:
Tod, Vater, Krieg, im Dunkeln, Skinheads u.a.

In anderen Untersuchungen über die Besonderheiten des Selbstkonzeptes von Schülern der Schule für Lernbehinderte (AMMANN/PETERS 1981, KRAMPEN/ZINßER 1981, KRAMPEN 1983, BORCHERT 1980) wurde deutlich, dass es **das** Selbstkonzept von Schülern mit Lernbeeinträchtigungen nicht gibt, sich aber Besonderheiten im Selbstkonzept sogenannter lernbehinderter Sonderschüler finden lassen:

Sonderschüler sind sich in der Regel ihres untersten Rangplatzes innerhalb der „Normalbürger" bewusst und damit einer ständigen Bedrohung ihres Selbstkonzeptes ausgeliefert, was sich z.B. darin äußert, dass die meisten lieber auf eine „normale" Schule gehen würden.

Sie neigen z.T. dazu Fremddefinitionen in ihr Selbstkonzept zu übernehmen und haben entsprechend Vorstellungen über die eigene Person entwickelt wie z.B. „Ich kann ja nicht gut lernen", „Ich weiß sowieso nichts". Solche Misserfolgserwartungen können Lernfortschritte verhindern und wirken sich darüber hinaus im weiteren Leben (z.B. im Beruf) nachteilig aus.

Sonderschüler zeigen ein eher misserfolgsorientiertes Attribuierungsverhalten und haben im allgemeinen die Tendenz, Erfolge auf externale Faktoren zurückzuführen.

Im allgemeinen scheinen sich Schüler der Schule für Lernbehinderte ihrer Aussonderung bewusst zu sein und leiden unter der damit verbundenen Stigmatisierung, was sich negativ auf ihr Selbstkonzept auswirken kann (aber nicht zwangsläufig muss, wenn sie aus anregungsreichen unterstützenden Familien kommen).

WOCKEN ist der Frage nachgegangen, ob die Schule für Lernbehinderte ihre Schüler stigmatisiert und in eine veränderte Identität führt (1983, 9). Die Untersuchungsstichprobe bestand aus 432 Schülern aus 31 neunten Klassen an Sonderschulen für Lernbehinderte. Das Durchschnittsalter betrug 15 Jahre. Vier elementare Dimensionen kennzeichnen diese Gruppe: Leistungshandeln, Beziehungshandeln, körperliche Tüchtigkeit, Geselligkeit und Lebensfreude. *„Diese vier Variablen bilden das subjektive Orientierungssystem von Sonderschü-*

lern, das ihre Wahrnehmung und Beurteilung der eigenen Person wie der Rollen aus dem sozialen Umfeld leitet" (WOCKEN 1983, 54).

Grundsätzlich fühlen sich lernbehinderte Schüler gegenüber Personen mit anderen Behinderungen überlegen, sie schreiben sich bessere intellektuelle Fähigkeiten als z.B. Blinden und Körperbehinderten zu. Insgesamt spiegelt das Behindertenbild der Sonderschüler die Vorurteile der öffentlichen Meinung wider. Damit zeigt sich, dass die Sonderschüler eine klare Meinung über sich selbst haben, *„die sich im Fortgang der Ergebnisdarstellung immer mehr als ein Eckpfeiler ihres Selbstkonzeptes erweisen wird: Wir sind anders als Behinderte, wir sind nicht behindert und wir gehören auch nicht zu den Behinderten!"* (WOCKEN 1983, 58)

Das positive Selbstkonzept vor dem Hintergrund des Bezugssystems Behinderungen lässt vermuten, dass Sonderschüler zu einem unrealistischen und überschätzten Selbstkonzept neigen. Die Sonderschüler sehen keine Gemeinsamkeiten zwischen sich und schlechten Schülern. Schlechte Schüler werden als leistungsschwach, nicht nennenswert anstrengungsbereit und auch körperlich nicht besonders tüchtig eingeschätzt und haben damit eine große Distanz zu den Sonderschülern. Gegenüber dem guten Lehrer, dem guten Schüler und dem Sonderschullehrer lassen Sonderschüler ein Unterlegenheitsbewusstsein erkennen, mit Ausnahme der körperlichen Tüchtigkeit. Dennoch fühlen sie sich im Grunde den positiven schulischen Sozialrollen zugehörig. Mit dem schlechten Schüler hingegen können sie sich nicht identifizieren (WOCKEN 1983, 59ff.).

LAUTH/WILMS weisen ebenfalls darauf hin, dass Sonderschüler ein eher misserfolgsorientiertes Attribuierungsverhalten zeigen und die allgemeine Tendenz haben, Erfolge auf externale Faktoren und nicht auf eigene Leistung zurückzuführen. Für ihre Hypothese, dass sich mit Dauer des Sonderschulbesuchs ein positiveres Attribuierungsverhalten entwickelt, ergab sich aber kaum eine Bestätigung. Zum Ende des Sonderschulbesuchs veränderte sich das Attribuierungsverhalten wieder zum Negativen (LAUTH/WILMS 1981/82, 229ff.). Einen ähnlichen Befund hatten wir schon bei unserer Untersuchung mit dem Angstfragebogen erhalten (DENZZ/SCHRÖDER/EGGERT 1982).

RHEINBERG/ENSTRUP verglichen Haupt- und Sonderschüler mit annähernd gleichen Intelligenzwerten hinsichtlich ihres Selbstkonzeptes der Begabung, der Prüfungsangst und des Leistungsmotivs miteinander. Nachdem die Sonderschüler in unteren Klassen in allen Bereichen positivere Werte aufwiesen, wurde das Selbstkonzept der eigenen Begabung in höheren Klassen wieder negativer. Von den Autoren wird dieser Befund mit einer Ausdehnung der Bezugsgruppe bei älteren Schülern begründet (RHEINBERG/ENSTRUP 1977, 171ff.). Ebenso könnte er auf eine größere Bewusstwerdung der Stigmatisierung bei älteren Schülern hinweisen.

2.4.3 Das Selbstkonzept von Schülern mit kognitiven Problemen

Auch wenn die Gruppe der Menschen mit kognitiven Problemen (im Sinne des traditionellen Begriffs „geistige Behinderung") sehr heterogen ist, sollte man nicht annehmen, dass diese Menschen nicht unter der Stigmatisierung als „geistig behindert" leiden, weil ihre kognitiven Möglichkeiten dies nicht gestatteten. *„Viele Menschen mit geistiger Behinderung sind sich sehr wohl darüber bewusst, dass sie eine Behinderung haben bzw. in der Gesellschaft als behindert gelten"* (JULIUS 2000).

Auch wenn Menschen mit einer geistigen Behinderung in der Regel nicht die Möglichkeit haben, autonom sich in Selbstbestimmung zu entwickeln, ist nicht von der Hand zu weisen, dass das – häufig lebenslange – fremdbestimmte und passive Erleben Auswirkungen auf das Selbstkonzept hat. JULIUS (2000, 178) berichtet von der Befragung von vier geistig behinderten Menschen im Alter von 28 – 35 Jahren. Sie fühlten sich in ihren Lebensumständen wohl und beschrieben ihre Situation in positiver Weise. Eine Stigmatisierung wird nur bei direkter sozialer Interaktion erlebt und dann als soziale Zurückweisung durch andere Menschen. Es ist also eher die soziale Umwelt, die über Bedingungen des Kontakts mit Menschen mit geistiger Behinderung informiert werden müsste, um auf dem Weg in die Normalisierung des Kontaktverhaltens eine Stigmatisierung zu verhindern.

HOFMANN hat in einem sehr guten Übersichtsreferat den Stand der Forschung präzisiert: geistig behinderte Menschen sind oft nicht in der Lage, ihre Selbstvorstellungen zu präzisieren. Deshalb werden sie oft mit kindlichen Entwicklungsstufen verglichen, was jedoch unter einer entwicklungsbezogenen Perspektive falsch ist. Kinder mit geistiger Behinderung scheinen in Verbindung mit einem niedrigeren Entwicklungsniveau ein weniger differenziertes Selbstkonzept zu haben, was sich u.a. in einem niedrigeren Idealselbst ausdrückt. Die Annahme, dass erwachsene Menschen mit geistiger Behinderung aufgrund ihrer langen Geschichte des Versagens und der Stigmatisierung negativere Selbstkonzepte und extrem niedrige Selbstwahrnehmungen im Vergleich zu nichtbehinderten Personen haben, konnte durch empirische Studien nicht belegt werden (HOFMANN 2001,321).

Interviews zur Bedeutung des Körpers für das Selbstkonzept ergaben bei Menschen mit DOWN´s Syndrom, dass die Befragten in der Regel ihre Körper eher undifferenziert wahrnehmen. Die Körperpflege hat einen hohen Stellenwert, Sauberkeit und Geruch werden an erster Stelle genannt, daneben werden Aussehen des Gesichts und Kleidung als wichtig erachtet. Alle Befragten empfanden sich als dick, obwohl keiner von ihnen aus dem Normalgewicht herausragte. Zwischen körperlichem Training und einer schlanken Figur besteht kein Zusammenhang. Nur bei den Frauen ist das Körperbild bewusst, die Jungen sind mit ihrem Körperbild diffus zufrieden. Es besteht das Bestreben nach einer ästhetischen Umgebung, die Geborgenheit, Wohlbefinden und Glück signalisieren soll (KONIECKI 1991).

Einen konstruktiven Einfluss auf das Selbstkonzept von Menschen mit geistiger Behinderung üben tragfähige Beziehungen zu Großeltern, Freunden, Lehrern u.a. aus, die zur stärkenden innerpsychischen Kraft werden können und einen konstruktiven Einfluss auf das Selbstkonzept ausüben (SENCKEL 2003, 75). Sicher gebundene Kinder weisen häufiger ein hohes Selbstwertgefühl und gutes Selbstvertrauen auf als unsicher gebundene Kinder. Während unsicher gebundene Kinder sich entweder über- oder unterschätzen, scheinen die sicher gebundenen Kinder eher realistische Vorstellungen von ihren Fähigkeiten zu haben und ihre Bedürfnisse, Gefühle und Impulse den jeweiligen Erfordernissen einer Situation anzupassen (SENCKEL 2003, 129). Generell scheinen geistig behinderte Kinder mit zunehmenden Entwicklungsalter vermehrt Misserfolgserfahrungen und Versagenssituationen zu erfahren und können diese nur schlecht kompensieren: Versagensängste führen zu erlernter Hilflosigkeit, die sich immer stärker auf die realen Leistungen auswirkt (LUXEN 2003, 257). Auch bei Menschen mit einer geistigen Behinderung steht die Erfahrung von Hilflosigkeit in enger Verbindung mit depressiven Symptomen.

2.4.4 Das Selbstkonzept von Menschen mit Körperbehinderungen

LEYENDECKER geht von den ersten Erfahrungen mit dem Körper aus, die ein Mensch in seiner Kindheit macht. „Die frühe Körpererfahrung ist ein grundliegendes, generelles und ....auch schwer zu veränderndes Postulat innerhalb des Selbstkonzeptes einer Person (1985,4) " Wer mit seinem Körper zufrieden ist, ist auch mit sich selbst zufrieden. Körperbehinderte zeigen einen hohen Zusammenhang zwischen der Akzeptierung des eigenen (beschädigten) Körpers und dem Ausmaß selbstbewusster sozialer Durchsetzungsfähigkeit. Die Selbstfindung des (erwachsenen) Menschen mit Körperbehinderung hängt von der Akzeptanz des eigenen Körpers ab. In der frühen Kindheit hängt dies auch von den Einstellungen der Eltern und deren Verarbeitung der körperlichen Behinderung ihres Kindes ab.

In der Pubeszenz erfahren viele Menschen mit Körperbehinderung zudem eine krisenhafte Zuspitzung ihrer Auseinandersetzung mit ihrer Körperlichkeit. Dabei spielt der enge Zusammenhang zwischen Körperkonzept, Selbstakzeptanz und psychischer Leistungsfähigkeit eine wichtige Rolle.

„Eine Selbstentfremdung kann sich einstellen, wenn in dem auf Modelle angelegten Identifikations- und Sozialisationsprozess dominant unerreichbare Normen erlebt werden, die Erwartungen also permanent auf das andere Ufer gerichtet sind, bzw. von ihm ausgehen, zu dem es aber keine Brücke gibt." (SPECK1998,251)."

In Interviews mit Menschen mit Körperbehinderung wurde so als selbstwertsteigernd erlebt, dass eine Frau sich auch ohne ihren Rollstuhl bewegen konnte und diese Eigenschaft in einer Gruppe von Rollifahrern ihr Selbstgefühl steigerte. Die empfundene Minderwertigkeit aufgrund der Körperbehinderung wird häufig durch die Selbstzuschreibung positiver Eigenschaften kompensiert. Fröhlichkeit, Unternehmungslust, nett oder ein guter Gesprächspartner zu sein, kann von der Behinderung ablenken. Eine weitere Möglichkeit mit der Behinderung umzugehen, ist die Vermeidung von Kontakten mit der Umwelt. Ein Vergleich mit Nichtbehinderten soll unterbunden werden, wodurch die Tatsache der Behinderung dann keine Bedeutung mehr hat.

Im Verhältnis zum Körper dominieren Bewegungsmöglichkeiten und Ästhetik in ihrer Bedeutung für das Selbstkonzept. Die Funktionalität der Körperteile für die Bewegungsfähigkeit ist dabei wichtiger als äußere Merkmale wie Kleidung und Frisur. Das Erleben des eigenen Körpers als positiver Teil der Persönlichkeit ist für Menschen mit Körperbehinderungen nur eingeschränkt denkbar. Möglicherweise ist dafür so viel an Energie nötig, dass sie die zusätzliche Auseinandersetzung mit dem Aspekt des individuellen Ausdrucks über die veränderbare äußere Erscheinung überfordern würde. (VOSS 1992).

Kinder mit Körperbehinderungen haben ein niedriges Selbstkonzept, größere Angst und ein weniger integriertes Selbst (KIRK/GALLAGHER/ANASTASIOW 2000, 515), dennoch hat man in Untersuchungen auch viele Kinder mit positivem Selbstkonzept gefunden. Unterstützt die Umgebung das Kind, können die Kinder eine gewisse Kontrolle über ihr Handikap schaffen und neue Kompetenzen entwickeln, dann verbessert sich auch das Selbstkonzept.

2.4.5 Das Selbstkonzept von Menschen mit Sehschädigungen

Für blinde oder sehbehinderte Kinder ist die Realisierung, dass sie zu bestimmten Dingen nie fähig sein werden, Grund für Enttäuschung und oft auch Verzweiflung (Ich werde niemals die Sterne sehen; Ich werde niemals wissen wie meine Mutter aussieht).

Das Selbstwertgefühl von Schülern mit Sehbehinderungen ist nur von wenigen Forschern untersucht worden. Dabei ist die Blindheit selbst nicht der Grund für eine Fehlanpassung oder andere Persönlichkeitsprobleme, vor allem dann nicht, wenn sie auf negative Reaktionen der Umwelt ihnen gegenüber vorbereitet wurden. Die Selbstakzeptanz dieser Kinder fällt leicht, wenn sie erleben, dass sie viele Dinge sehr gut machen können und wenn ihre Eltern sich ständig ihnen zuwenden, Vertrauen in sie haben und sie akzeptieren (ASHMAN/ELKINS 1990,249).

KIRK/GALLAGHER/ANASTASIOW (2000, 397) berichten, dass das Selbstwertgefühl von einer guten Leistung in sozial bedeutungsvollen Aktivitäten abhängt. Gute Schulleistungen und gutes soziales Verhalten führen zu einem guten Selbstkonzept – nicht umgekehrt. Bei blinden Kindern fanden sich keine grundsätzlichen Unterschiede zu sehenden Kindern. Wenn Menschen vom blinden Kind erwarten, dass es sich nicht von einem sehenden Kind unterscheidet, dann wird es sich auch weniger beeinträchtigt fühlen und sein Selbstkonzept wird dem des sehenden Kindes ähnlicher. Allerdings gibt es Unterschiede zwischen den Kindern mit den schlechtesten und besten Sehwerten. Bei den schlechter sehenden Kinder fanden sich Probleme in der Motorik und den sozialen Verhaltensweisen bis hin zu geistiger Behinderung und Entwicklungsstörungen.

Die verletzenden Erlebnisse im Kindheits- und Erwachsenenalter, Stigmatisierungen und das Erleben von Vorurteilen können zu emotionalen Blockaden führen. Sehbehinderte haben das Bedürfnis, von nicht Sehbehinderten angenommen zu werden. Von anderen angenommen zu werden ist Voraussetzung dafür, dass sie sich selbst annehmen und sich selbst verwirklichen können (THIENWIEBEL 1991).

Sehbehinderte orientieren sich an der Welt der Sehenden und wünschen sich, zu dieser Gruppe zu gehören. Sie wollen „normal" sein. Hilfen werden deshalb eher abgelehnt. Dadurch setzen sie sich selbst unter Druck, Stress und Angst. Dieser „negative Auseinandersetzungsprozess mit der Umwelt [beeinträchtigt] den Aufbau eines positiven Selbstbildes und Selbstwertgefühls" (THIENWIEBEL 1996, 8). Es ist deshalb wichtig, das Selbstwertgefühl sehbehinderter Kinder zu stärken, damit sie diesem Konflikt standhalten können.

Wer seine Stärken und Schwächen kennt, gelangt zu einer gesunden Selbsteinschätzung und kann Frust- und Versagenserlebnisse besser ertragen. HEITKER (1992) ging in einer Untersuchung der Frage nach, ob die Selbstsicherheit sehbehinderter Schüler schlechter ist als die altersgleicher nichtbehinderter Schüler. Dabei befragte sie 33 Schüler an Regelschulen und 21 Schüler an einer Schule für Sehbehinderte im Alter von 14 bis 18 Jahren. Während die Regelschüler als ersten Problembereich die Schule selbst nennen, geben die sehbehinderten Schüler den Kontakt zu Freunden als größten Problembereich an. Sie wünschen sich, mehr mit Freunden zusammen zu sein, äußern also soziale Wünsche, wohingegen die Regelschüler Fallschirmspringen und Segelfliegen als Wünsche angeben. Sie haben das Bedürfnis nach Selbstverwirklichung und Selbstbestätigung. Die Regelschüler scheinen in ihrer sozial-emotionalen Entwicklung den sehbehinderten Schülern voraus zu sein.

Viele Aussagen belegen, dass ein Großteil der sehbehinderten Jugendlichen zu selten Erfahrungen des Angenommen- und Akzeptiertseins machen. Ihre Mitmenschen hinterlassen bei ihnen Gefühle der Minderwertigkeit, der Ablehnung und Isolation. Somit zeigen sehbehinderte Jugendliche im sozial-emotionalen Bereich einerseits ein Bedürfnis nach Nähe, andererseits eine Angst davor. Die Ablehnung von Hilfe von außen lässt auf die starke Isolation sehbehinderter Jugendlicher schließen. Wenn auch das Selbstbild schon in der frühkindlichen Phase geprägt wird, so ist es doch bei Jugendlichen, ja selbst im Erwachsenenalter noch beeinflussbar.

2.4.6 Das Selbstkonzept von Menschen mit Hörschädigungen

Das Selbstkonzept von Menschen mit unterschiedlichen Graden von Hörschädigung ist von Setzungen im Real- Selbst wie „Die Behinderung bestimmt meine Identität nicht, ist aber ein Teil von mir“ oder „Ich trage meine Hörgeräte nicht, weil ich nicht behindert bin“ gekennzeichnet. Das Idealselbst wird etwa so beschrieben „Ich möchte Abitur machen“ oder „Ein Leben ohne Hörgeräte wäre toll“. In den Vorurteilen werden sie als misstrauisch, wenig intelligent und lernbehindert gekennzeichnet, was sie nur in Einzelfällen auch sind, weil ihre Verhaltensweisen in der Kommunikation oft missdeutet werden. Leichte motorische Probleme in der Körperkoordination und dem Gleichgewicht sind häufig.

Auch wenn bei Menschen mit Hörschädigungen emotionale Störungen nicht häufiger als bei Hörenden sind, beeinflusst die Hörstörung doch die soziale Entwicklung. Wenn nämlich die Umgebung des Kindes die Hörschädigung nicht akzeptiert, dann ist nicht die Hörschädigung das Problem, sondern das Verhalten der signifikanten Bezugspersonen. Nicht das Kind, sondern das Familienklima ist kritisch. Werden nämlich hörgeschädigte Kinder vom Kommunikationsfluss in der Familie abgeschnitten, dann können aus der Isolation nachhaltige negative Veränderungen des Selbstkonzeptes eintreten. Das Bedürfnis nach sozialer Anerkennung und nach sozialem Kontakt hat den größten Einfluss auf ihre Entwicklung (HALLAHAN/KAUFFMAN 1988, 276).

Die Entwicklung eines gehörgeschädigten Menschen von der Kindheit ins Erwachsensalter hängt von der Qualität der Mutter-Kind-Bindung ab. Die Information der Eltern über die Tatsache, dass ihr Kind sein ganzes Leben mit einer Hörbehinderung leben muss, sollte so früh wie möglich beginnen, da man Gehörlosigkeit oder Schwerhörigkeit nicht sieht (wie andere Behinderungen). Es reicht dann nicht, sich auf Training von Sprache und Technik zu konzentrieren, sondern der Einfluss der Hörbehinderung auf die Persönlichkeitsentwicklung (und die Bildung des Selbstkonzeptes) ist weiterreichend. Die Familie braucht Unterstützung, um die Behinderung in der Interaktion akzeptieren zu können, damit es nicht zu einer Störung der Mutter-Kind-Interaktionen führt. Wenn Eltern schwerhöriger Kinder dazu neigen, die Behinderung ihres Kindes zu leugnen und damit ihr Kind zu überfordern, besteht aber die Gefahr, dass sich der Identitätsverlust ihrer Kinder verstärkt (SCHREIBER-WARNECKE 2000, 37ff).

Hier wollen wir unsere Schilderung der Besonderheiten der Selbstkonzeptentwicklung bei Kindern mit besonderem Förderbedarf abbrechen. Besonderheiten der Selbstkonzeptentwicklung von Kindern mit emotionalen oder sozialen Problemen wollten wir bewusst nicht in den Rahmen aufnehmen, weil alle Versuche diese extrem heterogene Gruppe zu einem Etikett wie “Verhaltensgestörte“ oder „Erziehungsschwierige“ zusammenzufassen unseres Erachtens wenig Klärung bringen. Wenn es schon schwierig genug ist, bei Kindern mit Sinnesbehinderungen „typische“ Aussagen über die Entwicklungsverläufe des Selbstkonzeptes zu machen, so wird es bei dieser Gruppe nahezu unmöglich.

Für die Förderung dieser Kinder im Selbstkonzept finden sich jedoch im Praxisteil eine Fülle von Arbeitsmaterialien.

Die im Praxisteil enthaltenen Fragebogen und Arbeitsmaterialien zum Selbstkonzept wurden in verschiedenen Untersuchungen erprobt. Um den Umfang dieses Bandes nicht über Gebühr zu vergrößern, wurde auf eine Darstellung in diesem Band verzichtet. Eine spätere Veröffentlichung wird über die Ergebnisse der Selbstkonzeptuntersuchungen der Kinder mit Förderbedarf berichten.

2.5 Wie entsteht ein positives oder negatives Selbstkonzept?

Selbstdarstellungen von Personen mit hohem und niedrigen Selbstwertgefühl unterscheiden sich ganz typisch voneinander (SCHÜTZ 1997, 94). Personen mit einem **hohen Selbstwertgefühl** bezeichnen sich als positiv in der Selbstdarstellung. Sie können ein gewähltes Verhalten rechtfertigen, räumen aber wenig Platz für Stärken oder Fehler ein. Sie betonen ihre eigenen Kompetenzen, können andere kritisch bewerten und die eigene Person betont gegenüber anderen aufwerten.

Personen mit **niedrigem Selbstwertgefühl** bezeichnen sich als fehlerhaft, beobachten an sich selbst zugeschriebene Schwächen. Sie sehen sich als Personen mit starken Stimmungsschwankungen, sind emotional labil und finden sich unbeweglich. Sie suchen nach sozialer Orientierung.

Ein Mensch mit einem **hohen und stabilen Selbstkonzept**, das sich aus vielfältigen emotionalen Erfahrungen mit sich und anderen aufgebaut hat,

ist stolz auf seine Erfolge,
ist tolerant sich selbst gegenüber bei Misserfolgen,
hat eine optimistische Lebenseinstellung,
ist fähig, äußeren Druck ohne große Angst auszuhalten,
und kann sich nach Frustrationen gut erholen.

Wie können wir uns nun die Bedingungen für die Entstehung eines **positiven** Selbstkonzept bei einem Kinde vorstellen? Es müssen zusammenwirken:

- hohe Frustrationstoleranz
- hohes Vertrauen in die eigenen Fähigkeiten
- eine Freude am eigenen Erfolg
- keine Freude an Misserfolgen
- Bereitschaft zur Anstrengung und zum Risiko
- realistische Ziele
- optimistische Lebenseinstellung
- anregungsreiches Milieu in der Familie

- ständige Unterstützung durch die Eltern
- Bindung an die Eltern, die Freiraum für das Kind zulässt
- Suche nach Herausforderungen, die man mit Anstrengung bewältigen kann
- ständige Unterstützung und Wertschätzung durch den Lehrer
- realistisches Lob
- gutes Unterrichtsklima in der Klasse
- Bindung an eine unterstützende Gruppe

Wenn so auch positive Grunderfahrungen vorliegen, kann ein labiles Selbstkonzept durch neue Situationserfahrungen oder durch einen Schulwechsel relativ schnell gefährdet werden. Bei einer generell positiven Orientierung jedoch erfolgt auf eine Verunsicherung eine relativ schnelle Erholung auf der Basis der Annahme, dass man in der Vergangenheit auch bei Schwierigkeiten stets doch noch Erfolg hatte.

Ein Mensch mit gewachsenem **niedrigem Selbstwertgefühl** hat dagegen

- eine feindselige und ablehnende Eltern verinnerlicht,
- eine lange Erfahrung von Abweisung durch Peers und Erwachsene gemacht,
- ist unangemessen sensitiv gegenüber Misserfolg und Zurückweisung,
- eine geringe Frustrationstoleranz,
- kann bei Erfolgen nur kurzfristig Freude zeigen,
- eine pessimistische Lebenseinstellung,
- braucht längere Erholungspausen nach Enttäuschungen,
- ist der Zuneigung anderer nicht sicher.

Im Erwachsenenalter besteht eine hohe Resistenz einer negativen Grundeinstellung trotz gegenteiliger äußerer Einschätzungen. „Es bedarf einer Unzahl emotional bedeutsamer Erfahrungen im Erwachsenenalter, um die frühen Erfahrungen, aufgrund derer sich die geringe Selbstwertschätzung entwickelt hat, zu widerlegen" (EPSTEIN 1979, 19). Vielleicht kann man dies an einer Aussage von Woody Allen verdeutlichen: „Ich möchte nicht Mitglied in einem Club sein, der eine Person wie mich aufnimmt."

Wie entsteht nun ein **negatives** Selbstkonzept? Durch die dauernde Erfahrung eines oder mehrerer Faktoren:

- anregungsarmes Milieu
- kein Vertrauen in eigene Fähigkeiten
- lustlose und wenig unterstützende Eltern
- ablehnende oder nicht unterstützende Eltern
- keine positive Beachtung
- keine Anerkennung
- keine Anstrengungsbereitschaft
- keine Belohnungen bei guten Lernerfolgen
- keine Sicherheit bei Aufgaben
- keine persönlichen Ziele
- Herausforderungen aus dem Weg gehen
- kein Selbstwertgefühl
- ständige Erwartung von Misserfolgen
- ständige Erwartung von Tadel
- keine Leistungsbereitschaft
- keine Unterstützung durch die Familie
- Unterlegenheitsgefühl gegenüber den Geschwistern
- geringe Frustrationstoleranz
- schlechtes Unterrichtsklima
- unrealistisches Lob an den falschen Stellen
- wenig Vertrauen in Förderung durch die Umgebung
- keine unterstützende Gruppe
- Einzelgänger u.a.

2.6 Psychomotorik als Methode der Förderung des Selbstkonzeptes

Wie nicht anders zu erwarten bei einem akademischen Lehrer, der sich seit mehr als 35 Jahren mit Fragen der Psychomotorik beschäftigt, wollen wir dieses Kapitel mit einer kurzen Schilderung der Vorzüge einer psychomotorischen Förderung bei Schülern mit Selbstkonzept – Problemen abschließen.[4] Die psychomotorische Förderung ist eine wirkungsvolle und anerkannte Methode, Kindern mit Lern-, Sprach- und Entwicklungsproblemen durch Bewegung zu einer besseren Anpassungsleistung an schulische und außerschulische Lernanforderungen zu verhelfen und ihnen in einer Fördersituation eine Verbesserung des Selbstkonzeptes und die Erfahrung von Selbstwirksamkeit zu ermöglichen. Außerdem werden die sozialen Fertigkeiten durch die Arbeit in Kleingruppen wirkungsvoll unterstützt. Psychomotorische Förderung wird inzwischen im Rah-

4 Wieder sei der geneigte Leser hier angehalten, diesen Abschnitt zu überfliegen, wenn er die Grundkonzepte der Psychomotorik schon genügend zu kennen meint.

men der vorschulischen Förderung und im Grundschulalter zielgerichtet eingesetzt und findet in der individuellen Förderung von Kindern mit vielfältigen Lern- und Entwicklungsproblemen weite Verwendung.

Die **Wirkungen einer psychomotorischen Förderung** liegen dabei vorwiegend im Bereich einer ganzheitlichen Persönlichkeitsentwicklung und einer Stabilisierung der Persönlichkeit in ihrer Beziehung zum Lebenskontext – und damit bei zunehmenden Alter des Kindes immer weniger in kognitiven oder sprachlichen Bereichen.

Die Wirkungen gehen dabei zurück auf folgende Faktoren:

- die Verbesserung der Wahrnehmung der Möglichkeiten des eigenen Körpers; seiner Ausdrucks- und Handlungspotentiale,
- die Verbesserung der Fähigkeit, Wünsche und Ziele auszudrücken (Körperkontrolle, Ausdruck und Körperwahrnehmung),
- die Entwicklung eines positiven Selbstkonzeptes und die Erfahrung von Selbstwirksamkeit,
- die Entwicklung kommunikativer Fertigkeiten im Kontakt mit anderen (im Ausdruck von Gefühlen für und mit anderen) und von Empathie für andere,
- die Entwicklung von Kooperation mit anderen (Vertrauen in sich selbst und in andere setzen),
- rhythmisierte Handlungen, d.h. sich Einfühlen lernen durch Spannung und Entspannung,
- der Ausdruck von Gefühlen und Stimmungen durch Rollenspiel,
- eine Erkundung der Umwelt durch Ausprobieren von unterschiedlichen Lösungen mit verschiedenen Materialien,
- die Erfahrung von Raum und Zeit als Voraussetzung schulischen Lernens,
- der Aufbau von Schriftsprache und mathematischen Kompetenzen aus der Raum- und Zeitdimension,
- die Stabilisierung der Persönlichkeit durch erfolgreiches soziales Handeln,
- die Verbesserung der Beziehung zu den Eltern durch eine höhere Kommunikationsbereitschaft des Kindes, mehr Einfühlung auf Seiten der Eltern und eine höhere Akzeptanz des Kindes,
- das Erleben positiver Beziehungen innerhalb und außerhalb des sozialen Lebenskontextes, d.h. Verbesserung der Beziehungen zu den Eltern und Geschwistern,
- die Verbesserung der schulischen Leistungen und des schulischen Selbstkonzeptes.

Eine auch durch eine Reihe von Effektivitätsstudien (EGGERT 1997) belegte Wirkung liegt vorwiegend in der Förderung des sozialen Verhaltens der Kinder, wenn die Förderung über mindestens sechs Monate gewährleistet ist.

In den Empfehlungen der Kultusministerkonferenz zum Förderschwerpunkt Lernen vom 01.10.1999 heißt es im Punkt Erziehung und Unterricht: Erziehung und Unterricht „sind ausgerichtet auf die Entwicklung eines wirklichkeitsbezogenen Selbstbildes, auf die Stärkung des Selbstwertgefühles, auf die Festigung der Persönlichkeit durch Aufbau kompensatorischer Fähigkeiten sowie auf die Verwirklichung der Fähigkeit, eigene Interessen zu vertreten und Verantwortung für sich selbst und andere zu übernehmen“ (KMK-Empfehlungen 1999, 13). Auch bei dem Punkt der pädagogischen Ausgangslage wird darauf hingewiesen, dass neben anderen Bereichen wie der Wahrnehmung, der Motorik etc. der „Aufbau von Selbstwertgefühl und einer realistischen Selbsteinschätzung“ unmittelbare Auswirkungen auf grundlegende Entwicklungsbereiche haben können (KMK-Empfehlungen 1999, 11). In diesem Sinne kann von einer psychomotorischen Förderung eine Verbesserung bei Kindern mit Problemen des Lernens, der Sprache, des Verhaltens und mit Seh-, Hörschädigungen und Körperbehinderungen erwartet werden.

2.6.1 Erfahrung von Selbst – Wirksamkeit als Handlungsprinzip in der psychomotorischen Förderung

Für den Aufbau eines positiven Selbstkonzeptes ist es von entscheidender Bedeutung, dass sich das Kind als selbstwirksam erlebt und die subjektive Überzeugung ausbildet, durch das eigene Handeln etwas bewirken und verändern zu können (LASKOWSKI 2000, 98f). Unter Selbstwirksamkeit wollen wir das Verständnis begreifen, auf Grund bisheriger Erfahrungen auf Fähigkeiten und verfügbare Mittel zu vertrauen und zu erwarten, dass man ein gesetztes Ziel auch durch Überwindung von Hindernissen am Ende erreichen kann. Selbstwirksamkeit baut auf einem Selbstkonzept auf, das mehr Erfolge als Misserfolge erwartet. Dazu gehört die Annahme, selbst Kontrolle über die jeweilige Situation zu haben, sich kompetent zu fühlen und durch die eigenen Handlungen Einfluss auf die materiale und soziale Umwelt nehmen zu können. Der Verlust dieser Kontrollüberzeugung gilt als wichtiger Teil in der „Theorie der erlernten Hilflosigkeit“ von SELIGMANN (1986), auf die wir bereits eingegangen sind.

Das Gefühl, etwas geschafft zu haben und etwas zu können, stellt die Basis für das Selbstvertrauen in die eigenen Fähigkeiten dar und damit auch für den Aufbau einer generellen positiven Selbstwertschätzung. An diesem Punkt setzt eine psychomotorische Förderung an, denn gerade in Bewegungshandlungen erleben Kinder, dass sie Verursacher bestimmter Effekte sind (FISCHER 1996, 105).

„Im Umgang mit Dingen, Spielsituationen und Bewegungsaufgaben rufen sie eine Wirkung hervor und führen diese auf sich selbst zurück (z.B. einen hohen Turm aus Klötzen bauen, ihn umwerfen, wiederaufbauen etc,). Das Handlungsergebnis verbinden sie mit der eigenen Anstrengung, dem eigenen Können – und so entsteht ein erstes Konzept eigener Fähigkeiten“ (ZIMMER 1999, 65).

Psychomotorik ermöglicht es dem Kind nicht nur aktiv zu werden und sich selbst als Verursacher bestimmter Effekte zu erleben, sondern auch Erfolg in der Gruppe zusammen mit anderen zu haben. Insbesondere die schulische Laufbahn von Schülern der Schule für Lernhilfe ist häufig von Misserfolgen geprägt. Dort ist Psychomotorik deshalb besonders erfolgversprechend. Wie wichtig jedoch Erfolgserlebnisse besonders in der Entwicklungsspanne der Kindheit sind, verdeutlicht EPSTEIN, wenn er von der Notwendigkeit des „Nettogewinns an positiven Erfahrungen" (1979, 18) spricht, die dem Individuum eine optimale Lust-Unlust-Balance sichert und so den Aufbau einer gesunden Selbstwertschätzung ermöglicht. Die Psychomotorik verfügt über vielfältige Differenzierungsmöglichkeiten (u.a. in Bewegungsbaustellen und Bewegungslandschaften) und kann auf diese Weise erreichen, dass jedes Kind Erfolgserlebnisse auf seinem Entwicklungsniveau hat.

Durch vielfältige Material- und Körpererfahrungen und Bewegungshandlungen in psychomotorischen Spielsituationen werden außerdem die Handlungskompetenzen und kommunikativen Fähigkeiten des Kindes erweitert und verbessert (vgl. EGGERT 1998, 32). Das Kind lernt sich kompetent mit der Umwelt auseinander zusetzen, traut sich mehr zu und wird dementsprechend mehr Erfolgserlebnisse haben, was sich positiv auf sein Selbstkonzept auswirken kann.

Da psychomotorische Förderung immer als (Klein-)Gruppenförderung organisiert sein sollte, werden dem Kind zusätzlich vielfältige soziale Erfahrungen geboten. Innerhalb dieser Interaktionen mit eventuell wichtigen Bezugspersonen (z.B. Mitschüler, Freunde) können soziale Vergleichsprozesse stattfinden, aus denen das Kind wichtige selbstbezogene Informationen gewinnt, die sein Selbstkonzept erweitern.

Auch der hohe Aufforderungscharakter von psychomotorischen Bewegungssituationen ist eine nicht zu unterschätzende Größe, die dazu beiträgt, identitätsbildende Prozesse bei Kindern zu initiieren.

2.6.2 Der psychomotorische Dialog als Prinzip psychomotorischer Förderung

Für die Förderung ist ein Verständnis des psychomotorischen Dialog des Klienten/ Kindes mit dem Therapeuten / Pädagogen wichtig. Die Wirkung einer psychomotorischen Intervention stellt sich als Ergebnis einer Kommunikation zwischen dem oder den Klienten und dem oder den Therapeuten dar – dem psychomotorischen Dialog. Zusätzlich spielt die vom Therapeuten mit dem Kind zusammen gewählte Aufgabenauswahl (die Inhalte der psychomotorischen Förderung) eine wichtige Rolle. Bestimmt wird das Ergebnis der Interaktion vom Rahmen des Lebenskontexts der Beteiligten.

Unter Dialog wollen wir dabei eine Form der Kommunikation zwischen gleichberechtigten Partnern verstehen. Der Therapeut darf nicht bestimmen wollen, was für den Klienten gut und förderlich sein kann, sondern das Ausgehen von den Stärken des Klienten und von seinen Bedürfnissen ist wirksam. Der „Defekt“ eines beeinträchtigten Kindes spielt dabei eher als empfundene Inkompetenz eine Rolle, nicht aber als Nichtkönnen an sich. Das Kind soll den Weg in die Therapie im Miteinander mit dem Therapeuten anregen und steuern – so weit es dies vermag. Diagnose, Besserwissen und Fachjargon spielen eine geringere Rolle. Indem ich die individuellen Wege des Klienten als seine Stärken betrachte, kann ich ihm Anregungen und Impulse zu einer Optimierung seiner Strukturen geben.

Dafür eignet sich das Konzept vom Dialog (MILANI COMPARETTI 1996, in LÜPKE/VOSS 2000,5). Hier geht es nicht darum, ein vorgegebenes Ziel zu erreichen, sondern im Zusammenspiel mit dem Partner (den Partnern) zu gemeinsamen, nicht vorhersehbaren, auch für die Beteiligten selbst immer wieder überraschenden Resultaten zu gelangen. Die Helfer geben keine Ziele an, sie begleiten, bieten einen Kontext für Erfahrungen, um damit die eigene Entwicklung zu „konstruieren“. Zuhören und Beobachten werden wichtiger als „Machen“ (HANS VON LÜPKE/REINHARD VOSS 2000, 5).

Was im psychomotorischen Dialog in dieser gemeinsamen Konstruktion einer therapeutisch – pädagogischen Realität geschieht, spielt sich auf sehr verschiedenen Wegen ab.

Erstens versucht der Therapeut die Aufmerksamkeit der Klienten zu gewinnen, sie in ihrer Eigenheit anzunehmen und mit ihnen zusammen den Spielraum zu gewinnen, in der Kooperation Inhalte und Methoden der psychomotorischen Interaktion zu wählen, um den Klienten zu helfen, sich wirkungsvoller mit ihrer Lebensumwelt auseinander zusetzen und damit eine höhere Zufriedenheit zu erreichen.

Die Aufgabe des Therapeuten ist dabei die Hinführung zum Selbermachen zu geben, damit die Kinder Selbstwirksamkeit erleben können. Über das Selbermachen sollen die Klienten in einer Gruppe unzweckmäßiges, schädliches, problematisches Verhalten abbauen und positiv erlebtes Handeln erfahren. Die Hinführung zur Erfahrung der Selbstwirksamkeit ist das erste Moment der Psychomotorik. Die harmonisch sich entwickelnde Persönlichkeit des Klienten ist ein wichtiges weiteres Element von Psychomotorik im Dialog.

Zweitens reagieren die Mitglieder einer therapeutischen Gruppe in besonderer Weise auf die vom Therapeuten / Therapeutin gewählten Ziele, Methoden der Intervention und auf die Persönlichkeit des Therapeuten. Diesem sollte bewusst sein, dass Ziele seines Handelns für den Klienten nur im Rahmen seiner Persönlichkeitsstruktur erreichbar sind, d.h. dass jede Therapeutenpersönlichkeit nur bestimmte Ziele (bei ganz bestimmten Klienten) zulässt. Die Persönlichkeit des Therapeuten bestimmt ganz wesentlich das Geschehen und die Erfolgswahrscheinlichkeit in der psychomotorischen Therapie.

Drittens bestimmt der gewählte Inhalt zur Erreichung des Therapieziels den psychomotorischen Dialog. Bestimmte Inhalte erleichtern den Zugang und die Umsetzung, andere Inhalte wieder erschweren die Zugangsmöglichkeiten zum Kind. Die Wahl der Inhalte geschieht im Rahmen der biographischen Erfahrungen des Therapeuten und wird vom Lebenskontext mitbestimmt, in dem er sich in seiner Entwicklung befunden hat.

Viertens bestimmt die Wahl des Themas nicht nur den Inhalt, sondern auch die Form der Kommunikation zwischen Klient und Therapeut in der stattfindenden Interaktion. Es ist eine sehr unterschiedliche Situation, ob das gewählte Spiel das Kind langweilt oder es motiviert etc.. Es besteht ein Unterschied zwischen Kindern, die den Therapeuten mögen (und er sie) und Kindern, die unfreiwillig in eine Gruppe gebracht werden und lieber andere Dinge als gerade Psychomotorik machen würden.

Fünftens entspricht nicht immer die Wirkung einer Intervention auch den Absichten und Zielen des Therapeuten: oft wirkt etwas anders als beabsichtigt. Wenn man in seiner Hypothesenbildung auf eine bestimmte Reaktion des Klienten durch eine psychomotorische Perturbation im Dialog fixiert ist, kann man z.B. übersehen, dass eine Reaktion im kognitiven oder motivationalen Bereich sich einstellt, die – nicht intendiert- aber erfolgreich ist. Paradoxe Wirkungen sind bei einer individuellen Betrachtung des dialogischen Therapieprozesses normal und nicht ungewöhnlich.

Sechstens reagiert das System Kind als Human Ökosystem im Rahmen seiner Handlungskompetenzen nur soweit, wie es sich durch seinen individuellen Lebenskontext (Lebensumfeld) angeregt oder gehemmt sieht. Die Grenzen der Möglichkeiten einer therapeutischen Intervention liegen in diesem Kontext; der Dialog wird durch Kontextfaktoren indirekt oder direkt bestimmt.

Siebtens spielt bei dem Versuch die Handlungsstrukturen eines Kindes zu erhellen, der diagnostische Standpunkt eine Rolle: Aus der Förderdiagnostik ist diese Frage der Kontextabhängigkeit der Diagnose bekannt. Es gibt in der Pädagogik/Therapie nur sehr begrenzt die Möglichkeit zu einer objektiven Diagnose. Persönlichkeit, biographische Erfahrungen, Lebenseinstellungen und Menschenbilder bestimmen den sehr subjektiven Prozess einer Diagnose, die zudem noch den Prozess der Therapie ständig begleiten sollte.

Achtens spielt der Rahmen des gemeinsamen Lebenskontextes von Klient und Therapeut die entscheidende Rolle beim Erreichen von gemeinsam akzeptierten Veränderungen im Rahmen einer psychomotorischen Therapie. Klient und Therapeut leben in einem speziellen Lebenskontext, der ihre Einstellungen und ihr Handeln mit beeinflusst. Ihre jeweiligen Umstände sind nur bedingt miteinander kompatibel, aber dafür wirksam. Sie haben aber auch einen gemeinsamen Lebenskontext, der die individuellen Lebenskontexte überspannt. Alle sind angemessen im Förderplan zu berücksichtigen.

Die folgende Abbildung versucht die verschiedenen Abschnitte des Dialogs in einer Zusammenfassung zu verdeutlichen. Man muss sich in dieser Abbildung nun Pfeile zwischen den einzelnen Teilen des Clownsgesichts vorstellen, die nicht eingezeichnet wurden, weil man dann vom Gesicht nichts mehr erkannt hätte. Die wichtigste Verbindung ist die vom Klienten zum Therapeuten und umgekehrt. Im Sinne einer (therapeutischen) Übertragung und Gegenübertragung sind Klient und Therapeut aneinander gebunden. Der Therapeut wird auch von dem Klienten beeinflusst, er beeinflusst nicht nur den Klienten. Zudem kommen nicht alle Absichten des Therapeuten beim Kind auch „an", oft versteht das Kind die unwillentlichen Äußerungen des Therapeuten besser als die willentlichen. Beide sind in ihrer Interaktion nun wieder beeinflusst von der Wahl des „Themas", den Inhalten und Formen des Dialogs.

Die Interaktion zwischen Klient und Therapeut wird dann wiederum wechselseitig vom jeweiligen speziellen Lebenskontext und vom gemeinsamen Lebenskontext bestimmt. Der Hut des Clownsgesichts soll dies symbolisieren.

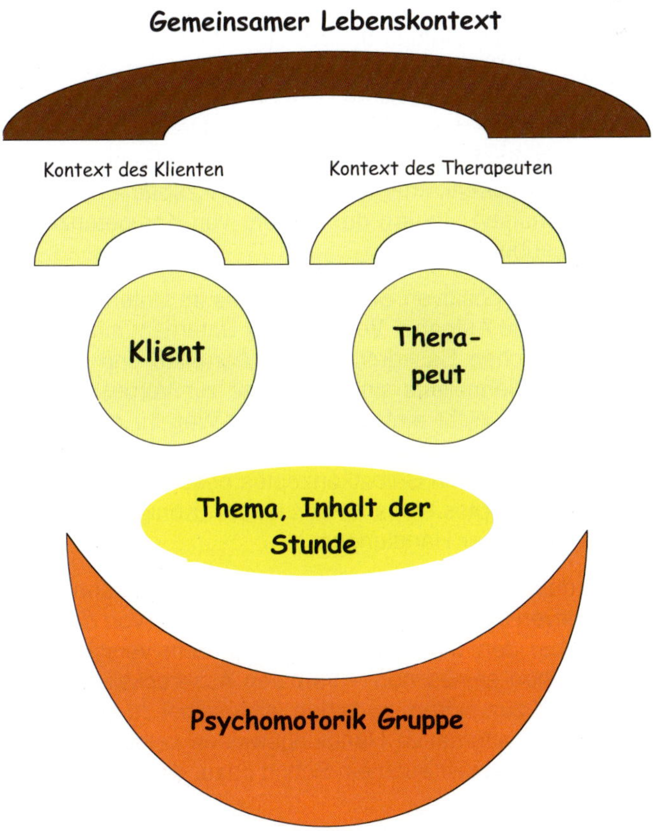

Zusammenfassend ist festzuhalten, dass psychomotorische Förderung dem Kind zu einem Gefühl von Selbstwirksamkeit und Kontrollüberzeugung verhelfen kann, ihm Erfolge vermittelt, Kompetenzen verleiht (ihm das Empfinden von Selbstwirksamkeit vermittelt) und damit das Selbstkonzept stärkt.

Zugleich wird das Kind sensibel für den Dialog mit einer bedeutsamen Bezugsperson (dem Pädagogen oder Therapeuten), mit dem er in der Therapie/ Förderung kooperiert und für die Arbeit in einer Gruppe, die ihm hilft und ihn unterstützt. Psychomotorische Förderung beeinflusst auch positiv den Lebenskontext, d.h. sie kann den Kontakt zu den Eltern verbessern und die Akzeptanz des Kindes durch die Eltern erhöhen. Auf diese Weise wird durch Psychomotorik über die Förderung der Bewegung im Spiel ein wichtiger Beitrag zur Ausbildung eines positiven Selbst- und Weltkonzeptes ermöglicht.

Ausblick

Die Ausführungen über den Aufbau der sozialen Identität durch das Selbstkonzept sollten zeigen, welchen weitreichenden Einfluss das sich entwickelnde Selbstkonzept vor allem für schulisches Handeln von Kindern besitzt und welche determinierende Rolle der Lehrer und die Schule dabei besitzen. Die Bewertung der Leistung durch das Selbst, die Peers, die Familie und die Schule (den Lehrer und die Klassenkameraden und die Akzeptanz und Bewertung in der Gemeinde/Community) steuern den Erwerb von Kompetenzen und deren sichere Ein- und Ausübung.

Die Leitmerkmale eines positiven Selbstkonzeptes im Unterricht zu realisieren ist dabei eine schwierige Aufgabe. Vor allem im Unterricht mit Kindern aus unterschiedlichem ethnischen Background, bei Migranten und bei Kindern aus anregungsarmen Familienmilieus sind die Wege zur Verbesserung eines negativen Selbstkonzeptes nicht einfach. Aber der Weg zu einem Kind scheint über die gemeinsame Konstruktion des Selbstkonzeptes und die Rekonstruktion eines veränderten positiven Selbstkonzeptes besonders gangbar. Das Verständnis des Selbstkonzeptes eines Kindes ist der „Königsweg" zu einem individuellen Verständnis seiner Handlungen.

Als Wege zur Förderung eines positiven Selbstkonzeptes kann man den Ausgang von den positiven Potentialen eines Kindes sehen (Von den Stärken ausgehen), nämlich über den Dialog mit dem Kind, dem verständnisvollen Gespräch, dem Verstehen seines non – verbalen Ausdrucks und seiner Gestik und Mimik. Dem Kind zuzuhören, zu helfen, sich selbst zu akzeptieren und es dabei zu unterstützen, alternative Handlungsweisen selbst auszusuchen, zuzulassen und zu entwickeln ist auch ein Schritt dazu, die Lebenswelt besser zu akzeptieren.

Zielvorstellungen für die Schule könnten sein: ein selbstkonzeptfördernder Unterricht ist eine präventive Maßnahme. Empathie, Echtheit und Sympathie den Schülern gegenüber ein weiter Schritt. Behutsamer Umgang mit dem Schüler im Rahmen von zu setzenden Grenzen ist ein weiterer Schritt.

Die soziale Identität als geglückte Konstruktion des hierarchisch geordneten Selbstkonzeptes markiert einen wichtigen Schritt auf dem Weg zu einer Humanisierung des Lernens und zur Versöhnung von Lernendem, Stoff und Lehrendem.

Im nächsten Kapitel soll nun die bislang auf das Selbstkonzept konzentrierte Schilderung unterbrochen werden durch den Versuch, eine Theorie der Diagnostik des Selbstkonzeptes aus einem ökosystemischen Verständnis abzugeben.

Kapitel 3

Veränderungen im diagnostischen Denken[5]

Im Bereich der Diagnostik ist in den vergangenen Jahren eine Veränderung der Denkgewohnheiten erfolgt, die inzwischen zu einem Nebeneinander von verschiedenen Ansätzen geführt haben: eine auf die individuelle Beschreibung der Förderbedürfnisse eines Menschen ausgerichtete **Förderdiagnostik** und eine auf die Bewertung von Leistungen ausgerichtete standardisierte Messung mit Hilfe von Tests. Zur Zeit wird dabei oft unter der Zielsetzung diskutiert, man müsse sich für eine der beiden Formen von Diagnostik entscheiden. Wir denken jedoch, dass man mit einem Nebeneinander bei unterschiedlichen Fragestellungen gut leben kann.

3.1 Paradigmenwandel

In den letzten zwanzig Jahren haben sich tiefgreifende Veränderungen im Denken über die Möglichkeiten ergeben, wie man Verhalten und Erleben von Menschen beschreiben kann. Diese Veränderungen gehen auf eine andere Sichtweise des Menschen mit Behinderungen zurück, nämlich die individuelle Berücksichtigung der Ansprüche eines Menschen auf Förderung und Integration und ein Leben so normal wie möglich.

Der amerikanische Anti-Etikettierungsansatz der siebziger Jahre (vgl. EGGERT 1997) bezweifelt generell die Sinnhaltigkeit von Klassifikationen für die Lebenssituation von Menschen mit Behinderung. Der Verzicht auf etikettierende Zuordnungen zu bestimmten Behinderungsgruppen hat zu einer Neubetrachtung der für die Diagnose verwendeten Methoden geführt, die sich bislang vorwiegend auf die Tests bezogen. Hier hat sich inzwischen ein Wandel von den quantitativen und normativen Methoden hin zur **qualitativen Einzelfallbeschreibung** des individuellen Förderbedarfs (vgl. EGGERT 2003) ergeben.

Dieser Wandel der Zielvorstellungen für diagnostisches Handeln ist eng verbunden mit einer Veränderung innerhalb der Entwicklungspsychologie, die ihre Orientierung inzwischen auf die ***lebenslange Entwicklung des Individuums*** in seiner spezifischen Umwelt gerichtet hat (life-span-development).

---

5 Der folgende Text bezieht sich auf die Anwendung öko-systemischen Denkens im Rahmen von Psychomotorischer Förderung. Die Überlegungen können jedoch – in leicht veränderter Form – auch im Rahmen anderer pädagogisch-therapeutischer Maßnahmen eingesetzt werden, durch die das Selbstkonzept gefördert werden soll.
Auch hier sei der geneigte Leser wieder veranlasst, diesen Teil zu überlesen, wenn er sich über öko-systemisches Denken und Handeln schon genug informiert fühlt.

3.2 Ökosystemisches Denken

Wichtig für die Veränderungen im theoretischen Denken war der mit BRONFENBRENNER 1989 beginnende Wandel zu systemischen Vorstellungen, die sich in Diagnostik und Therapie in den vergangenen Jahren durchgesetzt haben. Um die Bedeutung eines vernetzten Vorgehens bei einer diagnostischen Betrachtung des Selbstkonzeptes zu verdeutlichen, wollen wir an dieser Stelle eine kurze Einführung in die Elemente öko-systemischen Denkens versuchen, in dem gerade die Vernetztheit der Elemente und die ganzheitlich dynamische Sichtweise betont werden.

3.2.1 Ganzheitlichkeit, Vernetztheit und Rekursivität als zentrale Aspekte systemischen Denkens

Wenn wir von der Vorstellung ausgehen, dass das Selbstkonzept aus vernetzten Bestandteilen zu denken ist, dann bietet sich das systemische Modell als Theorie dazu an. Den Rahmen einer Theorie des Selbstkonzeptes und der Identität bildet aus unserer Sicht der (öko-)systemische Ansatz.

Es wird im Folgenden darum gehen, Charakteristika systemischen Denkens und Handelns darzustellen, denn das Denken in Systemzusammenhängen ist die grundlegende Perspektive auf die sich ein systemdiagnostisches Vorgehen stützt. Dabei gilt es zu berücksichtigen, dass es die eine systemische Perspektive nicht gibt. Es liegen inzwischen (seit den Anfängen der Systemtheorie sind ca. 50 Jahre vergangen) zahlreiche Varianten systemischer Perspektiven vor, die jeweils unterschiedliche Schwerpunkte setzen. Es soll deshalb an dieser Stelle nicht darum gehen, einen Überblick über systemische Theorien zu geben, sondern wir werden lediglich die Aspekte herausgreifen, die aus unserer Sicht für die Diagnostik und Förderung von Kindern und Jugendlichen von besonderer Bedeutung sind.

Systemisches Denken berücksichtigt, dass sich menschliches Leben grundsätzlich im Kontext verschiedener Lebensräume und sozialer Bezüge vollzieht. D.h. es wird berücksichtigt, dass jeder Mensch in eine spezifische materiale und soziale Umwelt eingebettet ist und mit verschiedenen Faktoren aus seiner Umwelt **vernetzt** ist. Das Verhältnis zwischen dem Menschen und seiner Umwelt wird aus systemischer Perspektive als **rekursiv** beschrieben, was bedeutet, dass der Mensch in einem **wechselseitigen** Austausch mit seiner Umwelt steht (also: die Umwelt beeinflusst den Menschen und der Mensch nimmt Einfluss auf seine Umwelt in einem ständig fortlaufenden Prozess). Aus systemischer Sicht kann der Mensch (aber auch andere lebende Organismen bzw. Systeme) nie losgelöst von seiner Umwelt (seinem Umfeld) gesehen und bewertet werden. **Systemisches Denken ist folglich eine Betrachtungsweise, die den Kontext (die Lebenswelt) grundsätzlich mit einbezieht und den Blick auf Muster, Beziehungen und Dynamiken in diesem Lebenskontext richtet.**

Im Mittelpunkt systemischen Denkens steht nicht das isolierte Ereignis bzw. das isolierte Individuum, sondern die Relationen und Vernetzungen zwischen den Einzelfaktoren. Anstelle einer Reduktion auf Einzelelemente, geht es immer um die Berücksichtigung eines größeren Kontextes, wobei ein Anspruch auf Ganzheitlichkeit besteht, nicht jedoch auf eine totalitaristische Erfassung (das ist aufgrund der Komplexität der Wirklichkeit aus dieser Perspektive nicht möglich).

3.2.2 Zum Menschenbild: das Kind als Human-Ökosystem

Aus systemischer Perspektive ist der Mensch ein lebendes System, das aufgrund seiner inneren Komplexität weder für andere völlig transparent, noch in seinem Denken und Handeln von außen steuerbar ist. Es kann lediglich durch Perturbationen „gestört" werden und zu Veränderungen angeregt werden. Zugleich wird der Mensch jedoch auch als soziales Wesen verstanden, das in einem ständigen Austausch mit seiner materialen und sozialen Umwelt steht und Interaktionen eingeht.

Den **Menschen als Human-Ökosystem** zu betrachten bedeutet, ihn im Kontext seiner komplexen Lebensbedingungen zu sehen. Zum einen wird der Mensch als eine Einheit aus physischen, kognitiven und emotionalen Komponenten verstanden. Zum anderen wird beachtet, dass der Mensch in einem ständigen wechselseitigem Austausch mit seiner Umwelt steht und in jedem Moment vielfältigen Beeinflussungen ausgesetzt ist.

„Ökosystem" ist ein Begriff, der sowohl den Organismus als auch die Umwelt mit einbezieht (Human-Ökosystem = Person-Umfeld-System).

(Human-)Ökosysteme zeichnen sich durch folgende **Merkmale** aus:

- sie sind **komplex**, d.h. Ökosysteme bestehen ihrerseits wieder aus einer Vielzahl verschiedenster Komponenten (beim Menschen treffen z.B. psychische, physische und kognitive Komponenten zusammen),
- sie sind **energetisch und informationell offen**, d.h. ein energetischer und informationeller Austausch mit der Umwelt ist möglich (und notwendig),
- sie sind **dynamisch**, d.h. ihre Struktur verändert sich über die Zeit. Anders ausgedrückt: Menschen entwickeln sich immer weiter. Entwicklung ist ein lebenslanger Prozess,
- sie sind **strukturdeterminiert**, d.h. jeder Reiz, jede Information von außen wird auf Grundlage der vorhandenen Strukturen verarbeitet. Die interne Struktur bestimmt wie der Austausch mit der Umwelt aussieht und in welchem Ausmaß sich ein System verändern kann,
- aufgrund ihrer Strukturdeterminiertheit sind lebende Systeme **autonom**, d.h. sie sind nicht beliebig von außen beeinflussbar bzw. determinierbar.

- Ökosysteme stehen mit anderen Ökosystemen in Wechselwirkung, und zwar über **strukturelle Kopplungen;**
- sie sind weitgehend zur **Selbstregulation** fähig, d.h. sie können selbstständig einen Gleichgewichtszustand wieder herstellen (z.B. wenn mir heiß ist, fange ich an zu schwitzen, um den Wärmehaushalt zu regulieren);
- Ökosysteme sind **relativ**, d.h. der Beobachter bestimmt die Festlegung der Systemgrenze.

Aus systemischer Perspektive wird außerdem berücksichtigt, dass ein Verhalten erst zu einem Problem wird, wenn es von einem Beobachter als unerwünscht und veränderungsbedürftig beschrieben wird. Probleme werden also konstruiert. Ein „problematisches" Verhalten muss folglich immer im Zusammenhang mit demjenigen gesehen werden, der es als problematisch definiert (z.B. dem Beobachter).

3.2.3 Zum Systembegriff

Um den Begriff der Umwelt näher zu charakterisieren, und um die komplexen Zusammenhänge und Wechselwirkungen zwischen Individuum und Lebenswelt zu verdeutlichen, möchten wir uns auf das Modell von BRONFENBRENNER (1989) beziehen:

Bronfenbrenner sieht die Umwelt als einen Satz ineinander geschachtelter Strukturen. Er unterteilt die Umwelt in Mikro-, Meso-, Exo- und Makrosysteme und versucht die komplexen Zusammenhänge unter diesen Systemen zu verdeutlichen.

Mikrosystem: der direkte, unmittelbare Lebensbereich der sich entwickelnden Person (das Kind mit seinen Kompetenzen z.B. in seiner Familie).

Mesosystem: Im Laufe der Zeit bildet sich um den Menschen ein ganzes System von Mikrosystemen, die miteinander in Beziehung treten (z.B. die Eltern nehmen Kontakt zur Schule auf, die schulischen Bedingungen wirken sich auf das Familienleben aus). Diese Vernetzung verschiedener Lebensräume, denen ein Kind angehört, wird als Mesosystem bezeichnet.

Exosystem: beschreibt einen Bereich, der außerhalb der Reichweite der Person liegt, von dem sie aber trotzdem beeinflusst wird (z.B. die Arbeitsbedingungen der Eltern, sie nehmen Einfluss auf den sozialen Status des Kindes, schulische Bedingungen, gesetzliche Regelungen für diesen Bereich usw.).

Makrosystem: umfassender Lebensbereich, der allen drei Ebenen gemeinsam ist und auf allen drei Ebenen Einfluss auf den Menschen nehmen kann (z.B. gesellschaftliche und kulturelle Normen, politische Ausrichtungen, ethnischer Hintergrund u.a.).

Von allen vier Ebenen können Einflussfaktoren ausgehen, die sich sowohl entwicklungsfördernd als auch entwicklungshemmend auf das Individuum auswirken können. Das Individuum kann seinen Einfluss auf die verschiedenen Ebenen gleichermaßen ausüben, wenngleich nicht immer in gleichmächtiger Weise.

Das Kind entwickelt sich in Interaktion mit seinem Umfeld in seiner Lebenswelt in individueller Weise. Dieses Konzept ist für eine Beschreibung der Zielebenen (sonder-) pädagogischen Handelns außerordentlich nützlich und ist z.B. die Grundlage amerikanischer Ansätze zur Psychologie besonderer Kinder (KIRK/GALLAGHER/ANASTASIOW 2001). Eltern, Schule und Lehrer und andere signifikante Bezugspersonen arbeiten gemeinsam an der Entwicklung des Schülers.

3.3 Zur Diagnostik im öko-systemischen Ansatz

3.3.1 „Störungen"

In der Regel setzt Diagnostik ein, wenn ein Problem bzw. eine Störung von einem Beobachter festgestellt wird. Deshalb scheint es an dieser Stelle angemessen zu verdeutlichen wie Probleme und Störungen aus systemischer Perspektive betrachtet werden:

Systemisches Denken impliziert, dass jedes Verhalten, also auch abweichendes oder störendes Verhalten, im Person-Umwelt-Zusammenhang begriffen werden muss. Die Störungsursachen werden deshalb nicht im Individuum lokalisiert, sondern es wird davon ausgegangen, dass Störungen vielfältige Ursachen haben können, die komplex miteinander vernetzt sind und in der Wechselwirkung zwischen dem Kind und seiner Umwelt anzusiedeln sind.

„Störungen" sind zunächst nichts anderes als Beschreibungen einer Differenz, „die den Unterschied des Andersseins hervorhebt" (WALTHES 1993, 149). Unter diesem Perspektivwechsel zeigen sich kindliche Verhaltensbesonderheiten als Ausdruck einer jeweils besonderen Konfliktlage des Betroffenen (vgl. AMFT/ MATTNER/ GERSPACH 2002, 18f). Störungen sind dementsprechend aus systemischer Sicht keine individuellen Defizite, sondern Systemstörungen.

3.3.2 Zur Beobachterabhängigkeit von Wirklichkeitskonstruktionen

Vertreter der systemischen Perspektive gehen davon aus, dass Wirklichkeit immer eine vom Beobachter konstruierte Wirklichkeit ist. Jede Konstruktion von Wirklichkeit ist also ein Produkt eines Subjekts bzw. eines Beobachters und damit beobachterabhängig (also abhängig von dem, der sie konstruiert hat).

Somit muss sich jeder Beobachter die Frage nach seiner eigenen Perspektive stellen, aus der er selbst beurteilt oder aus der andere beurteilen. Das heißt, „wenn wir etwas als störend beschreiben, dann machen wir im Grunde keine Aussage über den Gegenstand, den wir beschreiben, sondern wir machen eine Aussage über unsere Art und Weise zu beobachten" (vgl. WALTHES 1993, 149).

Diese Erkenntnis, dass Objektivität eine Illusion ist, wirkt sich auf die Diagnostik, insbesondere auf die Rolle des Diagnostikers aus, der ja auch ein Beobachter ist.

3.3.3 Konsequenzen für die Diagnostik

Durch den Paradigmenwandel ergeben sich für die Diagnostik erhebliche **Veränderungsnotwendigkeiten.**

- Zum einen werden die Diagnostiker gezwungen, auf der Verhaltens- und Handlungsebene **neue methodische Konstrukte** mit dem Ziel einer stärker subjektiv orientierten Kind-Umfeld-Diagnostik zu entwickeln, (Entwicklung neuer methodischer Konstrukte)
- zum anderen wird aus der Verhaltenstherapie der Gedanke der **Einheit von Diagnose und Therapie** übernommen und
- zum dritten wird zusätzlich der Gedanke formuliert, dass aus einem ***systemischen* Denken** – also aus einer Verknüpfung der Entwicklung an Kind-, Umwelt- und Familienstrukturen – überhaupt erst eine **umfassende ganzheitliche Förderung** planbar und organisierbar wird (vgl. EGGERT 1997).

An die Stelle der Typologisierungen treten des Weiteren Vorstellungen einer Differenzierung und Individualisierung. Die Diagnostik sieht sich damit vor **neuen Herausforderungen**: Möglichst im Dialog mit den Betroffenen selbst gilt es jetzt, ein differenziertes Angebot an Diagnostik zu entwickeln, das der individuellen Situation der Betroffenen (speziell Kinder mit Förderbedarf) weitgehend entspricht.

So können Einzelfallbeschreibungen durch ein diagnostisches Team im Rahmen einer qualitativen Diagnostik nicht nur ein Mehr an Informationen zur Förderung des einzelnen Kindes aufzeigen, sondern auch durchaus **neuen Qualitätskriterien** genügen und damit die Umsetzung neuer Methoden des Lernens und Lehrens fördern. Die Technik und Philosophie individueller Entwicklungs- und Förderpläne bietet sich dabei als Mittel für eine *individualisierende* lern- und entwicklungsprozessbegleitende Diagnostik im Lebenskontext an (vgl. EGGERT 1997).

3.3.4 Wege zu einer qualitativen Diagnostik

Die zusammengefassten ***Leitlinien*** einer individualisierten Förderdiagnostik sind:

- Von der Klassifikation zur individuellen Beobachtung und Beurteilung. (Individualität)
- Von den Stärken des Kindes ausgehen. (Ressourcenorientiertheit)
- Den Einzelfall in seiner Veränderung sehen lernen. (individuelle Entwicklungsbedingungen, Förderbedürfnisse, Möglichkeiten)
- Veränderte Fragen stellen. (veränderte Blickrichtungen/Sichtweisen)
- Eine Biographie gemeinsam mit den Betroffenen rekonstruieren, von der Vergangenheit bis in die Zukunft. (Rekonstruktion; Konstruktion in Teamarbeit)
- Das Kind als (entwicklungsfähiges) System sehen lernen
- Das Kind im System seines Kontextes (z. B. Familie, Schule) sehen lernen
- Diagnose als Beziehung erkennen. (Beziehungsgestaltung)
- Diagnostik als Dialog betreiben. (Interaktion; mit dem Kind, nicht über das Kind sprechen)
- Die Auswahl der Beobachtungsaufgaben an das Kind anpassen und nicht das Kind dem Raster der Aufgaben unterwerfen. (Individualität)
- Inventarisieren statt Testen (aus einem Spektrum offener Aufgaben eine Auswahl nach individuellen Gesichtspunkten für das Kind treffen)

- Die mögliche Förderung als Rahmen der Diagnostik sehen. (Einheit von Diagnostik und Förderung)
- Entwicklung als Prozess verstehen (lebenslanges Lernen)
- Veränderte Ziele verinnerlichen (Integration als Emanzipation und inklusive Erziehung)
- Kooperation mit signifikanten Bezugspersonen suchen (Eltern u.a.)

Eine solche Diagnostik verschiebt den Schwerpunkt von einer klassifizierenden Beschreibung hin zur Organisation des *individuellen* Förderbedarfs im Lebenskontext des Kindes (Kind – Umfeld – Analyse). Hervorzuheben sind dabei der Aspekt der Teamarbeit und der Konstruktion diagnostischer Daten im Dialog mit dem Klienten. Die Qualität der Beziehung zum Kind ermöglicht eine Fülle von Beobachtungen, setzt aber auch Grenzen für Hypothesen und Interpretationen.

Die Güte derartiger qualitativer diagnostischer Aussagen ist nicht unerheblich, wenn man **veränderte Gütekriterien** formuliert.

Die *Qualität* einer diagnostischen Urteilsbildung und die *Güte* der Vorhersage ergeben sich einerseits aus der Relevanz der Aussagen für eine Veränderung der Lebenssituation des Betroffenen und andererseits aus der Übereinstimmung der beobachteten Daten und der Interpretationen im professionellen Team.

Besonders wichtig ist dabei das Einverständnis der Betroffenen mit dem diagnostischen Vorgehen und den empfohlenen Maßnahmen. Eine Entwicklungsprognose für die Förderung aufgrund eines breiten Beobachtungsspektrums besitzt dann eine hohe Gültigkeit auf der Grundlage der gemeinsamen Erfahrungen mit dem Klienten im Team.

Qualitative **Lernförderungsdiagnostik im Team** ist also in diesem Verständnis:

- ein auf das Individuum zugeschnittener diagnostischer Prozess
- sucht die „am geringsten einschränkende Lernumwelt"
- vermeidet Klassifikationen und Auswahl für Institutionen
- ist ein ständiger Prozess von Beobachtung, Hypothesenbildung, Förderung, Neubewertung und Veränderung von Förderung
- beurteilt und beeinflusst langfristig Prozesse des Lernens und der Entwicklung und nicht punktuell nur deren Ergebnisse
- ist auf die Zusammenarbeit im Team z. B. in einer Integrationsklasse oder in einem Förderausschuss oder einer Fördereinrichtung angewiesen, wo gemeinsam geplant, organisiert, entschieden wird

- braucht auch die Bestimmung von Lernausgangslage und allgemeinen Orientierungsdaten für pädagogische Prozesse
- ist auf Differenzierung, offenen Unterricht, Kooperation von Sonder- und allgemeinen Pädagogen und Integration in der Schule ausgerichtet
- ist vor allem an inhaltlichen pädagogischen und didaktischen Theorien orientiert
- versucht vom Standpunkt des betroffenen Individuums aus zu argumentieren und eine Diagnose im Hinblick auf Förderung zu planen
- setzt fundiertes pädagogisches Handlungswissen voraus

Für die Umsetzung dieser Aufgaben ist auf Seiten des Diagnostikers ein Verständnis dafür nötig, dass er mit dem Kind aus den Items diagnostischer Inventare Situationen konstruiert, die dem Kind angepasst sind und mit ihm zusammen gelöst werden können. Diese Lösungen für Aufgaben können per Video aufgezeichnet und mit den Eltern besprochen werden, um gemeinsame Förderpläne aufstellen zu können.

3.3.5 Praktisches Vorgehen einer individualisierten Diagnostik

Wie bereits dargestellt, geht es in der systemischen Diagnostik nicht um eine objektive Messung von Leistungen oder Teilkomponenten, sondern vielmehr um die Beschreibung von Zusammenhängen, Beziehungen und Vernetzungen.

Standardisierte Testverfahren können einer solchen Zielsetzung nicht gerecht werden.

An die Stelle einer Erhebung quantifizierbarer Daten muss deshalb die Erfassung qualitativer Ergebnisse treten. Ein wesentliches Prinzip im Konzept der systemischen Diagnostik lautet deshalb **„Individuelles Inventarisieren statt Testen".** Das Verfahren bietet dem Anwender einen Itempool und eine Vielfalt von Beobachtungssituationen, aus denen er eine kindbezogene Auswahl treffen kann.

Mit Hilfe **Diagnostischer Inventare und Menüs**[6] können Beobachtungssituationen geschaffen werden, die dem Alltag des Kindes entsprechen und dem Diagnostiker gezielt Aufschluss über bestimmte Verhaltensweisen ermöglichen. Es besteht die Möglichkeit einzelne ausgewählte Aufgaben und Beobachtungssituationen zu spielerischen Sequenzen zusammenzustellen, die als diagnostische Menüs bezeichnet werden. Es ist sinnvoll diagnostische Menüs in Gruppen durchzuführen, denn gerade das Sozialverhalten sagt viel über das Kind selbst und seine Beziehungen und Interaktionen zu anderen Menschen aus.

---

6 Eine Beschreibung von Diagnostischen Inventaren, Diagnostischen Menüs und der Arbeit mit dem IEP findet sich später im Praxisteil (Kapitel 4)

Weitere wichtige Methoden in der systemischen Diagnostik sind: informelle Gespräche und Befragungen (nicht nur mit dem Kind, sondern auch mit wichtigen Bezugspersonen, wie Eltern, frühere Lehrer und Therapeuten). Auch Hausbesuche und die Kontaktaufnahme zu wichtigen Bezugspersonen des Kindes gehören zu einer systemischen Diagnostik dazu.

Der individuelle Förder- und Entwicklungsplan **IEP** bietet darüber hinaus eine sinnvolle Möglichkeit, die vielfältigen gewonnenen Informationen über das Kind und seine Umwelt, festzuhalten und zu dokumentieren. Der IEP stellt eine strukturierte Informationssammlung über das Kind-Umfeld-System und eine Dokumentation der Schritte der Förderung zusammen dar.

Die Ergebnisse der Diagnostik sowie die daraus abgeleiteten Fördermaßnahmen müssen immer wieder überprüft und hinterfragt werden, denn lebende Systeme entwickeln sich immer weiter. Systemische Diagnostik ist deshalb grundsätzlich prozessbegleitend angelegt und keine einmalige Feststellung von Defekten und ihren Wirkungen.

3.3.6 Welche Qualität hat eine individualisierte Diagnostik?

Eine Methodik der differenzierten individuellen Einzelfallbeschreibung im Rahmen einer Kind – Umfeld- Analyse wird sich der Kritik mindestens in den folgenden Bereichen stellen müssen:

- in der Frage der **Reichweite der Interpretation** der ermittelten Daten,
- in der Frage der **Qualität der Beobachtung** und Beschreibung und
- in der Frage der **Relevanz der Berichte** für den Betroffenen und seine Förderung.

Dabei ist es die Aufgabe einer Einzelfalldiagnostik, über den aktuellen Stand der Entwicklung eines Menschen unter behindernden Lebensbedingungen Auskunft zu geben, um ihn dann in seiner weiteren Entwicklung umfassend fördern zu können.

MONTADA (1985) hat darauf hingewiesen, dass die (theoretischen) Grundfragen einer Entwicklungsdiagnostik zugleich auch die Grundfragen praktischen Handelns sind:

- Die Frage nach dem Entwicklungsstand
- Die Frage nach der Genese von Entwicklungsproblemen
- Die Frage nach der Entwicklungsprognose
- Die Frage nach der Festlegung von Entwicklungszielen
- Die Frage nach der Spezifizierung von Methoden zur Zielerreichung

Aus einem solchen Blickwinkel heraus ist die bislang geübte klassifizierende normative Diagnostik wenig geeignet, da sie sich immer nur auf eine relativ begrenzte Stichprobe aus der Gegenwart bezieht und damit nicht unerhebliche Reduktionen in Bezug auf Stichprobe, Zeit, Persönlichkeitsmerkmale und Personen in Kauf nehmen muss.

Eine Frage ist dabei, wie weit Diagnostik hinter die komplexen Bedingungen zurückfallen darf, die den Alltag des Menschen kennzeichnen. Systemische Diagnostik möchte Einzelfallbeschreibungen auf der Grundlage von langfristigen Beobachtungen und Lern- und Entwicklungsprotokollen abgeben und dabei auf so viele Informationsquellen im Zusammenhang des Förderprozesses zurückgreifen, dass allein durch diese Reichweite der Fragen schon ein komplexes und dadurch relevantes Bild des Menschen konstruiert werden kann. Wird der Prozess der Diagnose und Beschreibung dann zusammen mit dem Betroffenen erarbeitet, so kann die Übereinstimmung zwischen Beobachter und Klient ein zusätzliches Kriterium für die Qualität und das inhaltliche Zutreffen der Aussagen sein.

Dass eine solche Einzelfallbeschreibung nun keineswegs auf ***Qualitätskriterien*** verzichten muss, sei anhand der folgenden Aufzählung demonstriert:

1. **‚Objektivität‘** durch Übereinstimmung des diagnostischen Urteils eines **Teams** von Fachleuten mit hoher Professionalität.
3. **‚Validität‘** durch eine Entwicklungsprognose auf dem **Erfahrungshintergrund** der Teammitglieder (Vorhersage der Entwicklung aufgrund professioneller Erfahrungen).
4. **‚Generalisierung‘** der diagnostischen Beobachtungen aus dem **Erfahrungshintergrund** des Teams (Konsens im Team).
5. Erweiterung der **Relevanz** der diagnostischen Daten durch die größere Perspektive einer **systemischen Betrachtungsweise** (ökologische Validität).
6. **Übereinstimmung der Beurteilungen und Prognosen** mit der Sicht der Betroffenen (kommunikative Validität).

Die Qualität der diagnostischen Urteilsbildung und der Prognose ergibt sich aus der Relevanz der Befunde für eine Veränderung der Lebenssituation des Betroffenen. Eine Entwicklungsprognose aufgrund der Erfahrungen eines qualifizierten Teams in einem breiten diagnostischen Spektrum durch Konsens im Team besitzt eine Validität, die dem Grad der gemeinsamen Erfahrungen und der Zulänglichkeit des diagnostischen Bildes entspricht, das dadurch entsteht. Wird das entstehende Bild dann noch in Zusammenarbeit und mit Billigung des Betroffenen erstellt, nimmt die Relevanz der Diagnostik für den Prozess der Förderung noch zu.

3.3.7 Mehrperspektivische Beobachtungsweise

Aus unserer Sicht ist systemische Diagnostik (sei es als Metastrategie oder als eigenständiger Diagnostiktyp) der Gegensatz zu einer rein auf Leistungen und Probleme des Individuums zentrierten Diagnostik und unterscheidet sich auch von den Methoden der traditionellen quantitativen, normorientierten Testdiagnostik.

Systemische Diagnostik bedeutet, sich von einer Reihe **traditioneller Vorstellungen** von Diagnostik und Förderung zu verabschieden:

- dass Verhaltensprobleme oder Störungen durch Defekte oder Bedingungen im Individuum allein bedingt sind,
- dass Förderung sich auf eine Veränderung im Individuum richten muss,
- dass das Herausfinden der Ursachen Voraussetzung für eine gezielte und erfolgreiche Förderung ist.

Systemische Diagnostik bedeutet eine mehrperspektivische Betrachtungsweise und eine vernetzte Handlungsweise. Man soll versuchen das Individuum in seinen Bezügen im Lebenskontext zu sehen und in diesem Lebenskontext zu beeinflussen. Anstelle einer Messung unveränderlicher Persönlichkeitsmerkmale in eigenschaftsorientierten, standardisierten Verfahren geht es darum, das Verhalten und Lernen des Kindes in seinem sozialen und situativen Kontext zu erfassen, um daran anknüpfend individuelle Fördermaßnahmen zusammen mit dem Lebenskontext zu entwickeln.

Dabei könnten folgende **Prinzipien** gelten:

- Diagnostik sollte in ihrer Komplexität nicht hinter der Komplexität des Alltags zurückstehen.
- Je weitreichender der Interpretationsansatz (je mehr Subsysteme er umfasst), desto wirkungsvoller ist die geplante Intervention[7].

Aufgabe und Funktion systemischer Diagnostik ist es, das Einwirken all jener Kräfte diagnostisch verständlich zu machen, die das Entstehen und das Aufrechterhalten eines Problemverhaltens bzw. einer Störung beeinflussen, um dann im Anschluss Wege zur Intervention zu finden. Im Prozess systemischer Diagnostik entsteht ein differenziertes Lern-, Leistungs- und Entwicklungsprofil des Kindes, das Einblick in seine Stärken und Schwächen, sowie Auskunft über seine speziellen Bedürfnisse und Interessen gibt sowie in seine Interaktionen mit den Faktoren seiner Lebensumwelt wie den Eltern und einen Versuch der Rekonstruktion des Bedingungsgefüges in der Umwelt des Kindes erfasst.

3.3.8 Rolle des Diagnostikers

Aus systemischer Perspektive ist das Ergebnis einer diagnostischen Beobachtung nicht allein von der Leistung des Kindes abhängig, sondern von einer komplexen Wechselwirkung zwischen sehr verschiedenen Faktoren. Ein wesentlicher Einflussfaktor ist die Beziehung zwischen dem Kind und dem Diagnostiker: Gelingt es dem Diagnostiker eine positive Beziehung zum Kind (Dialog mit dem Kind) aufzubauen, sind positivere Ergebnisse zu erwarten, als wenn der Diagnostiker dem Kind bereits mit einer negativen Vorerwartung begegnet oder das Kind eine Antipathie gegen den Diagnostiker entwickelt hat. Der Dia-

[7] Je komplexer desto realitätsnäher, aber auch schwieriger in der Durchführung.

gnostiker sollte sich folglich nicht mehr als neutraler, außenstehender Gutachter verstehen (wie es in der traditionellen Diagnostik der Fall ist), sondern als Teil des diagnostischen Prozesses: seine Gefühle und Einstellungen dem Kind gegenüber, sowie die Einstellung des Kindes gegenüber dem Diagnostiker beeinflussen den diagnostischen Prozess und das Ergebnis entscheidend.

Ein weiterer wichtiger Aspekt, der die Rolle des Diagnostikers stark beeinflusst, ist die Erkenntnis, dass unsere Wahrnehmung immer subjektiv und selektiv ist. Eine objektive Diagnostik ist also nicht möglich, denn alles was der Diagnostiker beobachtet, ist abhängig von seiner internen Struktur, d.h. von seiner Sozialisation, seinen Vorannahmen, Erwartungen, Wertmaßstäben, verinnerlichten Theorien usw.. Das Ergebnis der Diagnostik ist somit die subjektive und selektive Wirklichkeitskonstruktion des Diagnostikers (d.h. ein anderer Diagnostiker würde eventuell zu ganz anderen Ergebnissen kommen). Der Diagnostiker sollte sich dessen bewusst sein und begreifen, dass er eben kein objektiver, außenstehender Beobachter ist – auch dann nicht, wenn er sich scheinbar objektiver Methoden bedient.

Um vorschnelle, unangebrachte Rückschlüsse zu vermeiden, ist es notwendig, dass sich der Diagnostiker immer wieder selbst reflektiert und sich seiner eigenen Wahrnehmungs- und Beurteilungsnormen bewusst wird. Dies ist am besten im Austausch mit Kollegen möglich (z.B. in Form von Fallbesprechungen; sich andere Meinungen anhören; sehen wie andere Personen ein Problem beschreiben usw.).

Diagnostik und Förderung sind so im Kontext systemischer Diagnostik untrennbar miteinander verknüpft: Auf der Basis diagnostischer Hypothesen und Daten erfolgen Entscheidungen über Art und Ansatzpunkte der Förderung über die Bildung von Hypothesen und den Entwurf von Förderplänen. Von der Förderung wird dann eine Veränderung innerhalb des Kind-Umfeld-Systems erwartet: es ergeben sich neue Hypothesen und neue Förderansätze. Immer mit dem Ziel, dem Kind eine bestmögliche (Weiter-)Entwicklung zu ermöglichen.

Zu bedenken ist dabei:

- dass der Diagnostiker bzw. Therapeut das Kind bzw. das Kind-Umfeld-System nicht gezielt beeinflussen kann (denn lebende Systeme sind strukturdeterminiert und nicht-trivial). Fördermaßnahmen können Veränderungen nur anregen, aber nicht bestimmen.
- dass Diagnostik und Förderung in einem rekursiven Prozess zueinander stehen, d.h. Diagnostik, Planung und Durchführung von Fördermaßnahmen sind Glieder eines Regelkreises der ständig wieder durchlaufen wird.
- dass schon die Diagnostik Veränderungen hervorrufen kann, bevor die Förderung einsetzt (Diagnostik kann schon Förderung sein, die Übergänge sind fließend).

SCHIEPEK (1986) hat mehrere **Bedingungen** aufgestellt, die Diagnostik und Förderung in komplexen Systemen beeinflussen. Diese Bedingungen ergeben sich aus den Eigenschaften lebender Systeme, die wir bereits angesprochen haben.

Vernetztheit: Es kann nie gelingen Einzelzusammenhänge zu isolieren, denn sie sind in ein Netz von Zusammenhängen eingebunden. Interventionen in einem bestimmten Bereich können Neben- und Folgewirkungen in anderen Bereichen haben. Diagnostik wirkt immer auf das zu diagnostizierende System zurück.

Komplexität: Die Verknüpfungen zwischen den Elementen, die ein Individuum beeinflussen, sind so komplex, dass eine vollständige Erfassung nicht möglich ist.

Unbestimmtheit: Da weder die Fülle noch der Umfang der Beziehungen jeweils vollständig erfassbar ist, muss der Diagnostiker sich darüber bewusst sein, dass er nur auf Grundlage von letztlich unbefriedigend erkannten Systembeziehungen arbeiten kann.

Eigendynamik: Systeme, an denen Lebewesen beteiligt sind, entwickeln und verändern sich ständig weiter. Einen Therapieprozess kann man folglich nicht anhalten oder unterbrechen.

Mangelnde Prognose: Vorhersagen sind in komplexen Systemen wenn überhaupt, dann nur in sehr begrenztem Umfang möglich, weil es eine Vielzahl von ineinandergreifenden Prozessen gibt und weil lebende Systeme von außen nicht determinierbar sind. Die Beziehung zwischen Diagnostiker und Klient/Kind ist eine Beziehung mit weitgehend offenem Ausgang.

Offener Zielzustand: Die Eingangsdiagnostik kann durch Förderung/Therapie sehr schnell überholt sein, denn lebende Systeme entwickeln sich ständig weiter. Die Ziele der Förderung ändern und spezifizieren sich im Laufe der Zeit also ständig, so dass eine prozessbegleitende Diagnostik notwendig ist.

Polytelie: Ziele der Förderung/Therapie sind häufig widersprüchlich und rufen Widerstand beim Klienten hervor, weil er auf eventuelle Vorteile seines Problems (jedes Verhalten hat einen Sinn) verzichten muss.

Weitere mögliche Probleme des vorgeschlagenen diagnostischen Vorgehens sind:

- Der Diagnostiker wird eventuell mit Problemen konfrontiert, für die er kein Spezialist ist, wie z.B. dann, wenn er Probleme in der Dynamik einer Familienkonstellation aufdeckt, aber nicht in diesem Sinne intervenieren kann. Dieser Tatsache kann zwar mit einem multidisziplinären Team entgegengewirkt werden. Jedoch ist ein solches Team oft nicht zur Hand.

- Systemische Diagnostik ist sehr zeit- und personalaufwendig und an die Durchführung in einem Team gebunden.
- Bei Gruppengrößen von bis zu 25 Kindern ist ein systemischer Ansatz nur schwer organisierbar.
- Fördermaßnahmen lassen sich nicht unmittelbar und eindeutig aus der Diagnose ableiten (versch. Lehrer entwickeln aus derselben Diagnose unterschiedliche Fördermaßnamen – was tun?).

Man wird also in seiner Praxissituation immer nach Kompromissen suchen müssen. Nicht alle Vorstellungen einer systemischen Diagnostik sind einlösbar, aber man sollte versuchen, soviel wie möglich umzusetzen.

3.4 Grundzüge öko-systemischer Förderung aus praktischer Sicht

In den vergangenen zehn Jahren hat sich der theoretische Rahmen auch in der Förderung in Abhängigkeit von den Veränderungen in der Psychologie zur Psychotherapie von einem linear – kausalen Ansatz hin zu einem vernetzten, prozessualen Denken hin entwickelt[8].

3.4.1 Prinzipien einer öko-systemischen Förderung

Als Prinzipien einer öko-systemischen Förderung können angesehen werden:

- **Individualisierung** (als Förder- und Beobachtungskategorie/Eigenaktivität des Kindes)
- **Ganzheitlichkeit** der Person und der Förderung
- die Annahme von „**Perturbation**“ (Irritierung, Anregung) statt Therapie
- **Vernetztheit** – Einbezug der individuellen sozialen Handlungen in den Lebenskontext
- Kooperation und **Teamarbeit**
- **Förderdiagnostische Orientierung** (von den Stärken ausgehen und individuell diagnostizieren und fördern)
- Aufstellung von individuellen **Förderplänen**
- **Dokumentation** in individuellen Entwicklungsplänen und -protokollen
- gemeinsame Förderung von behinderten und anderen Kindern auch aus unterschiedlichem ethnischen Hintergrund in **Integration und inklusiver Erziehung**
- **Evaluation** und Handlungskontrolle
- **Elternarbeit** und Community Work
- Arbeit in **Umweltsystemen (Vernetzte Systeme)**
- **Qualitätssicherung und -kontrolle** (interne und externe Evaluation)

8 Diese Überlegungen wurden für den Versuch entwickelt, ein Verständnis für eine ökosystemische Förderung vorzuschlagen. Ihre Übertragung auf allgemeine Bedingungen von Förderung ist ein erster Versuch.

Im Vordergrund steht dabei nicht das Interesse, eine Methode zu finden, mit der man möglichst viele Klienten möglichst schnell behandeln kann, sondern für möglichst viele unterschiedliche Klienten jeweils unterschiedliche individuelle Modelle zu ihrer Unterstützung zu finden – eine Entwicklung, die sich auch in der individuellen Psychotherapie, der Didaktik und in der Sozialpädagogik findet.

Eine öko-systemisch orientierte Förderung steht dabei immer noch durchaus im Rahmen der bisherigen **Prinzipien des Handelns** wie etwa in einer psychomotorischen Förderung:

- einer *Begründung des praktischen Handelns* auf der (klinischen) Entwicklungspsychologie, d.h. auf der Grundlage einer Theorie der Entwicklung in fördernden und hemmenden Bedingungen,
- einer Betonung von *Interaktion und Kommunikation* (im spezifischen Umfeld des Kindes),
- der Betonung einer bedeutungsvollen pädagogischen *Kooperation mit dem Kind,*
- der Betonung einer öko – systemischen *Förderdiagnose und Intervention* im spezifischen Umfeld des Kindes (Eltern u.a.),
- einer *Betrachtung der individuellen Handlungen* im *Beziehungsmuster* dyadischer und triadischer Art (Kind-Familie; Familie-Schule; Kind-Peers; Peers-Schule; Kind-Familie-Schule-Peers etc.).

Hinzu kommen **neue Konzepte** wie etwa:

- die Funktion eines Verhaltens im Zusammenhang mit der spezifischen Umwelt (Bronfenbrenner) und
- die Betonung der Eigenaktivität und Handlungsfähigkeit jedes Kindes als Lösungsmöglichkeit für bestehende Probleme – wenn wir denn aus der Sicht der öko – systemischen Theorie überhaupt von Problemen sprechen können.
- weiter kommen dazu die Gleichwertigkeit von Therapeut/Pädagoge und Kind im Prozess über
- eine Perturbation, etwa erhoffte Ziele in der Interaktion nur anstoßen zu können und nicht gezielt anstreben zu können und
- die Erkenntnis, dass Ziele nicht linear erreicht werden können.

3.4.2 Ziele und Wege einer öko-systemischen Förderung

Das **Ziel des Vorgehens** hat sich unter dem Einfluss des öko – systemischen Denkens verändert. Eine Förderung beginnt mit dem Versuch, das Selbstwertgefühl des Kindes zu stärken und versucht von da aus, dem Individuum in seiner spezifischen Situation (Umfeld) bessere Möglichkeiten an die Hand zu geben, den Anforderungen komplexer Situationen erfolgreich entsprechen zu können. Dadurch kann dann das Muster der Beziehungen der bedeutsamen Personen seiner Umwelt miteinander besser gestaltet werden, um so effektiver

Handeln zu können. Insofern ist das Selbstkonzept ein zentrales Konzept einer Therapie und Förderung.

Das erste Ziel ist es nicht, dem Kind eine unmittelbare Hilfe zu geben, sondern ihm zu verhelfen aus sich heraus Impulse für ein effektiveres Handeln zu finden. Der Erforscher der Lebenssituation des Kindes (das ist die Rolle des Pädagogen/Therapeuten in einer öko-systemischen Therapie) sollte versuchen, das System Kind mit sanften Impulsen zu einer Veränderung hin zu bewegen und dazu die maximale Kapazität des Systems nutzen, sich Selbst zu verändern.

Damit ist die **Aufgabe des Therapeuten**, für ein Kind eine an seine spezielle Situation angepasste individuelle Fördermethode zu entwickeln und nicht das Kind im Rahmen einer vorgegebenen Methode zu behandeln.

Diese Forderung birgt natürlich eine große Zahl von Risiken in sich. Verfügt der Therapeut über ein so großes Methodeninventar wie das Kind über ein Inventar an Verhaltensproblemen verfügt? Und gibt es dennoch soviel Gemeinsamkeiten zwischen verschiedenen Kindern, um sie gemeinsam ansprechen zu können? Wie kommt man als Pädagoge von einem individuellen Förderplan zu einem Gruppenplan, denn als Pädagoge oder Therapeut hat man es ja meist mit Gruppen von Kindern als mit einzelnen Kindern zu tun?

In diesem Prozess kann der Pädagoge/Therapeut ein Helfer des Kindes sein oder ein Mit-Spieler oder auch ein sorgsamer Beobachter auf der Basis einer balancierten vertrauensvollen Kooperation zwischen dem Kind und ihm. Die dabei entstehende Beziehung ist die Grundlage einer angemessenen Diagnose und Förderung.

Der Erforscher der Lebenssituation des Kindes kann nicht Halt bei der inneren Situation des Kindes machen, sondern muss sich auf den Weg in das Beziehungsmuster des Kindes zu seinen Eltern und der Familie machen und nach den Mustern spüren, die diese Beziehung ausmachen.

Bei der **Analyse der Lebenskonstellation** und -bedingungen sind u.a. folgende Fragen bedeutend: Welche Rolle hat das Problem des Kindes für den Erhalt einer stabilen Beziehung? Welche Funktion hat die Aufrechterhaltung eines Symptoms für die Stabilität der Familienbeziehungen? Welche Einstellungen haben die Eltern/die Familie (Vater, Mutter, Großvater, Großmutter etc.) dem Kind gegenüber und wie prägen ihre Vorstellungen vom notwendigen Verhalten des Kindes wiederum ihr Verhältnis zum Kind? Wie haben sich diese Einstellungen aufgebaut und zu welchen Reaktionen führen sie? Was wird vom Kind erwartet? Was erwarten Eltern, Peers, Großeltern u.a.? Welche Generationenaufträge soll es erfüllen? Was soll es vor allem nicht tun? Wie würden Veränderungen beim Kind beurteilt?

In einer weiteren Stufe spielt die Frage eine Rolle, welche Position das Kind im komplexen System der Schulklasse einnimmt und wie es diese Rolle auszufüllen versucht. Wie sieht z.B. der Lehrer das Kind? Nimmt er das Kind als gleichwertigen Partner wahr oder wie sieht er das Kind? Welche Einflussmöglichkeiten auf das Kind hat er?

Wie man auf einen Menschen blickt (ihn wahrnimmt), so „behandelt" man ihn auch – und das schon nach einer sehr kurzen Begegnung, d.h. dass die weiteren Schritte einer Intervention mit den aller ersten Schritten schon weitgehend festgelegt werden. Jedem Lehrer dürften die Verhaltensweisen bekannt sein, die man bedauert, nachdem man den Studenten/Schüler (von dem man meint ein festes, zutreffendes Bild gewonnen zu haben glaubt) einmal aus einem anderen Blickwinkel völlig anders kennengelernt und neu einschätzen gelernt hat. Das gleiche gilt für die Beziehungen zu den Mitschülern in einer Schulklasse. Eine Schulklasse ist also ein ständig in Bewegung befindliches System, das sich aus unterschiedlichem Blickwinkel sehr unterschiedlich darstellt. Man muss nur versuchen einmal einen anderen als den gewohnten Blickwinkel einzunehmen.

Noch eine weitere Stufe stellen die Wechselwirkungen zwischen den Einstellungen der Familie und der Schule dar. Wie wird kommuniziert? Lernt das Kind für das Elternhaus oder für die Schule? Oder für seine Peers? Oder für das Leben und nicht für die Schule? Und warum denkt es so?

Nun könnte man der Ansicht sein, dass die Komplexität dieser Fragen einen praktisch Handelnden überfordern würde – und hätte vermutlich dabei nicht einmal so unrecht. Es kommt darauf an, den Rahmen für eine Analyse der Betrachtung eines individuellen Problems und seiner Funktion für das Kind und seine Interaktionspartner zu sehen und das Kind in seinen Lebenszusammenhängen zu verstehen – auch wenn man nicht immer in diesem Rahmen eine Intervention ansiedeln kann. **Aber das Verständnis eines Kindes bleibt unvollkommen, wenn man nur das Kind mit seinen Kompetenzen und Problemen allein sieht.**

Ein erweitertes allgemeines Verständnis von Förderung könnte zu folgenden Prinzipien führen (ohne dass Vollständigkeit angestrebt wird):

- Vorrangig ist die Betonung der Fähigkeit des Kindes, aktiv und selbständig seine Kompetenzen entwickeln und seine Handlungen mit anderen koordinieren zu können (Selber machen „lernen".).
- Die Betonung kooperativer Handlungen von Kindern miteinander (z.B. im Spiel) ist Voraussetzung für die weitere kognitive, soziale und emotionale Entwicklung über das Medium Bewegung. Diese Entwicklung soll durch Förderung verbessert werden.
- Die Sichtweise der kindlichen Person als ganzheitliches komplexes Reagieren und Agieren in einer spezifischen Umwelt in einem integrierten Prozess ist weiter wichtig.

- Von einer umfassenden individualisierten Beschreibung eines Kindes in seinen Stärken und Schwächen in der Förderung ausgehen (z.B. in einem Individuellen Entwicklungsplan). Dieser Entwicklungsplan wirkt zirkulär und rekursiv, d.h. dass eine diagnostische Beschreibung bereits eine therapeutische Intervention darstellt und die Rekonstruktion einer kindlichen Biographie eine mögliche Sichtweise auf das Kind darstellt und zugleich die denkbare Reaktion auf das Kind bestimmt.
- Die Kind – Umfeld – Analyse beschreibt die Bedeutung der Beziehungsmuster für das Kind als dyadische Muster (Lehrer – Schüler, Schüler – Schüler etc.) oder als triadische Muster (Lehrer – Vater – Kind) und ermöglicht es, unterschiedliche Blickwinkel einzunehmen.

Auf diesem Wege könnte man im praktischen Vorgehen versuchen, einige **Anforderungen des öko – systemischen Denkens in Praxisregeln** umzusetzen. Dann kann man von einer Betrachtung der individuellen Kompetenzen des Kindes ausgehen, sich in seinem speziellen Umfeld mit den bedeutsamen Personen effektiv handelnd auseinander zu setzen. Sein Selbstkonzept und seine Identität könnte man als ersten Schritt dazu in die Betrachtung einbeziehen und von dort aus zu einer Betrachtung der anderen Kompetenzen für die Auseinandersetzung mit der spezifischen Umwelt voranschreiten. Die Bewegung als sinnhafte Auseinandersetzung mit dieser Umwelt kann damit zugleich Abbild der motorischen Kompetenz, Spiegel der inneren emotionalen Situation des Kindes und der Beziehungen zu anderen Menschen in seinem Umfeld sein. Es geht dann darum, in der gegenwärtigen Praxis die Anknüpfungspunkte gemeinsam zu suchen, an denen man beginnen könnte.

Im Rahmen eines öko – systemischen Ansatzes wird also von der Vorstellung ausgegangen, dass Förderung ein Prozess ist, der in der Nähe zu therapeutischen Interventionsformen angesiedelt ist. Der therapeutische Prozess zwischen dem Kind (dem Klienten) und dem Förderer (dem Therapeuten) in einem Dialog zwischen den beiden hängt auch ab von der Qualität der Interaktion und wird zugleich vom Lebenskontext der Agierenden, den Formen der Interaktion und den Zielen sowie den Inhalten des Prozesses mitbestimmt. Diese Interaktionen sind Gegenstand des Dialogs.

3.5 Was könnte man an Veränderungen in der Praxis umsetzen?

Man kann davon ausgehen, dass

- zum gegenwärtigen Zeitpunkt sehr viele verschiedene theoretische diagnostische Modelle nebeneinander existieren,
- diese Modelle auch in der Theorie z.T. erst aus neueren Überlegungen zum Menschenbild und zur Entwicklungspsychologie genauer differen-

ziert und erprobt werden müssen (sich also selbst noch in der Entwicklung befinden),

- die Bedeutung dieser Modelle für eine veränderte Praxis z.T. noch nicht abzusehen ist und
- diese in sehr unterschiedlicher Weise umgesetzt werden können.

So treffen in der Praxis viele Strömungen der Theorien aufeinander und es liegt an den Möglichkeiten des Anwender, inwieweit er diese auch umzusetzen vermag.

Nicht nur die Leistungen eines Kindes in physiologischen und anderen Parametern sollte man deshalb in der Diagnostik beschreiben, sondern man müsste nach dem Sinn der Konstruktionen des Kindes suchen (soweit es uns in seine Welt sehen lassen will). Dazu müssen wir mehr machen als z.B. einen ohnehin schon an sich problematischen Wahrnehmungstest: wir müssen die Umwelt berücksichtigen, die das Kind zu seinen Konstruktionen veranlasst. Zu einer umfassenden ganzheitlichen psychomotorischen Diagnostik könnte also auch eine Diagnostik der Beziehungsmuster des Kindes mit seinen Bezugspersonen in der Familie und der Schule gehören. Dazu müsste die Kooperationsfähigkeit des Systems Familie und des Systems Schule gesucht werden.

Aus einer veränderten (diagnostischen) Perspektive heraus blicken wir auf das Kind und arbeiten mit ihm zusammen. Dies muss nicht unbedingt eine Veränderung der Handlungsperspektive bedeuten. Der Therapeut könnte weiter mit den bewährten Methoden seiner Praxis arbeiten und dann in kleinen Schritten versuchen, aus der Erweiterung des Blickwinkels eine Erweiterung der Handlungsperspektiven vorzunehmen (soweit die Beteiligten dies auch zulassen), d.h. die spezifische Umwelt und die wichtigen Bezugspersonen des Kindes in dieser Umwelt mit in Diagnose und Therapie einzubeziehen. Man könnte so mit den Eltern z.B. in einer Elterngruppe an ihrer Einstellung zum Kind, an ihrem Umgang mit dem Kind arbeiten.

Weiter könnte die Umsetzung systemischen Denkens uns dazu führen, zu erkennen, dass es eine Trennung von Diagnose und Therapie nicht gibt. **Jede Diagnose bestimmt zirkulär die Therapie und umgekehrt.** Wenn ich einen Gedanken über ein Kind gefasst habe, dann bestimmt die Form dieses Gedankens bereits, wie ich das Kind sehe. Dadurch ist aber auch schon mein Handeln mit und für das Kind festgelegt. Ich sehe bestimmte Möglichkeiten und andere aber nicht. Würde ich das Kind anders sehen lernen, dann würde ich auch in der Therapie andere Möglichkeiten sehen. Der erste Schritt kann so der entscheidende Schritt zu einer unangemessenen Einschätzung eines Kindes sein oder der erste Schritt zur effektiven Hilfe. Nebenbei gesagt: was effektiv ist, bestimmt der Klient und nicht der Therapeut. Man kann einen Klienten nur insoweit beeinflussen, als er dies auch will und nur dazu anregen, Versuche in eine andere Richtung zu unternehmen als bisher. Er kann seine Symptome dabei „verlieren“, aber was er dabei gewinnt weiß nur er selbst (und kann es ggf. mit dem Therapeuten teilen).

Meine Einschätzung des Kindes bestimmt die Diagnose. Diese bestimmt wiederum schon im ersten Schritt die Therapie. Suche ich die Ursache einer sog. Wahrnehmungsstörung im Kind selbst oder in seiner spezifischen Weltsicht, d.h. glaube ich an die Feststellung eines „Mangels in der sensorischen Integration auf hirnorganischer Grundlage“ oder denke ich, dass ein Kind aufgrund seines Aufwachsens in einer anderen Kultur zu anderen Wertvorstellungen kommt, also z.B. der Schnelligkeit und der Menge der Lösungen beim Lösen einer Aufgabe weniger Gewicht beimisst, weil es ihm mehr auf die Präzision beim langsamen Arbeiten ankommt (wie dies z.B. bei Kindern aus der Türkei oder aus Indien vorkommt) – das macht schon einen entscheidenden Unterschied in der Betrachtung und Förderung aus. Nun will ich damit nicht sagen, dass es keine Wahrnehmungsprobleme mehr gäbe sondern nur, dass es auf den Blickpunkt ankommt, wenn man sich damit beschäftigt – das macht schon einen anderen Umgang mit einem Kind aus. Denken Sie nur einmal an das „Aha!“ – Erlebnis, wenn sie nach langem „Herumtherapieren“ an einem Symptom merken, dass das Kind dieses Symptom braucht, um sich in seiner Welt behaupten zu können (z.B. Hyperaktivität bedeutet ein Aufmerksamkeit erhaschendes Moment in seinem Umfeld). Es will u.U. diese „Störung“ gar nicht loswerden, weil es dann nämlich weniger Aufmerksamkeit bekommen würde.

Natürlich kann es zu Problemen kommen, wenn zwei Praktiker mit völlig unterschiedlichen **Modellvorstellungen** gemeinsam arbeiten – z.B. der eine mit einem klassischen medizinischen Modell im Kopf und der andere mit einem vernetzten systemischen Modell. Auch hier ist Verständnis füreinander nötig. Ohne eine Abklärung der jeweiligen therapeutischen und diagnostischen Vorstellungen kann es z.B. bei der Zusammenarbeit von zwei oder mehreren Therapeuten nicht gehen. Und diese Abklärung sollte vor dem Beginn einer Förderung oder Therapie stehen. Dabei kann man nicht sofort einen vollen Erfolg der Abstimmung der therapeutischen und pädagogischen Konzeptionen erwarten. Aber man könnte einem Verfechter des Medizinischen Modells z.B. mit der OTTAWA – Erklärung[9] der WHO einige Vorzüge vernetzten Denkens verdeutlichen.

Zu verdeutlichen heißt, dass man um **Vor- und Nachteile der eigenen Methode** weiß und vor allem darum, mit welchen speziellen persönlichen Vorlieben der Einsatz des Denkmodells in der Praxis der Therapie verbunden ist. Erfahrene Therapeuten greifen eher zu einer Methodik, die ihnen auch persönlich leichter fällt als zu Methoden, die den Möglichkeiten ihrer Person eher fern stehen. Oder ganz einfach: wenn ich mich als älterer Psychomotoriker nicht mehr so ganz geeignet und fit für eine psychomotorische Praxis finde, dann

[9] nähere Ausführungen hierzu finden sich u.a. in EGGERT (1997)

greife ich eher auf verbale Elemente zurück oder widme mich der emotionalen Seite des Kindes. Jeder Therapeut realisiert diejenigen Seiten an sich besonders intensiv, die ihm leicht fallen und favorisiert sie.

Das **Einnehmen einer anderen Sichtweise** sollte nun nicht gleichzeitig heißen, die selbst mit Mühe gefundene (systemische) Sichtweise auch gleich als die überlegene oder bessere darzustellen. Die Anerkennung der Tatsache, dass man auch mit „alten“ Methoden sinnvoll arbeiten kann und positive Ziele erreichen kann, fällt aber gerade jüngeren Therapeuten oft nicht leicht. Ich muss für meine Praxis sehen, mit welchen Methoden ich zufriedenstellend arbeiten kann – und diese Überlegung kann mir niemand abnehmen. Es gibt eben nicht das Rezept für eine auf Dauer unveränderbare allein seligmachende Form der Förderung und Therapie.

Ob die weitreichenden Ziele einer systemischen Therapie alle in einer Förderung angestrebt werden sollten, darüber kann man geteilter Meinung sein. Sollten Psychomotoriker als halbausgebildete Laien-Familientherapeuten in Familien mit Problemen im Umgang mit einem hyperaktiven Kind tätig werden? Sicher nicht, aber die **Perspektive** aus der heraus man sich mit dem Kind und seinen Lebensmöglichkeiten beschäftigt, sollte so weit(sichtig) wie möglich sein.

Umfassende **individuelle Förderpläne** können beim Übergang zu einer systemischen Sichtweise hilfreich sein. Wenn ich denke, dass zirkulär jede Beschreibung des Kindes bereits zu einer impliziten Behandlung führt, dann kann ein umfassender Förderplan auf der Grundlage einer Beschreibung des Entwicklungsprozesses des Kindes über einen längeren Zeitraum die Perspektive meines Handelns beträchtlich erweitern, vor allem wenn ich diesen Plan im Teamwork zusammen mit anderen Personen schreibe, die eventuell einer ganz anderen Ansicht über das Kind sind und wir dies gemeinsam im IEP dokumentieren. Dazu braucht es aber Zeit und Gelegenheit zur Teamarbeit, die beim sehr straffen Zeitplan in Schulen und Praxen hierzulande oft nicht zur Verfügung steht.

Ein solcher Förderplan aus ganzheitlicher Sicht könnte z.B. das Selbstkonzept (die Selbstinterpretation des Kindes) umfassen neben einem Bild seiner Fähigkeiten aus seiner Sicht und aus der Sicht anderer Personen und einem Abbild seiner psychomotorischen und sensomotorischen Entwicklungsbedingungen und anderen Fähigkeiten und Fertigkeiten, sowie seiner Beziehungen zu den bedeutsamen Personen in seiner Umwelt (inklusive der Beziehungen dieser Personen zueinander).

Hiermit schließt der Theorieteil. Im nun folgenden Praxisteil wird nach einer kurzen Einleitung eine Fülle von diagnostischen Materialien vorgestellt, mit denen man einen Weg zum Selbstkonzept eines Kindes finden könnte.

Kapitel 4

Praxis der Diagnostik mit dem Selbstkonzeptinventar (SKI)

4.1 Vorbemerkungen

Ehe die praktische Handhabung des Selbstkonzept-Inventars (SKI) verdeutlicht wird, werden **Ziele** einer Diagnostik und diagnostische Wege mit dem SKI sowie mögliche **Vorgehensweisen** aufgezeigt.

Weiterhin wird kurz zusammengefasst auf unser zugrundeliegendes **theoretisches Modell** vom Selbstkonzept[10] eingegangen, da sich die Anregungen für die Praxis auf der Grundlage dieser Vorstellungen entwickelt haben.

Es folgt eine **„Bedienungsanleitung“**, das heißt konkrete Beschreibungen, wie das SKI eingesetzt werden kann. Dazu haben wir unter anderem das Anliegen und die Handhabung der **Schwierigkeitsgrade** erläutert. Außerdem werden allgemeine Hinweise zum **praktischen Vorgehen** sowie zur Auswertung und Dokumentation anhand eines Individuellen Entwicklungsplanes (IEP) aufgezeigt.

Abschließend erfolgt eine Wiederholung der Prinzipien von Diagnostischen Inventaren sowie eine Reflexion bezüglich der möglichen Umsetzung im Rahmen des SKI.

Im Anschluss an den **Aufgabenteil** folgen praktische Beispiele für **Diagnostische Menüs**.

4.2 Arbeit mit Diagnostischen Inventaren

Wer sich bereits über die Arbeit mit diagnostischen Inventaren gut informiert fühlt, der kann das folgende Kapitel überfliegen. Aus den zahlreichen Fortbildungsveranstaltungen hat es jedoch immer wieder Anwender gegeben, die zum ersten Mal mit einem der Inventare arbeiten wollten und deshalb bei einem neuen Inventar eine Einführung in diese Arbeit wünschten.

Das SKI versteht sich als diagnostisches Inventar im Rahmen einer vernetzten Förderdiagnostik. Was soll das heißen?

Im öko-systemischen Ansatz steht die Vernetztheit der kindlichen Entwicklung mit dem Lebenskontext im Mittelpunkt. Eine Diagnostik mit dem Ziel diese Vernetztheit zu untersuchen, muss dabei zwangsläufig komplex sein, denn sie darf hinter die Komplexität des kindlichen Alltags nur bedingt zurückgehen.

[10] Der Leitgedanke dieses Textes ist es, hier dem Leser freizustellen, ob er Theorie- und Praxisteil zusammen lesen oder getrennt verstehen möchte.

Standardisierte Tests erlauben dies nur sehr unvollkommen, da ihr theoretischer Ansatz auf objektive, reliable und valide – und damit zeitkonstante – Aussagen konzentriert ist und die Vernetztheit mit dem Lebenskontext genauso wenig berücksichtigt wie das individuelle Erleben der Situation oder die individuelle Beziehung zu den Peers oder der Familie. Ihre Berücksichtigung ist nur mit Zusatzhypothesen möglich.

Im Rahmen einer öko-systemischen Diagnostik wird der Versuch unternommen, das Kind in seinen Alltagsbezügen möglichst ganzheitlich zu betrachten. Das Selbstkonzept ist dabei ein tragfähiger Weg zu einem Verständnis des Kindes in seinem Lebenskontext in Familie und Schule. Sein „innerer Dialog" angesichts von Aufgaben und Situationen kann nun in verschiedenen methodischen Wegen auf direkte oder indirekte Weise beschrieben werden. Die einzelnen Bestandteile und Methoden des Diagnostischen Inventars werden später in diesem Kapitel ausführlich beschrieben.

4.3 Grundgedanken und Ursprünge Diagnostischer Inventare

Der Ursprungsgedanke, dass man Testen durch Inventarisieren ersetzen soll („Testen versus Inventarisieren"), stammt von PAWLIK (1976). Er verstand unter einem ***„Inventar"*** folgendes:

> ***„eine diagnostische Untersuchung mit dem Ziel, möglichst sämtliche Elemente in dem durch die Fragestellung gekennzeichneten Ausschnitt des Verhaltensrepertoires einer Person zu erfassen"*** (PAWLIK 1976, 32)

Inventare sollen der Beobachtung von verschiedenen Verhaltensrepertoires einer Person dienen. Dabei erscheint es sinnvoll, zuvor eine bestimmte Fragestellung bzw. einen bestimmten Ausschnitt von Verhalten oder/und Entwicklung herauszuwählen, damit die Beobachtung einen bestimmten Fokus einnehmen kann.

Im deutschsprachigen Raum wurde dieser Gedanke des Inventarisierens von PAWLIK im Rahmen von Förderdiagnostik durch EGGERT und Mitarbeitern praxisnah für verschiedene Schwerpunkte/Bereiche kindlicher Entwicklung umgesetzt:

- auditive Wahrnehmung (DIAS, 1992)
- motorische Basiskompetenzen (DMB, 1993)
- taktil-kinästhetische Wahrnehmung (DITKA, 2000)
- räumlich-zeitliche Wahrnehmung (RZI, 2002)

Außerdem werden soziale und emotional-motivationale Kompetenzen stets berücksichtigt. Die o.g. Inventare dienen einer individuellen und differenzierten Beobachtung und Beurteilung von Bewegungs- und Wahrnehmungskompetenzen, welche im Rahmen einer (vor)schulischen oder außerschulischen (psychomotorischen) Förderung sehr hilfreich und geeignet sind. Zudem zeigen sie, wie Diagnostik und Förderung im Rahmen eines Prozesses kindlicher Entwicklung optimal miteinander verbunden werden können.

Ziel ist es nicht (allein) einen Entwicklungsstand festzustellen, sondern diesen auch verstehen und interpretieren zu können. Es wird nicht nur nach dem „Wie?" gefragt, sondern auch nach dem „Warum?", „Wozu?", „Woher?" und „Wohin?" einer Handlung. In der Datenerhebung soll Vergangenes, Gegenwärtiges und Zukünftiges miteinander verknüpft werden, um für ein Kind die günstigsten Lernbedingungen sowie den bestmöglichen Förderort herauszufinden (vgl. EGGERT 1997).

4.4 Konstruktion bzw. Aufbau von Diagnostischen Inventaren

Jedem Diagnostischen Inventar liegt ein entwicklungs-**theoretisches Modell** vom jeweiligen Entwicklungsbereich (Motorik, auditive Wahrnehmung, taktil-kinästhetische Wahrnehmung, Raum-Zeit-Wahrnehmung, Selbstkonzept) zugrunde. Der jeweils folgende umfangreiche Praxisteil lehnt sich an den Theorieteil an und versucht die Praxis theoriegeleitet zu begründen.

Im Praxisteil selbst werden zunächst sog. **Kernaufgaben** vorgestellt, welche eine Auswahl von Aufgaben bzw. Situationen darstellen, die sich besonders für eine Beobachtung der jeweiligen Kompetenzen eignen. An die Kernaufgaben schließen sich zahlreiche praktische Beobachtungssequenzen und Aufgaben an, welche im Vergleich gesehen unterschiedliche Schwierigkeitsgrade aufweisen. Speziell im SKI werden die Aufgaben selbst mit unterschiedlichen Schwierigkeitsgraden und Differenzierungsvorschlägen angeführt.

EGGERT (1993) stellte Prinzipien bzw. Merkmale für sog. Diagnostische Inventare auf und versucht diese in zunehmend ausgefeilter Form im Rahmen seiner Veröffentlichungen zu Diagnostischen Inventaren umzusetzen.

Diese Prinzipien von Diagnostischen Inventaren werden folgend aufgezeigt und am Ende des Kapitels in Zusammenhang mit dem SKI näher erläutert bzw. deren Verwirklichung dargestellt.

1. *Erfassung eines **breiten Spektrums von Handlungen** anstelle Einzelaufgaben*
2. Erfassung ***alltagsnah**er* kindlicher Handlungen
3. ***Offene Situation*** anstelle standardisierter Testsituationen
4. Anstrebung einer ***Übereinstimmung*** der diagnostischen u. der Interventionskategorien

5. ***Beschreibung individueller Entwicklungsverläufe***, d. h. der weitgehende Verzicht auf normative Vergleiche
6. Betonung einer ***Veränderungsmessung*** anstelle der Produktbewertung
7. ***Variabilität der Aufgabenzusammenstellung*** in Abhängigkeit von Interventionszielen und individuellem Leistungsspektrum
8. Die Abstufung der diagnostischen Strategien in ***mehrere Phasen*** u. mehrere methodische Ansätze
9. Verzicht auf hohe Objektivität und ***Betonung der Validität***
10. Durchführung in ***Kleingruppen***, in Spielsituationen mit zwei Pädagogen in wechselnden Rollen

4.5 Anwender und Einsatzort des Selbstkonzeptinventars (SKI)

Das SKI dient der Erfassung von Dimensionen bzw. Aspekten des individuellen Selbstkonzeptes von Kindern im Vorschul- und Grundschulbereich. Es kann erfahrungsgemäß auch bei älteren Kindern angewandt werden. Demnach kann es im Rahmen von Maßnahmen einer Entwicklungsförderung für verschiedene Altersgruppen eingesetzt werden. Pädagogisch-therapeutische Fachkräfte bzw. Anwender sind zum Beispiel: Erzieher im Kiga, Lehrer in der (Grund-) Schule sowie Psychologen, Diplompädagogen, Motopäden, Heilpädagogen u.a..

Im SKI wird die Verwendung vielfältiger Methoden zur Erfassung von Dimensionen des individuellen kindlichen Selbstkonzeptes angeregt. Dies erfordert auch bestimmte Vorkenntnisse des Anwenders, welche in Abhängigkeit von seiner Ausbildung in unterschiedlicher Ausprägung vorhanden sind. Demnach werden die Fachleute evtl. entsprechend ihrer Arbeitsweise und Anliegen auch die vielfältigen Methoden und Vorgehensweisen schwerpunktmäßig in unterschiedlicher Ausprägung anwenden. So eignen sich die Praxisaufgaben besonders für den Rahmen einer psychomotorischen Entwicklungsförderung, können aber auch in anderen Zusammenhängen bzw. an anderen Förderorten genutzt werden.

Das soll aber nicht bedeuten, dass beispielsweise Motopäden nur allein für die Bewegungs- und Körperaufgaben zuständig sind oder die Psychologen für die Zeichnungen und Gespräche. Jede Fachkraft sollte sich vielfältiger Methoden bedienen können und vor allem mit anderen Fachkräften in einem **Team** zusammenarbeiten. So lassen sich die Erkenntnisse der jeweils ermittelten Befunde aus verschiedenen Blickwinkeln beurteilen und interpretieren.

4.6 Ziele der Diagnostik mit dem SKI

Unser Verständnis von einer öko-systemischen Diagnostik wurde bereits in Kapitel 3 dieses Buches dargelegt. Im Folgenden wird kurz noch einmal auf die diagnostischen Zielsetzungen des SKI eingegangen:

- einerseits die Beschreibung des Verhaltens in verschiedenen Dimensionen des kindlichen Selbstkonzeptes
- andererseits ein Verständnis des gezeigten Verhaltens in der jeweiligen Situation und in Bezug zum Lebenskontext

Die Beschreibung des kindlichen Verhaltens umfasst eine Darlegung des momentan gezeigten Verhaltens und dessen Einordnung in einen „Ist-Stand" der kindlichen Entwicklung. Um einen „Ist-Stand" in Bezug auf verschiedene Dimensionen kindlicher Entwicklung (hier speziell der Entwicklung des Selbstkonzeptes) zu beschreiben, bedarf es neben Kenntnissen aus der Entwicklungspsychologie zunächst einmal Kompetenzen des **Beobachten**s und **Beschreiben**s von gezeigtem Verhalten. Erst danach kann eine Einordnung, d.h. **Bewertung** und **Erklärung** bzw. Interpretation, des gesehenen Verhaltens in Form von Hypothesen oder Kenntnissen sowie eine Einleitung von Fördermaßnahmen, orientiert an nächst möglichen Entwicklungsstufen, erfolgen (vgl. EGGERT 1997, 127). Diese einzelnen Wege bzw. Schritte einer förderorientierten Diagnostik werden mittels des SKI ermöglicht und an unterschiedlichen Stellen jeweils näher erläutert.

4.7 Diagnostische Wege und Methoden zur Erfassung des Selbstkonzeptes

Zur Beobachtung und Beschreibung des Selbstkonzeptes von Kindern können verschiedene Erfassungsmöglichkeiten und Verfahren gewählt werden.
Vielfältige Vorgehensweisen dienen der Erfassung unterschiedlicher Dimensionen, aber vor allem ermöglichen sie verschiedene Zugangswege zum Kind. Nicht jede Methode spricht ein Kind oder auch einen Pädagogen gleichermaßen an und demzufolge kann ein Informationsgewinn dementsprechend andersartig sein.
Im SKI werden durch eine Vielfalt von angebotenen Verfahren und Erfassungstechniken Zugangswege zum Kind aufgezeigt, die eine Sammlung von vielseitigen Beobachtungen bzw. Erkenntnissen ermöglichen.

Wichtig erscheint es uns, dass unterschiedliche Methoden angewandt werden. Die Wahl der Erfassungsmethode(n) hängt dabei vom Kind, seinem Alter sowie von den Zielen der Untersuchung ab. Es stellt sich so z.B. die Frage, ob insgesamt Aussagen zum individuellen Selbstkonzept getroffen werden sollen, oder ob ein Teilbereich näher beleuchtet werden soll (siehe hierzu auch MUMMENDEY in FILIPP 1993, 171ff).

Im Folgenden werden die Methoden kurz allgemein vorgestellt, welche unseres Erachtens zur Einschätzung des Selbstkonzepts von Kindern geeignet sind (siehe hierzu auch MUMMENDEY in FILIPP 1993, 175ff):

- Beobachtung
- Mündliche Befragung
- Schriftliche Befragung
- Arbeitsprodukte

Wie sich im Praxisteil zeigen wird, können die genannten Methoden jeweils unterschiedlich aufbereitet sein (bzgl. Struktur, Vorgehen, Situationsspezifität, Reaktionen, Anzahl der zu erfassenden Dimensionen, ...).

4.7.1 Beobachtung

Im Rahmen förderdiagnostischen Vorgehens stellt Beobachtung eine der bedeutendsten Verfahrensweisen dar. Beobachtungen sollen das äußere, sichtbare, erfassbare Verhalten der Lernenden in bestimmten Handlungen bzw. Tätigkeiten erfassen (vgl. SUHRWEIER/HETZNER 1993, 102).
Anlässe von Beobachtungen können verschieden sein:

- zum einen kann ein Pädagoge von sich aus das Bedürfnis haben, ein Kind zu beobachten, weil er dies allgemein zu seinen Aufgaben zählt;
- andererseits kann ein Kind beobachtet werden, weil es durch etwas „Besonderes“ auffällt und somit eine Neugierde beim Beobachter geweckt wird;
- als weiterer Anlass kann ein „Auftrag“ durch dritte Personen dienen (z.B. Eltern, Lehrer), welche möchten, dass das Kind beobachtet wird.

Im Rahmen einer kindlichen Entwicklungsförderung können sowohl naive (eher zufällig stattfindende) als auch systematische (geplant stattfindende) Beobachtungen durchgeführt werden. Für die Arbeit mit dem SKI wird eine systematische Beobachtung empfohlen. Bei einer systematischen Beobachtung kann der Beobachter in das Handlungsgeschehen direkt involviert sein und dabei (offen/vom Kind bemerkt oder verdeckt/ vom Kind unbemerkt) beobachten oder er kann nicht mit teilnehmen und dementsprechend (offen/vom Kind bemerkt oder verdeckt/vom Kind unbemerkt) beobachten (vgl. BORTZ 1995, 244).

Das Vorgehen einer Beobachtung ist vorher zu planen. Es macht einen Unterschied, ob der Beobachter ein Kind beispielsweise in einer frei gestalteten Spielsituation oder/und in einer weniger stark strukturierten Handlungssituation beobachtet. Außerdem können sich Unterschiede in Abhängigkeit von der Beobachtungssituation zeigen. Es besteht u.a. die Möglichkeit, das Kind in einer seiner Lebenswelten (zu Hause, Kiga/Schule, Spielplatz, ...) oder aber in einer alltagsferneren und eher künstlich geschaffenen Situation (Therapie, Labor, ...) zu beobachten. Zum Vorgehen zählen auch die Vertrautheit der anwesenden Personen (Beobachter), die Bekanntheit der eingesetzten Hilfsmittel (Materialien) sowie die Häufigkeit der Beobachtungen. All diese Faktoren tragen i.d.R. dazu bei, dass sich ein Kind „angstfrei" und natürlich verhält und somit der Wert der diagnostischen Informationen steigt.

Wählt ein Pädagoge das Instrument der Beobachtung, so ist es bedeutend zuvor herauszustellen, welcher Ausschnitt der Entwicklung primär beobachtet werden soll. Beim SKI steht die Entwicklung des Selbstkonzeptes im Vordergrund, welche in unterschiedliche Dimensionen aufgeteilt und somit auch schwerpunktmäßig beobachtet werden kann. In diesem Zusammenhang ist es auch sehr wichtig, zu klären, ob der Pädagoge vorweg bereits ein konkretes Ziel verfolgt und somit seinen Fokus der Aufmerksamkeit von vorne herein in eine bestimmte Richtung lenkt oder welcher Sinn/Zweck überhaupt hinter dieser individuellen Beobachtung steht.

Wie deutlich wird, stellt Beobachtung im Rahmen der Erfassung von Aspekten des Selbstkonzeptes ein wesentliches Instrument dar. Vor allem wenn sich das Kind über das Medium Spiel oder Bewegung ausdrückt bzw. sich mit diesem auseinandersetzt.

Eine Dokumentation der erhobenen Beobachtungen kann mittels Protokoll, Beobachtungsbogen oder aber – eingebettet in einen größeren Erhebungsrahmen – mittels eines IEP[11] erfolgen. Eine Auswertung kann dann anhand einer qualitativen Inhaltsanalyse erfolgen.

Im SKI haben wir verschiedene Beobachtungssituationen zusammengestellt sowie Anregungen zur gezielteren Beobachtung und Interpretation bestimmter Aspekte des Selbstkonzeptes gegeben. Diese Hinweise sind keineswegs vollständig und müssen jeweils individuell ergänzt werden. Außerdem wurde speziell ein Beobachtungsbogen entwickelt, welcher in verschiedenen Handlungssituationen des Kindes durch gezielte Fragestellungen Anregungen zur Erfassung des individuellen Selbstkonzeptes geben kann.

4.7.2 Mündliche und schriftliche Befragung

Allgemein kann zwischen Methoden mündlicher und schriftlicher Befragung unterschieden werden.

Protokolle und/oder Aufzeichnungen (Ton, Bild) dienen bei einer mündlichen Befragung als Erhebungsinstrumente, welche dann mittels Inhaltsanalysen ausgewertet werden können.

Bei schriftlichen Befragungen dienen Fragebogen als Erhebungsinstrumente, die ebenso mittels Inhaltsanalysen oder einem Auswertungsbogen/-schema ausgewertet werden können.

---

[11] Ein IEP für das Selbstkonzept wird im weiteren Verlauf dieses Kapitels noch näher vorgestellt.

4.7.2.1 Mündliche Befragung

Zu den Formen der mündlichen Befragung zählen das Gespräch, die Befragung oder das Interview, welche nun im Einzelnen genauer und im späteren Verlauf nochmals zusammenfassend erläutert werden.

a) Gespräch

Ein Gespräch ist situations- und anlassbezogen und dient dem Austausch von Gedanken/Einstellungen und Informationen bzgl. verschiedener Sachverhalte; es kann aber auch Fragen beinhalten. Ein Gespräch kann frei (d.h. spontan und weniger strukturiert) oder geleitet (d.h. zielorientiert) bzgl. bestimmter Inhalte stattfinden.

Im Gespräch kann spontan/zufällig ermittelt werden, was nicht direkt beobachtbar ist. So können Hypothesen bzgl. des kindlichen Verhaltens konkretisiert, bestätigt oder verworfen werden.

Gespräche sind unserer Einschätzung nach generell sehr bedeutend, d.h. grundlegend für die Arbeit mit dem Kind. Es soll nicht <u>über</u>, sondern <u>mit</u> dem Kind gesprochen werden. Gespräche können und sollten in jeder Spiel-/ Handlungssituation stattfinden und so entsprechend der Situation/des Anlasses sowie des Gesprächsverlaufs Auskunft über verschiedene Aspekte des Selbstkonzeptes geben.

Im Praxisteil des SKI werden Vorschläge unterbreitet, in welchen Situationen Gespräche sinnvoll bzw. unbedingt erforderlich sind. Der Dialog mit und die Achtung vor dem Kind sind dabei besonders hervorzuheben. Das bedarf ein aufmerksames Zuhören, Respektieren und Eingehen hinsichtlich der Äußerungen des Kindes.

Eine Dokumentation der Inhalte sollte sofort nach dem Ablauf der Förderstunde geschehen, so dass Fehlerquellen vermindert werden.

b) Befragung

Der Übergang von einem Gespräch zu einer Befragung kann sich fließend gestalten. Im Unterschied zum Gespräch werden bei einer Befragung zielorientierte Fragen gestellt und auf eine Beantwortung dieser gehofft.

Eine Befragung kann Beobachtungen ergänzen oder Hypothesen überprüfen.

Mittels Befragung können vielfältige subjektive Sachverhalte bzw. Perspektiven (Auffassungen, Meinungen, Gewohnheiten, Einstellungen, Motive, Gefühle, Wünsche, Vorstellungen, Überzeugungen, Anschauungen, Konflikte, Probleme, Erlebnisse, Wissen, Kenntnisse, Denkoperationen, Lösungsstrategien, soziale Beziehungen u.a.), aber auch Entwicklungs- und Lernverläufe u. v. m. erfasst werden.

Befragungen können spontan aus gegebenem Anlass oder aber gezielt in bestimmten Handlungssituationen, die in ein bestimmtes Thema eingebettet sind, erfolgen.

Im SKI werden Situationen vorgestellt, an denen sich gezielte Befragungen anschließen können. Zumeist ergibt sich aus einem Gespräch heraus eine zielgerichtetere, aber flexible Befragung zu einem bestimmten Bereich des Selbstkonzeptes (z.B. Körperschema).

Eine Dokumentation kann sowohl qualitativ als auch quantitativ erfolgen und sollte sofort oder nach Ablauf der Förderstunde stattfinden.

c) Interview

Im Unterschied zu einer Befragung ist ein Interview i.d.R. themenzentriert und somit durch eine bestimmte Struktur gekennzeichnet. Es existiert ein Leitfaden, in welchem grundsätzliche Fragen zur Erfassung des Sachverhaltes festgehalten sind. Ein Interview kann insofern verschiedenartig gestaltet sein, dass sich der Interviewer streng oder global an dem Leitfaden orientiert und dementsprechend flexibel im Gespräch agiert bzw. agieren kann.

Ein Interview kann an einen Aufhänger/Eingangsstimulus gebunden sein, es kann ein freies Erzählen im Vordergrund stehen oder es ist möglich, dass anhand von gezielten Fragen das Gespräch angeregt und gelenkt wird.

Unserer Erfahrung nach eignen sich Interviews für Kinder ab dem Grundschulbereich und können durch die Bekanntheit aus Funk und Fernsehen einen besonderen Motivationsfaktor darstellen. Wenn mit Kindern ein Interview geführt wird, erscheint es sinnvoll, dieses stärker zu strukturieren, vor allem im Hinblick auf die Erfassung spezifischer Aspekte des Selbstkonzeptes.

Im SKI finden sich beispielhaft Interviewleitfaden zu bestimmten Dimensionen des Selbstkonzeptes sowie für unterschiedliche Interviewpartner (Kind, Eltern, Erzieher/Lehrer, ...).

Eine Dokumentation kann mittels Protokoll, Tonband- oder Videoaufnahme(n) erfolgen, welche dann im Nachhinein inhaltlich ausgewertet werden.

Da diese drei Erfassungsmethoden sehr eng miteinander verbunden sind, wird nun kurz ein vereinfachtes Verständnis und die Unterschiede dieser drei Methoden in Bezug auf das SKI zusammengefasst.

Gespräch:
- ergibt sich spontan
- Austausch bzw. Bekanntgabe von Einstellungen, Gefühlen, Gedanken etc.
- Gespräch ist situationsbezogen und Verlauf ist frei gestaltet

Befragung:
- kann spontan oder geplant stattfinden
- es werden Fragen zu einem bestimmten Verhalten oder Thema gestellt
- Befragung ist zielorientiert

Interview:
- findet geplant statt
- es findet sowohl ein Austausch über Einstellungen, Gefühle, Gedanken etc. statt, als auch das Stellen von zielorientierten Fragen
- Interview ist strukturiert und Verlauf ist zielorientiert

Zusammenfassend können wir feststellen, dass die Methoden, die das Medium Sprache nutzen, sehr wichtig zur Erfassung von verschiedenen Aspekten des kindlichen Selbstkonzeptes sind. Sie sind deshalb so wichtig, weil nur auf diesem Wege Informationen direkt vom Kind selbst ermittelt werden können und diese dann der geringsten Gefahr einer Interpretation ausgesetzt sind.

4.7.2.2 Schriftliche Befragung

Zu den Formen der schriftlichen Befragung zählen der Einsatz von Fragebogen, Checklisten, Semantischen Differentialen, Q-Sorts und Ratingverfahren, welche gleich noch erklärt werden. Dabei unterscheiden sich die letzteren drei nur unwesentlich, werden aber hier getrennt aufgeführt.

Die Dokumentation derartiger Verfahren erfolgt anhand vorgegebener „Formblätter", die von der befragten Person ausgefüllt werden. Eine Auswertung erfolgt anhand eines Auswertungsbogens oder aber qualitativ in Form einer Inhaltsanalyse.

a) Fragebogen

Speziell für die Erfassung von Aspekten des Selbstkonzeptes können Fragebogen erstellt werden. Sie können verschiedene Bereiche der Entwicklung erfassen bzw. darüber Aufschluss geben. Im SKI wird empfohlen, eine Auswahl von Fragen jeweils einer bestimmten Kategorie oder besser einem Bereich des Selbstkonzeptes zuzuordnen. Außerdem können Fragebogen zur Erfassung anamnestischer Daten eingesetzt werden.

Im SKI befinden sich sowohl Fragebogen für ein Kind (Selbsteinschätzung) als auch Fragebogen für Bezugspersonen des Kindes, welche dann im Rahmen einer Fremdeinschätzung über das Kind berichten.

Ein Fragebogen kann bei Kindern nur dann eingesetzt werden, wenn diese bereits lesen und schreiben können. Ist dies noch nicht möglich, so können Fragebogen auch in Form eines Interviews angewandt werden.

b) (Adjektiv-)Checkliste

Checklisten bestehen aus einer Vielzahl von Eigenschaftsworten sowie einer Bewertung (z.B. ja/nein). Derartige Checklisten sind dadurch gekennzeichnet, dass das Kind die Eigenschaften/ Merkmale ankreuzt, welche es auf sich bezogen für zutreffend hält.

Dabei können situationsspezifische oder generalisierende Einschätzungen sowie reale oder ideale Vorstellungen ermittelt werden. Die Formen von sog. (Adjektiv-) Checklisten können sich insofern unterscheiden, dass es entweder eine Vielzahl von Eigenschaftswörtern gibt, aus denen eine (un-)bestimmte Anzahl ausgewählt werden können oder aber, dass es zu jeder Eigenschaft selbst noch eine Differenzierung in Form einer Ratingskala (siehe unten) gibt.

Beispiel: eine Person soll ankreuzen, welche Eigenschaften sie selbst hat

ehrlich		böse		schön		sportlich		ausdauernd	
ja	nein	ja	nein	ja	nein	ja	nein	ja	nein

c) Semantisches Differential

Hierbei geht es darum, mittels Polaritäten (Gegensätze) bzw. bipolarer Adjektivpaare (wertende) Einstellungen zu erfassen (z. B.: gut-schlecht, schön-hässlich, sauber-schmutzig), welche dann bestimmten Bereichen des Selbstkonzeptes zugeordnet werden können. Ein semantisches „Differential besteht aus 20 bis 30 siebenstufigen bipolaren Rating-Skalen, auf denen das Urteilsobjekt eingestuft wird" (BORTZ/DÖRING 1995, 172).

Die Nutzung derartiger semantischer Differentiale kann sowohl über eine strukturierte Befragung als auch in Form eines Fragebogens ermöglicht werden.

Mit derartigen Verfahren lassen sich Real- und Idealeinschätzungen sowie deren Diskrepanzen gut überprüfen.

d) Rating-Verfahren

Diese Verfahren beinhalten sog. Schätz- bzw. Urteilsskalen, welche meist fünfstufig aufgebaut sind. Derartige Skalen können unterschiedlich gestaltet sein:

- *numerisch:* ein Eigenschaftswort wird einer fünfstufigen Wertung unterzogen,
- *beschreibend:* eine Fünferskala besteht aus fünf Eigenschaftsworten, die auf die Beschreibung einer Dimension abzielen oder
- *graphisch*: es werden zur Einschätzung einer Eigenschaft/Merkmals fünf bildliche Darstellungen vorgelegt.

Gerade die graphische Darstellung von Eigenschaften (z.B. Befindlichkeiten) eignet sich für Kinder gut. Ist es ihnen beispielsweise noch nicht möglich, ihr Befinden in Worte zu fassen, so können sie sich evtl. mit bildlichen Darstellungen identifizieren.

Beispiele:

Numerisch:

Wertung	**1**	**2**	**3**	**4**	**5**
Mir geht es: „gut“	*Trifft voll zu*	*Trifft zu*	*Trifft ein bisschen zu*	*Trifft nicht zu*	*Trifft absolut nicht zu*

Beschreibend:

Dimension: Größe	**1**	**2**	**3**	**4**	**5**
Eigenschaftsworte	*riesig*	*groß*	*mittel*	*klein*	*winzig*

Graphisch:

Merkmal: **Befinden**					

e) Q-Sorts (Sortierverfahren)

Personenbezogene Statements auf Kärtchen werden nach einer Skala sortiert und einem Kategoriensystem zugeordnet.

Mit dieser Art von Verfahren können z.B. Differenzen zwischen realen und idealen Verhaltensweisen oder Einschätzungen unterschieden werden.

Derartige Sortierverfahren werden im SKI vereinzelt im Rahmen anderer Beobachtungssequenzen eingesetzt.

4.7.3 Arbeitsprodukte

Zu sog. Arbeitsprodukten zählen *Zeichnungen/graphische Darstellungen* und Arbeiten, die durch *freies Werken* entstanden sind (z.B. durch Basteln). Unterschieden werden können hier Arbeiten, die der Pädagoge initiiert hat und Arbeiten, die frei vom Kind entstanden sind.

Bei beiden Vorgehen ist der jeweilige Entstehungsprozess primär bedeutend und weniger das „Endprodukt“ an sich. Welche Wege das Kind zur Erstellung oder Gestaltung des Produktes geht, welche Materialien es nutzt und welche Bedeutung es dem Produkt insgesamt zumisst, kann für die Einschätzung verschiedener Aspekte des Selbstkonzeptes sehr erkenntnisreich sein.

Im SKI sind Aufgaben enthalten, die zum einen graphische Darstellungen oder Vorlagen nutzen, um bestimmte Aspekte des kindlichen Selbstkonzeptes näher beschreiben zu können. Zum anderen können Kinder selbst eine Zeichnung erstellen. Graphische Darstellungen eignen sich u.E. insbesondere zur Darstellung von Vorstellungen des kindlichen Selbst (Realselbst und Idealselbst).

Zum einen stellt das Arbeitsprodukt an sich selbst die Dokumentation dar, zum anderen ist es unbedingt empfehlenswert, die Äußerungen des Kindes während des Entstehungsprozesses zu notieren oder das Kind nach den eigenen Gedanken zu dem Arbeitsprodukt (z.B. der Zeichnung) zu befragen.

4.7.4 Vor- und Nachteile der Verfahren und Methoden zur Erfassung des Selbstkonzeptes

Zur kurzen Übersicht werden nun die zuvor genannten Methoden zur Erfassung von Aspekten des Selbstkonzeptes bzgl. ihrer Vor- und Nachteile gegenübergestellt.
Die Aufzählung beruht nicht auf Vollständigkeit, kann aber dem Leser aufzeigen, dass jede Vorgehensweise eigene Vorzüge hat, und dass somit eine Anwendung vielfältiger Methoden empfehlenswert ist. Sicherlich können einige der Aspekte jeweils auch unterschiedlich als Vorteil oder Nachteil ausgelegt werden. Dies möge dem Leser letztlich selbst überlassen sein.
Die Methoden wurden in der Tabelle bereits unter der Einteilung zusammengefasst, wie sie später auch im Praxisteil – abgesehen von Tests – vorzufinden sind.

Methode	Vorteile	Nachteile
Beobachtung	- *Erfassung eines breiten Spektrums von Handlungen möglich* - *In Gruppensituation jederzeit durchführbar* - *Alltägliche Situationen (strukturiert oder unstrukturiert)* - *Prozessorientiert; mehrere Tage* - *Offene Situation; variabel im Vorgehen (Fokus der Beobachtung)* - *Bezugssystem ist das Individuum selbst; kann aber auch ein Vergleich zu anderen sein* - *In der Situation selbst kann bereits interveniert werden* - *Gesehenes Verhalten wird beobachtet* - *Vielfalt von möglichen Beobachtungssituationen ermöglicht Zugang über verschiedene Themen*	- *Der erfasste Ausschnitt ist vom jeweiligen Beobachter, dessen Wissen sowie Beobachtungskompetenz abhängig* - *Eine Vielzahl von Fehlerquellen können sowohl beim Prozess selbst als auch bei der Auswertung auftreten, wenn nicht ausreichend reflektiert wird (z.B. Trennung von Beobachtung und Interpretation; Wahrnehmungsfähigkeit; Auffüllen von Erinnerungslücken; Beziehung zu Beobachteten; ...)* - *Von gesehenem oder gehörtem kann nicht gleich auf bestimmte Interpretationen geschlossen werden* - *Dokumentation im Nachhinein aufwendig(er) → Hilfe durch Video*

Methode	Vorteile	Nachteile
Mündliche Befragung - Gespräch - Befragung - Interview	- *Erfassung eines breiten Spektrums von Handlungen möglich* - *Sowohl in Gruppen- als auch Einzelsituationen möglich (abhängig von Zielen)* - *Alltagssituation* - *Prozessorientiert; mehrere Tage* - *Offene Situation, die Variabilität ermöglicht; Flexibilität* - *I.d.R. bezieht sich die mdl. Befragung auf die Person selbst* - *In der Situation selbst kann bereits interveniert werden* - *Ermitteln von kognitiven und affektiven Elementen möglich* - *Verschiedene Formen ermöglichen verschiedenen Zugang zur Person* - *Informationen kommen direkt von der befragten Person*	- *Bei Befragung in Gruppe kann Beeinflussung der befragten Person stattfinden(z.B. durch weitere befragte Mitglieder der Gruppe)* - *Dokumentation im Nachhinein aufwendig(er)*
Schriftliche Befragung - Fragebogen - Checklisten, Semantische Differentiale, Ratingskalen, Sortierverfahren	- *Einzelsituation, wobei diese Einzelsituation auch im Rahmen einer Gruppe sein kann* - *Kann im Rahmen von Spiel auch in Alltagssituationen eingebettet sein* - *Bezugssystem ist die Person selbst; Vergleiche mit anderen können angestellt werden* - *Ermitteln von kognitiven und affektiven Elementen möglich* - *Verschiedene Formen ermöglichen verschiedenen Zugang zur Person* - *Nachdenken bzgl. der Frage ist möglich* - *Dokumentation liegt durch ausgefülltes Formular vor*	- *Erfassung eines eher begrenzten Spektrums einer Handlung → abhängig von Ausrichtung der Fragen* - *Begrenzter Zeitraum der Überprüfung; 1 Tag → um nicht zum Nachteil zu werden ist Wiederholung dringend erforderlich* - *Reihenfolge bestimmt i.d.R. das Vorgehen auf dem Blatt Papier* - *Intervention kann im Nachhinein eingeleitet werden* - *Verlust von Spontaneität* - *Kompetenzen des Lesen und z.T. auch Schreiben erforderlich → aber evtl. auch Umwandlung eines Fragebogen in ein Interview möglich* - *Häufig keine Nachfragen möglich*
Arbeitsprodukte - graphische Vorlagen - Arbeitsprodukte	- *Einzelsituation, wobei diese Einzelsituation auch im Rahmen einer Gruppe sein kann* - *Kann im Rahmen von Spiel auch in Alltagssituationen eingebettet sein* - *Individuell kann das Vorgehen sehr vielfältig sein (Reihenfolge)*	- *Erfassung eines eher begrenzten Spektrums einer Handlung → abhängig von Ausrichtung der Aufgabe* - *Einmaligkeit der Situation wird hier besonders deutlich; 1 Tag → Wiederholung begrenzt möglich, aber ratsam*

4.8 Mittel/Zugangswege

Die soeben beschriebenen Verfahren zur Erhebung von Informationen bezüglich des Selbstkonzeptes von Kindern können separat, d.h. als einzelne Aufgaben, durchgeführt werden. Sie können aber auch eingebettet in eine Spiel- bzw. Handlungssequenz angeboten werden.

Ein Grundsatz Diagnostischer Inventare ist die Einbettung der Handlungen in kindliches **Spielgeschehen** (vgl. EGGERT 1993). Um die Vielfalt von **Spielformen** und deren Wichtigkeit zu verdeutlichen, wird dies im Folgenden kurz aufgezeigt. Dabei wird **Spiel** nicht als Methode, sondern **als Beobachtungssituation** gesehen.

Bezüglich des kindlichen Spiels werden nach OERTER folgende Formen unterschieden: Funktionsspiel, Informationsspiel, Konstruktionsspiel, Symbolspiel, Rollenspiel und Regelspiele (vgl. OERTER/MONTADA 222 ff).

Funktionsspiel (auch sensomotorisches Spiel genannt):
- das Kind hat Freude an Körperbewegungen und deren Wiederholung
- die Bewegungen richten sich auf Körperteile und Gegenstände

Informationsspiel:
- das Kind zeigt Erkundungsverhalten (Explorationsverhalten)
- es geht dem Kind um Beschaffenheit von Spielgegenständen

Konstruktionsspiel:
- das Kind möchte einen Gegenstand herstellen (z.B. Zeichnung, geformte Figur, Bauwerk, Gerät)
- dazu nutzt es Werkzeuge (Stifte, Hammer, ...) und Rohmaterial (Knete, Sand...)

Symbolspiel:
- das Kind deutet Spielgegenstand und Handeln nach eigenen Wunsch- und Zielvorstellungen um (z.B. der Sandhaufen wird zum Kuchen)
- die Handlungen werden aus den bisher gemachten Erfahrungen übernommen

Rollenspiel:
- das Zusammenspiel mehrerer Personen, die eine bestimmte Rolle übernehmen
- dies erfordert höhere soziale und kognitive Kompetenzen

Regelspiel:
- findet nach festgelegten Regeln statt
- erfordern meist spezifische Kompetenz(en), die vorher erlernt werden müssen
- rufen zumeist Leistungsvergleich hervor (Wettkampfcharakter steigt mit zunehmendem Alter)

Im Rahmen des SKI können alle Formen des Spiels berücksichtigt werden. Abhängig vom Alter und den Interessen des Kindes liegen die Schwerpunkte im Symbol- und im Regelspiel, wobei das Symbolspiel eher bei Kindern im Vorschulbereich und das Regelspiel eher bei Kindern im Grundschulbereich dominant ist.

Entstehen Spiele oder werden diese initiiert, so können Informationen mittels Beobachtung, aber auch im Gespräch mit dem Kind gewonnen werden. Die Erkenntnisse werden anschließend protokolliert.

Im SKI sind die Aufgaben zumeist so aufbereitet, dass sie unterschiedlichen Schwierigkeitsgraden unterliegen. Dementsprechend werden auch verschiedene Zonen der Entwicklung angesprochen. Nähere Ausführungen folgen in Kapitel 4.10.

4.9 Dimensionen des Selbstkonzeptes

Im Theorieteil wurde bereits unser Verständnis des Konstruktes „Selbstkonzept" erläutert[12]. Anlehnend an dieses Konstrukt wurden im Praxisteil Aufgaben zusammengestellt, die es ermöglichen sollen, verschiedene Aspekte des Selbstkonzeptes von Kindern gezielt zu ermitteln. Dabei können vielfältige Methoden und Zugangswege zur Informationsgewinnung gewählt werden, abhängig von dem Kind sowie der Arbeitsweise des Pädagogen.

Da die Praxis theoriegeleitet ist, sollte sich der Praktiker, der ein Kind mittels des SKI gezielt beobachten, beschreiben und später einschätzen möchte, über unser Verständnis von Selbstkonzept informieren (Kapitel 1). Durch eine Orientierung an dem zugrundeliegenden theoretischen Modell wird die Praxis der Beobachtung und Förderung zielgerichteter und detaillierter.

Zur Erinnerung werden hier nochmals die einzelnen Dimensionen und Begrifflichkeiten kurz erläutert und zusammengefasst (s. Abbildung Seite 135).

Alle aufgeführten Dimensionen des Selbstkonzeptes sind im Sinne eines lebendigen Systems eng miteinander vernetzt. Ein hierarchischer Aufbau, im Sinne streng nacheinander folgender Stufen, lässt sich nicht bestimmen, da die Entwicklung des Selbstkonzeptes sehr individuell ist. Diese wird maßgeblich durch die Umwelt, in der ein Kind lebt, mit beeinflusst und bestimmt. So können die einzelnen Dimensionen im Laufe der Entwicklung jeweils unterschiedlich stark gewichtet und auch zu verschiedenen Zeitpunkten anders stark ausgebildet sein.

[12] Dieses theoretische Modell dient als Grundlage für die Aufgabenzusammenstellungen des Praxisteil. Hier sollte der aufmerksame Leser sich mindestens über die (kurzgefasste) Theorie informieren, welche im Kapitel 1 näher beschrieben ist.

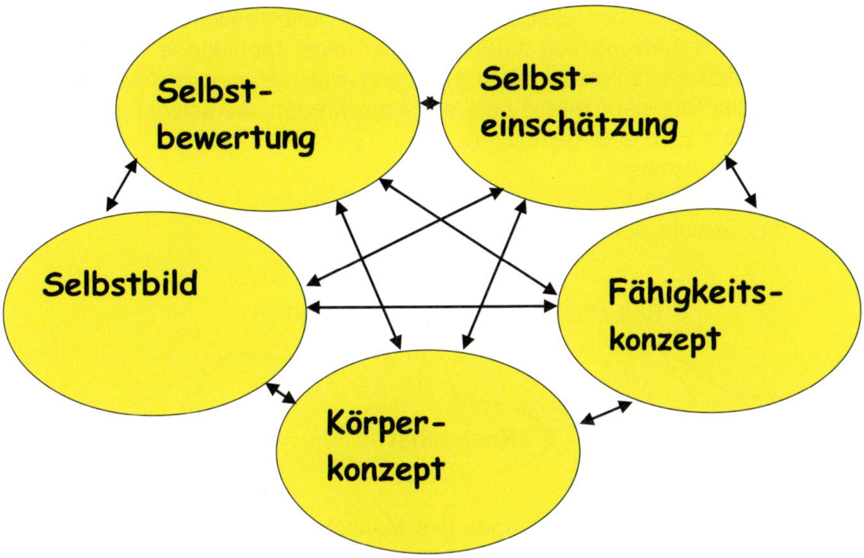

Die **Selbsteinschätzung** eines Menschen verdeutlicht, wie ein Mensch sich und seine Fähigkeiten einschätzt. Es wird unterschieden zwischen der Einschätzung seiner Selbst zu verschiedenen Zeitpunkten:

- *Befragung vor dem Ausführen einer Handlung ermittelt* **Selbstvertrauen**,
- *Befragung nach gerade ausgeführter Handlung ermittelt* **Selbstwertgefühl**
- *Befragung bzgl. einer generalisierten Einschätzung ermittelt* **Selbstwertschätzung**

(anlehnend an NEUBAUER, 1976)

Als weitere Dimensionen werden die Selbstbewertung und das Selbstbild angesehen. **Selbstbewertung** meint, wie ein Mensch emotional seine eigenen Handlungen bewertet und welche Gefühle er bzgl. dieser Bewertungen zeigt. **Selbstbild** meint hingegen, wie ein Mensch seine eigenen Handlungen „objektiv" einschätzt, d.h., was das Kind über seine Kompetenzen weiß und wie es diese beschreibt.

Aussagen bezüglich des Selbstbildes und der Selbstbewertung ermöglichen dann eine Einschätzung von außen bzw. auf einer Metaebene. Existiert eine gewisse Reflexionsfähigkeit in Bezug auf sich selbst, können drei weitere Komponenten des Selbstkonzeptes unterschieden werden, die sowohl affektive als auch kognitive Elemente beinhalten:

- das Idealselbst
- das Realselbst
- das Soziale Selbst

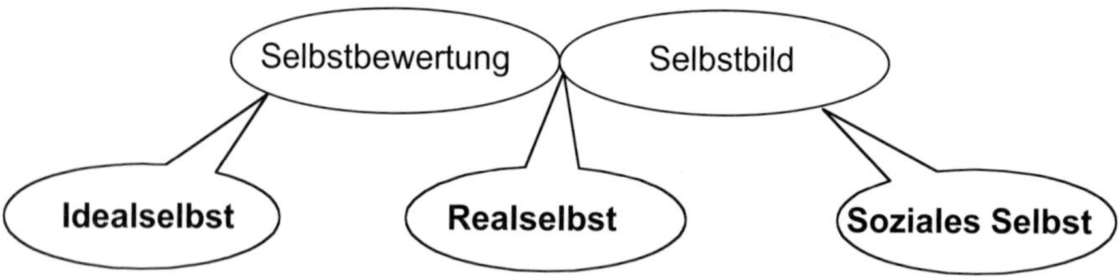

Das ***Idealselbst*** zeigt Vorstellungen des Menschen, wie er gern sein möchte. Es beinhaltet sowohl ein realisierbares, aber auch ein nicht erreichbares Wunschbild einer Person.

Vorstellungen vom ***Realselbst*** beinhalten die Betrachtungen des Menschen über:

- das (äußere) Erscheinungsbild,
- das Wissen um die eigene soziale Identität,
- die Hervorhebung und Bedeutung von Personen oder Gegenständen für sein Leben sowie
- die psychischen Dispositionen (Einstellungen, Werte, Gewohnheiten) (vgl. KRUPITSCHKA 1990, 14).

Das ***Soziale Selbst*** gibt Auskunft über:

- die Sichtweise von sich selbst in Bezug zu anderen,
- das Verhalten bzw. die Darstellung von sich selbst gegenüber anderen,
- die Einschätzungen, wie andere Personen einen selbst sehen,
- Fremdeinschätzung: Wirkung auf andere, Wertschätzung durch andere.

Die Entwicklung des individuellen Selbstkonzeptes ist sehr stark vom Körperkonzept und vom Fähigkeitskonzept der Person abhängig, welche durch sehr unterschiedliche Facetten sowie Erfahrungen und Handlungsmöglichkeiten im Rahmen der individuellen Entwicklung geprägt sind.

Unter **Körperkonzept** werden global die Aspekte zusammengefasst, die sich sowohl auf kognitiver als auch auf affektiver Ebene direkt mit dem Medium Körper befassen. Demnach werden im Bereich des Körperkonzeptes die Aspekte Körperschema (Kognition) und Körpergefühl (Emotion) unterschieden (anlehnend an BIELEFELD 1991).

Unter ***Körperschema*** werden die Aspekte gefasst, welche sich an kognitiven Inhalten orientieren. Der Aspekt Körperschema kann noch in einzelne Bereiche untergliedert bzw. spezifiziert werden:

- **Körperwissen** (Wissen vom eigenen Körper, dessen Bau und Funktionen),
- **Körperausdehnung** (Einschätzung körperlicher Grenzen),
- **Körper in Raum und Zeit** (Umgang mit räumlich-zeitlichen Strukturen)
- **Körperorientierung** (Informationen über eigenen Körper und Orientierung im Körper; in Beziehung setzen und Vergleich der Informationen).

Unter ***Körpergefühl*** werden die Aspekte gefasst, welche sich an emotionalen Inhalten orientieren. Der Aspekt Körpergefühl kann noch in einzelne Bereiche untergliedert bzw. spezifiziert werden:

- **Körperausdruck** (emotionaler Ausdruck über den Körper),
- **Körperbewusstsein** (bewusste Auseinandersetzung, Wahrnehmung und Erleben),
- **Körpereinstellung** (emotionale Einstellung, Zufriedenheit)
- **Körperausgrenzung** (emotionale Abgrenzung von der Umwelt).

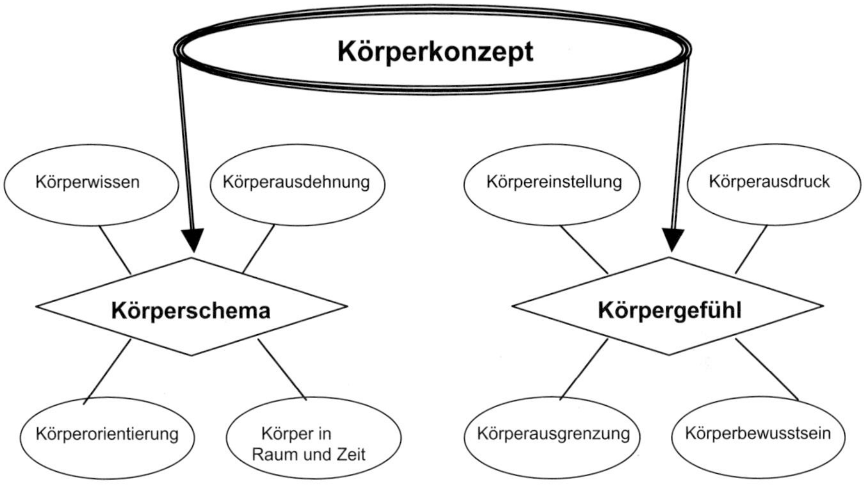

Mit dem **Fähigkeitskonzept** wird der Bereich des Selbstkonzeptes beschrieben, der sich auf die Selbstwahrnehmung der eigenen Leistungen und Fähigkeiten bezieht (vgl. KRUPITSCHKA 1990, 66). Das individuelle Fähigkeitskonzept beinhaltet sowohl kognitive als auch emotionale Aspekte und wird häufig durch das Körperkonzept mit geprägt.

Dimensionen des Fähigkeitskonzeptes bilden dabei Aspekte der Wahrnehmung, der Bewertung und des Wissens der individuellen eigenen Fähigkeiten (vgl. KRUPITSCHKA 1990).

Die Frage nach der ***Wahrnehmung eigener Fähigkeiten*** (ob und wie wahrgenommen wird) ist bedeutend bei der Erstellung eines individuellen Bildes der eigenen Fähigkeiten.

Eine ***Kenntnis eigener Fähigkeiten*** auf verschiedenen Entwicklungsebenen verdeutlicht neben dem eigenen Wissen und der Reflexion auch etwas über die individuelle Lerngeschichte des Menschen und seine bisherigen Erfahrungen.

Eine ***Bewertung eigener Fähigkeiten*** gibt Auskunft über die individuelle Einschätzung und Wertung der persönlichen Kompetenzen eines Menschen.

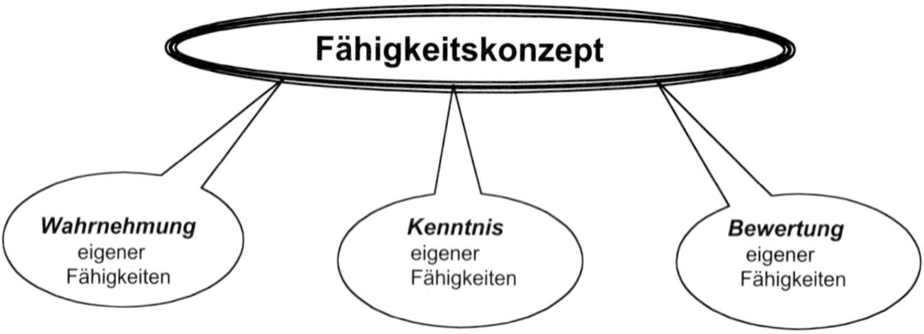

4.10 „Bedienungsanleitung" – Aufgabenglossar

In diesem Kapitel wird erklärt, wie der Praxisteil des SKI aufgebaut ist und wie der Anwender des SK-Inventars mit den Materialien optimal umgehen kann.

Die Aufgaben des SKI sind nach verschiedenen Methoden sortiert:
- **Arbeitsprodukte** (Graphische Vorlagen)
- **Mündliche Befragungen** (Interview, Gespräch, Befragung)
- **Schriftliche Befragungen** (Fragebogen, Checkliste, Sortierverfahren, Rating-Skala, Semantische Differentiale)
- **Beobachtungen** (Aufgaben, Spiele)

Diese Methoden eignen sich zur Beschreibung des „Inneren Dialogs" im Alltag des Kindes angesichts von Leistungssituationen, emotional erlebten und Konfliktsituationen und sie werden im SKI im Rahmen Diagnostischer Menüs oder Sequenzen genutzt.

Der Anwender kann sich entsprechend der Vorgehensweise auch Aufgaben selbst zusammenzustellen.

Aus den vorliegenden Aufgaben wurden 7 Beobachtungssituationen ausgewählt, die als Kernaufgaben genutzt werden können.

Auf die aus vorherigen Inventaren von EGGERT und Mitarbeitern bekannte Unterteilung der Aufgaben nach bestimmten Dimensionen bzw. Kompetenzbereichen wurde in diesem Inventar verzichtet. Wir haben statt dessen die Aufgaben bestimmten Methoden zugeordnet. Unserer Ansicht nach ist es sehr schwer, wenn nicht sogar unmöglich, die Aufgaben einzelnen Dimensionen des Selbstkonzeptes (z.B. Fähigkeitskonzept, Körperkonzept, etc.) zuzuordnen. Die in unserem Modell des Konstruktes Selbstkonzept vorkommenden Dimensionen bzw. Kompetenzen finden sich zum Großteil in allen Aufgaben wieder, jedoch mit unterschiedlich starker Gewichtung.

Da der genaue Beobachter bei fast allen Handlungsabläufen Aussagen zu den unterschiedlichen Dimensionen des Selbstkonzeptes treffen kann, haben wir einen **Beobachtungsbogen** und einen **IEP** zum Selbstkonzept entwickelt.

4.10.1 Beobachtungsbogen

Diesen Beobachtungsbogen sollte der Anwender vor der Nutzung der praktischen Anregungen durcharbeiten und die Fragestellungen mit der Zeit verinnerlichen. Mit der Häufigkeit der Anwendung ist davon auszugehen, dass sich diese Fragen beim Beobachter verfestigen und er seine Beobachtung dann mit geringerem zeitlichen Aufwand zielgerichtet durchführen kann.
Da es sich um eine Vielzahl von Dimensionen und Fragestellungen handelt, wird dem Anwender empfohlen, den Fragebogen in der ersten Zeit der Anwendung auch noch einmal nach der Durchführung der Aufgaben oder Sequenzen durchzuarbeiten bzw. für das zu beobachtende Kind zu beantworten.

Die Aufgabensammlung im Praxisteil soll es dem Pädagogen, der ein Kind in Bezug auf sein Selbstkonzept beobachten und gleichzeitig fördern möchte, ermöglichen, aus einer Vielzahl von Materialien diejenigen auszuwählen, die er momentan für das Kind am ansprechendsten bzw. geeignetsten hält.

Eine Möglichkeit, den Prozess der Diagnostik und Förderung zu strukturieren und zu dokumentieren, ist die **Arbeit mit einem Individuellen Entwicklungsplan (IEP)** (EGGERT 1997), welche im weiteren Verlauf dieses Kapitels noch näher erläutert wird.

Die Aufgaben können einzeln angeboten, aber auch im Rahmen eines Diagnostischen Menüs individuell für ein Kind oder eine Gruppe zusammengestellt werden. Vorschläge für **Diagnostische Menüs** findet der Anwender ebenso im Praxisteil.

Beobachtungsbogen von Aspekten des Selbstkonzeptes

(Eggert/Reichenbach 2003)

Aspekt des SK	Frage
KÖRPERKONZEPT	
Körperschema - kognitive Komponente	
Körperwissen	• Welches Wissen hat das Kind von seinem Körper (Körperteile, Körperbau, Körperfunktionen, Mechanismen, ...)? • In wie weit kennt das Kind den Aufbau, die Struktur und die Ausdehnung des eigenen Körpers? • Wie verläuft die Unterscheidung von rechts und links? • In welcher Form zeigt das Kind sein Wissen (verbal, nonverbal, auf der Handlungsebene, auf der kognitiven Ebene)?
Raum-Zeit	• Wie erfolgt der Umgang mit räumlichen Strukturen (Orientierung im Raum)? • Wie erfolgt der Umgang mit zeitlichen Strukturen (Orientierung bzgl. Zeit, zeitlicher Abfolgen)?
Körperorientierung	• In welcher Weise vergleicht und setzt das Kind Informationen über die Lage, Form und Ausdehnung seines Körpers in Beziehung zueinander? • Vergleicht das Kind neue Informationen mit bereits vorhandenen, gespeicherten Erfahrungen? • Kann sich das Kind am und im eigenen Körper orientieren? • Weiß das Kind welche Gliedmaßen es hat und wie diese in Beziehung zueinander stehen? • Welche Mittel setzt es zur Orientierung ein?
Körperausdehnung	• Wie schätzt das Kind seine körperlich-räumlichen Grenzen ein? • Was hat es für ein kognitives Bild von seinem Körper (Größe, Breite, Umfang)? • Nimmt das Kind seinen eigenen Körper wahr?
Körpergefühl - affektive Komponente	
Körperausdruck	• Was drückt das Kind mit seinem Körper in bestimmten Situationen aus bzw. was könnte es damit ausdrücken? • Welche Körperhaltungen könnten evtl. innere Haltungen ausdrücken (hier: Vorsicht bzgl. Interpretationen!)? • Setzt das Kind seinen Körper ein, um z. B. verbale Aussagen nonverbal zu untermauern (z.B. Füße stampfen, gestikulieren, Minenspiel)?
Körperbewusstsein	• Inwiefern kann das Kind seine Aufmerksamkeit auf seinen Körper und dessen Funktionen richten? • Kann das Kind seinen Körper bewusst wahrnehmen? • Setzt das Kind seinen Körper in Vergleich zu anderen Körpern und/oder Idealvorstellungen? • Wie ist der persönliche emotionale Umgang mit dem eigenen Körper? • Welche Erfahrungen liegen zugrunde?
Körpereinstellung	• Welche Einstellungen hat das Kind allgemein zu seinem Körper und seinen Funktionen? • Ist das Kind allgemein (un-)zufrieden mit seinen körperlichen Merkmalen, Funktionen und Fähigkeiten? • Wie zeigt sich die Einstellung des Kindes zu seinem eigenen Körper? • Wie bewertet das Kind seinen Körper (Gliedmaßen, Aufbau, Struktur, Ausdehnung, Funktionen etc.)? • In welcher Art und Weise spricht das Kind in speziellen Situationen von bzw. über seinen Körper?
Körperausgrenzung	• Kann das Kind den eigenen Körper von anderen (personalen und materialen) Körpern abgrenzen?

FÄHIGKEITSKONZEPT	
Wahrnehmung	• Nimmt das Kind seine eigenen Fähigkeiten wahr? • Wie nimmt das Kind seine eigenen Fähigkeiten wahr (selbst, durch andere, durch Vergleich....)? • Vergleicht das Kind seine eigenen Leistungen oder Fähigkeiten mit denen anderer Bezugspersonen (Kinder, Peers, Familie, Fernsehen...), um ein Bild von seinen Fähigkeiten zu erhalten? • Wie erfolgt ein evtl. Vergleich (bzgl. Leistung, Durchführung, Lernweg ...)? • Wie reagiert das Kind auf (in)direkte Mitteilungen anderer bzgl. der eigenen Leistungen bzw. Fähigkeiten (Stolz, Abwehr, Gleichgültigkeit, ...)?
Kenntnis	• Weiß das Kind um seine eigenen Fähigkeiten (physisch, psychisch, sozial...)? • Kann das Kind seine Fähigkeiten nennen bzw. die Kompetenz(en) darstellen? • Macht das Kind Aussagen bzgl. dem Erwerb bzw. des Erlernens der Fähigkeit? • Gibt das Kind etwas von seiner individuellen Lerngeschichte preis oder sind Informationen diesbezüglich bekannt? • Berichtet es von früheren Fähigkeiten und Wegen des Erreichens von Kompetenzen? • Zeigt das Kind Risikobereitschaft oder Zurückhaltung aufgrund des Wissens um seine eigenen Fähigkeiten?
Bewertung	• Welche Fähigkeiten sind für das Kind relevant? • Wie schätzt das Kind seine eigenen Fähigkeiten (Über-/ Unterschätzung)? • Wie bewertet das Kind seine eigenen Fähigkeiten bzw. Kompetenzen? • Welche Gefühle zeigt es bzgl. der eigenen Fähigkeiten (Leistungsfähigkeit)? • Wie realistisch erscheinen die Vorstellungen des Kindes von seinen eigenen Fähigkeiten?
	• Stimmen Wahrnehmung, Kenntnis und Bewertung der eigenen Fähigkeiten überein? Wo gibt es Differenzen? Wie zeigen sich diese Differenzen?
SELBSTEINSCHÄTZUNG	
SELBSTEIN-SCHÄTZUNG	• Welche Erwartungen hat das Kind an sich selbst (Erfolg, Misserfolg)? • Wie geht das Kind mit Erfolg und/oder Misserfolg um (Frustrationstoleranz)? • Wie schätzt das Kind seine eigenen Fähigkeiten im Vorhinein ein? • Schreibt es sich bestimmte Eigenschaften stets zu oder ist die Einschätzung der eigenen Kompetenzen aufgabenabhängig? • Formuliert das Kind für sich ein Ziel bei bzw. vor Bewältigung der Aufgabe? • Setzt das Kind die Einschätzung seiner Selbst in Beziehung zu (eigenen oder fremden) moralischen Vorstellungen? • Kann das Kind seine eigenen Kompetenzen anerkennen? • Sieht das Kind seine eigenen Kompetenzen positiv? • Welches Verhalten zeigt das Kind nach einer bewältigten Aufgabe (Stolz, Suche nach Anerkennung, Freude, Abwertung u.a.)?
Selbstvertrauen	• Wie schätzt das Kind seine Fähigkeiten bzgl. der kommenden aktuellen Anforderungen konkret ein? • Glaubt es an das Meistern der Aufgabe?
Selbstwertgefühl	• Wie fühlt sich das Kind nach der Bewältigung der Aufgabe? • Wie schätzt das Kind <u>heute</u> seine Kompetenzen ein?

Selbstwertschätzung	• Wie schätzt das Kind seine Fähigkeiten bzgl. bestimmter Anforderungen (motorisch, kognitiv, psychosozial, kommunikativ) generell ein? • Welche bisherigen Erfahrungen prägen diese Einschätzung?
SELBSTBILD & SELBSTBEWERTUNG	
SELBSTBILD	• Wie schätzt das Kind seine eigenen Handlungen „objektiv" ein? • Was weiß es über seine eigenen Kompetenzen? • Wie beschreibt das Kind seine eigenen Kompetenzen?
SELBSTBEWER-TUNG	• Wie bewertet das Kind emotional seine eigenen Handlungen? • Kann es Gefühle bzgl. der Bewertungen eigener Handlungen zeigen (Stolz, Trauer, Glücklichsein u. a.)?
Realselbst	• Welche Vorstellungen hat das Kind von seinem äußeren Erscheinungsbild? • Zeigen sich in den Vorstellungen von sich selbst Einflüsse von Einstellungen, Werten und/oder Gewohnheiten? • Weiß das Kind um seine soziale Identität (Schichtzugehörigkeit, Nationalität, Etikettierungen)? • Gibt es Personen oder Gegenstände, welche für das Kind sehr wichtig sind?
Idealselbst	• Zeigt bzw. äußert das Kind Vorstellungen, wie es gern sein möchte (Äußeres, Eigenschaften, Fähigkeiten...)? • Hat das Kind ein Ideal bzw. Vorbild (Bezugspersonen, Peers, Fernsehen, Comics...)? • An welchen bzw. wessen Idealen orientieren sich die Idealvorstellungen des Kindes (Kultur, Gesellschaft, Familie, Schule...)? • Sind diese Vorstellungen nach Einschätzung des Beobachters (un-) realistisch? • Hebt das Kind besonders positive Merkmale von sich hervor?
Soziales Selbst	• Äußert sich das Kind zu anderen Personen oder Gruppenmitgliedern in Bezug auf sich selbst (z.B.: ich glaube, dass mir X das sowieso nicht zutraut)? • Welche Rollen nimmt ein Kind wann ein? • Wie stellt sich das Kind gegenüber anderen Personen dar? • Warum stellt sich das Kind evtl. in unterschiedlichen Gruppen, Situationen o.ä. verschieden dar? • Wie sieht sich das Kind in Bezug zu anderen Personen (bei bestimmten Aufgabenstellungen)? • Wie verhält sich das Kind anderen Personen gegenüber? • Wie sehen andere Personen das Kind bzgl. verschiedener Anforderungen und Situationen bzw. wie meint das Kind, dass diese Personen es sehen?

4.10.2 Diagnostische Menüs

Die in Kap. 4.4 genannten Prinzipien Diagnostischer Inventare (vgl. EGGERT 1993) zeigen als einen Weg die Arbeit mit sog. Diagnostischen Menüs auf.

Diagnostische Menüs bieten eine Vielzahl von Möglichkeiten für Beobachtungs- und Gesprächsanlässe.

Die Idee der Diagnostischen Menüs besteht darin, dass der Anwender des Inventars sich gemäß seinen Vorstellungen eine Auswahl von Beobachtungsaufgaben selbst zusammenstellt. Faktoren bei der Auswahl bilden dabei unter anderem die Zielgruppe/das Klientel (Menschen mit verschiedenen Entwicklungsauffälligkeiten), das Alter der Zielgruppe sowie die institutionellen Bedingungen

(Raum, Material, Zeit). Die Reihenfolge der Aufgaben ist somit frei wählbar und zielgruppenorientiert.

Ein Diagnostisches Menü kann für eine Stunde oder mehrere Stunden (Sequenzen) geplant werden. Dies ist von der Arbeitsweise des Pädagogen, aber auch von der Thematik abhängig, in die das Menü eingebettet werden soll.

Das Thema kann vom Pädagogen vorgegeben oder auf Wunsch der Kinder ausgewählt werden. Die Aufgaben, die aus dem SKI für das Menü ausgewählt werden, können in das gewählte Thema eingebettet und/oder „verkauft" werden.

Da prinzipiell Veränderungen der Aufgaben des SKI möglich und auch erwünscht sind, kann der Pädagoge die gewählten Aufgaben für sein Menü abwandeln, differenzieren oder ergänzen. Dies soll in der Form geschehen, dass es den Kindern, für die das Menü erstellt wird, entgegenkommt, aber dennoch Beobachtungen im Sinne des SKI möglich sind[14].

Wenn der Pädagoge überlegt, ein Diagnostisches Menü zu erstellen, sollte er folgende **„Menü-Fragen"** beantworten:

1. Für wen erstelle ich das Menü? (Klientel, Alter, Gruppe/Einzel)
2. Wodurch spreche ich das Interesse der Kinder an? (Thema)
3. Was möchte ich mit dem Menü beobachten bzw. erfassen? (Entwicklungsbereich)
4. Was kann ich wahrscheinlich mit den gewählten Aufgaben zusätzlich beobachten? (z.B. Motorik, Wahrnehmung, Kognition,...)
5. Möchte ich einen Aspekt des Selbstkonzeptes schwerpunktmäßig erfassen? (z.B. Körperkonzept,...)
6. Wie umfangreich soll das Menü sein? (Zeit)
7. Wie muss oder kann ich die Aufgaben differenzieren, so dass sie bewältigt werden können oder eine Herausforderung darstellen? (Schwierigkeitsgrade)
8. Was stellt den Rahmen des Menüs dar? (Unterricht/Förderung; Parcours, Geschichte, Erzählung,...)

[14] Im Anhang befinden sich bereits erprobte Diagnostische Menüs für verschiedene Anlässe

4.10.3 Aufgabenblatt

Im Folgenden wird der Aufbau der Praxisaufgaben erläutert, um somit das Ziel und auch das Vorgehen im Hinblick auf die Aufgaben zu verdeutlichen.

Das Aufgabenblatt ist wie folgt aufgebaut:

Name der Aufgabe

Kompetenzbereiche des SK:

Materialien:

Einzel- oder Gruppensituation:

Förderschwerpunkte: psychosozial, motorisch, **perzeptiv**, kommunikativ, **kognitiv**

Aufgabendifferenzierung

Grad	Beschreibung der Aufgabe mit Schwierigkeitsgraden	Beobachtungs-möglichkeiten SK	Interpretations-möglichkeiten/Fragen SK
I-III			

Jede Aufgabe bzw. Aufgabensequenz hat einen **Name**n, so dass sich anhand dieses Namens besser an ein Spiel erinnert und dieses gedanklich schneller zugeordnet werden kann.

Auch wenn auf eine Sortierung der einzelnen Aufgaben nach **Kompetenzbereichen** verzichtet wurde, so finden sich auf jedem Aufgabenblatt die Kompetenzbereiche wieder, die aus unserer Sicht schwerpunktmäßig angesprochen werden. Es muss jedoch nochmals ausdrücklich darauf hingewiesen werden, dass diese Einordnung nur global erfolgt ist. Informationen zu den verschiedenen Dimensionen des Selbstkonzeptes können bei jeder einzelnen Aufgabe ermittelt werden. Der Umfang der zu ermittelnden Informationen hängt jedoch zum einen von der spezifischen Situation ab und zum anderen von den Kompetenzen und dem Gespür des Pädagogen (Aufmerksamkeit, Wachsamkeit, Beobachtungsgabe, etc.).

Des Weiteren erfolgt eine Nennung der **Material**ien, damit der Pädagoge schneller einen Überblick über die benötigten Materialien bekommt und auch sofort sehen kann, welche Aufgaben mit wenig oder ohne Material ausführbar sind. Das Material ist den Kindern in der Regel aus ihrem Alltag (Schule, Kiga, Elternhaus) bekannt. Der Anwender kann es sich selbst kostengünstig zusammenstellen.

Da einige Aufgaben explizit in **Einzel- oder Gruppensituationen** auszuführen sind, wurde der Vermerk E = Einzelsituation oder G = Gruppensituation angeführt. Sind beide Symbole angegeben, können die Aufgaben sowohl in Einzel- als auch in Gruppensituationen durchgeführt werden.
Empfehlenswert ist eine Arbeit in einer Kleingruppe (max. 5 Kinder) mit zwei Pädagogen. Im Einzelfall kann es aber auch sinnvoller sein, eine diagnostische Phase im Rahmen einer Einzelsituation zu planen und durchzuführen, was mit dem SKI gut möglich ist.

Eine Angabe der **Förderschwerpunkte** wird gemacht, da trotz des Schwerpunktes „Selbstkonzept“ nicht vernachlässigt werden soll, dass die Entwicklung des Selbstkonzeptes natürlich ganzheitlich im Rahmen verschiedener Entwicklungsbereiche (Kognition, Motorik, Psyche/Emotion, Wahrnehmung, Sprache) stattfindet.

Der Wunsch der Praktiker nach mehr Vorschlägen zur Steigerung oder Verminderung der Anforderung, veranlasste uns dazu, die Aufgaben von vornherein zu differenzieren, so dass Aufgabensequenzen entstanden sind. Den einzelnen Aufgaben wurden somit im Vergleich zu den anderen Inventaren verschiedene **Schwierigkeitsgrade** (I-III) zugeordnet.

Um flexibel mit dem Material umgehen zu können, haben wir die Aufgaben so gestaltet, dass je nach Bedürfnis und/oder Entwicklungsstand des Kindes bei den entsprechenden Aufgaben begonnen werden kann. Das heißt, dass nicht jede Aufgabe bei „Eins“, also von Anfang an begonnen werden muss. Der Praktiker kann auch bspw. mittendrin, also bei einem Schwierigkeitsgrad „II“ einsteigen.
Ist der Aufgabeneinstieg eventuell zu schwer, kann eine Schwierigkeitsstufe zurückgegangen werden. So kann zum einen dem Kind eher ein Erfolgserlebnis vermittelt werden und zum anderen kann überprüft werden, welche Fähigkeiten das Kind besitzt und auf welcher Entwicklungsstufe es sich momentan befindet.
Andersherum kann der Einstieg auch zu einfach sein und somit der Schwierigkeitsgrad gesteigert werden, in dem ein höherer Grad ausprobiert wird.
Die Unterteilung der Aufgabensequenzen in Schwierigkeitsgrade ermöglicht es somit auch, dass einzelne Aufgabenteile der Sequenzen für unterschiedliche Altersgruppen mehr oder weniger geeignet sind. Zum Teil ist bei einer Aufgabensequenz eine Altersspanne von 5-14 Jahren möglich.

Natürlich kann der Praktiker die Aufgaben – wie auch in anderen Diagnostischen Inventaren – individuell (ver-)ändern und zusätzlich weitere Variationen und/oder Schwierigkeitsstufen einfügen. Erste Erprobungen der Aufgaben des SKI in der Praxis zeigten, dass die Einteilung in Schwierigkeitsgrade den Anwendern sehr entgegenkommt und arbeitserleichternd ist.

Neben den Aufgaben mit ihren unterschiedlichen Schwierigkeitsgraden befinden sich die Spalten **„Beobachtungsmöglichkeiten“** und **„Interpretationsmöglichkeiten“** auf dem Arbeitsblatt. Hier wird ein Versuch unternommen, den Praktiker auf gezielte Beobachtungsmöglichkeiten hinzuweisen sowie Ideen für deren Interpretation aufzuzeigen. Die Reihenfolge der Beobachtungs- als auch der Interpretationsmöglichkeiten ist willkürlich. Diese Hinweise beziehen sich somit auf die gesamte Aufgabe und nicht auf einzelne Teile, so dass kein linearer Zusammenhang zwischen den drei Spalten besteht oder aber gebildet werden kann.

Die angegebenen Beobachtungs- und Interpretationsmöglichkeiten sind jeweils allein als Anregungen zu verstehen und beruhen keineswegs auf Vollständigkeit! Da von Praktikern, die bereits mit den anderen Diagnostischen Inventaren arbeiten bzw. gearbeitet haben, immer wieder der Wunsch nach mehr Beobachtungshinweisen geäußert wurde, sind wir diesem Anliegen hiermit nachgekommen. Wir hoffen jedoch, dass diese Menge der Beobachtungs- und Interpretationsmöglichkeiten nicht dazu verleitet, dass keine **eigenen Beobachtungen und Interpretationen** mehr angeführt werden. Im Gegenteil ist es unser ausdrückliches Anliegen, dass der Anwender des SKI stets offen für eigene Beobachtungen ist und diese auch dokumentiert, zum Beispiel in einem IEP (s. Kap. 4.12).

4.10.4 Die Zone der nächsten Entwicklung

Bei der Arbeit mit Materialien aus Inventaren kommt es natürlich auf das Alter der Kinder, ob es Jungen oder Mädchen sind, die erreichte Entwicklungsstufe der Gruppe, die Mitglieder der Gruppe etc. an. Die Auswahl bestimmt sich nach diesen Merkmalen, auch kann man erst mit der Gruppe zusammen bestimmen, ob man eher mit direkten oder indirekten Methoden beginnt, um das einzelne Kind in seinen Stärken und Schwächen kennen zu lernen.

Hinter der Einführung von Schwierigkeitsgraden verbirgt sich der Gedanke, dass ein Kind schrittweise seine Kompetenzen in verschiedenen Entwicklungsbereichen steigert. Hier lehnen wir uns gedanklich an WYGOTSKIs Begriff der „Zone der nächsten Entwicklung“ an (vgl. OERTER/MONTADA 2002, 83f). Als Möglichkeit der Erreichung dieser Zone der Entwicklung beschreibt er, wie ein Kind sich in der Zusammenarbeit mit anderen Menschen entwickelt.

Der optimale Weg, die Zone nächster Entwicklung zu erreichen, ist das **Spiel**. Im Spiel wird das Kind aktiv, es kann sich mit Personen und seiner Umwelt austauschen sowie Probleme oder aber entwicklungs- und beziehungstypische Themen bearbeiten (vgl. OERTER/MONTADA 2002, 231). „Vor allem bildet Spiel einen idealen Rahmen für Entwicklungsförderung auf der nächsthöheren Entwicklungsebene, wenn Kinder mit kompetenten Partnern interagieren“ (ebd., 84). Die Interaktion mit Personen, die das Kind in seiner Entwicklung weiterbringen können, wird als wichtig erachtet, da sonst evtl. die Gefahr besteht, dass das

Kind selbst sich allein in der Zone der Entwicklung bewegt, die es bereits sicher beherrscht. Eine Steigerung des individuellen Entwicklungsniveaus kann besser in Interaktion mit anregungsreichen Spielpartnern stattfinden. (Spiel-) Partner können dabei gleichaltrige und ältere Kinder, jüngere Kinder mit einem höheren Entwicklungsniveau oder erwachsene Bezugspersonen sein.

Formelle und informelle Erziehungsmethoden bieten eine weitere Möglichkeit, die nächst höhere Zone der Entwicklung zu erreichen. Dabei gibt der Pädagoge absichtlich Regeln bzw. Anweisungen vor, die das Kind etwas lehren oder aber es bei einem Vorhaben dadurch unterstützen (*„intentionale Instruktion"*). Die Lehre bzw. der Unterricht eilt dabei zunächst der momentanen Entwicklung des Kindes voraus. Der Pädagoge zeigt dem Kind, welche Zone der Entwicklung es als nächstes erreichen kann bzw. welches diese Zone ist.

Ein weiterer Weg der Förderung von Entwicklung des Kindes wird durch eine für das Kind anregende Umgebung geebnet (*„stimulierende Umgebung"*). Durch bestimmte Gegenstände oder Materialien kann ein Kind angeregt werden Neues zu entdecken und kreativ zu sein. Dadurch kann seine Entwicklung gefördert werden und es eine nächst höhere Zone der Entwicklung betreten. Als derartige stimulierende Objekte gelten in unserem Kulturkreis zum Beispiel: Konstruktionsspielzeug, Bücher, Malutensilien u.a..

Das Erreichen der Zone nächster Entwicklung vollzieht sich ganz allmählich, auch wenn dies individuell natürlich sehr unterschiedlich stattfindet. Allgemein wird der Prozess des Verschiebens der Zone nächster Entwicklung anhand verschiedener Phasen durchlaufen, die sich insbesondere in der Interaktion mit Erwachsenen zeigen. Unterstützende Handlungen des Erwachsenen sind nach OERTER/MONTADA (2002, 230f) zum Beispiel:

- lautliche Untermalung einer Handlung
- Erfragen einer Handlung bzw. einer Handlungsabsicht
- sprachliche Ergänzung oder Richtigstellung
- Handlungsaufforderung
- sprachliche Beschreibung einer Handlung
- Kennzeichnung des Abschlusses einer Handlung
- Benennung eines seelischen Zustandes oder eines psychischen Merkmals
- Erklärung eines Vorgangs oder Sachverhalts
- Unterstützung der materiellen Handlung
- Aufmerksamkeit steuern

Um diese unterstützenden Handlungen praktisch zu veranschaulichen, geben wir im Folgenden jeweils Beispiele zu den einzelnen Maßnahmen.

Unterstützende Handlung	Beispiel für unterstützende Handlung
lautliche Untermalung einer Handlung	*Ist das Kind mit einer neuen Spielhandlung beschäftigt (z.B. Autofahren), kann der Erwachsene diese Handlung mit Geräuschen untermalen und zeigt dadurch einen neuen Aspekt des „Autofahrens" auf*
Erfragen einer Handlung bzw. einer Handlungsabsicht	*Der Erwachsene fragt das Kind nach seinem Plan bzw. Vorhaben (z.B.: „Wo willst Du mit dem Auto hinfahren?"); dadurch kann dem Kind bewusst gemacht werden, dass es sein Spiel auch planen kann*
sprachliche Ergänzung oder Richtigstellung	*Eine sprachliche Richtigstellung erfolgt dann, wenn das Kind bestimmte Worte noch nicht richtig aussprechen kann, so dass es die korrekte Aussprache hört und sich daran orientieren kann (z.B. „Da Atto." → „Ja, da ist ein Auto")* *Eine sprachliche Ergänzung eröffnet die Möglichkeit, den Wortschatz des Kindes zu erweitern, so dass es Dinge mehr beschreiben kann. (z.B. anstelle Auto, den Autotypen nennen – Bagger, Bus, Lkw, ...)*
Handlungsaufforderung	*Ist das Kind unsicher, ob es eine Spielhandlung ausführen kann oder darf, kann eine verbale Unterstützung durch den Erwachsenen hilfreich sein. (z.B.: „Ja, probiere es doch mal aus, ob das Auto den Berg herunter fährt".)*
Sprachliche Beschreibung einer Handlung	*Hier beschreibt oder aber kommentiert der Erwachsene begleitend zu der Handlung des Kindes das Geschehen. Diese Beschreibung der Handlung kann dem Kind den Ablauf bewusst(er) machen und eine Reflexion ermöglichen. (z.B. " ..., da fährt das Auto über Hügel, Täler, ...")*
Kennzeichnung des Abschlusses einer Handlung	*Hierdurch kann dem Kind bewusst gemacht werden, dass jede Handlung ein Ende hat und somit eine neue Aktion beginnt. Für weitere Aktivitäten kann das Kind dann zum Beispiel eigene Grenzen setzen. (z.B. „Jetzt ist die Fahrt zu Ende. Wo fahren wir denn als nächstes hin?")*
Benennung eines seelischen Zustandes oder eines psychischen Merkmals	*Wird dem Erwachsenen bewusst, dass das Kind bestimmte Gefühle mit einer Handlung verbindet oder aber diese entstehen, kann er diese verbalisieren und somit dem Kind Aufmerksamkeit schenken sowie zeigen, dass es verschiedene Gefühlsäußerungen gibt. (z.B. „Das ist ja ein schnelles und sehr schönes Auto; ist das Dein Lieblingsauto?")*
Erklärung eines Vorgangs oder Sachverhalts	*Hierdurch kann das Kind auf physikalische oder andere Zusammenhänge aufmerksam gemacht werden, so dass es evtl. beim nächsten mal dies selbst erklären kann oder aber Fragen stellt. (z.B. „Guck mal, das Auto auf der Schräge fährt schneller.")*
Unterstützung der materiellen Handlung	*Beginnt ein Kind eine Handlung, so kann diese vom Erwachsenen unterstützt werden, in dem er das Kind bestätigt. (z.B. „Das ist eine gute Idee, dass das Auto da lang fahren soll.")*
Aufmerksamkeit steuern	*Diese Unterstützung bietet sich an, wenn die Handlung sofort wiederholt werden kann. Aber auch in vielen andern Handlungssituationen kann der Erwachsene durch gezielte Hinweise, die Aufmerksamkeit des Kindes hervorrufen. (z.B. „Hast Du gesehen, dass das Auto auf der Schräge schneller fährt?")*

Wie auch OERTER betont, so stehen diese einzelnen Maßnahmen nicht für sich, sondern erfolgen im Rahmen des Spiels und der Idee des jeweiligen Spiels.

Der Erwachsene kann dem Kind im Rahmen seiner eigenen Ideen und Spielaktionen derartige Unterstützung anbieten bzw. Vorschläge unterbreiten (vgl. OERTER / MONTADA 2002, 231). Außerdem sind die eingeleiteten Maßnahmen abhängig von der Bereitschaft und Kompetenz des Erwachsenen in Bezug auf das Interaktionsgeschehen.

Im SKI haben wir mittels der Schwierigkeitsgrade in den einzelnen Aufgaben versucht, aufzuzeigen, welche möglichen Zonen nächster Entwicklung im Rahmen der jeweiligen Aufgabe durchlaufen werden können. Dabei haben wir uns auf Erfahrungen bezogen, die in der Praxis gesammelt wurden.

Die Aufgaben sind für unterschiedliche Altersgruppen (ab 5 Jahre) entwickelt und erprobt worden und können bzw. sollen vom Anwender für sein eigenes Klientel soweit modifiziert werden, dass eine Anwendung möglich ist.

In der Praxis kann von einer Arbeit in heterogenen Gruppen ausgegangen werden. Die Aufgabenangebote im SKI ermöglichen es dem Pädagogen den momentanen Entwicklungsstand im Rahmen seiner Gruppe zu sehen. Darauf aufbauend kann der Pädagoge allmählich und individuell für die Kinder den Schwierigkeitsgrad erhöhen oder aber zurückstufen.

Neben den unterbreiteten Vorschlägen kann der Anwender des SKI selbst weiterführend die Aufgaben entsprechend der individuellen Kompetenzen der Kinder seiner Gruppe variieren und differenzieren.

4.10.5 Praktisches Vorgehen

4.10.5.1 Vorgehensweisen

Bezüglich der Organisation der Anwendung des SKI sind erfahrungsgemäß folgende Vorgehensweisen empfehlenswert:

Die direkte Arbeit im **Team**, d.h., dass zwei Pädagogen bei der Durchführung der ausgewählten SKI-Aufgaben anwesend sind. Ein Pädagoge kann sich dabei auf die Aufgabenvermittlung und der andere Pädagoge auf die Beobachtung konzentrieren. Nach der Förderstunde können sich beide Pädagogen direkt austauschen und ihre Beobachtungen gemeinsam dokumentieren.

Grundsätzlich empfehlen wir die Aufzeichnung mit einer **Video**kamera. Die Aufnahmen können dann dementsprechend nach der Fördereinheit analysiert werden. Eine Arbeit mit dem Video ist auch im 2-er-Team zusätzlich empfehlenswert, da dort die Stunde nochmals detailliert betrachtet werden kann. Es wird zumeist ein Mehr an Daten ermittelt und der Blick erweitert sich, da aus einer Beobachterposition auf das Stundengeschehen geschaut werden kann.

Des Weiteren wurde darauf geachtet, dass die meisten Aufgaben sowohl in **Einzel**situationen als auch in **Gruppensituationen** durchgeführt werden können.

Das SKI kann in kleinen **Räume**n, Klassenräumen, Turnhallen oder aber zum Teil in der Natur durchgeführt werden.

4.10.5.2 Aufgabensammlung

Wie bereits an anderer Stelle erwähnt, können die gesammelten Aufgaben, die u.a. durch unterschiedliche Vorgehensweisen gekennzeichnet sind, jeweils unterschiedlich aufbereitet sein bzw. werden. Das bedeutet, dass die vorgeschlagene Struktur veränderbar ist oder aber eine Aufgabe in eine Ihnen bekannte Struktur eingebettet werden kann. Es gibt folgende Möglichkeiten der **Nutzung der Aufgabensammlung**:

- Durchführung einer gesamten Aufgabensequenz
- Durchführung eines Teils / Schwierigkeitsgrads einer Aufgabensequenz
- Willkürliche Auswahl und selbstgewählte Reihenfolge verschiedener Aufgabenstellungen (Hintereinanderreihung einzelner Aufgaben)
- Einbettung einzelner Aufgaben in einen Gesamtzusammenhang (z.B. Thema einer Stunde, Geschichte, Menü, u.a.)

Die konkrete **Handhabung** ist dem Anwender freigestellt und wird durch die individuelle Arbeitsweise jedes einzelnen mitbestimmt und geprägt.

Vor allem ist nochmals darauf hinzuweisen, dass die Aufgaben selbst je nach Förder- und Beobachtungsbedarf veränderbar bzw. variabel handhabbar sind. Eine **Variation** der Aufgabenstellungen erweitert zudem das Spektrum von möglichen Beobachtungssituationen.

Eine Anwendung des SKI setzt voraus, dass der Pädagoge mit den Aufgaben vertraut ist und diese zumindest selbst einmal ausprobiert haben sollte. Die **Eigenerfahrung** des Pädagogen kann auch dazu beitragen, dass sich der Pädagoge evtl. besser in die Empfindungen des Kindes während der Aufgabenausführung einfühlen kann.

Die Aufgaben werden dem Kind in der Fördersituation erklärt und ggf. auch vorgeführt. Unserer Erfahrung nach kann die **„Vorführung"** zum einen im Rahmen einer Vorbildfunktion dienen und zum anderen wird die Aufgabe dadurch für das Kind visuell anschaulich(er).

Die Aufgaben selbst können, wie bereits aufgezeigt, in verschiedene **Spiel- und Handlungssituationen** (Parcours, Geschichte) eingebettet werden, wobei die Erstellung eines Diagnostischen Menüs hilfreich erscheint.

4.10.5.3 Kernaufgaben

Eine weitere Möglichkeit zu einer ersten Überprüfung bzw. Beobachtung eines Kindes kann mittels der angeführten **Kernaufgaben** erfolgen.
Mit den Kernaufgaben können im Sinne eines Screenings verschiedene Aspekte des Selbstkonzeptes erfasst werden. Wir haben für das SKI die Kernaufgaben

so ausgewählt, dass verschiedene Dimensionen des Selbstkonzeptes erfasst werden können und diese über unterschiedliche Vorgehensweisen/ Methoden ermittelt werden können.

Sollte sich der Anwender für einen Einstieg über die von uns ausgewählten Kernaufgaben entscheiden, so ist es anschließend ratsam weitere Aufgaben auszusuchen, mittels derer weiterführend beobachtet werden kann.
Eine Wiederholung der Kernaufgaben ist empfehlenswert, so dass im direkten Aufgabenvergleich Veränderungen bzgl. Verhalten/Kompetenzen beobachtet werden können.

4.10.5.4 Übergang zur Förderung

In der praktischen Ausführung bzw. Anwendung des SKI ist darauf Wert zu legen, dass die Aufgaben nicht zum Selbstzweck durchgeführt werden sollen, sondern der **Förderung des Kindes** dienen. Jede Diagnostiksituation ist gleichzeitig Fördersituation und umgekehrt können in jeder Fördersituation neue diagnostische Erkenntnisse gewonnen werden.

Der Rolle des Kindes ist dabei besonders Beachtung zu schenken, in dem zum Beispiel seine Interessen berücksichtigt, es in die Planung einbezogen und/oder ihm Verantwortung übertragen wird. Das bedeutet für den Pädagogen, dass er stets zum Kind Bezug nimmt, es beobachtet, mit ihm interagiert und es bei Bedarf unterstützt. Der Dialog und die Beziehungsgestaltung zwischen Pädagoge und Kind bilden eine wichtige Grundlage der Zusammenarbeit sowie der Diagnostik und der Förderung.

Wie bereits an anderer Stelle erwähnt, kann ein großer Teil von Aspekten des Selbstkonzeptes über das individuelle Gespräch mit dem Kind ermittelt werden. Gespräche können geplant stattfinden, sind aber auch Bestandteil jeder Förderstunde. Hier ist es wichtig, dass der Pädagoge wachsam ist, um situationsspezifisch auf das Kind und dessen Äußerungen, Reaktionen, Bedürfnisse und Sichtweisen eingehen zu können. Die Vielzahl der Dimensionen des Selbstkonzeptes können nur in einem Prozess andauernder Beobachtung, Förderung und Hypothesenbildung ermittelt werden.

4.11 Qualitative Beobachtung, Hypothesenbildung & Förderung: Auswertung als ein Prozess unterschiedlicher Aufgaben

Das Selbstkonzept selbst ist nicht direkt beobachtbar, es wird nur in seinen Auswirkungen aus den Handlungen in sozialen und emotionalen Situationen interpretativ geschlossen.

Eine Auswertung der durchgeführten Aufgaben erfolgt somit qualitativ. Mittels einer individuellen Diagnostik (Einzelfalldiagnostik) soll der aktuelle Entwicklungsstand eines Kindes ermittelt werden, um es anschließend entsprechend zielorientiert fördern zu können.

Die Arbeit mit Diagnostischen Inventaren erfordert von der Seite des Pädagogen Kompetenzen bezüglich Beobachtung, Beschreibung und Bewertung von Handlungsabläufen und -prozessen. In den einzelnen Inventaren werden zur Orientierung Beobachtungskriterien für die jeweiligen Kompetenzbereiche angeführt, welche jedoch individuell ergänzt werden können und müssen.

Anlehnend an MONTADA (1985) können sich folgende Fragen einer Entwicklungsdiagnostik formulieren lassen (vgl. EGGERT 1997, 117; 2003, 490):

- **Wie hat es angefangen?**
- **Wie ist es geworden?**
  → Frage nach der Genese von Entwicklungsproblemen
  → Frage nach dem Verlauf der bisherigen Entwicklung
- **Was ist es jetzt?**
  → Frage nach dem Entwicklungsstand
- **Was sollte es sein?**
  → Frage nach der Entwicklungsprognose
- **Was sollte sich ereignen?**
  → Frage nach der Festlegung von Entwicklungszielen
- **Was könnte dann sein?**
  → Frage nach der Spezifizierung von Methoden zur Zielerreichung

Im Rahmen einer qualitativen Einzelfalldiagnostik ist es von besonderer Bedeutung sich die Anforderungen, die an den Pädagogen bzgl. der Beobachtung, Beschreibung und Interpretation der kindlichen Handlungen gestellt werden, bewusst zu machen.
Das bedeutet, dass ich mir als Pädagoge im Vorhinein überlege, in welchen Situationen ich was bei einem Kind wie und wozu beobachten möchte (vgl. EGGERT 1997, 127). Was ist mein Ziel und was mein Vorgehen in der **Beobachtung**?!
Die nächste Aufgabe besteht darin, das Kind und sein Verhalten anhand der zuvor erzielten Beobachtungen zu beschreiben. Den Ausgangspunkt für eine Beschreibung bilden zunächst die Stärken des Kindes. Anschließend soll der individuelle Förderbedarf des Kindes festgehalten werden. Zur **Beschreibung** des Gesehenen können unter anderem die jeweils angegebenen Beobachtungsmöglichkeiten im SKI genutzt werden. Jedoch sollte der Beobachter auch stets seine eigenen Beobachtungen in Form einer Eindrucksanalyse festhalten. In dieser Eindrucksanalyse wird nicht allein auf die zu beobachtenden Kompetenzen Bezug genommen, sondern auf kognitive, sozial-emotionale und andere Aspekte kindlicher Entwicklung (z.B. Aufgabenverständnis, Frustrationstoleranz, Konzentration,

Lösungsstrategien, Eigenheiten in der Handlungsausführung etc.).
Eine reine Beschreibung zeichnet sich durch eine wertfreie Formulierung aus. Ein Beispiel dafür ist: „Fritz weicht der Berührung von ... aus" oder „Fritz sagt, dass ihm ... wichtig ist." oder „Fritz zieht sich körperlich zurück und nimmt nicht sofort am Geschehen teil."
Dabei kann der Beobachter seinen Fokus jeweils auf einen bestimmten Bereich der Entwicklung legen, so dass dieser dann detaillierter beobachtet werden kann.

Wurde das Verhalten beschrieben, erfolgt eine **Bewertung** des Verhaltens. Eine Einschätzung kann in Form einer ersten Hypothesenbildung bezüglich des gezeigten Verhaltens erfolgen. Für ein beobachtetes Verhalten sollte jeweils eine Hypothese und mindestens eine Alternativhypothese aufgestellt werden. Eine Hypothese darf sich selbst nicht widersprüchlich sein oder/und auch nicht im Widerspruch zu anerkannten Tatsachen stehen (vgl. SUHRWEIER/HETZNER 1993, 58f).
Neben der Hypothesenbildung geht somit eine erste Interpretation des Gesehenen einher. Hierbei ist es wichtig, diese Interpretationen auch als solche kenntlich zu machen (z.B. es scheint, aus meiner Sicht, ich vermute, ...).

Innerhalb förderdiagnostischer Arbeit können sich ***Hypothesen*** auf folgende Bereiche z.B. beziehen:

- Ursachen bzgl. bestimmter Verhaltensweisen und/oder Behinderungen (Worin liegt Verhalten begründet?)
- Anforderungsprofil bzw. -analyse (Ist die Anforderung der Entwicklungsstufe des Kindes entsprechend?
- Vermittlung von Förderangeboten (Welche Förderung ist sinnvoll?)
- Effektivität von Fördermaßnahmen (Was hat wie gewirkt im Rahmen der Förderung? Was kann eine bestimmte Förderung erreichen?)
- Eltern(mit)arbeit (Wie wirkt Eltern(mit)arbeit auf den Förderprozess ein?)

Um oben genannte Beispiele erneut zu nutzen, werden diese jetzt nochmals mit dazugehörigen Hypothesen aufgeführt (s. Seite 154).

Wie aus den folgenden drei kleinen Beispielen deutlich werden soll, so kann ein und das gleiche Verhalten unterschiedlich gedeutet bzw. interpretiert werden. Um zu einer Einschätzung zu gelangen, die dem Verhalten von einer Person entspricht, ist es wichtig, mit der Person/dem Kind zu kommunizieren sowie es fortlaufend und in verschiedenen Situationen zu beobachten. Nur so können nach und nach erste Hypothesen ausgeschlossen oder bestätigt und neue Hypothesen formuliert werden. Hypothesen bzw. Annahmen müssen innerhalb der (sonder-) pädagogischen Arbeit stets überprüft, beurteilt und deren vorläufige Gültigkeit eingeschätzt werden.

Beispiel – was wurde beobachtet?!	Mögliche verschiedene Hypothesen für das gleiche Verhalten
Fritz weicht der Berührung von ... aus	- Fritz mag die Person nicht, die ihn berühren möchte - Fritz mag Berührungen generell nicht - Fritz hat sich in dieser Situation erschrocken - Fritz ist taktil überempfindlich - die Berührung war sehr fest - die Berührung war kitzelig - Fritz wollte die Person ärgern und ist ihr deswegen ausgewichen - ...
Fritz sagt, dass ihm Person X... wichtig ist	- Fritz fühlt sich verpflichtet gegenüber dieser Person - Fritz hat die Person genannt, da sie alle in der Gruppe genannt haben - Fritz mag diese Person sehr gern - ...
Fritz zieht sich körperlich zurück und nimmt nicht sofort am Geschehen teil	- Fritz gefällt die Aufgabe nicht - Fritz möchte erst die anderen Kinder beobachten, ehe er die Aufgabe beginnt - Fritz hat Angst vor der Aufgabenausführung - Fritz ist körperlich erschöpft - ...

Sind aufgrund von vielfältigen Informationen mehrere Schlüsse möglich, sollten alle denkbaren Schlussfolgerungen aufgeführt, als Hypothesen bezeichnet und Begründungen diesbezüglich aufgezeigt werden.
Anlehnend an einer ersten Bewertung werden Ziele und Methoden des weiteren Förderprozesses vorläufig bestimmt bzw. danach ausgerichtet.

Im Rahmen einer Bewertung erfolgt auch der Vergleich anhand individueller Veränderung (intrapersonell). Es können auch andere Vergleiche herangezogen werden, zum Beispiel ein Vergleich mit Kindern aus der gleichen Gruppe, der gleichen Klasse oder ähnliches (interpersonell).

Bei beiden Beschreibungen ist das Hauptanliegen die Frage, auf welchem *momentanen Entwicklungsstand* sich das Kind gerade befindet und was die Zone *nächster Entwicklung* für das Kind darstellt und wie man den Entwicklungsverlauf individuell beschreiben kann. Dazu ist es erforderlich, das Kind **fortlaufend** zu **beobachten** und auch in gleichen oder ähnlichen Situationen zu beobachten. Denn nur dadurch wird es dem Beobachter ermöglicht, direkt Veränderungen im Verhalten des Kindes festzustellen. Anhand eines Vergleichs von Situationen, kann der Beobachter versuchen, das Verhalten des Kindes zu erklären.

Eine **Erklärung** umfasst dabei die Dokumentation des bisherigen Entwicklungsverlaufs und die Fragen oder Begründungen, warum sich ein Kind wie im Verlauf entwickelt hat (stärkende und/oder hemmende Beeinflussungsfaktoren; in der Vergangenheit, der Gegenwart und der Zukunft) (vgl. EGGERT 1997, 127).

Wenn ich als Pädagoge diese Schritte einer individuellen Förderdiagnostik durchlaufen habe, kann ich **Vorhersagen** bzgl. der nächsten Zone der Entwicklung und bzgl. der möglichen Beeinflussungsfaktoren anstellen.

Im Rahmen einer derartigen Diagnostik, die vom Kinde ausgeht, werden sowohl die Stärken/Kompetenzen eines Kindes in verschiedenen Entwicklungsbereichen als auch seine Förderbedürfnisse ermittelt. Entsprechend der detaillierten Beobachtungen kann dann eine zielgerichtete Förderung initiiert werden.

Nach der Durchführung von Fördermaßnahmen (z.B. Anwendung diagnostischer Menüs oder Einzelaufgaben aus dem vorliegenden Inventar), stellt sich dem Anwender die Frage, wie er die vielfältig gewonnenen Informationen zum Selbstkonzept des Kindes strukturieren soll und wie er daraus Hinweise zur Förderung gewinnen kann.

Für die Dokumentation der Beobachtungen aus dem Prozess der Diagnostik und Förderung empfehlen wir die **Arbeit mit einem IEP**[15] (vgl. EGGERT 1997, 163ff/ EGGERT 2001, 513-519).

4.12 Arbeit mit einem Individuellen Entwicklungsplan zum Selbstkonzept

Der Individuelle Entwicklungsplan (IEP) [16], wie wir ihn aus dem Buch „Von den Stärken ausgehen..." kennen, stellt zunächst einmal den Versuch dar, eine strukturierte Informationssammlung über den Prozess der Lernentwicklung des Kindes im Rahmen einer Kind-Umfeld-Analyse zu dokumentieren.

„Die Zielsetzung einer solchen entwicklungsorientierten diagnostischen Arbeit liegen im Versuch einer Übersicht über den gesamten Entwicklungsprozeß des Kindes" (EGGERT 1995, 147) – einer (Re-)Konstruktion der Biografie des Menschen.

---

[15] Das Gesamtformular des IEP und das Glossar können auf Diskette direkt bei EGGERT bezogen werden.

[16] IEPs werden im Rahmen der Förderung von allen Kindern mit speziellem Förderbedarf in der inklusiven Erziehung z. B. in England, Schottland und Wales, aber auch in Irland, Dänemark, Norwegen, Schweden, Finnland, Italien, Slowenien, den Niederlanden, den USA, Kanada, Australien u. a. Ländern routinemäßig durchgeführt und dokumentiert.

Bei der Arbeit mit einem solchen Entwicklungsplan oder -protokoll sind folgende Aspekte wichtig:

- Arbeit im Team (Eltern, frühere Lehrer oder Erzieher sowie Therapeuten in die Diagnostik miteinbeziehen)
- Einheit von Diagnose und Förderung
- Prozessbegleitung (das Entwicklungsprotokoll sollte immer wieder überprüft und ergänzt werden und mindestens über ein Jahr hinweg geführt werden, damit eine fortlaufende Beurteilung des aktuellen Entwicklungsstandes und der Förderbedürfnisse des Kindes möglich ist)
- Passung der Fördermöglichkeiten (d.h., es müssen auch die passenden Fördermöglichkeiten in der Umgebung vorhanden sein)
- Vermeidung von Typologien.

Mit Hilfe eines IEP wird es besser möglich, Beobachtungen und Beurteilungen von Lernprozessen und Entwicklungsschritten eines Kindes festzuhalten. Neben der Dokumentation der Erkenntnisse dient ein IEP als Grundlage für weitere Berichte oder Gutachten und eignet sich hervorragend für eine Zusammenarbeit im Team. Hier können gemeinsam zusammengetragene Erkenntnisse strukturiert festgehalten werden.

Im Rahmen eines IEPs werden Hypothesen und Förderziele formuliert, so dass daran anschließend festgehalten werden kann, welcher Förderort für ein Kind zunächst am Besten ist.

Eine ausführliche Dokumentation im IEP ermöglicht eine Darstellung der Umsetzung der angestrebten Ziele sowie das Nachvollziehen des Förderverlaufes und der dementsprechenden Veränderungen im Entwicklungsprozess.

Anwender, die den I-E-P erstmalig verwenden, mögen sich nicht von seinem vermeintlich großen Umfang und scheinbaren Zeitaufwand abschrecken lassen. Die Erfahrung hat gezeigt, dass die sofortige Dokumentation der Beobachtungen in ein IEP-Formular letztlich eher Zeit erspart, da eine sofortige Strukturierung der Informationen stattfindet, die dann nicht erst beim Erstellen eines Gutachtens sortiert werden müssen. Zum Teil haben wir auch schon die Erfahrung gemacht, dass ein detaillierter prozessbegleitender IEP das Schreiben eines Gutachtens ersetzen kann.

Dem Anwender wird empfohlen, sich aus dem hier vorgestellten IEP bezüglich des Selbstkonzeptes eine Form zusammenzustellen, die den eigenen Anliegen und Beobachtungszielen entspricht. Sicher kann und sollte dies auch noch durch weitere Informationen ergänzt werden, wie sie im allgemeinen IEP-Formular von EGGERT (1997) zu finden sind. Da die Formulare beim Autor auf Diskette erhältlich sind, kann sich somit der Nutzer ein eigenes IEP-Formular erstellen und/oder die vorhandenen Versionen dazu nutzen, um die Informationen über ein Kind gleich am Computer einzutippen.

Für das SKI haben wir speziell ein **IEP-Formular** entwickelt, das es ermöglicht, die ermittelten Informationen bezüglich des Selbstkonzeptes für ein Kind zu sammeln und zu strukturieren. In diesem Falle soll der Entwicklungsplan bzw. das Entwicklungsprotokoll Informationen zur Rekonstruktion des Selbstkonzeptes des Kindes enthalten. Zusätzlich haben wir für den IEP ein **Glossar** erstellt, in dem auch Beispiele für Methoden zur Ermittlung von einzelnen Aspekten des Selbstkonzeptes gegeben werden. Die im Glossar enthaltenden Beispiele dienen als Anregung und sind natürlich entsprechend der eigenen Arbeit bzw. des eigenen Handlungsspielraumes zu ergänzen.

Im Folgenden sehen Sie in einer Übersicht die Inhalte des speziellen IEP zum Selbstkonzept (s. Seite 158).

4.13 Umsetzung der Prinzipien Diagnostischer Inventare

Wie bereits in Kapitel 4.4 angedeutet, werden nun die Prinzipien Diagnostischer Inventare in Bezug auf deren Umsetzung im SKI betrachtet.

1. **Erfassung eines breiten Spektrums von Handlungen anstelle von Einzelaufgaben**

Auch wenn aus pragmatischen Gründen der Beobachtungsfokus bei den Diagnostischen Inventaren auf einem Bereich kindlicher Entwicklung liegt, so wird anhand der jeweils im theoretischen Teil dargestellten Modelle von kindlicher Entwicklung deutlich, dass jede Handlung einer Vielzahl von Einflüssen unterliegt und in jedem Handlungsablauf mehrere Bereiche kindlicher Entwicklung angesprochen werden (vgl. Kap. 3).

Das Ziel von Diagnostischen Inventaren ist dementsprechend ein breites Spektrum von Handlungen und Handlungsprozessen zu erfassen und nicht eine Aneinanderreihung von Einzelaufgaben zu liefern. Handlungen werden als Äußerung basaler körperlicher und psychischer Kompetenzen einer erlebenden und handelnden Person verstanden.

Im SKI wird insofern ein breites Spektrum von Handlungen erfasst, in dem:
- *der Praxisteil zur Beobachtung bestimmter Dimensionen und Kompetenzen des Selbstkonzeptes eine Vielzahl von verschiedenen Aufgaben anbietet;*
- *die Aufgaben im Praxisteil durch verschiedene Schwierigkeitsgrade verdeutlichen, dass der Weg zur Handlung sehr unterschiedlich sein kann;*
- *die Praxisanregungen durch verschiedene diagnostische Methoden umgesetzt werden (Beobachtung, Gespräch, Interview, Zeichnungen, Fragebogen...);*
- *der Praxisteil Handlungen aus unterschiedlichen Lebens- und Erfahrungsbereichen aufgreift;*
- *im Praxisteil Anregungen für eine Zusammenstellung von sog. Diagno-*

I - E - P

Individueller Entwicklungsplan

Copyright by Dietrich Eggert & Christina Reichenbach (05/2003)

Name des Kindes: ______________________________ Datum: _________
Geboren am: ____
Anschrift: ____
Schule/Kiga: ______________________________________ Klasse: ____
Beobachtungsteam: ____
Berichtzeitraum: ____

Stärken des Kindes
Förderbedarf
Sichtweise des Kindes
Sichtweise des schulischen und sozialen Umfeldes
Sichtweise der Eltern
Kooperation mit den Eltern
Fördervorschläge
Weitere Vorgehensweise

1. Tabellarische Übersicht über besondere Ereignisse in Lebenslauf und Schullaufbahn des Kindes
2. Das soziale Umfeld des Kindes
3. Der Blickwinkel des Kindes: seine Sichtweise der Situation und der Förderbedürfnisse
4. Äußerungen von Bezugspersonen über das Kind, die Situation und die Förderbedürfnisse
5. Beobachtungen des einzelnen Diagnostikers
6. Weitere Beobachtungen bzw. gesammelte Informationen aus anderen Informationsquellen (z.B. Gutachten)
7. Zusammenfassung der einzelnen Beobachtungen im Rahmen eines Teams
8. Überlegungen zum Aufbau und Planung der Förderung

stischen Menüs gegeben wird, die aufzeigen, wie ein Thema längerfristig und zusammenhängend bearbeitet werden kann

- ...

2. **Erfassung alltagsnaher kindlicher Handlungen**

Ziel Diagnostischer Inventare ist es, Kinder in alltäglichen Situationen zu beobachten und zu fördern. Zum Alltag zählen dabei einerseits die verwendeten Materialien, das Zurückgreifen auf bekannte Aufgaben sowie eine vertraute Umgebung.
Optimal wäre es dementsprechend, die Beobachtung von Kompetenzen des SK in verschiedenen Lebenswelten des Kindes durchzuführen, anstelle das Kind in spezielle „Diagnostik-Institute" zu bestellen. Demnach wären prozessorientierte Beobachtungen in bspw. folgenden Umfeldern zu empfehlen: im Elternhaus bzw. in der Familie, in der Kiga-Gruppe oder Schulklasse, in den Peer-Groups, im Verein, auf dem Spielplatz etc.

Im SKI wird dem Aspekt der Erfassung alltagsnaher kindlicher Handlungen u.a. dadurch nachgegangen, in dem nicht allein das Kind, sondern auch Bezugspersonen des Kindes (Familie, Erzieher/Lehrer, Freunde) in den Prozess der Erkenntnisgewinnung einbezogen werden (mittels Gespräch, Fragebogen etc.). Weiterhin wurden zum Großteil Praxisanregungen ausgewählt, welche im Lebensalltag des Kindes initiiert werden können und i.d.R. keiner besonderen Plätze, Hallen und Materialien bedürfen.
Wünschenswert wäre es, die Beobachtungen direkt im Alltag des Kindes durchzuführen, welches jedoch vom Anwender des Inventars abhängig ist. Die Möglichkeit dazu bieten eine Vielzahl der enthaltenen Praxisanregungen.

3. **Offene Situation anstelle standardisierter Testsituation**

Mit dem Aspekt der Erfassung alltagsnaher kindlicher Handlungen geht einher, dass diese Handlungssituationen offen oder auch strukturiert gestaltet sind, jedoch keineswegs standardisiert werden. Eine Standardisierung wäre u.E. bei der Erfassung von Aspekten des Selbstkonzeptes auch widersprüchlich bzw. widersinnig. Gerade das Selbstkonzept und dessen Entwicklung und Darstellung ist so individuell, dass standardisierte Testverfahren der Erfassung der beteiligten Dimensionen in keiner Weise gerecht werden könnten.
Die Aufgaben werden erklärt und vorgeführt, so dass die Kinder durch mehrere Kanäle die Informationen aufnehmen können. Instruktionen sind beispielhaft angegeben, können jedoch durch weitere Informationen und/oder Demonstrationen ergänzt werden. Den Kindern selbst sind Wiederholungen der Aufgaben im Sinne von Förderung und Diagnostik möglich.

Im SKI wird mittels verschiedener qualitativer Methoden versucht, das individuelle Selbstkonzept eines Kindes zu beschreiben und anhand eines theoretischen Modells die Beobachtungen zu strukturieren.

4. Anstrebung einer Übereinstimmung der diagnostischen u. der Interventionskategorien

Wie bereits zu Beginn erwähnt, strebt die Arbeit mit Diagnostischen Inventaren eine Verbindung von Diagnostik- und Förderprozessen an und ermöglicht dieses Anliegen sehr gut. Zum einen kann in jeder diagnostischen Situation das Kind gleichzeitig in seinen Handlungen unterstützt und in seiner Entwicklung gefördert werden. Andererseits kann jede Fördersituation als Diagnostiksituation betrachtet werden, da durch detaillierte Beobachtungen stets neue Erkenntnisse gewonnen werden, welche dann gleich in den Förderprozess integriert werden können. Jede Stunde ist gleichzeitig Diagnostik- und Förderstunde.

Im SKI wird diesem Aspekt noch näher gekommen, in dem die Praxisaufgaben durch bestimmte Schwierigkeitsgrade gekennzeichnet sind. Diese Schwierigkeitsgrade ermöglichen einen sukzessiven Aufbau der Fördersituation, in dem der Pädagoge entsprechend der Bedürfnisse und Fähigkeiten des Kindes unterschiedlich beginnen kann, aber auch wieder eine Stufe zurück oder vorgehen kann. Die Unterteilung in Schwierigkeitsgrade ermöglicht gleichzeitig detaillierter zu beobachten, über welche Kompetenzen das Kind bereits verfügt und welche Förderbedürfnisse es noch hat.

5. Beschreibung individueller Entwicklungsverläufe, d. h. der weitgehende Verzicht auf normative Vergleiche

Ziel der Arbeit mit Diagnostischen Inventaren ist die Beschreibung individueller Handlungen und individueller Entwicklungsverläufe. Es wird sich nicht an einer statistischen Norm orientiert, sondern das Kind wird im Rahmen seiner individuellen Persönlichkeit betrachtet. Es können auf qualitativer Ebene mittels Beobachtungen auch Vergleiche zu Bezugsgruppen (Klasse, Alter, Art einer Behinderung) unternommen werden.

Im SKI wird versucht diesem Aspekt gerecht zu werden, in dem eine Vielzahl von Anregungen zu Beobachtungen gegeben werden. Um individuelle Entwicklungsverläufe zu beschreiben, ist es erforderlich, sich ein umfangreiches Bild von dem Individuum zu machen. Hierzu wurden u.a. neben den Aufgaben Beobachtungsmöglichkeiten aufgezeigt, ein Fragebogen zu Dimensionen des Selbstkonzeptes entwickelt sowie ein spezieller Individueller Entwicklungsplan (IEP) zu Aspekten des Selbstkonzeptes entworfen.

6. Betonung der Veränderungsmessung anstelle der Produktbewertung

Dieses Prinzip verdeutlicht nochmals, dass es bei der Arbeit mit Diagnostischen Inventaren nicht auf die Messung bzw. Bewertung von einzelnen Aufgaben und deren „Ergebnissen“ ankommt, sondern, dass der Verlauf der kindlichen Entwicklung entscheidend ist. Um Veränderungen in der Entwicklung eines Kindes zu erkennen, ist es erforderlich, das Kind während des gesamten Förderprozesses kontinuierlich zu beobachten. Dabei wird es als sinnvoll erachtet bestimmte Fördersequenzen/-situationen (z.B. Kernaufgaben oder ein ausgewähltes Menü) in bestimmten Abständen zu wiederholen, so dass anhand gleicher Beobachtungssituationen Veränderungen bzgl. verschiedener Kompetenzen des Kindes näher beschrieben werden können.

Prinzipiell bieten alle im SKI aufgeführten Situationen die Möglichkeit, Veränderungen im Rahmen einer individuellen kindlichen Entwicklung festzuhalten. Da es für viele Praktiker erforderlich ist, in kurzen Zeiträumen detailliert Auskunft über das Selbstkonzept eines Kindes zu geben, empfehlen wir die Arbeit bzw. Erstellung eines Diagnostischen Menüs (s. auch Kap 4.10.). Dabei sollte sich der Diagnostiker zuvor die Frage stellen, was er mit dem Menü erreichen will und ob er dies mit der gewählten Aufgabenzusammenstellung auch erreichen kann.

7. Variabilität der Aufgabenzusammenstellung in Abhängigkeit von Interventionszielen und individuellem Leistungsspektrum

Die Arbeit mit Diagnostischen Inventaren beinhaltet ein Vorgehen, welches sich an den Bedürfnissen des Kindes orientiert. Der Verschiedenheit der kindlichen Bedürfnisse und Kompetenzen wird hier durch eine Variabilität der Aufgabenzusammenstellung entgegen gekommen. Die Aufgaben können im Rahmen der Förderung so zusammengestellt werden, dass sie auf die individuellen Ziele und die Fähigkeiten abgestimmt sind. Eine Variation der Aufgabenzusammenstellung erweitert zusätzlich das Spektrum von möglichen Beobachtungssituationen und Hypothesenbildungen.

Im SKI wird dieses Prinzip zum einen darin umgesetzt, in dem verschiedene Schwierigkeitsgrade einen unterschiedlichen Einstieg zu den jeweiligen Praxisaufgaben ermöglichen. Zum anderen werden Beispiele für Diagnostische Menüs in Abhängigkeit von Interventionszielen exemplarisch aufgezeigt.

8. Die Abstufung der diagnostischen Strategien in mehrere Phasen u. mehrere methodische Ansätze

Im Vergleich zu standardisierten Testverfahren, welche i.d.R. ein festes methodisches Vorgehen und eine Ausführung der Aufgaben in einer bestimmten Reihenfolge und an einem Tag erfordern, ist es mittels Diagnostischer Inventare möglich, gezielte Beobachtungssequenzen in mehrere Phasen zu unterteilen. Diese Phasen können zeitlich, räumlich oder inhaltlich orientiert sein und müssen auf die individuellen Bedürfnisse des oder der zu beobachtenden Kinder abgestimmt sein. Empfehlenswert erscheint es, das Kind oder die Gruppe an mehreren Tagen zu verschiedenen Tageszeiten zu beobachten.
Es ist möglich diagnostische Situationen unterschiedlich aufzubereiten (z.B. Parcour, Geschichte/Märchen), was von den Kindern, aber auch vom Pädagogen abhängig ist. Es sollten in jedem Fall kindgemäße Spiel- und Handlungssituationen sein und nicht eine Aneinanderreihung von Einzelaufgaben (s. Prinzip 1).

Das SKI eröffnet von vorne herein durch die Schwierigkeitsgrade eine Einteilung in mehrere Phasen, aber auch durch die Vielfalt von Methoden, welche in Diagnostischen Menüs individuell miteinander verknüpft werden können. Beispiele werden auch hierfür für verschiedene Altersgruppen aufgezeigt.

9. Verzicht auf hohe Objektivität und Betonung der Validität

Diagnostische Inventare stellen eine Form von Diagnostik ohne formale Vorgaben dar. Sie orientieren sich nicht an quantitativen Gütekriterien, sondern an Gütekriterien, die im Rahmen qualitativer Vorgehensweisen angezeigt sind (vgl. EGGERT 1997, 2002).
Anstelle die Durchführung des Inventars zu objektivieren, ist es bedeutend, dass sich der Diagnostiker individuell auf das Verhalten und die Persönlichkeit des Kindes einstellt und dementsprechend handelt.
Eine „Objektivität", wenn auch nicht im Sinne der klassischen (Test-)Gütekriterien, wird dadurch erreicht, dass nicht ein Diagnostiker allein beobachtet, beschreibt und beurteilt, sondern ein Team von Fachleuten sich zusammenfindet bzw. ihre Informationen und Eindrücke zusammentragen und das Kind in seiner Entwicklung einschätzen. Die Arbeit im Team ist erforderlich, um Entwicklungsprognosen – basierend auf Erfahrungshintergründen der Teammitglieder – und „Generalisierungen" der Beobachtungen zu ermöglichen, so dass entsprechende Förderziele und -vorschläge ausgearbeitet werden können (vgl. EGGERT in IRBLICH/STAHL 2003, 491).
Die Beobachtungen bzw. Ergebnisse selbst sind bei der Beschreibung durch die Subjektivität des Beobachters geprägt, jedoch ermöglicht ein interdisziplinärer Austausch ein Objektivieren der Befunde.

Im SKI werden zu jeder Aufgabe Hinweise gegeben, welche Dimension(en) des Selbstkonzeptes primär angesprochen wird/werden. Jedoch kann und soll keine eindeutige Zuschreibung erfolgen, da der angesprochene Schwerpunkt bei jedem Kind ein anderer sein kann. Das SKI versucht das Selbstkonzept eines Kindes, anlehnend an ein theoretisches Modell, näher zu erfassen und zu beschreiben und bedient sich dabei vielfältiger Methoden, welche es ermöglichen sollen, detaillierte Aussagen diesbezüglich zu treffen.

10. Durchführung in Kleingruppen, in Spielsituationen mit 2 Pädagogen in wechselnden Rollen

Diagnostische Inventare können sowohl in Kleingruppen als auch in Einzelsituationen durchgeführt werden. Auch dies sollte sich an den Bedürfnissen des jeweiligen Kindes bzw. der jeweiligen Kinder orientieren.
Empfehlenswert ist eine Durchführung in einem 2-er-Team, wobei beide Pädagogen sich der Beobachtung und dem Interaktionsgeschehen widmen und sich nach der förderdiagnostischen Sequenz bzgl. spezifischer Beobachtungsaspekte austauschen. Der Pädagoge selbst muss mit den Aufgaben vertraut

sein und sollte diese bereits selbst durchgeführt haben. Zusätzlich wird die Nutzung einer Videokamera befürwortet, so dass sich die Fördersequenz im Nachhinein ausschließlich aus einer Beobachterperspektive angeschaut und der Beobachtungsfokus vergrößert werden kann.

Im SKI sind sowohl Gruppen- als auch Einzelsituationen aufgeführt, wobei es empfehlenswert scheint, dass in Einzelsituationen auch nur ein Pädagoge anwesend ist.

Praxisteil

Es folgt nun der Praxisteil.
Nach einer allgemeinen Übersicht der gesamten Aufgaben werden Vorschläge für mögliche Kernaufgaben, die zum Einstieg genutzt werden können, gegeben.

Danach schließt sich die Aufgabensammlung an, welche nach Methoden sortiert ist.
Aber auch hier geben wir zu Beginn jeweils einen Überblick über das gesamte Repertoire.

Wir möchten noch darauf hinweisen, dass die Aufgaben in unterschiedlichen Untersuchungen erprobt sind. Um den Umfang dieses Bandes nicht über Gebühr zu vergrößern, wurde auf eine Darstellung in diesem Band verzichtet.
Eine spätere Veröffentlichung wird über die Ergebnisse der Selbstkonzeptuntersuchungen der Kinder mit Förderbedarf berichten.

Aufgabe	Kompetenzbereich	Material	Methode	Seite
Steckbrief I	Selbstbild, Realselbst, Körperkonzept	Vorlage, Stifte	Arbeitsprodukt	178
Steckbrief II	Selbstbild, Idealselbst, Körperkonzept	Vorlage, Stifte	Arbeitsprodukt	179
Male dich und was dir wichtig ist!	Selbstbild, Realselbst, Körperkonzept	Vorlage, Stifte	Arbeitsprodukt	181
Mein Tier-Wunsch-Bild	Selbstbild, Idealselbst	Vorlage, Stifte	Arbeitsprodukt	182
Was ein Tier so alles kann!	Selbstbild, Idealselbst, Fähigkeitskonzept	Vorlage Tiere, Stifte, Schere, Klebstoff	Arbeitsprodukt	184
Kofferpacken	Selbstbild, Realselbst, Soziales Selbst	Vorlage Koffer, Stifte, Papier	Arbeitsprodukt	188
Körperteile abbilden	Körperkonzept	Vorlage Junge/Mädchen, Stifte/Fingerfarben/Kreide, Tücher zum säubern	Arbeitsprodukt	190
Massagebild	Körperkonzept	Vorlage Junge/Mädchen, verschiedene Kleinmaterialien zum Massieren, Stifte	Arbeitsprodukt	194
Stufenleiter	Fähigkeitskonzept, Selbsteinschätzung	Vorlage Sprossenwand, Stifte	Arbeitsprodukt	198
Was ich alles kann! (II)	Fähigkeitskonzept, Selbsteinschätzung	Vorlage, Stifte	Arbeitsprodukt	200
Brettspiel	Selbsteinschätzung, Fähigkeitskonzept	Brettspielvorlage, Würfel	Arbeitsprodukt	202
Du mit, ohne, gemeinsam... mit anderen	Selbstbild, Soziales Selbst	Vorlage(n)	Mündliche Befragung	206

Aufgabe	Kompetenzbereich	Material	Methode	Seite
Fragebogen zur Selbsteinschätzung II	Selbsteinschätzung	Fragebogen	Mündliche Befragung	208
Sätze zu Ende führen	Selbstbild, Selbstbewertung, soziales Selbst	Fragebogen	Mündliche Befragung	210
Einschätzungen des Kindes	Soziales Selbst	Fragebogen	Mündliche Befragung	213
Interview zum Selbstkonzept	Selbsteinschätzung, Soziales Selbst, Realselbst,	Fragebogen	Mündliche Befragung	214
Wunsch-Tiere	Selbstbild, Idealselbst, Realselbst	Vorlage Tiere, Stifte, Papier	Mündliche Befragung	217
Was ich an meinem Körper mag?!	Realselbst, Idealselbst, Körperkonzept	Vorlage Schwimmbad, Vorlage Junge/Mädchen, Stifte	Mündliche Befragung	220
Heute kann ich/Heute fällt es mir schwer	Selbstbild, Realselbst, Fähigkeitskonzept	Vorlage, Stifte	Schriftliche Befragung	224
Ich bin heute...	Selbstbild, Realselbst, Fähigkeitskonzept	Vorlage, Stifte	Schriftliche Befragung	225
Ich bin ...	Selbstbild, Realselbst, Körperkonzept	Vorlage, Stifte	Schriftliche Befragung	226
Ich würde gern sein....	Selbstbild, Idealselbst, Körperkonzept	Vorlage, Stifte	Schriftliche Befragung	227
Was du alles kannst!	Selbstbild, Realselbst, Körperkonzept	Vorlage, Stifte	Schriftliche Befragung	228
Befindlichkeitsfragebogen I	Selbsteinschätzung, Realselbst, Körperkonzept	Vorlage Mimik, Stifte	Schriftliche Befragung	230
Befindlichkeitsfragebogen II	Selbsteinschätzung, Realselbst, Körperkonzept	Vorlage Mimik, Stifte	Schriftliche Befragung	231

Aufgabe	Kompetenzbereich	Material	Methode	Seite
Stimmungsbarometer	Realselbst, Selbstbewertung	Vorlage, Stifte	Schriftliche Befragung	232
Wie sehe ich mich?	Selbsteinschätzung, Realselbst	Vorlage, Stifte	Schriftliche Befragung	233
Wie sehen mich andere?	Selbsteinschätzung, Fremdbild, Soziales Selbst	Vorlage, Stifte	Schriftliche Befragung	234
Wie würde ich mich gern sehen?	Selbsteinschätzung, Selbstbild, Idealselbst	Vorlage, Stifte	Schriftliche Befragung	235
Fragebogen zum Selbstkonzept	Selbstbild, Realselbst, Soziales Selbst	Fragebogen, Stifte	Schriftliche Befragung	236
Fragebogen zur Selbsteinschätzung III	Selbsteinschätzung	Fragebogen, Stifte	Schriftliche Befragung	238
Fragebogen zur Selbsteinschätzung II	Selbsteinschätzung	Fragebogen, Stifte	Schriftliche Befragung	243
Fragebogen für Klassenlehrerinnen	Fremdeinschätzung, Soziales Selbst, Fähigkeitskonzept	Fragebogen, Stifte	Schriftliche Befragung	247
Wie man ein niedriges SK entdecken und verbessern kann	Fremdeinschätzung, Fähigkeitskonzept	Beobachtungsbogen	Schriftliche Befragung	250
Verharren in verschiedenen Körperhaltungen	Körperkonzept, Fähigkeitskonzept		Beobachtung	260
Fortbewegen in verschiedenen Körperhaltungen	Körperkonzept, Fähigkeitskonzept	Vorlage Junge, Spiegel	Beobachtung	261
Roboterspiel	Körperkonzept, Fähigkeitskonzept, Selbsteinschätzung		Beobachtung	264
Aufwärmgymnastik und magnetische Körperteile	Körperkonzept, Fähigkeitskonzept	Musik	Beobachtung	266

Aufgabe	Kompetenzbereich	Material	Methode	Seite
Wie groß bin ich?	Körperkonzept, Realselbst	Vorlage Schwimmbad, Kreide, Seile, Spiegel, Gymnastikstab, Kreppband, Stifte	Beobachtung	268
Einstellungen zum und Darstellungen des eigenen Körpers	Körperkonzept, Realselbst	Spiegel, Stifte, Papier, Steckbrief I	Beobachtung	272
Traumhaus	Selbsteinschätzung	Vorlage Traumhaus, Bau-Materialien	Beobachtung	273
Am Faden entlang	Selbsteinschätzung, Fähigkeitskonzept	Seil/Schnur, Korken, Augenbinde; Hindernisse	Beobachtung	275
Staffelspiele	Selbsteinschätzung, Fähigkeitskonzept	Hütchen, zwei Bälle, vier Gymnastikstäbe	Beobachtung	277
Was meinst du, was du alles kannst?!	Selbsteinschätzung, Fähigkeitskonzept	Parcour	Beobachtung	279
Knoten lösen	Körperkonzept,Soziales Selbst, Fähigkeitskonzept	Seilchen	Beobachtung	283
Freier Fall	Fähigkeitskonzept, Selbsteinschätzung	Verschiedene Großmaterialien	Beobachtung	286
Atomspiel	Körperkonzept, Soziales Selbst	Musik	Beobachtung	288
Dreibeinlauf	Körperkonzept, Soziales Selbst, Fähigkeitskonzept	Seile, Hütchen	Beobachtung	289
Brücken bewältigen	Fähigkeitskonzept, Selbsteinschätzung	Verschiedene Großmaterialien	Beobachtung	290
Felswand	Fähigkeitskonzept, Selbsteinschätzung	Verschiedene Großmaterialien	Beobachtung	292
Flussüberquerung	Fähigkeitskonzept, Selbsteinschätzung	Teppichfliesen, Kästen, etc.	Beobachtung	294
Äste überspringen	Fähigkeitskonzept, Selbsteinschätzung	Seilchen, Markierungen	Beobachtung	295

Kernaufgaben

Kernaufgaben für Kinder im Alter von 4-6 Jahren

Aufgabe	Dimension	Methode	Material
Stimmungsbarometer	Reales Selbst	Schriftliche Befragung	Vorlage, Stifte
Steckbrief I	Selbstbild, Körperkonzept	Arbeitsprodukt	Papier-Vorlage
Du mit, ohne, gemeinsam ... mit (1. Seite)	Selbstbild (sozial)	Mündliche Befragung	Vorlage, Stifte
Was ein Tier so alles kann!	Fähigkeitskonzept	Arbeitsprodukt	Vorlage, Stift, Tierbilder,
Stufenleiter	Fähigkeitskonzept	Arbeitsprodukt	Bild-Vorlage Sprossenwand
Wie groß bin ich? (Schwierigkeit I-II)	Körperkonzept, Realselbst	Beobachtung	Kreide, Seilchen
Piepmaschine	Körperkonzept	Beobachtung	

Kernaufgaben für Kinder im Alter von 7-9 Jahren

Aufgabe	Dimension	Methode	Material
Befindlichkeitsbogen I	Selbsteinschätzung, Körpergefühl	Schriftliche Befragung	Bild-Vorlagen, Stifte
Steckbrief I	Selbstbild, Körperkonzept	Arbeitsprodukt	Papier-Vorlage
Du mit, ohne, gemeinsam ... mit (komplett)	Selbstbild (sozial)	Mündliche Befragung	Vorlage, Stifte
Was ein Tier so alles kann!	Fähigkeitskonzept	Arbeitsprodukt	Vorlage Tierbilder, Stifte, Schere, Klebstoff
Was ich alles kann!	Fähigkeitskonzept	Arbeitsprodukt	Papier-Vorlage, Stifte
Wie groß bin ich? (Schwierigkeit II-III)	Körperkonzept, Realselbst	Beobachtung	Kreide, Seilchen
Magnetische Körperteile	Körperkonzept	Beobachtung	Musik

Kernaufgaben für Kinder im Alter ab 10 Jahren

Aufgabe	Dimension	Methode	Material
Befindlichkeitsbogen II	Selbsteinschätzung, Körpergefühl	Schriftliche Befragung	Bild-Vorlage, Stifte
Steckbrief I	Selbstbild, Körperkonzept	Arbeitsprodukt	Papier-Vorlage
Kofferpacken	Selbstbild (Real, Sozial)	Arbeitsprodukt	Bildvorlage,Koffer, Stifte, Papier
Fragebogen zur SE II	Selbsteinschätzung	Interview	Evtl. Kamera
Was du alles kannst!	Fähigkeitskonzept, Selbsteinschätzung	Schriftliche Befragung	Bild-Vorlage, Stifte
Wie groß bin ich? (Schwierigkeit II-III)	Körperkonzept, Realselbst	Beobachtung	Kreide, Seilchen, Vorlage Proportionen
Magnetische Körperteile	Körperkonzept	Beobachtung	Musik

Arbeitsprodukte

Arbeitsprodukte

Aufgabenübersicht:

Aufgabe	Kompetenzbereich	Material
Steckbrief I	Selbstbild, Realselbst, Körperkonzept	Vorlage, Stifte
Steckbrief II	Selbstbild, Idealselbst, Körperkonzept	Vorlage, Stifte
Male dich und was dir wichtig ist!	Selbstbild, Realselbst, Körperkonzept	Vorlage, Stifte
Mein Tier-Wunsch-Bild	Selbstbild, Idealselbst	Vorlage, Stifte
Was ein Tier so alles kann!	Selbstbild, Idealselbst, Fähigkeitskonzept	Vorlage Tiere, Stifte, Schere, Klebstoff
Kofferpacken	Selbstbild, Realselbst, Soziales Selbst	Vorlage Koffer, Stifte, Papier
Körperteile abbilden	Körperkonzept	Vorlage Junge/Mädchen, Stifte/Fingerfarben/Kreide, Tücher zum säubern
Massagebild	Körperkonzept	Vorlage Junge/Mädchen, verschiedene Kleinmaterialien zum Massieren, Stifte
Stufenleiter	Fähigkeitskonzept, Selbsteinschätzung	Vorlage Sprossenwand, Stifte
Was ich alles kann! (II)	Fähigkeitskonzept, Selbsteinschätzung	Vorlage, Stifte
Brettspiel	Selbsteinschätzung, Fähigkeitskonzept	Brettspielvorlage, Würfel

STECKBRIEF I

Kompetenzbereiche des SK: **Selbstbild-Realselbst,** Körperkonzept
Materialien: Stifte
Einzel- oder Gruppensituation: E
Beobachtungs- und Förderschwerpunkte:
psychosozial, **motorisch**, perzeptiv, kommunikativ, **kognitiv**

Die Aufgabe besteht darin, dass das Kind versucht, sich selbst zu zeichnen!

DAS BIN ICH - ERKENNST DU MICH ???

Male dich so, wie du aussiehst!

STECKBRIEF II

Kompetenzbereiche des SK: **Selbstbild-Idealselbst,** Körperkonzept
Materialien: Stifte
Einzel- oder Gruppensituation: E
Beobachtungs- und Förderschwerpunkte:
psychosozial, **motorisch**, perzeptiv, kommunikativ, **kognitiv**

Die Aufgabe besteht darin, dass das Kind versucht, sich so zu zeichnen, wie es gern aussehen möchte!

DAS BIN ICH - ERKENNST DU MICH ???

Male dich so, wie du gern aussehen möchtest!

Beobachtungen STECKBRIEFE I + II

Kompetenzbereiche des SK: **Selbstbild-Idealselbst, Realselbst,** Körperkonzept
Materialien: Stifte
Einzel- oder Gruppensituation: E
Beobachtungs- und Förderschwerpunkte:
psychosozial, **motorisch**, perzeptiv, kommunikativ, **kognitiv**

Spezielle Beobachtungskriterien SK	*Mögliche Interpretationen*
• *Wie malt sich das Kind? Entspricht das Bild/die Zeichnung seiner selbst oder orientiert es sich evtl. an Idealen?* • *Auf welche Aspekte legt es beim zeichnen besonderen Wert?* • *Welche körperlichen Merkmale zeichnet das Kind?* • *Wie ist der Verlauf der Zeichnung? Mit welchem Körperteil beginnt es, etc...?* • *Welche Vorstellungen hat das Kind von seinem äußeren Erscheinungsbild?* • *Existieren Unterschiede zwischen dem Ist-Bild (Realselbst) und dem Wunsch-Bild (Idealselbst) seiner Selbst? Wenn ja, inwiefern?* • *Zeichnet sich das Kind im Verhältnis zum Platz groß/klein, breit/schmal...?* • *In welcher Weise äußert sich das Kind zu seinem Bild oder während des Zeichnens?*	• *Das Kind versucht, sich selbst (nicht) realitätsgetreu zu zeichnen* • *Das Kind hebt bei seinem Selbstbildnis und/oder Wunschbildnis folgende Merkmale besonders hervor: ....* • *Das Kind nimmt sich (nicht) viel Zeit bei der Zeichnung seiner Selbst und/oder seines Idealbildes* • *Die Zeichnung des Kindes ähnelt ....* • *Das Kind über-/unterschätzt seine folgende körperlichen Maße bzw. Teile: ....* • *Das Kind nimmt (keinen) Bezug zu seinen real existierenden Körperteilen* • *Das Kind äußert sich stark in Bezug zu Wunschvorstellungen über sich selbst* • *Das Kind äußert sich über sich selbst und seine Vorstellungen, kann diese jedoch schwer bis gar nicht in eine Zeichnung umsetzen* • *Wenn das Kind nicht malen möchte, kann dies unterschiedliche Gründe haben: z.B. hohe Ansprüche, kein guter Zeichner, mag kein Zeichnen, ...*

Male dich und was dir wichtig ist!

Kompetenzbereiche des SK: Körperkonzept, **Selbstbild-Realselbst**
Materialien: Stifte
Einzel- oder Gruppensituation E
Beobachtungs- und Förderschwerpunkte:
psychosozial, motorisch, **perzeptiv**, **kommunikativ**, **kognitiv**

Die Aufgabe besteht darin, dass das Kind aufzeichnet, was ihm wichtig ist. Es kann sich sowohl um Personen, als auch um Gegenstände u.a. handeln.

Spezielle Beobachtungskriterien SK	*Mögliche Interpretationen*
• *Was malt das Kind? (Personen, Alltagsgegenstände, Wünsche, Lebensmittel, ...)* • *Malt es einzelne Dinge oder komplexere Gebilde?* • *Kommentiert das Kind seine Zeichnung?* • *Stehen Zeichnungen evtl. in Zusammenhang mit aktuellen Erlebnissen?*	• *Kindlichen Bedürfnisse erscheinen spontan personell, materiell, interessenbedingt ... zu sein (Reihenfolge)* • *Welche Bedeutung hat was/wer für das Kind? (Reihenfolge, Differenziertheit der Zeichnung, Kommentare)* • *Bezug zur Aktualität der Ereignisse und/oder generalisierte und reflektierte dargestellte Aspekte*

Mein Tier-Wunsch-Bild

Kompetenzbereiche des SK: **Selbstbild-Idealselbst**
Materialien: Stifte
Einzel- oder Gruppensituation E
Beobachtungs- und Förderschwerpunkte:
psychosozial, **motorisch**, **perzeptiv**, kommunikativ, **kognitiv**

Das Kind überlegt, was für ein Tier es gerne wäre. Danach soll dieses Tier dann vom Kind aufgemalt werden.
Für jüngere Kinder könnte die Aufgabe auch so gestellt werden: „Stell dir vor, zu dir kommt eine Fee und möchte dich in ein Tier verwandeln. Welches Tier würdest du dann gern sein?"

Spezielle Beobachtungskriterien SK	***Mögliche Interpretationen***
• *Was malt das Kind? (reales Tier, Fantasietier, Comic)* • *Kommentiert das Kind seine Zeichnung?* • *Steht Zeichnung in Zusammenhang mit persönlichen Erfahrungen? (Besitz oder Wunsch eines Haustier)* • *Auf welche Erfahrungsquellen greift das Kind scheinbar zurück? (Fernsehen, Besitz, Spielzeug, Bücher...)* • *Welche Wünsche oder Fähigkeiten hat das Tier?* • *Welches Aussehen hat das Tier?* • *Benennt das Kind Gründe für Auswahl und Zeichnung dieses Tieres?*	• *Das Kind hat Erfahrungen mit dem gemalten Tier (zu Hause, Freunde, Film, Bücher, ...)* • *Das Kind denkt sich ein Fantasietier aus* • *Das Kind mag das Tier aufgrund bestimmter Eigenschaften, Fähigkeiten oder eines bestimmten Aussehens* • *Das Kind mag kein Tier sein* • *Das Kind wünscht sich Eigenschaften des Tieres aus bestimmten Gründen (Hinterfragen!)* • *Besteht ein Zusammenhang zwischen Fähigkeitskonzept und Idealkonzept des Kindes?*

Mein Tier-Wunsch-Bild (Vorlage)

Das Kind überlegt, was für ein Tier es gerne wäre. Danach soll dieses Tier dann vom Kind aufgemalt werden.
Für jüngere Kinder könnte die Aufgabe auch so gestellt werden, dass diese sich vorstellen, dass eine Fee kommt und sich das Kind darf sich dann ein Tier wünschen, in welches es verwandelt werden möchte.

Was ein Tier so alles kann!

Kompetenzbereiche des SK: **Selbstbild-Idealselbst, Fähigkeitskonzept**
Materialien: Stifte, Vorlage Tiere, Schere, Klebstoff
Einzel- oder Gruppensituation E+G
Beobachtungs- und Förderschwerpunkte:
psychosozial, **motorisch**, **perzeptiv**, kommunikativ, **kognitiv**

Im Rahmen dieser Sequenz wird das Thema „Tiere" in unterschiedlicher Weise angesprochen, wobei die vorhandenen 16 Tierbild-Vorlagen verwendet werden können.

Grad	Durchführung mit unterschiedlichen Schwierigkeitsgraden	spezielle Beobachtungsmöglichkeiten SK	Fragen und/oder Interpretationsmöglichkeiten
I	• dem Kind werden die 16 Tierbilder gezeigt und es benennt die Tiere, die es kennt • das Kind fragen, welches sein Lieblingstier von diesen ist und/oder ob es ein anderes Lieblingstier gibt?	• *welches Tier nennt das Kind?* • *kommentiert das Kind seine Wahl oder benennt das Kind Gründe für die Auswahl dieses Tieres?* • *äußert sich das Kind zu persönlichen Erfahrungen? (Besitz oder Wunsch eines Tieres)* • *auf welche Erfahrungsquellen greift das Kind scheinbar zurück? (Fernsehen, Besitz, Spielzeug, Bücher...)* • *welche Fähigkeiten schreibt das Kind einem Tier zu?* • *inwiefern ahmt das Kind die Bewegungen und/oder Geräusche von Tieren nach? (gekonnt, experimentierend, vermeidend....)*	• *das Kind kennt ... von 16 Tieren und kann diese benennen* • *das Kind mag folgende Tiere: ....* • *das Kind mag folgende Tiere nicht: ....* • *das Kind mag das Tier aufgrund seiner Eigenschaften (nicht)* • *das Kind scheint ein Tier besonders zu mögen, da es Eigenschaften besitzt, die es evtl. selbst gern hätte* • *das Kind wünscht sich Eigenschaften des Tieres aus bestimmten Gründen (Hinterfragen!)* • *das Kind hat Erfahrungen mit den gezeigten Tieren (zu Hause,*
I	• das Kind fragen, durch welche Eigenschaften, die abgebildeten Tiere gekennzeichnet sind • die Eigenschaften können auch auf einem Extra-Blatt Papier aufgeschrieben werden		
II	• das Kind/die Kinder sollen sich so durch die Halle bewegen, wie dies die einzelnen Tiere tun würden → möglichst mehrer Tiere nachahmen, um später einen Vergleich zu ermöglichen • die Bewegung kann auch von nachgeahmten Geräuschen begleitet werden → die Geräusche können zuvor oder gemeinsam mit den Kindern auf eine MC aufgenommen werden		

III	• nach der Ausführung können die Kinder gefragt werden, welches Tier ihnen am besten von - den Eigenschaften, - den Fähigkeiten - den Bewegungen und/oder - den Geräuschen/Lauten gefallen hat • Reflexion: in welches Tier würde jedes Kind gern einmal zeitweise reinschlüpfen? Warum? Und: Welches Tier würden die Kinder jeweils nie sein wollen? Warum?	• *welche Eigenschaften, Fähigkeiten, Bewegungen, Geräusche nennt das Kind, die ihm von einem Tier am besten gefallen?* • *in welche Tierrolle möchte das Kind gern einmal hinein schlüpfen?*	• *das Kind hat Erfahrungen mit den gezeigten Tieren (zu Hause, Freunde, Film, Bücher, ...)* • *es besteht (k)ein Zusammenhang zwischen Fähigkeitskonzept und Idealkonzept des Kindes*
II	• von den Tier-Bild-Vorlagen können Kopien erstellt werden, so dass jedes Tier-Bild zweimal vorhanden ist • gemeinsam mit den Kindern kann dann ein Memory erstellt werden: ausschneiden und aufkleben der Vorlagen auf Pappe; evtl. ausmalen mit Buntstiften • Memory-Spiel mit Karten nach bekannten Regeln		
III	• Variation: das Memory-Spiel kann insofern abgewandelt werden, dass es vom Tisch in die Halle verlagert wird; dazu braucht man jedoch mindestens eine Gruppe von 18 Kindern (aufwärts) • es bilden sich 9 Paare, wobei 8 Paare als Memory-Karten und 1 Paar als Spieler mitspielen • die 8 Memorypaare suchen sich eines der 16 Tiere aus und stimmen das Geräusch ab • das Spielerpaar kommt herein und der erste Spieler „öffnet" zwei „Karten" (Kinder) durch Berührung; nach der Berührung gibt das jeweilige Kind das Tiergeräusch von sich • es wird so lange gespielt, bis alle Paare aufgedeckt sind		

Kofferpacken

Kompetenzbereiche des SK:	**Selbstbild-Realselbst,** Soziales Selbst
Materialien:	verschiedene Stifte, Papier, Vorlage Koffer
Einzel- oder Gruppensituation:	E+G
Beobachtungs- und Förderschwerpunkte:	psychosozial, motorisch, perzeptiv, **kommunikativ**, **kognitiv**

<table>
<tr><th>Grad</th><th>Durchführung mit unterschiedlichen Schwierigkeitsgraden</th><th>spezielle Beobachtungsmöglichkeiten SK</th><th>Fragen und/oder Interpretationsmöglichkeiten</th></tr>
<tr><td>I</td><td>• vor Durchführung des Spiels: Aufmalen von Personen/Gegenstände, die für das Kind bedeutend sind</td><td rowspan="6">• Welche Dinge oder/und Personen sind für das Kind laut eigener Aussage bedeutend?
• Kommentiert das Kind seine Zeichnungen bzw. „Einpacken"?
• Zeigt das Kind präzise Vorstellungen?
• welche Gegenstände nennt das Kind?
• welche erscheinen ihm bedeutsam? → eher personell oder materiell?
• Wird das Kind durch Äußerungen anderer Kinder beeinflusst?
• Spiegeln sich Wertvorstellungen wider?
• Inwiefern bezieht das Kind Alltag und Alltagserfahrungen in Überlegungen mit ein?</td><td rowspan="6">• Das Kind nennt/zeichnet Personen/Gegenstände aus seinem Alltag, aus der Fantasie, ...
• Warum erscheinen manche Dinge besonders wichtig für das Kind?
• kognitive Fähigkeiten, u.a. Reflexionsfähigkeit
• Das Kind zeigt (keine) Gefühle bzgl. emotionaler Bedeutsamkeit von Personen/ Gegenständen → Vorlieben werden deutlich
• Das Kind äußert sich (nicht) über andere Personen und deren Rolle in seinem eigenen Leben</td></tr>
<tr><td>I</td><td>• evtl.: ausschneiden der aufgemalten Dinge, um diese später in den „Koffer" zu packen</td></tr>
<tr><td>II</td><td>• Kinder bilden einen Sitzkreis
• nacheinander darf jedes Kind einen Gegenstand oder eine Person nennen, der/die ihm sehr wichtig ist/sind und den/die es auf eine lange Reise mitnehmen würde (z.B. Gameboy, Mutter/Vater, Hund, Buch, ...)</td></tr>
<tr><td>II</td><td>• dieses Ding kann dann in einen Koffer gelegt oder auch hinein gemalt werden (Vorlage)
• Steigerung der Anzahl der Gegenstände/Personen möglich</td></tr>
<tr><td>III</td><td>• Das Kind, das an der Reihe ist, muss die wichtigen Dinge seiner Vorgänger wiederholen, bevor es die für ihn wichtigsten Gegenstände/Personen nennt</td></tr>
<tr><td>II</td><td>• wurden die Personen/Gegenstände bisher noch nicht aufgemalt, so kann dies auch zum Ende der Durchführung folgen</td></tr>
</table>

Körperteile abbilden

<u>Kompetenzbereiche des SK:</u> **Körperkonzept**
<u>Materialien:</u> Fingerfarben/Kreide/Buntstifte, Tücher zum säubern; evtl. Vorlage Junge/Mädchen

<u>Einzel- oder Gruppensituation:</u> E+G
<u>Beobachtungs- und Förderschwerpunkte:</u> psychosozial, motorisch, **perzeptiv**, kommunikativ, **kognitiv**

Grad	Durchführung mit unterschiedlichen Schwierigkeitsgraden	spezielle Beobachtungsmöglichkeiten SK	Fragen und/oder Interpretationsmöglichkeiten
I	• Thematisierung Körperteile: was gibt es für Körperteile und wie heißen diese	• *welche Körperteile kennt das Kind?*	• *Das Kind verfügt über globales/ differenziertes Körperwissen*
I	• „Abdrucken" einzelner Körperteile mittels Fingerfarben → Hände, Füße, Fingerabdrücke	• *wie geht das Kind mit Farben um? Bevorzugt es evtl. Farben?*	• *Das Kind mag sich (nicht) bemalen → evtl. Wahrnehmung, Empfinden*
I	• Ummalen einzelner eigener Körperteile: Hände, Füße	• *in welcher Form erfolgt Auftragen der Farben?*	• *Das Kind ist motorisch bzw. koordinativ (un-) geschickt; Graphomotorik*
II	• Vergleich Körperteile bzgl. Größe und Aussehen auf dem „Gemälde" und Vergleich in natura	• *kann das Kind eigene und/oder andere Körperteile ummalen?*	• *Das Kind bevorzugt ... Farben; Frage nach Lieblingsfarbe(n)*
II	• Vergleich von Körperteilen untereinander: die Kinder vergleichen, wessen Körperteil(e) gleich groß, größer, kleiner als ... sind	• *wie schätzt das Kind eigenen körperlichen Maße und Grenzen ein?*	• *Das Kind kann Ausdehnung(en) seines Körpers (nicht) einschätzen*
II	• Die Kinder finden sich zu Paaren zusammen und zeichnen sich gegenseitig ihre Körperumrisse (in Rückenlage mit ausgestreckten Armen und Beinen) mit Kreide auf die Matten • Thematisierung: Vergleich von Bild + Realität; was sind Unterschiede? Wodurch entstehen Unterschiede (durch Haltungen, durch Zeichner, durch Kreide)	• *Wie präzise versucht das Kind zu zeichnen?* • *kann das Kind bestimmen von wo bis wo welcher Körperteil geht?* • *wie gestaltet sich der Vergleich mit anderen Kindern bzw. deren Körperteilen?*	• *Das Kind kann rechte/linke Körperseite zuordnen* • *Das Kind vergleicht sich mit anderen →* Vergleich beruht auf Wissen, Wetteifer, Schönheit, ... • *das Kind äußert (Un-) Zufriedenheit mit Körperbild*

II	• Anschließend bekommt jedes Kind die Aufgabe, die Körperteile, die es kennt, in seinen Körperumriss einzuzeichnen bzw. mit Strichen zu markieren von wo bis wo welcher Körperteil geht • Diese Aufgabe kann evtl. auch auf einem Extra-Blatt gemacht werden; v.a., wenn die Umrisse stark verzerrt sind	• *welche Reaktion(en) zeigt das Kind auf sein Körperbild?* • *kann das Kind sich räumlich orientieren?* • *gelingt dem Kind die Übertragung von einzelnen Körperteilen auf den Körperumriss?*	• *Dem Kind ist eine Orientierung im Raum und räumlichen Abbildern möglich* • *Das Kind kann sich am eigenen oder/und fremden Körper (nicht) orientieren*
II	• Haben alle Kinder ihre Körperteile markiert, sollen die Körperteile benannt werden; dazu suchen sich die Kinder wieder ihren Partner; die einzelnen Körperteile sollen zunächst am eigenen Körper gezeigt und benannt werden und dann am Körperumriss; der jeweilige Partner soll zuhören und eventuell korrigieren	• *ist das Kind aufmerksam und korrigiert ggf. Nennung eines Körperteils?* • *Wie reagiert das Kind, wenn es korrigiert wird? → Emotionalität* • *welche Körperteile mag das Kind am liebsten?*	
II	• Abmalen verschiedener Körperteile und/oder des ganzen Körpers → Selbstbild zeichnen lassen	• *wie zeichnet sich das Kind selbst?* • *welche Vorstellungen hat das Kind von sich selbst?*	
III	• Piepmaschine: ein Kind ist die Piepmaschine und von dieser ist ein (Körper-)Teil kaputt. Das Kind denkt sich ein Körperteil aus und muss sich dieses merken (es kann auch aufgeschrieben oder aufgemalt werden). Dann legt sich das Kind auf eine Matte und die anderen Kinder sitzen drum herum. Nacheinander versuchen die Kinder das Körperteil zu finden, welches kaputt ist. Dabei können sie sagen „Piepmaschine ist dein ... kaputt?". Während der Frage legen sie eine Hand auf das entsprechende Körperteil. Wenn das Körperteil gefunden wurde, welches kaputt ist, dann macht die Piepmaschine „piep piep piep piep...".	• *gelingt eine Anwendung von Kenntnis der Körperteile auch in anderen Spielen (z.B. Piepmaschine)?*	

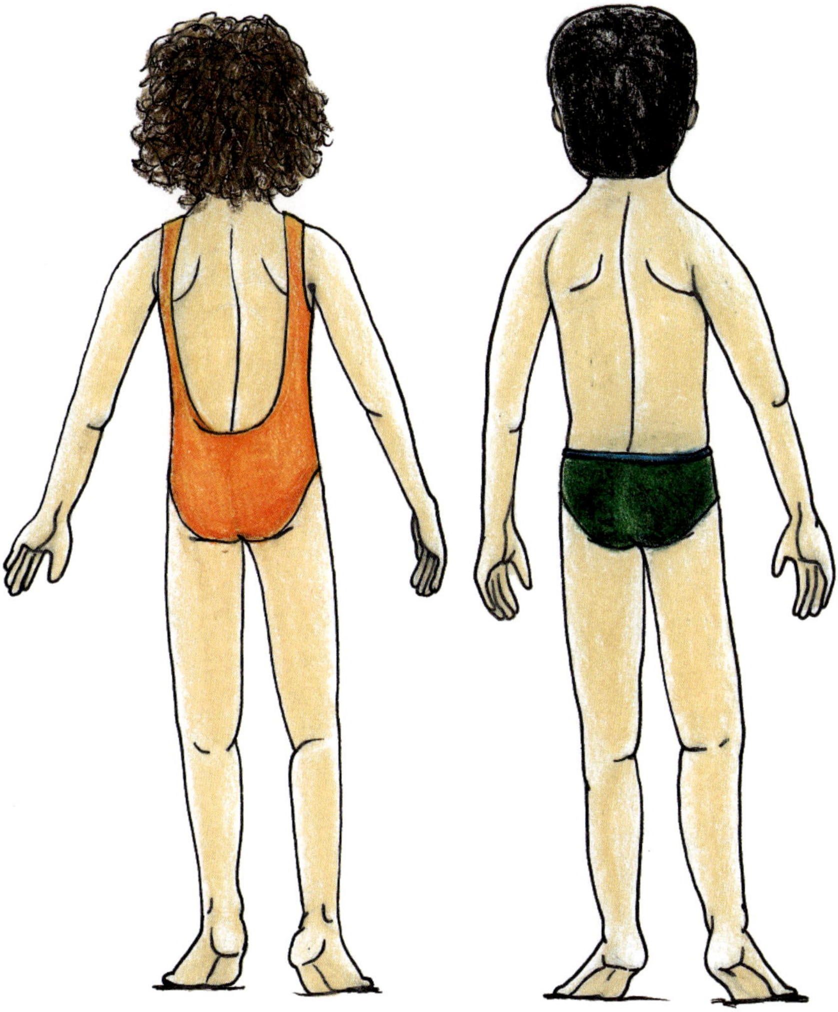

Massagebild[1]

Kompetenzbereiche des SK:	**Körperkonzept**
Materialien:	verschiedene Kleinmaterialien (Igelbälle, Sandsäckchen, Tücher o.ä.); Massagebild (Vorlage)
Einzel- oder Gruppensituation:	E+G
Beobachtungs- und Förderschwerpunkte:	psychosozial/motorisch/**perzeptiv**/kommunikativ/**kognitiv**

Grad	Durchführung mit unterschiedlichen Schwierigkeitsgraden	spezielle Beobachtungsmöglichkeiten SK	Fragen und/oder Interpretationsmöglichkeiten
I	• Benennung Körperteile: welche Körperteile gibt es?	• *Welche Körperteile kennt das Kind und kann es benennen?* • *Bevorzugt das Kind Materialien aufgrund bestimmter Qualität(en) (hart, weich, stachelig, ...)?* • *Bevorzugt das Kind Körperteile, an denen es berührt werden möchte?* • *Liegt das Kind (un-)ruhig, entspannt, angespannt?* • *Äußert sich das Kind während der Massage? Wie?* • *Erkennt und nennt das Kind, mit welchem Material es berührt wird?* • *Welche Druck-Stärke*	• *Das Kind verfügt über globales/ differenziertes Körperwissen* • *Dem Kind sind ... Materialien (nicht) bekannt* • *Das Kind bevorzugt ... Reize* • *Das Kind bevorzugt Körperstellen, die leicht erreichbar sind, die bekannte/ neue Erfahrungen zulassen,...* • *Das Kind scheint Reize zu genießen, zu ertragen, dagegen zu sein* • *Zusammenhang zw. emotionalen Reaktionen und Material und/ oder Erfahrungen diesbezüglich?* • *Zuordnung von Material zu Reiz kann (nicht) erfolgen → Transfer*
I	• das Kind wählt selbständig Materialien aus und berührt sich selbst mit diesen an verschiedenen Körperteilen		
I	• nach einer Spielerklärung legt sich das Kind in Bauchlage • es folgt eine Berührung durch den Pädagogen oder ein anderes Kind mit Materialien an verschiedenen Körperteilen; • gleichzeitige Verbalisierung durch Pädagogen, wo berührt wird		
II	• erkennen, mit welchem Material das Kind berührt wird : das Kind soll nennen, mit welchem Material es berührt wird		
II	• bei Berührung mit verschiedenen Materialien werden unterschiedliche Qualitäten von Berührung eingebracht: abhängig von Material, Druck, Tempo		

[1] Alle einzelnen Aufgaben können mit wechselnden Rollen nach Absprache ausgeführt werden

II	• Das Kind soll äußern, welchen Druck es an welchen Körperstellen gern und nicht so gern hat • Das Kind soll äußern, wo es (nicht) gern berührt wird bzw. werden möchte; evtl. kann über diese Stellen ein Tuch gelegt werden	*bevorzugt es?* • *wird Wunsch nach Differenzierung des Drucks, Tempos und/oder Materials geäußert?*	• *Das Kind kann Wünsche/Vorlieben (nicht) äußern* • *Das Kind sucht neue Erfahrungen* • *Das Kind bevorzugt bestimmte Körperposition*
II	• Massage ohne Materialien, sondern mit Händen	• *sucht das Kind neue/alte/bekannte Erfahrung?*	• *Äußerungen bzgl. Körperempfinden*
II	• Geschichte „Pizza backen" (s. Vorlage)		• *Das Kind scheint seinen eigenen Körper .... wahrzunehmen*
II	• Geschichte „Tiere auf dem Hügel" (s. Vorlage)		
II	• Wechsel der Körperlage: auf Rücken legen	• *welchen Druck mag das Kind?*	• *Das Kind kann die berührten Körperteile orten*
III	• Das Kind, welches in Bauchlage liegt, an 1-x Anzahl Stellen berühren • Das Kind zeigt die berührten Körperteile sofort oder anschließend • Das Kind benennt die berührten Körperteile sofort oder anschließend	• *mag das Kind lieber in Rücken- oder Bauchlage massiert werden?* • *mag das Kind von allen direkt/indirekt berührt werden?*	• *Das Kind verfügt über eine Merkfähigkeit bzgl. zeitlicher und räumlicher Strukturen* • *Eine Übertragung von Berührung auf das Papier kann synchron und/ oder zeitversetzt (nicht) erfolgen*
III	• Das Kind legt sich ausgestreckt in Bauchlage auf eine Matte; Pädagoge rollt mit dem Massageball langsam über den Körper des liegenden Kindes • Aufgabe des Kindes ist es, den Weg, den der Massageball auf dem Körper entlang rollt ,auf das Arbeitsblatt zu übertragen → gleichzeitig → nach Beendigung der Massage • Hier kann der „Masseur" auch bestimmte Muster rollen, die bekannt sind (z.B. Dreieck, Kreis, Zahlen, ...)	• *zeigt oder benennt das Kind, wo es berührt wurde?* • *kann das Kind sich Reihenfolge und Art der Berührung (nicht) merken?* • *Kann eine Übertragung auf ein Arbeitsblatt erfolgen? → Genauigkeit, Abweichungen* • *finden Abweichungen bzw. Nichtübertragung statt?*	• *Mögliche Gründe für Abweichungen bzw. Nichtübertragung → Genuss der Massage, Kognition, Körpergefühl* • *Umgang mit (Massage-)Partner ist ...; erscheint vorsichtig/grob/ hastig/... → Zuneigung, Abneigung, Wahrnehmung, eigene Vorlieben...* • *Das Kind bevorzugt ... Rolle*
III	• Var.: auf dem Massagebild kann das Kind einzeichnen, an welchen Körperteilen es (nicht) gern berührt wurde oder welche es mag/nicht mag • → Kennzeichnung durch verschiedene Farben (z.B.: schön = rot; unangenehm = grün...) • Var.: einzeichnen, an welchen Körperteilen das Kind schon mal eine Verletzung hatte	• *wie ist der Umgang mit (Massage-) Partner?* • *Mit welchen Farben kennzeichnet das Kind sein Befinden?*	• *Das Kind kennzeichnet mehr angenehme/unangenehme Stellen auf seinem Massagebild*

Pizza backen

Geschichte:

(in Anlehnung an PIRNEY 1993, 12f)

Heute wollen wir eine Pizza backen! Das Pizzablech ist noch schmutzig und es muss erst mal gut gesäubert werden ...	Kind liegt auf dem Bauch Mit zwei Fäusten rubbeln auf dem Rücken
Etwas Wasser drüber laufen lassen...	Alle Finger imitieren fließendes Wasser durch Wellenbewegung von oben nach unten
Oh, da klebt noch etwas... und da auch noch... da muss die Bürste ran!	Fünf senkrecht stehende Finger bürsten sauber
Noch einmal Wasser....	Alle Finger imitieren fließendes Wasser durch Wellenbewegung von oben nach unten
Das nasse Blech muss jetzt natürlich abgetrocknet werden...	Beide Hände drücken flach und mit Druck von oben nach unten, um das Blech abzutrocknen
Jetzt ist das Blech sauber und trocken und es kann endlich losgehen!	
Wir nehmen etwas Mehl - das häufen wir auf und machen ein Loch in die Mitte...	Mit beiden Händen Mehl anhäufen und Loch imitieren
Dann brauchen wir noch Eier, Wasser, Hefe, Salz als Zutaten für den Teig	Sich berührende Fingerspitzen schlagen senkrecht auf den Rücken fallend, die Eier auf; dann drücken sich die Fingerspitzen gleichmäßig nach außen
Jetzt muss der Teig kräftig geknetet werden...	Mit beiden Händen kneten
Das Pizzablech wird mit Butter eingestrichen....	4 Finger streichen das Blech ein
Der Teig wird mit dem Nudelholz schön gleichmäßig ausgerollt....	Unterarm rollt mit Druck den Teig aus und der andere Arm führt ihn
Zuerst kommt die Tomatensoße...	Mit beiden Händen die Soße verstreichen
Was willst du für eine Pizza haben?	Kinder bestimmen die Zutaten nacheinander:
z.B.: Salami, Champignons, Annanas, Spinat, Schinken....	Alles wird mit den Händen nacheinander so verteilt, dass verschiedene Formen erspürbar werden
Und zuletzt kommt der Käse...	Mit den Fingern wird der gestiefelte Käse auf dem Rücken verteilt
Nun kommt die Pizza in den Ofen...	Hände oder Unterarme auf den Rücken legen, so dass es warm wird Auf Wunsch des Kindes kann sich der „Bäcker" auch mit dem ganzen Körper auf das Kind („Pizza") legen
Hm... das duftet ja schon gut, die Pizza scheint fertig zu sein und das Blech kann herausgenommen werden. Die Pizza wird dann in Stücke geschnitten.	Handkante teilt als Messer die Pizza in Stücke
Guten Appetit!	

Tiere auf dem Hügel

Geschichte:

(in Anlehnung an PIRNEY 1993, 15)

Stell dir vor, dass wir alle bei einem grünen Hügel sind, den man hinauf- und hinunterlaufen kann. Der Wind weht leicht, die Sonne scheint und Gräser und Tiere fühlen sich wohl.	Das Kind liegt auf dem Bauch.
Es war einmal eine kleine Maus, die neugierig war, was sie wohl auf dem Hügel alles tun könnte....	Eine Hand läuft als Maus den Hügel hinauf
Da kam eine Schnecke des Weges daher, sie rutschte den Hügel ganz langsam hinauf	Die andere Hand bewegt sich als Schnecke
Und es kam auch ein Känguru, das mit wenigen großen Sprüngen den Hügel hinauf stürmte....	Schnelle und große Hüpfer werden imitiert
Weiter kam eine Ameise, die ganz leichtfüßig den Hügel erforschte...	Ein sanftes krabbeln
Welches Tier soll noch über den Hügel laufen?	Kind sucht sich Tiere aus
z.B.: Marienkäfer, Elefant, Kühe, Hühner, Schweine, Hund...	Verschiedene Berührungen und Tempi
Und zu guter letzt ziehen zwei schwere Schildkröten langsam ihre Bahnen über den Hügel....	Beide Hände schieben über den Rücken
Ein schöner Tag neigt sich dem Ende zu. Die Tiere hatten einen tollen Ausblick auf dem Hügel. Die Sonne versinkt hinter dem Hügel. Die Tiere laufen nun nacheinander wieder den Hügel hinab? Weißt du noch die Reihenfolge? Wenn nicht, dann darfst du eine Reihenfolge bestimmen! ☺	Alle Tiere laufen wieder hinab.

Stufenleiter

Kompetenzbereiche des SK: **Fähigkeitskonzept, Selbsteinschätzung**
Materialien: Stifte, Vorlage Sprossenwand
Einzel- oder Gruppensituation E
Beobachtungs- und Förderschwerpunkte: psychosozial, motorisch, **perzeptiv**, **kommunikativ**, **kognitiv**

Aufgabe:
Als Vorlage dient hier das Bild „Einschätzung anhand einer Sprossenwand"[1].
Die Kinder sollen anhand des Bildes aufmalen oder aufschreiben, wie sie ihre Fähigkeiten in Bezug zu einer bestimmten Aufgabe einschätzen → bitte aufschreiben, in welchen Situationen die Vorlage und die Aufgabe verwendet wird.
Eine Selbsteinschätzung kann von der Stufe 1 = niedrig bis zur Stufe 14 = hoch erfolgen.
Andererseits kann diese Vorlage auch zur Darstellung von Gefühlen dienen (oben/Stufe 14 = sehr gut fühlen; unten/Stufe 1 = sehr schlecht fühlen).

Die Einschätzung seiner selbst kann sowohl vor oder nach der Ausführung einer Aufgabe sowie generell erfolgen.

spezielle Beobachtungsmöglichkeiten SK	**Fragen und/oder Interpretationsmöglichkeiten**
• *Das Kind zeichnet sein Können oder Befinden auf .... Stufe* • *Es zeigen sich (keine/geringe/große) Unterschiede, wenn das Kind sich generell, vor oder nach einer Aufgabenausführung einschätzen soll* • *Wie schätzt das Kind welche Fähigkeiten ein?* • *Das Kind zögert, überlegt oder entscheidet sich sofort, sehr schnell, wie es sich selbst einschätzt.* • *Vergleicht das Kind seine Fähigkeiten mit denen anderer Kinder/ Personen?* • *Äußert sich das Kind darüber, woher und wie lange es die Fähigkeiten besitzt?*	• *Das Kind kann eigene Fähigkeiten (nicht) einschätzen* • *Das Kind ist sich (nicht) sicher bzgl. seiner Selbsteinschätzung.* • *Das Kind nimmt eigenen Fähigkeiten (nicht) real wahr* • *Das Kind unter-/überschätzt sich* • *Der Vergleich mit anderen Personen ist dem Kind (nicht) wichtig* • *Es bestehen (keine) Differenzen zwischen genannten und tatsächlich gekonnten Fähigkeiten*

[1] Diese Vorlage kann groß (auf A3) kopiert und laminiert werden, so dass ein Kind/die Kinder jedes mal sich selbst neu einschätzen kann/können (Kennzeichnung mit wasserlöslichen Stiften)

Was ich alles kann! (II)

Kompetenzbereiche des SK: **Fähigkeitskonzept,** Selbsteinschätzung
Materialien: Stifte
Einzel- oder Gruppensituation E
Beobachtungs- und Förderschwerpunkte: psychosozial, motorisch, **perzeptiv**, **kommunikativ**, **kognitiv**

Grad	Durchführung mit unterschiedlichen Schwierigkeitsgraden	spezielle Beobachtungsmöglichkeiten SK	Fragen und/oder Interpretationsmöglichkeiten
I-II	• Die Kinder sollen aufmalen oder aufschreiben, was sie besonders gut können • Auf einem anderen Blatt sollen die Kinder aufschreiben oder aufmalen, was sie nicht so gut können	• *Kann das Kind Fähigkeiten nennen und/oder aufschreiben?* • *Wie schätzt das Kind welche Fähigkeiten ein?* • *Welche Fähigkeiten nennt das Kind zuerst?* • *Welcher Erfahrungshintergrund spielt mit ein? (Bezugsnorm, Lerngeschichte, Fremdbewertung)* • *Vergleicht das Kind seine Fähigkeiten mit denen anderer Kinder/ Personen?* • *Aus welchem Bereich stammen die Fähigkeiten (musisch, sportlich, kreativ; Schule, Freizeit, ...)?* • *Äußert sich das Kind, woher und wie lange es die Fähigkeiten besitzt?*	• *Das Kind kann eigene Fähigkeiten (nicht) nennen (sofort, überlegt, ...) (Kenntnis)* • *Das Kind nimmt eigenen Fähigkeiten (nicht) real wahr* • *Das Kind unter-/überschätzt sich* • *Das Kind setzt seine Fähigkeiten in Bezug zu Leistungen* • *Dem Kind bedeuten Fähigkeiten in .... Bereich scheinbar viel/wenig* • *Der Vergleich mit anderen Personen ist dem Kind (nicht) wichtig* • *Es bestehen (keine) Differenzen zwischen genannten und tatsächlich gekonnten Fähigkeiten*
I	• Dem Kind kann eine Anregung bzgl. verschiedener Bereiche gegeben werden, in denen sie Fähigkeiten haben können (z.B. Unterrichtsfächer, Sport/Bewegung, Freizeit, Hobbies, Haushalt etc.)		

Arbeitsblatt: Was ich alles kann! (II)

Male oder schreibe auf, was du besonders gut kannst!

Male oder schreibe auf, was du nicht so gut kannst!

Brettspiel[1]

Kompetenzbereiche des SK: **Fähigkeitskonzept, Selbsteinschätzung**
Materialien: Stifte, Papier, Brettspiel, Fragekarten, Zeitmesser, Spielfiguren, Würfel
Einzel- oder Gruppensituation G (maximal 4 Kinder)
Beobachtungs- und Förderschwerpunkte: psychosozial, motorisch, **perzeptiv**, **kommunikativ**, **kognitiv**

Grad	Durchführung mit unterschiedlichen Schwierigkeitsgraden	Fragen und/oder Interpretationsmöglichkeiten
	• Ziel des Spiels: die Kinder/Schüler sollen sich zu Aufgaben aus verschiedenen Schulfächern einschätzen, ehe sie die Aufgabe bewältigen	• *Bedeutsamkeit von Schule für das Kind* • *Bevorzugung oder Vermeidung bestimmter Schulfächer* • *Fähigkeiten, Kenntnisse in bestimmten Schulfächern* • *Selbsteinschätzung, v.a. Selbstvertrauen und Selbstwertschätzung* • *Umgang mit Erfolg oder Misserfolg*
	• das Spiel besteht aus dem Spielbrett, einem Kästchen mit Fragekarten zu den Schulfächern, Spielfiguren verschiedener Farben und je ein Chip zur Spielfigur, einem Zeitmesser und einem manipuliertem Würfel, der nur Einsen und Zweien würfelt; alle Mitspieler benötigen Papier und Stifte	
	• das Spielfeld: es führen zwei Wege zum Ziel: ein langer und ein kurzer. Die Felder sind jeweils mit einem Schulfach beschriftet (Mathe, Deutsch, Sachkunde, Musik, Kunst). Der kürzere Weg führt über ein Risiko-Feld.	
	• auf den Fragekärtchen stehen Aufgaben zu den jeweiligen Schulfächern • diese sollte der Diagnostiker mit den entsprechenden Lehrkräften vorher besprochen haben, so dass die Aufgaben sich auf die derzeitigen Unterrichtsinhalte beziehen und für die Kinder grundsätzlich lösbar sind • zusätzlich gibt es einen Stapel mit „Risiko-Karten". Auf diesen Karten stehen Aufgaben eines höheren Schwierigkeitsgrades aller Fächer (z.B. in Mathe eine Kettenaufgabe)	
	• Spielablauf: der jüngste Spieler beginnt; Reihenfolge im Uhrzeigersinn • der erste Zug wird von allen mit dem Spezialwürfel erwürfelt (1 oder 2 Felder vor)	
	• ein Spielzug verläuft folgendermaßen: Kommt ein Kind z.B. auf ein Mathe-Feld, so zieht der Spielleiter eine Mathe-Karte und verkündet den Bereich, aus dem die Aufgabe kommt (z.B. „Du bekommst eine Aufgabe aus dem Einmalsieben")	

[1] Dieses Brettspiel wurde von Friedemann-Zemkalis im Rahmen seiner 1. Staatsarbeit erstellt und aus dieser entnommen (Universität Hannover)

	• jetzt muss sich das Kind entscheiden, ob es die Aufgabe in 10 oder 20 Sekunden lösen kann (Zeitmesser; z.B. Murmelbahn) • das Kind muss ankündigen, wie lange es sich Zeit gibt; kündigt es 10 Sekunden an und bewältigt die Aufgabe auch in der Zeit darf es 2 Felder vorgehen; Kündigt es 20 Sekunden an und schafft es auch, darf es 1 Feld vorgehen; schafft der Spieler es nicht, muss er stehen bleiben und in der nächsten Runde eine neue Matheaufgabe lösen • schafft er es erneut nicht, darf er sich frei würfeln	
	• es führen 2 Wege zum Ziel, zwischen denen sich der Spieler entscheiden muss; hierzu muss der Spielleiter den Spielern deutlich machen, dass der kürzere Weg der schwierigere ist; der Begriff „Risiko" muss geklärt werden • für das Risikofeld gelten folgende Regeln: a) es darf nicht übersprungen werden b) wer die Risiko-Aufgabe nicht schafft, muss in der nächsten Runde aussetzen und muss danach erneut eine Risikoaufgabe lösen c) es gibt die Zeitvorgabe von 20 sec. ; bei Lösung darf der Spieler ein Feld vor • vor der Aufgabe kündigt der Spielleiter das Schulfach an, damit sich der Spieler darauf einstellen kann	
	• jeder Spieler erhält bei Spielbeginn einen Chip in derselben Farbe wie sein Spielstein; diesen darf er wann er will beim Spielleiter einlösen; er berechtigt dazu, ein Feld vorzugehen (Ausnahme: Risikofeld); grundsätzlich dient er zur Vermeidung eines unbeliebten Schulfaches	
	• Papier und Stift brauchen die Kinder, falls sie bei einer Aufgabenstellung schreiben, zeichnen oder schriftlich rechnen müssen	

Mündliche Befragungen

Aufgabenübersicht:

Aufgabe	Kompetenzbereich	Material
Du mit, ohne, gemeinsam... mit anderen	Selbstbild, Soziales Selbst	Vorlage(n)
Fragebogen zur Selbsteinschätzung II	Selbsteinschätzung	Fragebogen
Sätze zu Ende führen	Selbstbild, Selbstbewertung, soziales Selbst	Fragebogen
Einschätzungen des Kindes	Soziales Selbst	Fragebogen
Interview zum Selbstkonzept	Selbsteinschätzung, Soziales Selbst, Realselbst,	Fragebogen
Wunsch-Tiere	Selbstbild, Idealselbst, Realselbst	Vorlage Tiere, Stifte, Papier
Was ich an meinem Körper mag?!	Realselbst, Idealselbst, Körperkonzept	Vorlage Schwimmbad, Vorlage Junge/Mädchen, Stifte

<u>Kompetenzbereiche des SK:</u> **Selbstbild – Soziales Selbst,**
<u>Materialien:</u> Stifte
<u>Einzel- oder Gruppensituation:</u> E
<u>Beobachtungs- und Förderschwerpunkte:</u>
psychosozial, motorisch, perzeptiv, **kommunikativ**, **kognitiv**

Du mit, ohne, gemeinsam … mit andere(n)[1]

Was und wer fällt dir spontan ein, wenn du diese Bilder siehst?
Lasse Deinen Gedanken freien Lauf! ☺

[1] Dieser Fragebogen kann sowohl zur schriftlichen als auch zur mündlichen Befragung eingesetzt werden.

Wie verhältst du dich anderen Personen gegenüber?
(cool, stark, schüchtern, freudig, abwartend, ängstlich....)

Vater: ____________________
Mutter: ____________________
Geschwister: ____________________
Oma: ____________________
Opa: ____________________
Beste® Freund(in): ____________________
Lehrer(in): ____________________
Ein Kind aus der Nachbarschaft: ____________________
Ein Kind aus Deiner Klasse/Gruppe: ____________________
.... ____________________

Was sind deine Gründe, warum du teilweise unterschiedlich bist?
(Anerkennung, Selbstwertgefühl, Rolle...)

Was meinst du, wie dich andere Menschen sehen bzw. erleben?
Stell dir vor, du bist (Dein Vater, deine Mutter, dein Freund...) **und sollst dich beschreiben!**

Vater: ____________________
Mutter: ____________________
Geschwister: ____________________
Oma: ____________________
Opa: ____________________
Beste® Freund(in): ____________________
Lehrer(in): ____________________
Ein Kind aus der Nachbarschaft: ____________________
Ein Kind aus Deiner Klasse/Gruppe: ____________________
.... ____________________

Was denkst du mag ... besonders an dir?

Welche Meinungen über dich sind dir am wichtigsten (Mutter, Vater, Freunde, ...)?

Fragebogen zur Selbsteinschätzung II[1]

(Eggert/Reichenbach 2003)

Kompetenzbereiche des SK: **Selbsteinschätzung**
Einzel- oder Gruppensituation E
Beobachtungs- und Förderschwerpunkte:
psychosozial, motorisch, perzeptiv, **kommunikativ**, **kognitiv**

1. Versuche, dich kurz selbst zu beschreiben! Was bist du für ein Mensch?
2. Wenn du eine Aufgabe lösen sollst, die neu für dich ist, wie gehst du an diese Aufgabe heran? Meinst du, dass du diese Aufgabe bewältigen kannst? Was denkst du? (SV)
3. Wenn du eine Aufgabe lösen sollst, die du schon einmal gemacht hast, wie gehst du dann an diese Aufgabe heran? Was denkst du? (SV)
4. Auf welche Art von Aufgaben freust du dich, da du weißt, dass du sie sehr gut lösen kannst (Sport/Bewegung, Mathematik, Deutsch, Musik, Kunst ....)? Aus welchem Grund freust du dich? (SV)
5. Welche Aufgaben gehst du nicht so gern an? Warum? Aus welchem Grund bist du dir evtl. nicht sicher, dass du die Aufgabe lösen kannst? (SV)
6. Wann fühlst du dich nach der Ausführung einer Aufgabe gut? (SWG)
7. Wann fühlst du dich nach der Ausführung einer Aufgabe weniger gut? (SWG)
8. Wie fühlst du dich nach der Bewältigung einer Aufgabe? (SWG)
9. Wie fühlst du dich, wenn du eine Aufgabe nicht lösen konntest? (SWG)
10. Bei welchen Aufgaben fühlst du dich anschließend meistens gut? (SWG)
11. Bei welchen Aufgaben fühlst du dich anschließend meistens weniger gut? (SWG)
12. Wie lange hält ein gutes Gefühl an? (SWG)
13. Wie lange hält ein weniger gutes Gefühl an? (SWG)
14. Wie schätzt du insgesamt deine Fähigkeiten ein? (SWS)
15. Wie schätzt du deine Fähigkeiten bezüglich bestimmter Bereiche ein? (SWS)
16. Welche Erfahrungen hast du in welchen Bereichen gemacht? (SWS)

[1] Dieser Fragebogen ist dafür gedacht, dass Kinder/Jugendliche mündlich befragt werden; die Fragen sind analog den Fragen von „Fragebogen zur Selbsteinschätzung I"

17. Wie schätzt du deine Fähigkeiten bezüglich bestimmter Anforderungen ein? (SWS)

18. Welche Einstellung/Erwartung hast du, wenn du eine Aufgabe zum ersten Mal ausprobierst?

19. Welche Einstellung/Erwartung hast du, wenn du eine Aufgabe wiederholt ausprobierst?

20. Wie reagierst du, wenn du erfolgreich bist?

21. Wie reagierst du, wenn du mal nicht erfolgreich bist?

22. Wovon ist aus deiner Sicht dein Erfolg abhängig?

23. Wovon ist aus deiner Sicht ein „Misserfolg" abhängig bzw. wodurch wird dieser verursacht?

24. Überlegst du dir im Vorhinein, was du mit einer Aufgaben erreichen möchtest bzw. formulierst du Ziele? Wenn ja, welche Ziele sind das zum Beispiel?

25. Erkennst du deine eigene Leistung/Fähigkeit an? Wenn ja, wie „belohnst" du dich dafür?

26. Vergleichst du dich mit anderen, wenn du eine Aufgabe beginnst? Wenn ja, mit wem?

27. Vergleichst du dich mit anderen nachdem du die Aufgabe ausgeführt hast? Mit wem?

Sätze zu Ende führen[1]

<u>Kompetenzbereiche des SK:</u> **Selbstbild, Selbstbewertung, Soziales Selbst**
<u>Materialien:</u> Stifte
<u>Einzel- oder Gruppensituation</u> E
<u>Beobachtungs- und Förderschwerpunkte:</u>
psychosozial, motorisch, perzeptiv, **kommunikativ**, **kognitiv**

<u>Aufgabe:</u> Dem Kind wird vom Pädagogen ein Satzanfang vorgegeben.
Das Kind soll den Satz nach seinen Vorstellungen zu Ende führen.
In diesen Sätzen soll das Kind Aussagen über seine Gefühle, Beziehungen zu anderen Personen, Moralvorstellungen, selbstgezogene Grenzen machen können.

1. Es macht mir Spaß, ______________________
2. Ich spiele ______________________
3. Ich ärgere mich ______________________
4. Bei einem Wettrennen ______________________
5. Mein(e) Lehrer(in) sagt mir oft ______________________
6. Wenn ein Kind ______________________
7. Lügen ______________________
8. Immer wenn ich ______________________
9. Schreien ______________________
10. Wenn ich mich melde ______________________
11. Meine Lehrerin meint ______________________
12. Es ist ungerecht ______________________
13. Wenn ich alleine zu Hause bin ______________________
14. Heimlich ______________________

[1] Der Fragebogen kann sowohl im Rahmen einer schriftlichen oder mündlichen Befragung genutzt werden

15. Ich mag es nicht ______________________________

16. Mein(e) Freund(e) ______________________________

17. Wenn ich in die Schule gehe ______________________________

18. Angst ______________________________

19. Ich weiß genau ______________________________

20. Alleine ______________________________

21. Ich freue mich ______________________________

22. Zu Hause ______________________________

23. Erwachsene dürfen ______________________________

24. Kinder ______________________________

25. Immer wenn jemand ______________________________

26. Ich möchte ______________________________

27. Wenn ich älter bin ______________________________

28. Schule ist ______________________________

29. Es stört mich ______________________________

30. Am meisten freue ich mich ______________________________

31. Meine Eltern sagen mir oft ______________________________

32. Manchmal ______________________________

33. Jungen sind ______________________________

34. Mein Vater ______________________________

35. Andere sagen vielleicht von mir ______________________________

36. Als ich ganz klein war ______________________________

37. Die Welt ______________________________

38. Meine Eltern sind ______________________________

39. Ich hoffe ______________________________

40. Meine Geschwister ______________________________

41. Meine Mutter ______________________________

42. Das Wichtigste ist für mich ______________________________

43. Ich möchte wissen, ob ______________________________

44. Mädchen sind ______________________________

45. Wenn ich allein bin ______________________________

46. Im Dunkeln ______________________________

47. Es ist gut ______________________________

48. Es ist schlecht ______________________________

49. Am liebsten mag ich ______________________________

50. Zu Hause fühle ich mich ______________________________

Raum für weitere Notizen

Einschätzungen des Kindes

Kompetenzbereiche des SK: **Soziales Selbst**
Materialien: Stifte
Einzel- oder Gruppensituation E
Beobachtungs- und Förderschwerpunkte:
psychosozial, motorisch, perzeptiv, **kommunikativ**, **kognitiv**

Aufgabe: Dem Kind wird vom Pädagogen eine Frage vorgelesen. Das Kind kann anhand einer 5-er-Skalierung[1] angeben, inwiefern die jeweilige Aussage zutrifft. Zusätzliche Bemerkungen, die die Aussagen ergänzen, sollten festgehalten werden.

	1	2	3	4	5
Hast du viele Freunde?	1	2	3	4	5
	Bemerkungen				
Bist du zufrieden mit den Freunden, die du hast?	1	2	3	4	5
	Bemerkungen				
Bist du bei den anderen Kindern (Kiga-Gruppe, Klasse) beliebt?	1	2	3	4	5
	Bemerkungen				
Spielst du gern mit anderen Kindern?	1	2	3	4	5
	Bemerkungen				
Magst du gern mit anderen Kindern spielen?	1	2	3	4	5
	Bemerkungen				
Wenn du dich mit jemandem streitest, gewinnst du dann meistens bzw. behältst du dann Recht?	1	2	3	4	5
	Bemerkungen				
Fühlst du dich wohl in Deiner Gruppe (Klasse, Kiga)?	1	2	3	4	5
	Bemerkungen				
Streitest du dich häufig mit anderen Kindern?	1	2	3	4	5
	Bemerkungen				
Hilfst du gern anderen Kindern?	1	2	3	4	5
	Bemerkungen				
Helfen dir andere Kinder gern?	1	2	3	4	5
	Bemerkungen				
Hältst du dich an (Spiel-)Regeln?	1	2	3	4	5
	Bemerkungen				

[1] *1 = ja, auf jeden Fall*
2 = ja, meistens
3 = mal so mal so
4 = meistens nicht
5 = nein

Interview zum Selbstkonzept[1]

<u>Kompetenzbereiche des SK:</u> **Selbsteinschätzung, Soziales Selbst, Realselbst**

<u>Materialien:</u>

<u>Einzel- oder Gruppensituation</u> E

<u>Beobachtungs- und Förderschwerpunkte:</u>

psychosozial, motorisch, perzeptiv, **kommunikativ**, **kognitiv**

1) Angaben zur eigenen Person

- Wie heißt du? (Vor- und Nachnamen erfragen)
- Wie alt bist du (wann hast du Geburtstag: Tag, Monat, Jahreszeit, Jahr)?
- Welche Haarfarbe und Augenfarbe hast du?
- In welcher Klasse bist du?
- Weißt du, zu welcher Schule du gehst (evtl. Name der Schule und Schulform)?
- Bist du eher groß oder eher klein?
- Kannst du mir noch etwas anderes über dein Aussehen erzählen?
- Wenn du drei Wünsche frei hättest, was würdest du an dir verändern?

2) Angaben zur Familie und der häuslichen Umgebung

- Wie viele Geschwister hast du (wie viele Schwestern, wie viele Brüder)?
- Wer von deinen Geschwistern ist älter als du?
- Wer von deinen Geschwistern ist jünger als du?
- Gehen deine Geschwister auf die gleiche Schule wie du?
- Wo arbeitet deine Mutter?
- Wo arbeitet dein Vater?
- Wo wohnst du (Ort beziehungsweise Stadtteil)?
- Wie heißt die Straße in der du wohnst?
- Wie kommst du von deinem Zuhause zur Schule?
- Wenn ich dich besuchen will, wo muss ich lang fahren/gehen?

[1] nach einer unveröff. Arbeit von Bruns und Weigel (1999)

3) Angaben zur schulischen Situation

- Welches Unterrichtsfach macht dir besonders Spaß?
- In welchem Unterrichtsfach bist du besonders gut?
- Wie heißt deine Lieblingslehrerin? Welches Fach hast du bei ihr?
- Mag deine Klassenlehrerin dich?
- Schimpft deine Lehrerin oft mit dir oder sagt sie oft, wie toll du eine Aufgabe gelöst hast?
- Machst du im Unterricht gut mit/beteiligst du dich gut am Unterricht? Findet deine Lehrerin das auch?
- Wen von deinen Mitschülern magst du am liebsten?
- Mag er dich auch besonders gerne?
- Seid ihr gute Freunde?
- Wen magst du nicht?
- Neben wem sitzt du in der Klasse?
- Von wem möchtest du möglichst weit entfernt sitzen?
- Wenn du dir einen Freund oder eine Freundin aus der Klasse aussuchen könntest, wen würdest du nehmen?
- Weißt du jemanden aus deiner Klasse, der dich nicht so gerne mag (der oft mit dir meckert, mit dem du dich oft streitest etc.)?
- Wirst du von den anderen Kindern in deiner Klasse oft geärgert? Wenn ja, warum?
- Ärgerst du oft andere Kinder? Wenn ja, wieso ärgerst du sie?
- Wie gefällt es dir auf deiner Schule?
- Würdest du lieber auf eine andere Schule gehen? Wenn ja, warum? Auf welche Schule?

4) Angaben zu Freunden allgemein

- Hast du Freunde, wenn ja wie heißen sie?
- Sind sie in deiner Klasse?
- Wenn du mit deinen Freunden spielst, wer bestimmt dann was ihr spielt, wer sucht aus was ihr spielt?

- Hast du einen besten Freund / eine beste Freundin?
- Wie heißt er / sie?
- Ist er / sie in deiner Klasse?
- Was magst du besonders an ihr / ihm?
- Was macht ihr zusammen?

5) Angaben zum Umgang mit anderen

- Stört es dich, wenn andere (Freunde/Freundinnen, Geschwister usw.) mit deinen Spielsachen (Puppen, Autos, Barbies, Nintendo o.ä.) spielen?
- Verleihst du deine Spielsachen? Wenn ja, an wen?
- Hast du ein Haustier? Wenn ja, wer versorgt es (füttern, saubermachen, spazieren gehen, pflegen usw.)?
- Wenn du Süßigkeiten hast, isst du sie lieber alleine oder gibst du anderen davon ab? Wenn ja, wer bekommt etwas von dir (Freunde, Klassenkameraden, Geschwister, Eltern, Lehrer etc.)? Gibst du gerne ab oder würdest du es lieber für dich behalten?
- Was machst du nach der Schule oder am Wochenende am liebsten (Sport eventuell im Verein oder beispielsweise Fußball auf der Straße, fernsehen, spielen, lesen, Kassetten hören etc.)?
- Machst du das alleine? Wenn nicht, mit wem machst du das?
- Spielst du lieber alleine oder mit Freunden?

Wunsch-Tiere[1]/[2]

Kompetenzbereiche des SK:	**Selbstbild-Idealselbst, Realselbst, Selbsteinschätzung,** Fähigkeitskonzept
Materialien:	Tier-Bilder (Kopie der Vorlagen); Stifte, Papier
Einzel- oder Gruppensituation:	E+G
Beobachtungs- und Förderschwerpunkte:	psychosozial, **motorisch**, perzeptiv, **kommunikativ**, **kognitiv**

Grad	Durchführung mit unterschiedlichen Schwierigkeitsgraden	spezielle Beobachtungsmöglichkeiten SK	Fragen und/oder Interpretationsmöglichkeiten
I	• Dem Kind werden unterschiedliche Karten (Vorlagen) von Tieren gezeigt • Zunächst kann gefragt werden, welches Tier/welche Tiere das Kind kennt und es kann nach dem Namen des Tieres gefragt werden • Woher ist das Tier bekannt? (zu Hause, Fernsehen, Bauernhof, ...)	• *Welche Tiere nennt das Kind?* • *Welche Äußerungen macht das Kind zu einzelnen Tieren?* • *Welchem Tier kann das Kind (keine) Eigenschaften zuordnen?* • *Welche Eigenschaften nennt das Kind? (eher positive/negative?)* • *Welche Eigenschaften nennt das Kind, die es an dem Tier (nicht) mag?* • *Welche Eigenschaften eines Tieres möchte das Kind selbst gern haben? Warum?*	• *Welche Tiere kennt das Kind? Woher kennt es diese Tiere?* • *Hat es einen persönlichen Bezug zu einem Tier? Welchen?* • *Das Kind mag ein bestimmtes Tier (nicht).* • *Das Kind kennt (keine)Eigenschaft* • *Begründet das Kind, warum es Eigenschaften eines Tieres (nicht) mag?* • *Das Kind kann „Wunsch"-Eigenschaften (nicht) benennen* • *Kenntnis von Eigenschaften*
II	• Frage, welche Eigenschaften die Tiere haben a) es kann jedes Kind einzeln Eigenschaften nennen oder aufschreiben oder b) in der Gruppe werden Eigenschaften der Tiere erfragt und gemeinsam zusammen getragen		

II	• Gespräch darüber, welche Eigenschaften von einem bestimmten Tier ein Kind gern selbst hätte • Warum hätte es diese Eigenschaft(en) gern?	• *Kann das Kind Tiere bezüglich ihres Aussehens voneinander unterscheiden?* • *Kennt das Kind Fähigkeiten vom Tier/von Tieren?* • *Kennt das Kind Interessen und Bedürfnisse verschiedener Tiere? Woher sind ihm diese bekannt?* • *Kann das Kind sich teilweise mit einem Tier vergleichen?*	• *Das Kind kann eigene Eigenschaften nicht im Vergleich zu Tiereigenschaften setzen* • *Das Kind hat (k)eine Vorstellung von Unterschieden bzgl. Körperbau, Fähigkeiten, Interessen, Bedürfnisse verschiedener Tiere und sich selbst* • *Das Kind kann eigene Fähigkeiten (nicht) benennen*
II	• die Kinder sollen herausfinden, was sie selbst von den Tieren oder einem Tier ihrer Wahl unterscheidet: a) körperlich (Körperbau) b) vom Aussehen c) von den Fähigkeiten d) Interessen/Bedürfnisse		
II	• in einer Spielsequenz sollen die Kinder versuchen, sich so zu bewegen wie: a) ihr Lieblingstier b) ein ausgewähltes Tier c) alle Tiere auf den Karten (nacheinander!) • der Ablauf kann unterschiedlich gestaltet sein: alle Kinder bewegen sich gemeinsam wie ein Tier oder jedes Kind bewegt sich allein • außerdem können die Bewegungen in Handlungen eingebunden oder frei im Raum stattfinden	• *versucht das Kind den Bewegungsablauf eines Tieres nachzuahmen? Welches Tier wählt es (zuerst)?* • *Ahmt das Kind allein eine Bewegung nach oder/und verbindet es diese Aktion sofort mit einer Handlung?* • *Tritt das Kind mit anderen Kindern in Kontakt?*	• *Das Kind findet (keine) gleichen Eigenschaften zwischen sich und einem Tier* • *Das Kind wählt zur Nachahmung sein Lieblingstier aus.* • *Das Kind wählt zur Nachahmung das Tier aus, dessen Bewegungen es aus seiner Sicht am besten kann → Fähigkeiten des Kindes* • *Suche nach Kontakt zu anderen*
II	• welche Geräusche gibt welches Tier von sich?! • Es soll gemeinsam in der Gruppe versucht werden, die Geräusche herauszufinden und anschließend nachzuahmen • Welches Geräusch ist am lautesten/leisesten? • Welches Geräusch gefällt welchem Kind am besten/am wenigsten? Warum?	• *Wie schätzt das Kind seine eigenen Eigenschaften und Fähigkeiten ein?* • *Welche Geräusche probiert das Kind (nicht) aus?* • *Welche emotionalen Reaktionen zeigt das Kind bei den Aufgaben?*	• *Fähigkeiten des Kindes bezüglich Motorik, Nachahmung, Mimik, Gestik sowie Wissen (Kognition)* • *Bevorzugung/Vermeidung bestimmter Geräusche.* • *Werden Emotionen/Gefühle über Haltungen des Kindes deutlich?*

III	• in einer weiteren Situation kann das Spiel vertieft werden, in dem sich die Kinder überlegen, wie sie die zuvor genannten Eigenschaften der Tiere über Bewegung und Sprache/Kommunikation ausdrücken können	• *hat das Kind Idealvorstellungen?* • *Zeigt das Kind Freude, Abneigung,... gegenüber...?* • *Kann das Kind sich über seinen Körper ausdrücken?* • *Wie schätzt das Kind seine Fähigkeiten ein, dass es sich wie ein Tier bewegen kann?* • *Welche Vorstellungen hat das Kind von sich selbst?* • *Das Kind kann gleiche Karten (nicht) zuordnen*	• *Über-/Unterschätzung von Fähigkeiten?* • *Wünsche des Kindes bzgl. eigener Eigenschaften, Fähigkeiten, ... werden deutlich.* • *Hervorhebung bestimmter Eigenschaften* • *Reflexion bzgl. bestimmter Eigenschaften und Merkmale (nicht) vorhanden*
III	• Gespräch darüber, welche Eigenschaften es von welchem Tier (nicht) gern/ungern hat? • Warum hätte es diese Eigenschaft(en) gern? • Frage, was das Kind tun müsste, damit es diese Eigenschaft (nicht) bekommt?		
II	• Memory: jedes Tier gibt es zwei mal als Vorlage • Die Vorlagen/Karten werden gemischt und danach gleichmäßig angeordnet, so dass Memory gespielt werden kann		
II-III	Bildkarten: • die Kinder werden mit den Bildern vertraut gemacht und die Tiere können zuvor benannt werden; auch bezüglich Eigenschaften etc. (siehe oben) • die Vorlagen werden gemischt und auf einen Stapel gelegt • ein Kind beginnt und zieht eine Karte von dem Stapel: auf der Karte befindet sich ein Tier → dieses Tier soll nicht genannt werden, sondern das Kind soll versuchen, dieses Tier zu beschreiben: a) über Laute (Geräusch, das Tier von sich gibt) b) über Bewegung (wie sich Tier bewegt; Pantomime) c) über Sprache/Kommunikation (Beschreibung des Tieres bzgl. Verhalten und Eigenschaften) • hat ein anderes Kind das Tier erkannt, darf das nächste Kind eine Karte ziehen + Neubeginn	*<u>Weitere Beobachtungen</u>*	*<u>Mögliche Interpretationen oder Fragen</u>*

Was ich an meinem Körper mag?!

Kompetenzbereiche des SK:	**Realselbst, Idealselbst,** Körperkonzept
Materialien:	verschiedene Stifte, Vorlage Mädchen/Junge, Vorlage Figuren (Schwimmbad)
Einzel- oder Gruppensituation:	E+G
Beobachtungs- und Förderschwerpunkte:	psychosozial, motorisch, **perzeptiv**, kommunikativ, **kognitiv**

Grad	Durchführung mit unterschiedlichen Schwierigkeitsgraden	spezielle Beobachtungsmöglichkeiten SK	Fragen und/oder Interpretationsmöglichkeiten
I	• Was gehört zu (m)einem Körper? (Gliedmaßen, Organe, ...)	• *welche Körperteile kennt das Kind (zeigen) und kann es benennen?* • *kann das Kind Begrifflichkeiten der Bildvorlage oder der Zeichnung zuordnen?* • *wird die Anordnung/Lage bzgl. Körperteilen spontan, überlegt, ...geäußert?* • *welche Körperteile mag das Kind (weniger/nicht)?* • *(spontane) Äußerungen während des Zeichnens, Betrachtens?* • *Welche Farbe(n) wählt das Kind?* • *Begründung der Farbwahl?* • *Verbalisiert das Kind Vorlieben, Gefühle, Empfinden...?* • *inwiefern entspricht Bildvorlage vom Körper dem eigenen Körper des Kindes?*	• *Kind verfügt über globales/ differenziertes Körperwissen* • *Kind kann seinen Körper und dessen Grenzen nennen und beschreiben (Körperausdehnung)* • *eine bewusste Auseinandersetzung mit dem eigenen Körper ist (nicht) möglich (Körperbewusstsein)* • *Einstellungen des Kindes zu seinem Körper werden (nicht)deutlich* • *Das Kind mag (nicht) gerne zeichnen* • *Das Kind ist mit seinem eigenen Körper (nicht) zufrieden* • *Das Kind möchte so aussehen wie ein anderes Kind auf dem Bild* • *Das Kind hat ein Vorbild wie es gern aussehen möchte*
I	• Vorlage eines Bildes (Junge oder Mädchen) und das Kind soll zeigen, welche Körperteile es kennt und diese benennen		
I	• oder: Zeichnung eines Selbstbildes und das Kind soll zeigen und benennen, welche Körperteile es gemalt hat		
II	• Das Kind soll nachdenken, welche Körperteile es mag, welche weniger und welche gar nicht		
II	• Das Kind soll dann in dem Bild (entweder Vorlage oder eigene Zeichnung) mit bestimmten Farben kennzeichnen, welche Körperteile es an sich mag und welche ihm weniger oder nicht gefallen; Farben durch Kind auswählen lassen z. B.: Blau = mag ich; Rot = mag ich nicht		
II	• Gespräch/Reflexion: welche Körperteile mag das Kind, welche weniger, welche gar nicht; woran liegt dies?		

III	• Vorlage: verschiedene körperliche Figuren • Frage: wie empfindest du dein Aussehen • Frage: wie möchtest du gern aussehen?	• *wie möchte das Kind aussehen?* • *existieren Abweichungen von Real- und Idealvorstellung des Kindes?* • *Das Kind vergleicht sich mit anderen Kindern*	• *Das Kind findet sich/seinen Körper auf der Vorlage nicht wieder*
III	• Frage, wie Kind gern aussehen möchte → Beschreibung körperlicher Merkmale und Begründung, was dadurch anders wäre		

Schriftliche Befragungen

Aufgabenübersicht:

Aufgabe	Kompetenzbereich	Material
Heute kann ich/Heute fällt es mir schwer	Selbstbild, Realselbst, Fähigkeitskonzept	Vorlage, Stifte
Ich bin heute...	Selbstbild, Realselbst, Fähigkeitskonzept	Vorlage, Stifte
Ich bin ...	Selbstbild, Realselbst, Körperkonzept	Vorlage, Stifte
Ich würde gern sein....	Selbstbild, Idealselbst, Körperkonzept	Vorlage, Stifte
Was du alles kannst!	Selbstbild, Realselbst, Körperkonzept	Vorlage, Stifte
Befindlichkeitsfragebogen I	Selbsteinschätzung, Realselbst, Körperkonzept	Vorlage Mimik, Stifte
Befindlichkeitsfragebogen II	Selbsteinschätzung, Realselbst, Körperkonzept	Vorlage Mimik, Stifte
Stimmungsbarometer	Realselbst, Selbstbewertung	Vorlage, Stifte
Wie sehe ich mich?	Selbsteinschätzung, Realselbst	Vorlage, Stifte
Wie sehen mich andere?	Selbsteinschätzung, Fremdbild, Soziales Selbst	Vorlage, Stifte
Wie würde ich mich gern sehen?	Selbsteinschätzung, Selbstbild, Idealselbst	Vorlage, Stifte
Fragebogen zum Selbstkonzept	Selbstbild, Realselbst, Soziales Selbst	Fragebogen, Stifte
Fragebogen zur Selbsteinschätzung III	Selbsteinschätzung	Fragebogen, Stifte
Fragebogen zur Selbsteinschätzung I	Selbsteinschätzung	Fragebogen, Stifte
Fragebogen für Klassenlehrerinnen	Fremdeinschätzung, Soziales Selbst, Fähigkeitskonzept	Fragebogen, Stifte
Wie man ein niedriges SK entdecken und verbessern kann	Fremdeinschätzung, Fähigkeitskonzept	Beobachtungsbogen

Heute kann ich![1]

Kompetenzbereiche des SK: **Fähigkeitskonzept, Selbstbild - Realselbst**
Materialien: Stifte
Einzel- oder Gruppensituation E
Beobachtungs- und Förderschwerpunkte: psychosozial, motorisch, perzeptiv, **kommunikativ**, **kognitiv**

Kreise alles ein, was für dich heute stimmt!

lachen toll mitmachen aufpassen

mich freuen mich gut leiden

malen mich ärgern mich austoben

lügen fleißig sein zuhören lesen

weinen glücklich sein hauen

singen Spaß haben rennen

alles anderen helfen nichts

....

HEUTE fällt es mir schwer...

zu lachen toll mitzumachen aufzupassen

mich zu freuen mich gut zu leiden

zu malen mich zu ärgern mich auszutoben

zu lügen fleißig zu sein zuzuhören zu lesen

zu weinen glücklich zu sein zu hauen

zu singen Spaß zu haben zu rennen

alles! anderen zu helfen nichts

....

[1] Diese Vorlage kann auch als DIN A3-Poster (laminiert) aufgehängt werden und dann jeweils mit wasserlöslichen Folienstiften das Befinden jedes Kindes gekennzeichnet werden

ICH BIN HEUTE...[1]

<u>Kompetenzbereiche des SK:</u> **Fähigkeitskonzept, Realselbst**
<u>Materialien:</u> Stifte
<u>Einzel- oder Gruppensituation</u> E
<u>Beobachtungs- und Förderschwerpunkte:</u>
psychosozial, motorisch, **perzeptiv**, **kommunikativ**, **kognitiv**

Kreise alles ein, was für dich heute stimmt!

ICH BIN HEUTE...

fröhlich cool ein bisschen fies

witzig langweilig aufmerksam ärgerlich

verschlafen durcheinander traurig

stark nett fit

kaputt genervt mutig

lieb unzufrieden schadenfroh

genervt fleißig ideenreich

müde voller Kraft ängstlich

bocklos krank heiter

....

[1] Diese Vorlage kann auch als DIN A3-Poster (laminiert) aufgehängt werden und dann jeweils mit wasserlöslichen Folienstiften das Befinden jedes Kindes gekennzeichnet werden

Ich bin ....

Kompetenzbereiche des SK: Körperkonzept, **Selbstbild-Realselbst**
Materialien: Stifte
Einzel- oder Gruppensituation E
Beobachtungs- und Förderschwerpunkte:
psychosozial, motorisch, **perzeptiv**, kommunikativ, **kognitiv**

Mit welchen der angegebenen Eigenschaften würdest du dich beschreiben?

Äußeres		Identität		Eigenschaften	
schön		arm		manchmal/oft wütend	
nicht so hübsch		reich		nie wütend	
hässlich		beliebt		traurig	
dick		verwöhnt		faul	
dünn		sparsam		lustig	
weder dick noch dünn		einsam		fröhlich	
groß		Ein toller Freund		fleißig	
mit meinem Aussehen unzufrieden		gut in: Mathe, Deutsch, Sport, Geschichte, Musik, Fremdsprache, Kunst,.......		super	
weder groß noch klein		weniger/nicht so schlau		zufrieden	
mit meinem Aussehen zufrieden		habe oft gute Ideen		manchmal/oft zickig	
hübsch		häufig/manchmal ein Spielverderber		glücklich	
klein		schlau		unglücklich	
Augenfarbe		deutscher, türkischer, griechischer, chinesischer, russischer, kurdischer, spanischer, französischer, englischer, ... Herkunft		unzufrieden	
Haarfarbe				ängstlich	
lange Haare				still	
kurze Haare				rede (nicht) viel	
				freundlich	
Was fehlt: ...		Was fehlt:		Was fehlt:	

Ich würde gern .... sein!

Kompetenzbereiche des SK: Körperkonzept,**Selbstbild-Idealselbst**
Materialien: Stifte
Einzel- oder Gruppensituation E
Beobachtungs- und Förderschwerpunkte:
psychosozial, motorisch, **perzeptiv**, kommunikativ, **kognitiv**

Wie würdest du gern sein?

Äußeres		Identität		Eigenschaften	
schön(er)		ärm(er)		manchmal wütend(er)	
nicht so hübsch		reich(er)		nie wütend	
hässlich		beliebt(er)		traurig(er)	
dick(er)		verwöhnt(er)		faul(er)	
dünn(er)		sparsam(er)		lustig(er)	
weder groß noch klein		einsam(er)		fröhlich(er)	
groß(er)		ein toller Freund		fleißig(er)	
hübsch(er)		besser in: Mathe, Deutsch, Sport, Geschichte, Musik, Fremdsprache, Kunst,......		super	
klein(er)		weniger/nicht so schlau		zufrieden(er)	
mit meinem Aussehen zufrieden		ideenreich(er)		manchmal/oft zickig(er)	
kürzere Haare		schlau(er)		glücklich(er)	
Augenfarbe		deutscher, türkischer, griechischer, chinesischer, russischer, kurdischer, spanischer, französischer, englischer, ... Herkunft		unzufrieden(er)	
Haarfarbe				ängstlich(er)	
längere Haare				still(er)	
				gut/besser drauf	
				freundlich(er)	
				nicht so viel/weniger redend	
Weitere Wünsche: ...		Weitere Wünsche:		Weitere Wünsche:	

Wen findest du toll?________________________

Was du alles kannst![1]

<u>Kompetenzbereiche des SK:</u> **Fähigkeitskonzept, Selbsteinschätzung, Selbstbild - Realselbst**

<u>Materialien:</u> Stifte

<u>Einzel- oder Gruppensituation</u> E

<u>Beobachtungs- und Förderschwerpunkte:</u> psychosozial, motorisch, perzeptiv, **kommunikativ**, **kognitiv**

Welche Tätigkeiten kannst bzw. welche Fähigkeiten hast du , die hier abgebildet sind? Was kannst du wie?

	super	gut	geht so	nicht gut	gar nicht

[1] Dieser Fragebogen kann geteilt werden; so kann der erste Teil, der auf graphischen Darstellungen basiert, von Kindern ab 6 Jahren und der zweite Teil, der ausschließlich auf Fragen beruht, von Kindern ab ca. 9 Jahren ausgefüllt werden

Welche Tätigkeiten kannst du, die hier nicht abgebildet sind?

Was machst du am liebsten von all diesen Dingen?

Wie lange beschäftigst du dich schon mit dieser Tätigkeit bzw. wie lange hast du sie gelernt/geübt?

Mit wem hast du die Fähigkeit(en) gelernt?

Wie ist es dazu gekommen, dass du diese Fähigkeit besitzt? (eigener Wunsch, Anregung Freunde, Anregung Eltern...)

Was machst du weniger gern von diesen Tätigkeiten?

Was meinst du, wie sehen andere deine Fähigkeiten? (Familie, Freunde, Lehrer...)

Wirst du aufgrund deines Könnens bewundert? (von wem?)

Befindlichkeitsfragebogen I

<u>Kompetenzbereiche des SK:</u> **Selbsteinschätzung, Selbstbild – Realselbst**, Körpergefühl
<u>Materialien:</u> Stifte
<u>Einzel- oder Gruppensituation</u> E
<u>Beobachtungs- und Förderschwerpunkte:</u> psychosozial, motorisch, perzeptiv, **kommunikativ**, **kognitiv**

Die Aufgabe besteht darin, dass das Kind seine jetzige Stimmung kennzeichnet!

freudig	*erschrocken*	*fröhlich*

schüchtern	*wütend*	*müde*

grübelnd	*ängstlich*	*traurig*

Befindlichkeitsfragebogen II

Kompetenzbereiche des SK: **Selbsteinschätzung, Selbstbild – Realselbst**, Körpergefühl

Materialien: Stifte

Einzel- oder Gruppensituation E

Beobachtungs- und Förderschwerpunkte: psychosozial, motorisch, perzeptiv, **kommunikativ**, **kognitiv**

Die Aufgabe besteht darin, dass das Kind den einzelnen Bildern Stimmungen zuordnet! Außerdem besteht die Möglichkeit, das Kind zu fragen, in welchen Situationen es welche Stimmungen/Gefühle hat oder schon mal hatte.

Stimmungsbarometer

Kompetenzbereiche des SK: **Reales Selbst, Selbstbewertung**
Materialien: Stifte
Einzel- oder Gruppensituation E
Beobachtungs- und Förderschwerpunkte:
psychosozial, motorisch, perzeptiv, **kommunikativ**, **kognitiv**

1. Heute bin ich....
traurig | weiß nicht | fröhlich

2. Heute bin ich....
müde | na ja | wach

3. Heute ist mir
etwas Dummes | nichts Besonderes | etwas Tolles
passiert.

4. Auf die nächste Stunde
habe ich keine Lust | mal sehen | bin ich neugierig

5. Heute bin ich
ein bisschen gemein | wie immer | sehr nett

6. Heute bin ich
durcheinander | wie immer | sehr aufmerksam

7. Heute war
ein doofer Tag | ein normaler Tag | ein schöner Tag

8. Heute bin ich
erschöpft | ganz normal | topfit

© Friedemann Zemlakilis, und Eggert 1998

Wie sehe ich mich?

Kompetenzbereiche des SK: **Selbsteinschätzung, Selbstbild – Realselbst**
Materialien: Stifte
Einzel- oder Gruppensituation E
Beobachtungs- und Förderschwerpunkte: psychosozial, motorisch, perzeptiv, **kommunikativ**, **kognitiv**

Aufgabe: Beurteile dich selbst auf der Liste, in dem du bei jedem Gegensatzpaar ankreuzt, welches Adjektiv mehr auf dich zutrifft.

lustig	4 3 2 1 1 2 3 4	ernst
langsam	4 3 2 1 1 2 3 4	schnell
intelligent	4 3 2 1 1 2 3 4	unintelligent
verschlossen	4 3 2 1 1 2 3 4	offen
kooperativ	4 3 2 1 1 2 3 4	egoistisch
unsympathisch	4 3 2 1 1 2 3 4	sympathisch
sachlich	4 3 2 1 1 2 3 4	verspielt
unordentlich	4 3 2 1 1 2 3 4	ordentlich
zögernd	4 3 2 1 1 2 3 4	entschlussfreudig
redselig	4 3 2 1 1 2 3 4	verschwiegen
kontaktfreudig	4 3 2 1 1 2 3 4	abwartend
passiv	4 3 2 1 1 2 3 4	aktiv
schüchtern	4 3 2 1 1 2 3 4	forsch
freundlich	4 3 2 1 1 2 3 4	unfreundlich
impulsiv	4 3 2 1 1 2 3 4	gehemmt

Spezielle Beobachtungskriterien SK	*Mögliche Interpretationen*
• *Kann sich das Kind schnell entscheiden, welche Zahl es ankreuzt?* • *Äußert sich das Kind während des Ankreuzens?* • *Nennt das Kind Beispiele beim Ankreuzen?*	• *Das Kind versucht, sich selbst (nicht) realitätsgetreu einzuschätzen* • *Das Kind nimmt sich (nicht) viel Zeit bei der Aufgabe* • *Die angekreuzten Merkmale scheinen (nicht) real zu sein* • *Das Kind äußert sich über sich selbst und seine Vorstellungen*

Wie sehen mich andere?

Kompetenzbereiche des SK: **Selbsteinschätzung, Fremdbild – Soziales Selbst**
Materialien: Stifte
Einzel- oder Gruppensituation E
Beobachtungs- und Förderschwerpunkte: psychosozial, motorisch, perzeptiv, **kommunikativ**, **kognitiv**

Aufgabe: Versuche einzuschätzen, wie dich ...... sieht, welche Merkmale würde dir .... (Name) zuschreiben?

lustig	4 3 2 1 1 2 3 4	ernst
langsam	4 3 2 1 1 2 3 4	schnell
intelligent	4 3 2 1 1 2 3 4	unintelligent
verschlossen	4 3 2 1 1 2 3 4	offen
kooperativ	4 3 2 1 1 2 3 4	egoistisch
unsympathisch	4 3 2 1 1 2 3 4	sympathisch
sachlich	4 3 2 1 1 2 3 4	verspielt
unordentlich	4 3 2 1 1 2 3 4	ordentlich
zögernd	4 3 2 1 1 2 3 4	entschlussfreudig
redselig	4 3 2 1 1 2 3 4	verschwiegen
kontaktfreudig	4 3 2 1 1 2 3 4	abwartend
passiv	4 3 2 1 1 2 3 4	aktiv
schüchtern	4 3 2 1 1 2 3 4	forsch
freundlich	4 3 2 1 1 2 3 4	unfreundlich
impulsiv	4 3 2 1 1 2 3 4	gehemmt

Spezielle Beobachtungskriterien SK	Mögliche Interpretationen
• *Kann sich das Kind schnell entscheiden, welche Zahl es ankreuzt?* • *Äußert sich das Kind während des Ankreuzens?* • *Nennt das Kind Beispiele beim Ankreuzen?*	• *Das Kind versucht, sich in eine andere Person hineinzuversetzen* • *Die Einschätzungen stimmen zum Großteil mit dem eigenen Einschätzungen (nicht) überein* • *Das Kind nimmt sich (nicht) viel Zeit bei der Aufgabe* • *Das Kind äußert sich über sich selbst und seine Vorstellungen*

Wie würde ich mich gern sehen?

Kompetenzbereiche des SK: **Selbsteinschätzung, Selbstbild – Idealselbst**

Materialien: Stifte

Einzel- oder Gruppensituation E

Beobachtungs- und Förderschwerpunkte: psychosozial, motorisch, perzeptiv, **kommunikativ**, **kognitiv**

Aufgabe: Wie würdest du gern sein, welche Eigenschaften hättest du gern? Kreuze auf der Liste das an, wie du gern sein möchtest.

lustig	4 3 2 1 1 2 3 4	ernst
langsam	4 3 2 1 1 2 3 4	schnell
intelligent	4 3 2 1 1 2 3 4	unintelligent
verschlossen	4 3 2 1 1 2 3 4	offen
kooperativ	4 3 2 1 1 2 3 4	egoistisch
unsympathisch	4 3 2 1 1 2 3 4	sympathisch
sachlich	4 3 2 1 1 2 3 4	verspielt
unordentlich	4 3 2 1 1 2 3 4	ordentlich
zögernd	4 3 2 1 1 2 3 4	entschlussfreudig
redselig	4 3 2 1 1 2 3 4	verschwiegen
kontaktfreudig	4 3 2 1 1 2 3 4	abwartend
passiv	4 3 2 1 1 2 3 4	aktiv
schüchtern	4 3 2 1 1 2 3 4	forsch
freundlich	4 3 2 1 1 2 3 4	unfreundlich
impulsiv	4 3 2 1 1 2 3 4	gehemmt

Spezielle Beobachtungskriterien SK	*Mögliche Interpretationen*
• *Kann sich das Kind schnell entscheiden, welche Zahl es ankreuzt?* • *Äußert sich das Kind während des Ankreuzens?* • *Nennt das Kind Beispiele beim Ankreuzen?* • *Nennt das Kind Begründungen, warum es gern wie sein möchte?*	• *Die Wünsche unterscheiden sich (nicht) von den realen Vorstellungen* • *Das Kind nimmt sich (nicht) viel Zeit bei der Aufgabe* • *Die angekreuzten Merkmale entsprechen den Erwartungen anderer* • *Das Kind äußert sich über sich selbst und seine Vorstellungen*

Fragebogen Selbstkonzept[1]

Kompetenzbereiche des SK:	**Selbstbild, Realselbst, Soziales Selbst**
Materialien:	Stifte
Einzel- oder Gruppensituation	E

Beobachtungs- und Förderschwerpunkte:
psychosozial, motorisch, **perzeptiv**, kommunikativ, **kognitiv**

Dieser Fragebogen kann an Schüler verteilt werden, so dass sie ihn selbständig beantworten können; er kann aber auch in Form eines Interviews beantwortet werden.

Wer bin ich?
Wie bin ich?
Was kann ich?
Was kann ich nicht?
Was würde ich später gerne können?
Wie soll mein Leben später aussehen?
Was denken andere von mir?
Wie sehen mich meine Eltern?
Was wünschen sie von mir?
Wen bewundere ich?
Warum?

[1] Diese Fragebogen wurden in verschiedenen Untersuchungen erprobt. Eine spätere Veröffentlichung wird über die Ergebnisse der Selbstkonzeptuntersuchungen der Kinder mit Förderbedarf berichten.

Was möchte ich mal sein?
Was möchte ich mal haben?
Was möchte ich nicht haben?
Was muss ich an mir ändern?
Wovor habe ich Angst?
Was macht mir Freude?
Worüber ärgere ich mich?
Was macht mir Mut?

Fragebogen zur Selbsteinschätzung III[1]

(Eggert/Reichenbach 2003)

Kompetenzbereiche des SK: **Selbsteinschätzung**
Einzel- oder Gruppensituation: E
Beobachtungs- und Förderschwerpunkte:
psychosozial, motorisch, perzeptiv, **kommunikativ**, **kognitiv**

1. Versuche, dich kurz selbst zu beschreiben! Was bist du für ein Mensch?
   a. Eigenschaften, die du an dir magst:
   b. Eigenschaften, die du nicht an dir magst:

2. Wenn du eine Aufgabe lösen sollst, die neu für dich ist, wie gehst du an diese Aufgabe heran? Meinst du, dass du diese Aufgabe bewältigen kannst? Was denkst du? (SV)
   a. Ich probiere es erst mal aus
   b. Ich bin zuversichtlich und probiere es aus
   c. Ich bin skeptisch und probiere es aus
   d. Ich bin skeptisch und probiere es nicht aus
   e. Ich denke nicht lange nach und entscheide mich gleich
   f. Ich überlege hin und her und entscheide mich dann
   g. Mir kommen Situationen in den Sinn, die ich gleich geschafft habe
   h. Mir kommen Situationen in den Sinn, die ich nicht gleich lösen konnte

3. Wenn du eine Aufgabe lösen sollst, die du schon einmal gemacht hast, wie gehst du dann an diese Aufgabe heran? Was denkst du? (SV)
   a. Ich weiß, dass ich das kann und fange gleich an
   b. Ich weiß, dass ich das beim letzten Mal nicht oder nicht so gut konnte und freue mich, es noch mal ausprobieren zu dürfen
   c. Ich weiß, dass ich das beim letzten Mal nicht oder nicht so gut konnte und probiere es erneut mit Bedenken
   d. Ich weiß, dass ich das beim letzten Mal nicht oder nicht so gut konnte und möchte es nicht noch einmal probieren

4. Auf welche Art von Aufgaben freust du dich, da du weißt, dass du sie sehr gut lösen kannst (Sport/Bewegung, Mathematik, Deutsch, Musik, Kunst ....)?
   a. Alle / die meisten Aufgaben, die mit Bewegung zu tun haben
   b. Alle / die meisten Aufgaben, die mit Mathe zu tun haben
   c. Alle / die meisten Aufgaben, die mit Lesen zu tun haben
   d. Alle / die meisten Aufgaben, die mit Schreiben zu tun haben
   e. Alle / die meisten Aufgaben, die mit Musikmachen/Instrument spielen zu tun haben
   f. Alle / die meisten Aufgaben, die mit Singen zu tun haben
   g. Alle / die meisten Aufgaben, die mit Kunst (malen, basteln, werken) zu tun haben
   h. Alle / die meisten Aufgaben, die mit Computern zu tun haben
   i. Alle / die meisten Aufgaben, die mit meiner Freizeit zu tun haben

[1] Dieser Fragebogen ist dafür gedacht, dass Kinder/Jugendliche mündlich oder schriftlich befragt werden; es sind jedoch Antworten vorgegeben, so dass eine Beantwortung der Fragen dem Kind ggf. leichter fällt; die Fragen sind analog den Fragen von „Fragebogen zur Selbsteinschätzung I".

Aus welchem Grund freust du dich? (SV)

j. Ich habe schon mal gute Erfahrungen gemacht
k. Ich weiß, dass ich das kann
l. Ich mag den Lehrer
m. Ich kann das besser als andere in der Gruppe/Klasse
n. Ich mag das (...)

5. Welche Aufgaben gehst du nicht so gern an? Warum?
    a. Alle / die meisten Aufgaben, die mit Bewegung zu tun haben
    b. Alle / die meisten Aufgaben, die mit Mathe zu tun haben
    c. Alle / die meisten Aufgaben, die mit Lesen zu tun haben
    d. Alle / die meisten Aufgaben, die mit Schreiben zu tun haben
    e. Alle / die meisten Aufgaben, die mit Musikmachen/Instrument spielen zu tun haben
    f. Alle / die meisten Aufgaben, die mit Singen zu tun haben
    g. Alle / die meisten Aufgaben, die mit Kunst (malen, basteln, werken) zu tun haben
    h. Alle / die meisten Aufgaben, die mit Computern zu tun haben
    i. Alle / die meisten Aufgaben, die mit meiner Freizeit zu tun haben

    Aus welchem Grund bist du dir evtl. nicht sicher, dass du die Aufgabe lösen kannst? (SV)

    j. Ich habe schon mal schlechte Erfahrungen gemacht
    k. Ich weiß, dass ich das nicht kann
    l. Ich mag den Lehrer nicht
    m. Die anderen in der Gruppe/Klasse können das besser
    n. Ich mag das (...) nicht

6. Wann fühlst du dich nach der Ausführung einer Aufgabe gut? (SWG)
    a. Gar nicht
    b. Wenn ich die Aufgabe geschafft habe
    c. Wenn ich die Aufgabe beim letzten Mal nicht geschafft habe u.nun doch
    d. Wenn ich besser als andere war
    e. Wenn ich vorher nicht daran geglaubt habe

7. Wann fühlst du dich nach der Ausführung einer Aufgabe weniger gut? (SWG)
    a. Wenn ich die Aufgabe nicht geschafft habe
    b. Wenn ich die Aufgabe nicht so geschafft habe, wie ich es wollte
    c. Wenn andere besser waren als ich
    d. Wenn ich mich beeilen musste

8. Wie fühlst du dich nach der Bewältigung einer Aufgabe? (SWG)
    a. Ich freue mich immer
    b. Es ist mir egal
    c. Ich freue mich, wenn ich etwas Neues geschafft habe
    d. Ich freue mich, wenn ich besser war als andere
    e. Ich fühle mich stark, toll, super, wie ein Held....

9. Wie fühlst du dich, wenn du eine Aufgabe nicht lösen konntest? (SWG)
    a. Ich fühle mich traurig
    b. Ich fühle mich wie ein Versager
    c. Es ist mir egal

d. Ich schäme mich
e. Ich fühle mich kraftlos

10. Bei welchen Aufgaben fühlst du dich anschließend meistens gut? (SWG)
    a. Matheaufgaben
    b. Deutschaufgaben
    c. Bewegungsaufgaben
    d. Alle Hausaufgaben
    e. Alle Freizeitaufgaben
    f. Andere:

11. Bei welchen Aufgaben fühlst du dich anschließend meistens weniger gut? (SWG)
    a. Matheaufgaben
    b. Deutschaufgaben
    c. Bewegungsaufgaben
    d. Alle Hausaufgaben
    e. Alle Freizeitaufgaben
    f. Andere:

12. Wie lange hält ein gutes Gefühl an? (SWG)
    a. Den ganzen restlichen Tag
    b. Bis zur nächsten Stunde
    c. Ist schnell wieder weg

13. Wie lange hält ein weniger gutes Gefühl an? (SWG)
    a. Den ganzen restlichen Tag
    b. Bis zur nächsten Stunde
    c. Ist schnell wieder weg

14. Wie schätzt du insgesamt deine Fähigkeiten ein? (SWS)
    a. Ich bin gut
    b. Ich kann fast alles
    c. Ich bin meistens nicht so gut
    d. Ich kann fast nichts
    e. Ich muss immer viel üben

15. Wie schätzt du deine Fähigkeiten bezüglich bestimmter Bereiche ein? (SWS)
    a. Mathe:
    b. Deutsch:
    c. Bewegung:
    d. Kunst:
    e. Musik:
    f. Hobbys:
    g. Computer
    → super, gut, geht so, nicht so gut, schlecht

16. Welche Erfahrungen hast du in welchen Bereichen gemacht? (SWS)
    a. ... immer gute
    b. ... immer schlechte
    c. ... unterschiedliche

17. Wie schätzt du deine Fähigkeiten bezüglich bestimmter Anforderungen ein? (SWS)
    a. In ... super
    b. In ... gut
    c. In .... geht so
    d. In .... weniger gut
    e. In ... schlecht

18. Welche Einstellung/Erwartung hast du, wenn du eine Aufgabe zum ersten Mal ausprobierst?
    a. Ich denke nicht viel darüber nach, sondern probiere erst mal aus
    b. Ich denke, dass ich das beim ersten Mal nicht schaffen werden
    c. Ich denke, dass ich das überhaupt nicht (nie) schaffen werde
    d. Ich denke, dass ich das ganz locker schaffen werde
    e. Ich denke, dass ich Hilfe brauchen werde
    f. Ich denke, dass ich das irgendwie schaffen werde
    g. Ich denke, dass ich das beim ersten Mal nicht schaffen muss

19. Welche Einstellung/Erwartung hast du, wenn du eine Aufgabe wiederholt ausprobierst?
    a. Ich denke nicht viel darüber nach, sondern probiere es wieder aus
    b. Ich denke, dass ich das dieses mal bestimmt schaffen werden
    c. Ich denke, dass ich das dieses mal bestimmt wieder nicht schaffen werde
    d. Ich denke, dass ich das überhaupt nicht (nie) schaffen werde
    e. Ich denke, dass ich das letzte Mal es fast geschafft habe und probiere es noch mal
    f. Ich denke, dass ich wieder Hilfe brauchen werde
    g. Ich denke, dass ich es gern allein probieren würde
    h. Ich denke, dass ich das irgendwie schaffen werde
    i. Ich denke, dass ich das diesmal schaffen muss
    j. Ich denke, dass ich das nicht können muss

20. Wie reagierst du, wenn du erfolgreich bist?
    a. Ich freue mich
    b. Ich bin stolz auf mich
    c. Ich jubele
    d. Es ist mir egal
    e. Ich suche mir neue Herausforderungen
    f. Ich möchte es gleich noch mal probieren
    g. Ich kann es nicht glauben, das geschafft zu haben
    h. Ich bin froh, dass ich es hinter mir habe

21. Wie reagierst du, wenn du mal nicht erfolgreich bist?
    a. Ich bin wütend, sauer, ärgerlich
    b. Ich bin traurig
    c. Ich schäme mich
    d. Ich verkrieche mich, möchte niemanden sehen
    e. Ich wusste, dass ich das nicht kann
    f. Ich möchte es noch mal ausprobieren
    g. Es ist mir egal

22. Wovon ist aus deiner Sicht dein Erfolg abhängig?
    a. Von mir ganz allein
    b. Von der Zeit, die ich zum üben hatte
    c. Vom Lehrer
    d. Von den Aufgaben

23. Wovon ist aus deiner Sicht ein „Misserfolg" abhängig bzw. wodurch wird dieser verursacht?
    a. Von mir ganz allein
    b. Von den Aufgaben
    c. Von der Zeit zum Üben
    d. Vom Lehrer
    e. Von anderen störenden Einflüssen

24. Überlegst du dir im Vorhinein, was du mit einer Aufgaben erreichen möchtest bzw. formulierst du Ziele? Wenn ja, welche Ziele sind das zum Beispiel?
    a. Ich überlege mir keine Ziele
    b. Ich will die Aufgabe so schaffen, wie sie vorgegeben ist
    c. Ich will die Aufgabe irgendwie schaffen
    d. Ich möchte die Aufgabe schneller lösen als andere
    e. Ich möchte die Aufgabe besser lösen als andere

25. Erkennst du deine eigene Leistung/Fähigkeit an? Wenn ja, wie „belohnst" du dich dafür?
    a. Mir ist es egal, was ich kann
    b. Ich bin stolz auf mein Können
    c. Ich weiß, wann ich mich anstrengen musste
    d. Ich berichte meinen Freunden, Eltern, Lehrern vom Erfolg
    e. Ich ruhe mich erst mal aus
    f. Ich habe mir etwas verdient (Schokoriegel, Eis, Spielzeug...)
    g. Ich kann auch nicht mehr als andere meiner Gruppe/Klasse

26. Vergleichst du dich mit anderen, wenn du eine Aufgabe beginnst? Wenn ja, mit wem?
    a. Ja, ich vergleiche mich mit anderen Kindern meiner Gruppe/Klasse
    b. Nein, mir ist egal, was die anderen können
    c. Ich vergleiche mich mit einer bestimmten Person (Vorbild, Konkurrenz)
    d. Ich möchte besser sein als...
    e. Hauptsache, ich bin nicht schlechter als ...

27. Vergleichst du dich mit anderen, nachdem du die Aufgabe ausgeführt hast? Mit wem?
    a. Ich bin froh, dass ich die Aufgabe überhaupt geschafft habe
    b. Mir ist es egal, wie andere die Aufgabe geschafft haben
    c. Ich möchte am liebsten der Beste sein
    d. Ich bin besser als...
    e. Ich bin schlechter als...
    f. Ich bin nicht so schlecht wie...

Fragebogen zur Selbsteinschätzung I[1]/[2]

(Eggert/Reichenbach 2003)

Kompetenzbereiche des SK: **Selbsteinschätzung**
Einzel- oder Gruppensituation E
Beobachtungs- und Förderschwerpunkte:
psychosozial, motorisch, perzeptiv, **kommunikativ**, **kognitiv**

1. Versuche, dich kurz selbst zu beschreiben! Was bist du für ein Mensch?

___

___

2. Wenn du eine Aufgabe lösen sollst, die neu für dich ist, wie gehst du an diese Aufgabe heran? Meinst du, dass du diese Aufgabe bewältigen kannst? Was denkst du? (SV)

___

___

3. Wenn du eine Aufgabe lösen sollst, die du schon einmal gemacht hast, wie gehst du dann an diese Aufgabe heran? Was denkst du? (SV)

___

___

4. Auf welche Art von Aufgaben freust du dich, da du weißt, dass du sie sehr gut lösen kannst (Sport/Bewegung, Mathematik, Deutsch, Musik, Kunst ....)? Aus welchem Grund freust du dich? (SV)

___

___

5. Welche Aufgaben gehst du nicht so gern an? Warum? Aus welchem Grund bist du dir evtl. nicht sicher, dass du die Aufgabe lösen kannst? (SV)

___

[1] Dieser Fragebogen ist dafür gedacht, dass Kinder/Jugendliche schriftlich befragt werden und ihre Antworten selbst aufschreiben

[2] Diese Fragebogen wurden in verschiedenen Untersuchungen erprobt. Eine spätere Veröffentlichung wird über die Ergebnisse der Selbstkonzeptuntersuchungen der Kinder mit Förderbedarf berichten.

6. Wann fühlst du dich nach der Ausführung einer Aufgabe gut? (SWG)

7. Wann fühlst du dich nach der Ausführung einer Aufgabe weniger gut? (SWG)

8. Wie fühlst du dich nach der Bewältigung einer Aufgabe? (SWG)

9. Wie fühlst du dich, wenn du eine Aufgabe nicht lösen konntest? (SWG)

10. Bei welchen Aufgaben fühlst du dich anschließend meistens gut? (SWG)

11. Bei welchen Aufgaben fühlst du dich anschließend meistens weniger gut? (SWG)

12. Wie lange hält ein gutes Gefühl an? (SWG)

13. Wie lange hält ein weniger gutes Gefühl an? (SWG)

14. Wie schätzt du insgesamt deine Fähigkeiten ein? (SWS)

15. Wie schätzt du deine Fähigkeiten bezüglich bestimmter Bereiche ein? (SWS)

16. Welche Erfahrungen hast du in welchen Bereichen gemacht? (SWS)

17. Wie schätzt du deine Fähigkeiten bezüglich bestimmter Anforderungen ein? (SWS)

18. Welche Einstellung bzw. welche Erwartung hast du, wenn du eine Aufgabe zum ersten Mal ausprobierst?

19. Welche Einstellung bzw. Erwartung hast du, wenn du eine Aufgabe zum wiederholten Mal ausprobierst?

20. Wie reagierst du, wenn du erfolgreich bist?

21. Wie reagierst du, wenn du mal nicht erfolgreich bist?

22. Wovon ist aus deiner Sicht dein Erfolg abhängig?

23. Wovon ist aus deiner Sicht ein „Misserfolg“ abhängig bzw. wodurch wird dieser verursacht?

24. Überlegst du dir im Vorhinein, was du mit einer Aufgaben erreichen möchtest bzw. formulierst du Ziele? Wenn ja, welche Ziele sind das zum Beispiel?

25. Erkennst du deine eigene Leistung bzw. Fähigkeit an? Wenn ja, wie „belohnst“ du dich dafür?

26. Vergleichst du dich mit anderen, wenn du eine Aufgabe beginnst? Wenn ja, mit wem?

27. Vergleichst du dich mit anderen nachdem du die Aufgabe ausgeführt hast? Wenn ja, mit wem?

FRAGEBOGEN FÜR KLASSENLEHRER/INNEN[1]/[2]

Zum Selbstkonzept von ____________________

Kompetenzbereiche des SK: **Fremdeinschätzung/Fremdbild**, Fähigkeitskonzept, Soziales Selbst

Materialien:

Einzel- oder Gruppensituation: E

Beobachtungs- und Förderschwerpunkte:

psychosozial, motorisch, perzeptiv, kommunikativ, kognitiv

Name des Kindes:

Alter:

Klasse:

Beantwortung des Fragebogen am:

- In welchen Unterrichtsfächern unterrichten Sie das Kind?

____

- Welches Unterrichtsfach macht dem Kind Ihrer Meinung nach besonders Spaß?

____

- In welchem Unterrichtsfach ist es besonders gut (schulische Fähigkeiten)?

____

- Wie würden Sie ihre Beziehung zu dem Kind einschätzen?

____

- Fällt Ihnen das Kind im Unterricht eher positiv oder negativ auf? Warum?

____

[1] Dieser Fragebogen kann auch im Rahmen einer mündlichen Befragung (Interview) genutzt werden; in diesem Fall könnten dann zu einzelnen Aspekten konkrete Nachfragen gestellt werden

[2] nach einer unveröff. Arbeit von Bruns und Weigel (1999).

- Welchen seiner Mitschüler/welche seiner Mitschülerinnen mag das Kind Ihres Erachtens am liebsten?

- Beruht diese Sympathie auf Gegenseitigkeit?

- Mit wem kommt das Kind nach Ihrer Ansicht nicht bzw. nicht so gut aus? Warum?

- Neben wem sitzt das Kind in der Klasse?

- Ist das Kind Ihrer Meinung nach gut in die Klassengemeinschaft integriert? Ist das Kind beliebt?

- Übt das Kind Ihres Erachtens großen Einfluss auf andere Mitschüler aus?

- Welche Rolle nimmt es in der Klasse ein („Anführer", „Mitläufer", „Außenseiter" usw.)?

- Wie geht das Kind mit Konflikten innerhalb der Klasse um (provoziert es Konflikte, geht es Konflikten aus dem Weg usw.)?

- Wenn das Kind sich einen Freund oder eine Freundin in der Klasse aussuchen könnte, wen würde es Ihrer Meinung nach nehmen?

- Arbeitet und spielt das Kind lieber alleine oder mit Klassenkameraden?

- Gefällt es dem Kind Ihres Erachtens auf der Schule?

- Sieht das Kind Ihrer Ansicht nach den Besuch dieser Schule als Problem an?

____

- Was kann das Kind besonders gut (soziale Fähigkeiten)?

____

- Was halten Sie bezüglich der schulischen Situation außerdem noch für erwähnenswert?

____

- Wie würden Sie die häusliche Situation der Familie beschreiben bzw. einschätzen?

____

- Wie ist das Selbstwertgefühl des Kindes Ihrer Meinung nach?

____

- Wie würden Sie das Selbstkonzept des Kindes aus Ihrer Sicht einschätzen und beschreiben?

____

____

____

____

____

____

____

- In welchem Bereich braucht das Kind aus Ihrer Sicht noch Unterstützung, um sein Selbstkonzept zu fördern?

____

____

Wie man ein niedriges Selbstkonzept entdecken und verbessern kann[1]

Die in den folgenden drei Arbeitsblättern aufgeführten Aktivitäten sollen dem Lehrer zeigen, welche Möglichkeiten er in der Klasse besitzt, Schüler mit niedrigem oder schlechtem Selbstkonzept aufzubauen. Dazu sollten zuerst einmal diejenigen Faktoren ausgeschlossen werden, die in der Klasse zur Verringerung des Selbstkonzeptes führen.

- **Beobachtungsbogen A** zeigt Hinweise auf diese Faktoren.
- **Beobachtungsbogen B** zeigt Verhaltensweisen auf, die ein positives Selbstbild bei Schülern aus Minoritätengruppen zeigen.
- Und **Beobachtungsbogen C** listet Schüleraktivitäten auf, die den Aufbau eines positiven Selbstkonzepts verstärken.

Kompetenzbereiche des SK: **Fremdeinschätzung/Fremdbild, Fähigkeitskonzept**

Einzel- oder Gruppensituation E

Beobachtungs- und Förderschwerpunkte:
psychosozial, motorisch, perzeptiv, kommunikativ, kognitiv

Beobachtungsbogen A

Schwache Schulleistung[2]: In welchem Ausmaß der Schüler.....

1. *seine Aufgaben unvollständig macht (kann er diese nicht vollständig machen) ?*
2. *feindseliges Verhalten zeigt?*
3. *herablassendes Gerede zeigt?*
4. *zu Tagträumereien neigt?*
5. *geringen oder gar keinen Augenkontakt zeigt?*
6. *Entschuldigungen macht?*
7. *zu schnell aufgibt?*
8. *die Schule schwänzt oder zu spät kommt?*
9. *er sich nicht freiwillig meldet oder am Unterricht teilnimmt?*
10. *zurückgezogen und isoliert ist?*
11. *Abneigung gegenüber der Schule, den Lehrern oder beiden zeigt?*
12. *durch Gesichtsausdruck oder Körperbewegungen Frustration, Angst oder Schmerz zeigt?*

---

[1] Im amerikanischen Original wendet sich das Konzept vorwiegend an schwarze Schüler und deren Probleme. Es ist jedoch unseres Erachtens ohne Weiteres auf deutsche Verhältnisse da anzuwenden, wo Kinder aus sehr unterschiedlichen Ethnien die Schule besuchen; aus: Northwest Regional Educational Equity Center: Improving Black Stduents Achievement, 9/7/97

[2] Kann dazu benutzt werden, um in der Beobachtung ein niedriges Selbstkonzept oder (negatives) Schulleistungskonzept (Erfolgsmotivation) zu erkennen.

Schwaches Selbtkonzept[2]: In welchem Ausmaß der Schüler.....

1. *mangelndes Vertrauen in sich selbst bei der Vorführung vor anderen hat?*
2. *mangelnde Fähigkeit in sozialen Fertigkeiten wie Sport, Tanzen, Rapping zeigt?*
3. *mangelnde Leistung in einer Fördergruppe zeigt?*
4. *Interesse an sozialen Aktivitäten wie Tanzen, Musik hören oder Sport hat?*
5. *geringen oder gar keinen Blickkontakt hat?*
6. *andauerndes Interesse an sozialen Aktivitäten wie Fahrradfahren, Karten spielen, Musik oder Sport hat?*
7. *freundliches, aufrichtiges Verhalten hat?*
8. *schlecht gekleidet ist und wenig körperliche Hygiene zeigt?*
9. *schlechte Ernährungsgewohnheiten hat?*
10. *sich sehr anstrengt um zu gefallen?*
11. *leicht weint?*
12. *mit Gesichtsausdruck + Körpersprache Schmerz, Angst, Frustration deutlich macht?*

Beobachtungsbogen B

Lehrerverhalten, das ein positives Selbstkonzept bei Schülern unterstützt und/oder insbesondere bei Angehörigen von Minoritäten steigert....

Diese Checkliste kann ihre persönlichen Stärken als Pädagoge in der Förderung von Kindern mit niedrigem Selbstkonzept zeigen.
Schreiben Sie ein „+" wenn Sie in diesem Gebiet Wissen, Fertigkeiten besitzen und sich somit ständig bewusst verhalten können.
Schreiben Sie ein „-„ hinter das Item, wenn Sie die beschriebenen Verhaltensweisen und Fertigkeiten noch verbessern können.

Wie man eine multikulturelle Umgebung herstellt
Würden Sie von sich sagen, dass Sie...

1. *kritisch mit Lesematerialien und Schultests umgehen, empfindliches Material erkennen und Schritte unternehmen, dessen Einfluss auf die Schüler zu minimieren?*
2. *Vorgehensweisen und politische Maßnahmen, die bestimmte Rassen, Kulturen, Geschlechter oder Behinderungen benachteiligen, herausfinden und Vertretern der Schulbehörde zur Kenntnis bringen?*
3. *fremdländische Geschichte und Kultur verstehen und unterrichten?*
4. *Aktivitäten in der Klasse entwickeln, die Verständnis und Wertschätzung des Kampfes der schwarzen Amerikaner gegen die Sklaverei/der Ausländer gegen Fremdenhass ausdrücken/verdeutlichen?*
5. *Situationen schaffen, in denen Schüler verschiedener rassischer und ethnischer Gruppen miteinander kooperieren?*

---

6. in der Klasse gegenwärtige Beispiele von offenem Rassismus/Ausländerhass besprechen?
7. die Wertschätzung kultureller Unterschiede in alle Aktivitäten in der Klasse einschließen?
8. Schüler darauf hinweisen und erkennen, dass es Werte gibt, die kulturelle Bindungen verstärken?
9. heterogene Gruppen zusammenstellen, in denen die Schüler das kulturelle Miteinander lernen und leben können?
10. zwischen Gleichheit und Gerechtigkeit unterscheiden können und folglich wissen, wann man Schüler in der gleichen Weise oder anders ansprechen muss, wenn es um Zugehörigkeit zu einer Rasse, ethnischen Gruppe, Behinderung, Kultur, Geschlechtlichkeit oder Leistungsniveau geht?

Eine Vielzahl von Unterrichtsstilen einsetzen
Würden Sie von sich sagen, dass Sie...

1. persönliche Interaktionen unterstützen, die in den Arm nehmen, berühren und liebevolle Klapse einschließen?
2. die Stärken und Schwächen der Schüler dabei erkennen können sowie entdecken, wie sie lernen?
3. Unterrichtsstrategien einsetzen, die es Schülern erlauben, auf ihren eigenen Stärken aufzubauen und ihre Schwächen zu überwinden?
4. erklären können, wie bedeutsam die Inhalte der Klassenarbeiten im Verhältnis zu den Erfahrungen der Schüler sind?
5. Schüler anregen, sich in Gruppen zusammenzufinden, in denen sie ihre Interaktion so gestalten, dass sie einen höheren schulischen Leistungsstand erreichen und die Unterschiedlichkeit innerhalb der Gruppe wertschätzen lernen?
6. Kontakt zu jedem Gruppenteilnehmer entwickeln?
7. Unterrichtsaktivitäten entwickeln, die den schwarzen/ausländischen Schülern es ermöglichen, sich mehr emotional und körperlich einzubringen?
8. positive Slogans und positive Botschaften in der Klasse verwenden?
9. Peer Tutoring (bessere helfen schlechteren Schülern) einsetzen?
10. Blickkontakt als Unterstützung einsetzen?
11. ein Curriculum um zentrale Ideen und Fragen organisieren?
12. Mathematikunterricht organisieren, in dem es um wesentliche mathematische Prozesse wie Abstrahieren, Beweisen und Anwenden geht?
13. alternative Unterrichtsstrategien einsetzen wie etwa gemeinsames lernen und Peer Coaching (bessere helfen schlechteren Schülern)?

Positive Erwartungen zeigen
Würden Sie von sich sagen, dass Sie...

1. Sitzarrangements vermeiden, die schlechten Schülern einen Platz weit entfernt von ihnen geben?
2. den schlechteren Schülern mehr „Wartezeiten zubilligen, bevor sie antworten?

3. *die Interaktionen im Klassenraum so ausgleichen, dass alle Schüler ungefähr den gleichen Anteil an Zeit und Zuwendung erhalten?*
4. *gute verbale und nonverbale Unterstützung geben (Kopfnicken, Lächeln, häufig loben)?*
5. *schulische Herausforderungen für schwarze/ausländische Schüler finden?*
6. *über die Schüler ermutigende Berichte schreiben, denen sie entnehmen können, dass sie viel von ihnen erwarten und ihnen positiv zugewandt sind?*
7. *darauf achten, dass Sie das Klassenzimmer hell, bunt und freundlich halten?*
8. *Arbeiten jeden Schülers im Laufe des Schuljahres präsentieren?*
9. *Empathie, Empfindsamkeit, Mitleid zeigen im Umgang mit den Schülern?*
10. *mehr persönliche Komplimente bei schwarzen/ausländischen Schülern machen?*
11. *im Gespräch mit schwarzen/ausländischen Schülern aktiv zuhören?*
12. *den Schülern Wochen- und Monatsziele setzen und den Fortschritt im Einzelgespräch überprüfen?*

Kooperatives und flexibles Gruppieren einsetzen
Würden Sie von sich sagen, dass Sie...

1. *eher heterogene Gruppen bilden als Gruppen nach Leistung zusammenzustellen?*
2. *mehr diagnostische Beobachtungen einsetzen, um heterogene Gruppen zu bilden?*
3. *mehr Gelegenheit für Lehrer - Schüler - Interaktionen geben?*
4. *Formen von kooperativen Lerngruppen einsetzen?*
5. *ein Peer Tutor System und ein Hilfssystem arrangieren?*
6. *viel größere Variationen von Lernmaterialien und Aktivitäten einsetzen?*
7. *qualitativ hochwertiges Feedback geben?*
8. *die Schüler in regelmäßigen Abständen neu gruppieren?*

Denkfähigkeiten höherer Ordnung lehren
Würden Sie von sich sagen, dass Sie...

1. *Fragen mit offenem Ausgang und Essay Fragen benutzen, die eine aktive Beteiligung hervorrufen?*
2. *durch Fragen mit offenem Ausgang die Gelegenheit zum kritischen Denken geben?*
3. *Schüler durch Vergleich und Gegenüberstellung (Kontraste setzen) zum divergenten Denken anregen?*
4. *Schüler durch Vergleich und zur Gegenüberstellung zum induktiven Denken anregen?*
5. *Schüler Gelegenheit geben, deduktives Denken zu entwickeln, indem Sie sie bitten, Begründungen vom Allgemeinen auf das Besondere zu ziehen?*
6. *die Schüler anregen, ihre Denkenergie zu stärken, indem Sie ihnen zureden, sie durchforschen und sie inspirieren?*
7. *den Schülern erlauben, zu differenzieren, integrieren und desintegrieren, um die Kompetenz zum repräsentationellen Denken zu stärken?*

8. den Schülern Gelegenheit geben, sich auf höherem Niveau von den Gegenständen zu lösen und metakognitiv zu denken?
9. den Schülern Gelegenheit geben für mehr Rollen- und Simulationsspiele und für deren Bewertung?

Überwindung von Furcht vor Versagen und Furcht vor Erfolg
Würden Sie von sich sagen, dass Sie...

1. die einzigartigen Talente und die außerschulischen Stärken ihrer Schüler erkennen und fördern und dadurch Vertrauen aufbauen und Schwächen in den Schulleistungen abbauen?
2. Mitschüler dazu einsetzen Stärken zu identifizieren und Schulerfolg durch Gruppenaktivitäten aufzubauen?
3. Freunde der Schüler als Vorbilder und Helfer einsetzen?
4. eine positive und kooperative Beziehung zu den Eltern oder Betreuern aufbauen?
5. die Leistungen des einzelnen Schülers im Schuljahr feiern?
6. dem Schüler helfen, kurzfristige und weitreichende Ziele zu setzen?
7. für jede Woche Berichte über berühmte farbige Amerikaner/andere Vorbilder geben, die sich Ziele gesetzt und erreicht haben?
8. monatliche Ziele für jedes Kind festlegen, die mit Eltern und Betreuern besprochen werden können?
9. ein Erfolgsdiagramm oder ähnliche Techniken einsetzen?
10. Aktivitäten benutzen, um den Willen zum Erfolg zu erhöhen?
11. einer schlechten Schulleistung Erklärungsfaktoren zuweisen, über die der Schüler Kontrolle hat, anstatt sie globalen mangelnden Fähigkeiten zuzuweisen?

Das Engagement verbessern
Würden Sie von sich sagen, dass Sie...

1. ein Bild von sich aufbauen, das den Schülern zeigt, dass Sie dazu da sind, die Persönlichkeit der Einzelnen aufzubauen, anstatt sie zu zerstören?
2. die Schüler wissen lassen, dass man sie als Individuen sieht, sich ihrer bewusst ist und an ihnen interessiert ist?
3. Ihre Erwartungen und Ihr Vertrauen so vermitteln, dass jeder Schüler wohldefinierte Standards von Werten und Anforderungen an Leistung auch erfüllen kann, und dass man ihn zur Lösung von Problemen anleiten kann?
4. die schulischen Erwartungen verstärken, die Eltern und Betreuer bezüglich der Fähigkeit(en) des Kindes haben?
5. als Vorbild für Sensibilität und hohe Ideale für jeden Schüler dienen können?
6. jede Gelegenheit wahrnehmen eine wirkungsvolle private oder halb- private Kommunikation mit anderen Schülern aufzunehmen (1 zu 1)?
7. die Schüler darin ermuntern, ihre Meinungen und Ideen auszudrücken?
8. Interesse an den Überlegungen der Schüler zeigen, sich für ihre Bedürfnisse interessieren?
9. ein Klassenklima, das körperlich und emotional ansprechend ist, schaffen?
10. Begeisterung an Lernaufgaben und an den Schülern zeigen?

11. *Humor im Klassenraum einführen?*
12. *erhöhte Anstrengungen unternehmen, sich mit jedem Schüler auseinander zu setzen?*
13. *die Schüler dazu anhalten ihre Mitschüler zu loben?*
14. *realistische aber herausfordernde Erwartungen stellen?*
15. *ein Verlangen danach zeigen, mehr über die verschiedenen Kulturen wissen zu wollen, die im Klassenraum versammelt sind?*
16. *allen Schülern Gelegenheiten geben, sich auszuzeichnen?*
17. *für jeden Schüler Ziele entwickeln, Stärken zu zeigen und Schwächen zu überwinden?*

Beobachtungsbogen bzw. Arbeitsblatt C

Die Leistungen von Schülern fördern:

Aktivitäten von Schülern, die Selbstkonzept verstärken

Hier werden einige Möglichkeiten aufgelistet, wie man das Selbstkonzept von Schülern aufbauen kann.
Sie sollten überlegen, inwieweit Sie in Ihrem Unterricht solche Möglichkeiten anbieten oder das verbessern könnten.

1. *Aktivitäten planen, bei denen Schüler ihre Klassenkameraden unterhalten können oder Gelegenheit haben, ihre nicht schulischen Talente und Stärken genau so gut wie ihre schulischen Fertigkeiten zu zeigen*
2. *Aktivitäten bei denen Schüler zeigen können, was sie beim Tanzen, beim Sport, Rapping oder Singen oder bei dramatischen Vorlesungen leisten können*
3. *Bessere Schüler gezielt zusammen mit Gruppenaktivitäten einsetzen, bei denen Schüler eine Förderung mit den Kameraden aufbauen können*
4. *Praktische Fähigkeiten zur Wiederholung in rhythmischer Form zeigen können*
5. *Unstrukturierte herausfordernde Spiele, Puzzles, Aktivitäten ohne zeitliche Begrenzung bis zur Vollendung ausführen lassen*
6. *Schülern Gelegenheit geben, an für sie erreichbaren Zielen zu arbeiten*
7. *Pantomime einsetzen*
8. *Multikulturelle Gegenstände und Aktivitäten betonen*
9. *Konzentration und hohe Anspannung unterstützen*
10. *Den Unterrichtsgegenstand an das Interesse der Schüler anpassen*
11. *Unterschiedliche Arten von Familien und die kulturellen Stärken jeder Familie erörtern*
12. *Aktivitäten fördern, die besonderen und einzigartigen Stärken und besonderen Talente der Schüler herausheben*

Beobachtungssituationen

Beobachtungssituationen

Aufgabenübersicht:

Aufgabe	Kompetenzbereich	Material
Verharren in verschiedenen Körperhaltungen	Körperkonzept, Fähigkeitskonzept	
Fortbewegen in verschiedenen Körperhaltungen	Körperkonzept, Fähigkeitskonzept	Vorlage Junge, Spiegel
Roboterspiel	Körperkonzept, Fähigkeitskonzept, Selbsteinschätzung	
Aufwärmgymnastik und magnetische Körperteile	Körperkonzept, Fähigkeitskonzept	Musik
Wie groß bin ich?	Körperkonzept, Realselbst	Vorlage Schwimmbad, Kreide, Seile, Spiegel, Gymnastikstab, Kreppband, Stifte
Einstellungen zum und Darstellungen des eigenen Körpers	Körperkonzept, Realselbst	Spiegel, Stifte, Papier, Steckbrief I
Traumhaus	Selbsteinschätzung	Vorlage Traumhaus, Bau-Materialien
Am Faden entlang	Selbsteinschätzung, Fähigkeitskonzept	Seil/Schnur, Korken, Augenbinde; Hindernisse
Staffelspiele	Selbsteinschätzung, Fähigkeitskonzept	Hütchen, zwei Bälle, vier Gymnastikstäbe
Was meinst du, was du alles kannst?!	Selbsteinschätzung, Fähigkeitskonzept	Parcour
Knoten lösen	Körperkonzept,Soziales Selbst, Fähigkeitskonzept	Seilchen
Freier Fall	Fähigkeitskonzept, Selbsteinschätzung	Verschiedene Großmaterialien
Atomspiel	Körperkonzept, Soziales Selbst	Musik
Dreibeinlauf	Körperkonzept, Soziales Selbst, Fähigkeitskonzept	Seile, Hütchen
Brücken bewältigen	Fähigkeitskonzept, Selbsteinschätzung	Verschiedene Großmaterialien
Felswand	Fähigkeitskonzept, Selbsteinschätzung	Verschiedene Großmaterialien
Flussüberquerung	Fähigkeitskonzept, Selbsteinschätzung	Teppichfliesen, Kästen, etc.
Äste überspringen	Fähigkeitskonzept, Selbsteinschätzung	Seilchen, Markierungen

Körperhaltungen I - Verharren in verschiedenen Körperhaltungen

Kompetenzbereiche des SK:	**Körperkonzept**, Fähigkeitskonzept
Materialien:	keine
Einzel- oder Gruppensituation:	E+G
Beobachtungs- und Förderschwerpunkte:	psychosozial, **motorisch**, **perzeptiv**, kommunikativ, **kognitiv**

<table>
<tr><th>Grad</th><th>Durchführung mit unterschiedlichen Schwierigkeitsgraden</th><th>spezielle Beobachtungsmöglichkeiten SK</th><th>Fragen und/oder Interpretationsmöglichkeiten</th></tr>
<tr><td>I - II</td><td>• Was sind Körperhaltungen?!
→ Ideensammlung durch Kinder oder Vermittlung durch Pädagogen</td><td rowspan="4">• Welche Körperhaltungen kann das Kind nennen?
• Wie viele Ideen hat das Kind?
• Welche Körperhaltung kann das Kind ausführen?
• Wie führt das Kind Körperhaltungen aus?
• Kann das Kind einen Bezug zu Körperhaltungen im Alltag herstellen?
• Welche Körperhaltungen mag das Kind am liebsten? Warum?
• Wie äußert sich das Kind über seinen Körper und seine Fähigkeiten?</td><td rowspan="4">• das Kind kann globale/ differenzierte Körperhaltungen (nicht) nennen
• das Kind nimmt seinen Körper (nicht) bewusst wahr
• das Kind kann verschiedene Körperhaltungen (nicht) selbständig ausführen
• das Kind kennt seine Fähigkeiten (nicht)
• das Kind bewertet seine Fähigkeiten (nicht)
• das Kind orientiert sich an anderen</td></tr>
<tr><td>II</td><td>• Wann nimmt ein Mensch welche Körperhaltung ein? (Beispiele gemeinsam überlegen)</td></tr>
<tr><td>I-II</td><td>• Sitzen (Schneidersitz, Langsitz, Hocke, übergeschlagene Beine, Seitzsitz, Fersensitz, Grätschsitz) in verschiedenen Positionen
→ nennen und dann zeigen lassen
oder → nennen, vormachen und nachmachen lassen</td></tr>
<tr><td>I-II</td><td>• Stehen (Einbeinstand, geschlossene Füße, schulterbreit, Grätschstand, Zehenspitzen, Füße hintereinander, Außenrist, Innenrist, Fersen) in verschiedenen Positionen
→ nennen und dann zeigen lassen
oder → nennen, vormachen und nachmachen lassen</td></tr>
</table>

Körperhaltungen II - Fortbewegen in verschiedenen Körperhaltungen

Kompetenzbereiche des SK:	**Körperkonzept,** Fähigkeitskonzept
Materialien:	keine; ggf. Spiegel, Parcoursmaterialien
Einzel- oder Gruppensituation:	E+G
Beobachtungs- und Förderschwerpunkte:	psychosozial, **motorisch**, **perzeptiv**, kommunikativ, **kognitiv**

Grad	Durchführung mit unterschiedlichen Schwierigkeitsgraden	spezielle Beobachtungsmöglichkeiten SK	Fragen und/oder Interpretationsmöglichkeiten
I - II	• **Was sind Körperhaltungen**, in denen ein Mensch sich fortbewegen kann?! → Ideensammlung durch Kinder oder Vermittlung durch Pädagogen	• *Welche Körperhaltungen kann das Kind nennen?* • *Welche genannten Körperhaltungen kann das Kind vormachen?* • *Welche Körperhaltungen und Fortbewegungen kann Kind selbständig o. mit Hilfe wie ausführen?* • *Welches ist die Lieblingsfortbewegungsart des Kindes?* • *Wie schätzt das Kind seine Fähigkeiten ein?* • *Äußert sich das Kind über seine Fähigkeiten? In welcher Form?* • *Macht das Kind gern etwas vor?* • *Kann das Kind einen Bezug zu Alltagssituationen knüpfen?*	• *das Kind kann globale/ differenzierte Körperhaltungen und/oder Fortbewegungsarten (nicht) nennen* • *das Kind kann verschiedene Körperhaltungen (nicht) selbständig ausführen* • *das Kind nimmt seinen Körper bewusst (nicht) wahr* • *das Kind kennt seine Fähigkeiten (nicht)* • *das Kind bewertet seine Fähigkeiten (nicht)* • *das Kind entwickelt (keine) Lösungsstrategien* • *das Kind schlüpft (un-)gern in verschiedene Rollen*
II-III	• Wann nimmt ein Mensch welche Körperhaltung für welche Art von Fortbewegung ein?		
II	• **Gehen/Hüpfen** (Einbeinhüpfen, mit geschlossenen Füßen, schulterbreit, auf Zehenspitzen, Füße hintereinander, auf Außenrist, auf Innenrist, auf Fersen...) → nennen und dann zeigen lassen oder → nennen, vormachen und nachmachen lassen • evtl.: vor Spiegel ausprobieren		
	• **Fortbewegen nach Vorstellungsbildern:** ein Kind oder der Pädagoge gibt jeweils eine Fortbewegungsart vor und andere vollziehen diese nach → **Beispiel: Vorlage Junge!**		

II	a) Tiere: Watscheln wie eine Ente; Galoppieren wie ein Pferd; Hüpfen wie ein Frosch; Kriechen wie eine Schnecke; Hoppeln wie ein Hase; Krabbeln wie eine Spinne; b) Personen: Krabbeln wie ein Baby; schlurfen; taumeln; gebeugt gehen;	• *Welche Hilfestellung(en) unterstützen das Kind?* • *Orientiert sich das Kind an anderen Personen?* • *entwickelt das Kind eigene Ideen?* • *Kennt das Kind verschiedene Tiere, Figuren, Personen, welche sich unterschiedlich fortbewegen?* • *steht für das Kind die Aufgabe oder die Geschichte im Vordergrund?* • *sind dem Kind verschiedene Richtungen bekannt, kann es diese nennen?* • *hat das Kind Ideen bzgl. Raumwege und/oder Variationen bzgl. Bewegung Extremitäten?* • *Welche Reaktionen zeigt das Kind verschiedene Untergründe?* • *welche Vorstellungen von „Untergründen" bringt das Kind ein? Ist ein Alltagsbezug gegeben?* • *sucht sich das Kind einen Partner?*	• *Das Kind möchte sich zeigen* • *Das Kind identifiziert sich mit bestimmten Rollen, mag Rollenspiele* • *Das Kind kann sich räumlich orientieren* • *Das Kind kennt Raumwege und Richtungen* • *Das Kind über-/unterschätzt sein Können bzgl. Ausführung von Fortbewegungsarten* • *Das Kind zeigt Reaktionen auf verschiedene Untergründe deuten auf (un-) angenehmes Gefühl hin (Wahrnehmung)* • *das Kind hat eine feste Bezugsperson (Partnerwahl)*
II	• Bewegung in verschiedenen Körperhaltungen (hüpfen, gehen, robben, kriechen, krabbeln ...)		
II	• **Fangen in verschiedenen Fortbewegungsarten:** a) der Fänger gibt die Art der Fortbewegung vor und alle zu Fangenden bewegen sich ebenso fort; b) sobald der Fänger jemanden gefangen hat, wechselt der Fänger, welcher nun die neue Fortbewegungsart vorgibt c) Steigerung des Bewegungstempos		
II	• (einzeln oder gemeinsam nacheinander) **Gehen und/oder Laufen in verschiedenen Variationen** → nach Ideen der Kinder fragen bzgl. Richtung, Raumwegen, Beine, Arme u.a. a) Richtung: vorwärts/rückwärts/seitwärts/diagonal b) Raumwege: im Kreis, in Schlangenlinien, im Zickzack, Quadrat, Dreieck, ... c) untere Extremitäten: mit angehobenen Knien, mit hochgeschlagenen Fersen, mit Hammerfüßen d) obere Extremitäten: mit angewinkelten Armen, mit kreisenden Armen, mit verschränkten Armen		

III	• **Bewegung auf verschiedenen Untergründen in verschiedenen Körperhaltungen** a) Möglichkeit der fiktiven Vorstellung verschiedener Untergründe b) Bereitstellung oder Erbauung eines Parcours oder Hinausgehen in die Natur → Wasser, Gras, Steine, Erdboden, heiße Straße, Matsch ...		

Roboterspiel

Kompetenzbereiche des SK:	**Körperkonzept,** Fähigkeitskonzept, Selbsteinschätzung
Materialien:	keine
Einzel- oder Gruppensituation:	G
Beobachtungs- und Förderschwerpunkte:	**psychosozial**, **motorisch**, **perzeptiv**, kommunikativ, kognitiv

Grad	Durchführung mit unterschiedlichen Schwierigkeitsgraden	spezielle Beobachtungsmöglichkeiten SK	Fragen und/oder Interpretationsmöglichkeiten
I	• **Was sind Roboter?** → Nennen von Beispielen (Woher kennen Kinder Roboter?) → besprechen, was Roboter sind → besprechen, wie sich diese bewegen	• *kennt das Kind Roboter, wenn ja welche und aus welchem Zusammenhang?* • *hat das Kind eigene Vorstellung, wie sich Roboter bewegen könnte?* • *ist es dem Kind möglich, sich ähnlich einem Roboter zu bewegen?* • *in welche Rolle möchte das Kind zuerst schlüpfen?* • *wie ist das Verhalten bei Rollenwechsel?* • *wie möchte das Kind „gesteuert" werden (Berührung, Sprache, Sehen)?* • *wie berührt das Kind andere?* • *verbalisiert das Kind eigene Gefühle und Gedanken?*	• *Dem Kind sind Bewegungen bekannt, greift auf Erfahrungen zurück (z.B. aus Spiel, Fernsehen...)* • *Dem Kind sind Roboter (un)bekannt* • *Das Kind kann Bewegungen ausführen* • *Das Kind mag Roboter (un-)gern* • *Das Kind wählt Partner/wird gewählt* • *Das Kind gibt präzise/global vor, wie es gesteuert werden möchte* • *Das Kind möchte (nicht)berührt werden od. selbst(nicht)berühren* • *Das Kind reagiert auf sprachliche/ visuelle/taktile Zeichen angemessen/ verzögert... (Erkennen von Reizen)*
I	• **Wie bewegt sich ein Roboter?** → ausprobieren, wie ein Roboter zu gehen		
II	**Ein Roboter sein!** • es finden sich Partner: einer ist Roboter, der andere Programmierer • der Roboter wird durch den Programmierer durch Antippen eines Körperteils, durch Zeigen oder durch verbale Anweisungen gesteuert und geht so durch den Raum (vorher: individuelle Absprache) • Programmierer muss aufpassen, dass Roboter nirgends vorläuft bzw. anstößt • Rollenwechsel		

II	**Besprechung**: welche Rolle gefällt besser?: • Roboter (der folgt) oder Programmierer (der führt)? • Warum? In welcher Position fühle ich mich wie?	• *wie schätzt das Kind seine eigenen Fähigkeiten ein?* • *wie bewertet das Kind seine eigenen Fähigkeiten?* • *setzt das Kind seine Fähigkeiten in Vergleich zu anderen Kindern?*	• *Das Kind kann auf sprachliche/taktile Zeichen hin Richtungen (nicht) unterscheiden (Zuordnen von Reizen)* • *Das Kind scheint sich in Rolle des Roboters /Programmierers (un-) wohl zu fühlen* • *das Kind bevorzugt führende/folgende Position:...* • *das Kind schätzt seine Fähigkeiten real/zu hoch/zu niedrig ein* • *das Kind ist stolz, traurig, enttäuscht ... bzgl. seiner Fähigkeiten* • *das Kind ist (internem/externem) Leistungsdruck ausgesetzt*
III	**Ein Programmierer & mehrere Roboter!** • nach Absprache: ein Kind ist Programmierer und 2-X Kinder sind Roboter (Anzahl der Roboter entscheidet Programmierer) • der Programmierer soll gleichzeitig (in einer bestimmten Zeit) darauf achten, dass kein Roboter irgendwo gegen stößt		
III	**Ein Programmierer & mehrere Roboter & Ziel!** • nach Absprache: ein Kind ist Programmierer und 2-X Kinder sind Roboter (Anzahl der Roboter entscheidet Programmierer) • der Programmierer soll gleichzeitig (in einer bestimmten Zeit) darauf achten, dass kein Roboter irgendwo gegen stößt und zusätzlich soll er alle Roboter zu einem vereinbarten Ziel bringen		

Aufwärmgymnastik und Magnetische Körperteile

Kompetenzbereiche des SK:	**Körperkonzept,** Fähigkeitskonzept
Materialien:	Musik
Einzel- oder Gruppensituation:	G
Beobachtungs- und Förderschwerpunkte:	psychosozial, **motorisch**, **perzeptiv**, kommunikativ, **kognitiv**

Grad	Durchführung mit unterschiedlichen Schwierigkeitsgraden	spezielle Beobachtungsmöglichkeiten SK	Fragen und/oder Interpretationsmöglichkeiten
I	• Thematisierung **Körperteile** → was gibt es für Körperteile (große/ kleine, global/ differenziert)?	• *welche Körperteile kennt das Kind und kann es benennen?* • *kann das Kind Körperteilen Funktionen zuordnen? Alltagsbezug?* • *welche Körperteile sind dem Kind wichtig?* • *kann das Kind Körperhaltungen nennen?* • *kann das Kind Körperhaltungen vormachen und/oder ausführen* • *wie sind Bewegungsabläufe bzw. motorische Fähigkeiten?* • *kann das Kind spontan rechts/links unterscheiden?* • *kann das Kind während des Spiels*	• *Das Kind verfügt über globales/ differenziertes Körperwissen* • *Das Kind kann Begrifflichkeiten zuordnen* • *Das Kind hat (keinen/geringen...) Bezug zu seinem Körper und dessen Funktionen* • *Das Kind besitzt Reflexionsvermögen in Bezug auf eigenen Körper und das eigene Empfinden* • *Das Kind kann seinen Körper in verschiedenen Positionen wahrnehmen* • *Das Kind besitzt hohe/niedrige Reaktionsfähigkeit*
I	• Wozu brauche ich welche(s) Körperteil(e)? (Funktionen)		
I	• Welche Körperteile sind mir besonders wichtig? • Warum?		
II	• Was sind **Körperhaltungen**? (s. Aufgabe Körperhaltungen I) • Was sind Bewegungsformen? → Beispiele nennen und/ oder vormachen		
II	• **Aufwärmgymnastik:** Kinder bewegen sich frei im Raum zur Musik; Pädagoge gibt an, welche Bewegungsformen und Körperhaltungen Kind dabei einnehmen soll (z.B. auf rechtem Bein hüpfen, beim Laufen rechte Hand ans linke Knie legen, usw.).		

II	• **Magnetische Körperteile:** Was ist ein Magnet? • Erklärung des Spiels → ein Magnet = der Hallenboden, anderer Magnet = zugerufener Körperteil → Kinder laufen frei um Raum und auf Zuruf eines Körperteils müssen sie diesen auf den Hallenboden bringen	*spontan Körperteile zuordnen oder orientiert es sich an Vorbildern?* • *zeigt sich eine Einstellung zum eigenen Körper (Empfinden)* • *sucht das Kind Lösungswege für die Durchführung der Aufgabe? → Strategien, wenn es Boden allein mit einem Körperteil berühren möchte?* • *welche Körperteile nennt das Kind? wechselt oder wiederholt es häufig? globale oder differenzierte Benennung?*	• *Das Kind denkt sich Positionen aus* • *Das Kind experimentiert mit seinem Körper* • *Das Kind kann sich räumlich orientieren mit seinem Körper* • *Das Kind mag seinen Körper (nicht)* • *Das Kind benötigt Unterstützung und/ oder orientiert sich an anderen* • *Das Kind sucht den Vergleich mit anderen* • *Das Kind weiß (nicht) um sein Können* • *Das Kind verfügt über Erfahrung, Erleben von Körper(teil)einsatz* • *Das Kind hat (kein) Wissen über physikalische Zusammenhänge*
III	• Steigerung: Kinder dürfen den Hallenboden nur noch mit dem genannten Körperteil berühren		
III	• Wechsel des „Zurufers" → Kind schlüpft in Rolle		

Wie groß bin ich?!

<u>Kompetenzbereiche des SK:</u> **Körperkonzept,** Realselbst
<u>Materialien:</u> Kreide, Seile, Spiegel, Gymnastikstab, Kreppband, Stift, Vorlage Schwimmbad

<u>Einzel- oder Gruppensituation:</u> E+G
<u>Beobachtungs- und Förderschwerpunkte:</u> psychosozial, motorisch, **perzeptiv**, **kommunikativ**, **kognitiv**

Grad	Durchführung mit unterschiedlichen Schwierigkeitsgraden	spezielle Beobachtungsmöglichkeiten SK	Fragen und/oder Interpretationsmöglichkeiten
I	• Kinder mit Größen vertraut bzw. bekannt machen • was ist Größe/Körpergröße ? • vgl. größer, kleiner, gleich groß → mit Gegenständen/Materialien und/oder Personen	• *hat das Kind Kenntnis von Größen und Größenverhältnissen, Maßen?* • *wie erfolgt ein Vergleich von Größen? (optisch, handlungsorientiert...)* • *nimmt das Kind bei Vergleichen führende Position ein oder ist es eher abwartend und beobachtend* • *welche(n) Handlungsweg(e) nutzt das Kind?* • *wie ist ein Vergleich von Größen für das Kind gut möglich?* • *aus welcher Entfernung kann das Kind einschätzen, wie groß es ist?* • *in welchen Körperpositionen kann das Kind seine Größe (am genauesten, ungenau) einschätzen?* • *bei einem Vergleich von Personen: Orientierung am Spiegelbild, an Personen direkt, an Äußerungen*	• *Kenntnis bzgl. Größen (nicht/ teilweise) vorhanden* • *Vergleich von Größen gelingt (nicht) mit Gegenständen, ...* • *Vergleich von Größen gelingt (nicht) ohne Gegenstände (Papier)* • *Relationen größer/kleiner/gleich sind (un-)bekannt und können (nicht) angewandt werden* • *Vergleich von Größen kann körpernah (pro Person) oder körperfern (am Spiegel) vollzogen werden* • *Das Kind nimmt eigene Körpergröße wahr* • *Das Kind kann Informationen bzgl. seines Körpers in Beziehung zu Maßen setzen* • *Das Kind kann seine Körperausdehnung(en) (hier Größe) einschätzen*
I	• Aufgabe: die Kinder sollen sich der Größe nach in einer Reihe vor einem Spiegel aufstellen		
II	• Aufgabe: die Kinder sollen sich ohne Spiegel der Größe nach aufstellen		
II	• Zwei Personen (z.B. Pädagoge und ein Kind) halten Gymnastikstab/Seil waagerecht zum Boden; • ein weiteres Kind soll aus ca. 2m Entfernung bestimmen, wie tief oder hoch der Stab gehalten werden soll, damit es aufrecht genau darunter hindurchgehen kann; es ist auch eine gleiche Einschätzung für andere Körperpositionen möglich (z.B. Hocke, Vierfüßlerstand, ...) • ist eine Höhe festgelegt, versucht das Kind unter dem Stab/Seil hindurchzugehen und kann so überprüfen, wie genau es die eigene Körpergröße eingeschätzt hat.		

<table>
<tr>
<td>II</td>
<td>• Pädagoge steht direkt an Hallenwand, die Kinder stellen sich in einem Abstand von ca. 2m vor der Wand auf;
• Nacheinander sollen die Kinder die Hand des Pädagogen an der Wand auf die Höhe lotsen, von der sie meinen, dass sie ihrer Körpergröße entspricht;
• Festgelegte Höhe wird dann mit Kreppband markiert;
• Haben alle Kinder ihre Größe geschätzt, dürfen sie sich an ihre Markierung stellen und überprüfen, ob sie richtig geschätzt haben
• Reale Körpergröße kann dann mit einem weiteren Markierungsstreifen, auf dem der Name des Kindes steht, gekennzeichnet werden, um einen direkten Vergleich zwischen geschätzter und realer Körpergröße zu ermöglichen</td>
<td rowspan="3">von anderen Personen?
• Kann das Kind seine Körpermaße einschätzen? in welchen Positionen?
• Äußert sich das Kind zur Wahrnehmung seines Körpers?
• Wie bewertet das Kind seinen Körper?
• Werden Einstellungen, Empfinden zum Körper deutlich?
• Wie gestaltet sich der Vergleich mit anderen Kindern?
• Äußert sich das Kind gegenüber anderen Kindern zu sich selbst?
• Wie bewertet das Kind seine Kompetenzen bzgl. Einschätzungen?
• Wie reagiert das Kind auf Gegenüberstellung von eingeschätzter realer Größe?
• Kann das Kind Größen anderer Personen einschätzen?
• Auf welchem Weg erfolgt Einschätzung fremder Körpergrößen?
• Wie ist Vorgehensweise bei der Einschätzung der Körpergröße?: allein durch sehen; sehen mit Handführung zur Orientierung; sehen und kognitives Verknüpfen von Zusammenhängen (z.B. Vgl. mit Größe anderen Kindes)
• Welche räumliche Übertragung der Körpergröße bevorzugt Kind?:</td>
<td rowspan="3">• Das Kind bewertet eigenen Körper …
• Das Kind zeigt Körperbewusstsein bzw., dass es seinen Körper … wahrnimmt
• Es werden Einstellungen zum Körper deutlich
• Das Kind besitzt Kenntnis über seine Fähigkeiten
• Das Kind äußert sich zu seinen Fähigkeiten emotional
• Geschätzte und reale Größe stimmen (nicht) überein
• Reaktion(en) auf Selbstunter- bzw. -überschätzung
• Reaktionen bzgl. Vergleich mit anderen Kindern → Bedeutung der Größe für „Macht"
• Das Kind geht planvoll vor
• Das Kind sucht sich Orientierungspunkte
• Das Kind kann sich selbst korrigieren und/oder Korrekturen anderer Personen annehmen (Umgang mit Korrekturen)</td>
</tr>
<tr>
<td>III</td>
<td>• Der Bezugspunkt wird erhöht (z.B. stellt sich der Pädagoge auf die 5. Stufe einer Sprossenwand oder Langbank)
• Dann erfolgt eine Einschätzung der Größe von unterem Bezugspunkt aus → Markierung mit Kreppband an Wand</td>
</tr>
<tr>
<td>III</td>
<td>• Nacheinander bekommt jedes Kind zwei Seile. Aufgabe ist es, die Seile so auf den Hallenboden zu legen, dass der Abstand zwischen den Seilen der Körperlänge entspricht, wenn man ausgestreckt auf dem Boden liegt, wobei ein Seil das Kopfende und das andere das Fußende markieren soll;
• Sind Seile gelegt, darf sich das Kind zwischen die Seile auf den Fußboden legen und überprüfen, ob es richtig geschätzt hat.</td>
</tr>
</table>

III	• Aufgabe, die Seile so auf den Hallenboden zu legen, dass der Abstand zwischen den Seilen der Körperlänge entspricht, wenn man ausgestreckt auf dem Boden liegt, wobei ein Seil das Kopfende und das andere das Fußende markieren soll → ein Kind legt die Seile so hin, wie es das andere Kind vorgibt → so keine direkte Nähe zu Seilen und Markierungen ➔ Sind die Seile gelegt, darf sich das Kind zwischen die Seile auf den Fußboden legen und überprüfen, ob es richtig geschätzt hat.	*an der Wand oder auf dem Boden* • *Wie genau hat das Kind seine Körpergröße eingeschätzt? Dabei kann unterschieden werden zwischen: sehr überschätzt/unterschätzt (mehr als 10cm), wenig überschätzt/ unterschätzt (5-10 cm), real (weniger als 5cm Unterschied zur realen Körpergröße)* • *Werden Korrekturen vom Kind vorgenommen? Inwiefern? Anlass der Korrektur?* • *Trägt das Kind eine Brille oder nutzt andere Sehhilfen?*	
III	• Kind legt Seile in Form eines Rechteckes oder „Glocke" so hin, dass es in diese Form mit gerade ausgestreckten Beinen und seitlich ausgestreckten Armen hineinpasst		
III	• Ausmessen der Größen → Wissensvermittlung Maße (cm, m), Größe → z.B. mit Hilfe eines Zentimetermaßes		
III	• Einschätzen von Körpergrößen anderer Personen; auch im Vergleich zu anderen Maßen		
III	• **Einschätzung der eigenen Proportionen** anhand einer Bildvorlage (Bildvorlage Schwimmbad) • Dem Kind wird ein Bild von einer Alltagssituation im Schwimmbad gezeigt; hier sind Jungen und Mädchen mit verschiedenen Figuren zu sehen; das Kind soll zeigen, welche Figur seiner ähnelt		

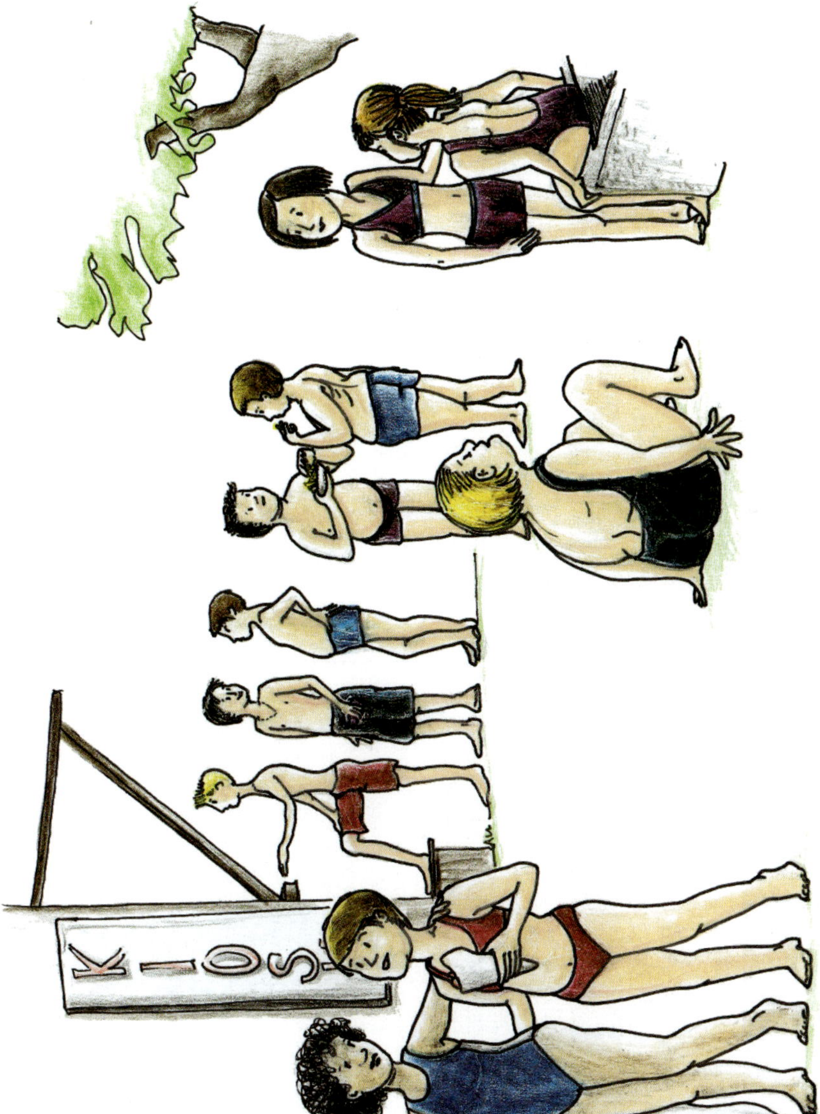
K-I-O-S

Einstellungen zum und Darstellungen des eigenen Körper

Kompetenzbereiche des SK: **Körperkonzept, Selbstbild - Realselbst**
Materialien: Spiegel, Stifte/Papier, evtl. Steckbrief I
Einzel- oder Gruppensituation E+G
Beobachtungs- und Förderschwerpunkte: psychosozial, motorisch, **perzeptiv**, **kommunikativ**, **kognitiv**

Grad	Durchführung mit unterschiedlichen Schwierigkeitsgraden	spezielle Beobachtungsmöglichkeiten SK	Fragen und/oder Interpretationsmöglichkeiten
I	• das Kind stellt sich vor Spiegel u. betrachtet sich	• *Wie äußert sich das Kind über eigenen Körper? (Kommentare)* • *Wie verhält sich das Kind, wenn es sich im Spiegel sieht?* • *Betrachtet sich das Kind genau?* • *Legt das Kind bei der Zeichnung Wert auf Details?* • *Werden Körperteile weggelassen?* • *Zieht das Kind Vergleiche zwischen Bild oder Vorgabe und eigenem Körper?* • *vergleicht sich das Kind mit anderen?* • *Welche Darstellung gelingt bzw. kommt dem Kind am meisten entgegen (eigenes Spiegelbild, Grimassen, Thema, Gegenüber)* • *Welche Themen berührt das Kind?* • *Kann das Kind sich auf andere Kinder und Themenvorschläge einlassen?*	• *das Kind mag seinen Körper (nicht)* • *das Kind hat (kein/wenig) Körperwissen* • *das Kind erscheint (un-)sicher in Bezug zu sich selbst* • *das Kind bewertet eigenen Körper* • *das Kind zeigt Körperbewusstsein* • *es werden Einstellungen zum Körper deutlich (Bsp.)* • *das Kind besitzt Kenntnis über seine Fähigkeiten* • *das Kind äußert sich zu seinen Fähigkeiten emotional* • *das Kind äußert sich zu einem anderem Kind* • *das Kind zeigt Freude bei Nachahmung* • *das Kind kann sich anpassen* • *bemüht sich das Kind, sich „schön" zu zeichnen?*
II	• das Kind soll eigenes Spiegelbild beschreiben • Ggf. Körperteile nennen und zeigen		
III	• zuordnung von Farben, Größen, Funktionen...		
II	• das Kind soll sich nach eigenem Spiegelbild zeichnen (evtl. Vorlage „Steckbrief I)"		
II	• Grimassenschneiden: Grimasse wird vom Pädagogen/Kind vorgegeben u. soll nachgeahmt werden • Thematisierung, was Grimassen für jedes Kind ausdrücken und aus welchen Situationen Ihnen ein derartiges Gesicht bekannt ist (Erfahrungen)		
II	• es können auch Themen oder Stimmungen gestellt werden (Sport, Tiere, Beruf; traurig, lustig) • Fragen, woher Kind Themen kennt und was es damit verbindet		
III	• zwei Kinder stehen sich gegenüber • ein Kind führt Bewegungen aus, das andere ist sein „Spiegelbild" und ahmt sie spiegelgleich nach • ein Kind führt Bewegungen aus, das andere versucht diese Bewegungen im Original nachzuahmen (bei Gegenüberstellung wirkt dies gegengleich)		

Traumhaus

Kompetenzbereiche des SK: **Selbsteinschätzung**

Materialien: Schaumstoffsteine, Kästen, Decken, Tücher, Stäbe, Schwungtuch, evtl. Trampolin u.a. Materialien, um ein Haus zu bauen; Vorlage Traumhaus

Einzel- oder Gruppensituation E+G

Beobachtungs- und Förderschwerpunkte: psychosozial, motorisch, perzeptiv, **kommunikativ**, **kognitiv**

Grad	Durchführung mit unterschiedlichen Schwierigkeitsgraden	spezielle Beobachtungsmöglichkeiten SK	Fragen und/oder Interpretationsmöglichkeiten
I	• Aufgabenerklärung: das Kind hat die Aufgabe, ein Traumhaus zu bauen • Dazu kann ihm eine Vorlage von einem Haus gezeigt werden oder es entspringt seiner Fantasie	• *Wie äußert sich das Kind zu der Idee ein Traumhaus zu bauen ?* • *Das Kind baut selbständig. Das Kind baut ein Haus nach der Vorlage* • *Das Kind nennt Personen, die in dem Haus wohnen → Personen aus Familie, Freunde, Schule, ...* • *Das Kind schreibt dem Haus folgenden Sinn zu: ....* • *Das Kind äußert (keine) konkrete Vorstellung, was man in diesem Haus machen kann* • *Das Kind äußert etwas über sein Wohlbefinden* • *Wie wird das Haus von anderen Gruppenmitgliedern wahrgenommen?*	• *Das Kind hat konkrete Vorstellungen von einem/seinem Haus* • *Dem Kind sind (keine) Personen wichtig, die es gern einladen möchte* • *Das Kind fühlt sich (nicht) wohl in dieser Situation oder im Haus* • *Ist das Kind über-/unterfordert mit dem Hausbau?* • *Nach der Aufgabenausführung erscheint das Kind nicht zufrieden und zeigt niedriges Selbstwertgefühl* • *Das Kind ist offen für Variationen* • *Das Kind sucht Lösungsstrategien*
II	• Fragen des Pädagogen können sein: - wer wohnt in diesem Haus? - Wozu hast du das Haus gebaut? - Wer lebt in diesem Haus und wer darf hinein? - Was kann man in diesem Haus alles machen? - Wie fühlst du dich in diesem Haus?		
III	• Es können weitere Personen einbezogen werden - wir zeigen anderen das Haus! Wem? - Wir erzählen von dem Haus! Was? - Was könnte an dem Haus noch verändert werden? - Wir fahren oder laufen um das Haus!		

Am Faden entlang

Kompetenzbereiche des SK: **Selbsteinschätzung,** Fähigkeitskonzept
Materialien: Seil/lange Schnur, Korken, Hindernisse, Augenbinden
Einzel- oder Gruppensituation E+G
Beobachtungs- und Förderschwerpunkte: **psychosozial**, motorisch, **perzeptiv**, **kommunikativ**, kognitiv

Grad	Durchführung mit unterschiedlichen Schwierigkeitsgraden	spezielle Beobachtungsmöglichkeiten SK	Fragen und/oder Interpretationsmöglichkeiten
I	• Aufgabenerklärung: Kinder sollen gemeinsam einen Parcours erbauen, der unterschiedliche Herausforderungen bzw. Hindernisse beinhaltet; der Weg des Parcours soll durch einen Faden/Seil angezeigt sein • Jedes Kind darf eine Idee/Aufgabe nennen, die es enthalten haben möchte	• *Welche Idee(n) hat das Kind?* • *Wird auf bekannte Ideen bzw. Erfahrungen zurückgegriffen?* • *Verdeutlicht das Kind Bezüge zwischen seiner Idee u. seinem Können?* • *Hat das Kind Vorstellungen von einem Plan?* • *Welchen Weg erachtet das Kind (aus welchem Grund) als sinnvoll?* • *Welche Erwartungen zeigt das Kind an sich selbst?* • *was traut sich das Kind zu?* • *Formuliert das Kind Ziel(e)?* • *Wie reagiert das Kind auf Vorschläge der anderen Kinder bzgl. verschiedener Anforderungen?*	• *Das Kind ist (nicht) ideenreich, phantasievoll,...* • *Das Kind nutzt vorhandene Erfahrungen und bringt diese ein* • *Das Kind bringt Ideen ein, die persönliche Herausforderung darstellen* • *Das Kind bringt Ideen ein, die ihm persönlich Erfolg sichern* • *Das Kind kann seine Fähigkeiten im Vorhinein (nicht) einschätzen* • *Das Kind über-/unterschätzt Können* • *Das Kind geht Schritt für Schritt neue Anforderungen an* • *Das Kind kann Handlung planen u. sich selbst bzgl. Ausführung einschätzen*
I	• nachdem Ideen gesammelt wurden, wird gemeinsam ein Plan erstellt, der eine bestimmte Reihenfolge und den Weg festlegt → hierbei soll eingeschätzt werden, welcher Weg und Aufbau sinnvoll erscheint		
II	• nach der Fertigstellung des Parcours geht das Kind mit/ohne Begleitung mit geöffneten Augen durch den Hindernisparcour → es fasst dabei das Seil an, um nicht vom Weg abzukommen		

III	• in einem nächsten Durchgang geht das Kind mit geschlossenen Augen durch den Parcour; eine Hand fasst ein Seil an, an welchem kurz vor einem Hindernis ein Korken oder ein Knoten befestigt ist, der auf das Hindernis hinweist; • an der anderen Hand wird das Kind durch ein anderes Kind oder Pädagogen begleitet	• *Wie bewältigt das Kind Hindernisparcour? (mit/ohne Hilfe; un-/sicheres Verhalten, Äußerungen, Mimik...)* • *Orientiert sich das Kind an anderen Kindern?* • *Möchte das Kind Hilfe annehmen?* • *Kann das Kind Hilfestellungen annehmen?* • *Wie schätzt das Kind seine eigenen Kompetenzen ein? (vorher, während, nachher)* • *Schätzt sich das Kind in Bezug zu bestimmten Aufgaben oder allgemein ein?* • *Welche Rolle hat das Kind in Gruppe?*	• *Das Kind überspringt bestimmte Stufen der Aufgabenbewältigung (welche?)* • *Das Kind orientiert sich an anderen Kindern, Norm, eigenen Zielen...* • *Das Kind sucht Bestätigung, um sein Können anzuerkennen* • *Das Kind weiß (nicht) um seine Fähigkeiten im motorischen, kognitiven, sozialen... Bereich* • *Das Kind erscheint nach Handlungsausführung glücklich und stolz auf sich* • *Gegenseitiges Vertrauen ist (nicht) vorhanden*
III	• in einem weiteren Durchgang geht das Kind mit geschlossenen Augen allein durch den Parcour; eine Hand fasst ein Seil an, an welchem kurz vor einem Hindernis ein Korken befestigt ist, der auf das Hindernis hinweist; an dem Hindernis selbst steht ein Kind, welches auf Wunsch behilflich sein kann		

Staffelspiele

Kompetenzbereiche des SK: **Selbsteinschätzung,** Fähigkeitskonzept
Materialien: Hütchen, vier Gymnastikstäbe, zwei Bälle
Einzel- oder Gruppensituation G
Beobachtungs- und Förderschwerpunkte: **psychosozial,** motorisch, perzeptiv, **kommunikativ**, kognitiv

Grad	Durchführung mit unterschiedlichen Schwierigkeitsgraden	spezielle Beobachtungsmöglichkeiten SK	Fragen und/oder Interpretationsmöglichkeiten
I	• Aufgabenerklärung: was sind Staffelspiele? Woher kennen die Kinder diese evtl. schon? Was sind Regeln?	• *Äußert sich das Kind (zustimmend/ablehnend) zu Staffelspielen?* • *Kennt das Kind Staffelspiele?* • *Welche Erwartungen zeigt das Kind an sich selbst? (Motivation)* • *Wie erklärt sich das Kind (Miss-) Erfolg?* • *Reaktionen auf Erfolg/Misserfolg?* • *Das Kind sagt, dass es sich sicher ist, (nicht) gewählt zu werden* • *Das Kind gibt im Vorhinein an, wie es sich oder seine Mannschaft einschätzt* • *Wie schätzt das Kind seine eigenen Kompetenzen ein? (vorher, während, nachher)* • *Das Kind zeigt sich stolz, freudig, abwertend etc. in Bezug auf seine eigenen Handlungen?*	• *Das Kind mag Staffelspiele (nicht) aufgrund.... (verschiedene Gründe)* • *Das Kind kennt Staffelspiele (nicht)* • *Das Kind nutzt vorhandene Erfahrungen und bringt diese ein* • *Das Kind kann seine Fähigkeiten im Vorhinein (nicht) einschätzen* • *Das Kind entwickelt (keine) Taktik* • *Das Kind ist (kein) Ideengeber* • *Das Kind über-/unterschätzt sein Können* • *Das Kind erwartet (Miss-)Erfolg* • *Das Kind weiß (nicht) um seine Fähigkeiten im motorischen, kognitiven, sozialen... Bereich* • *Das Kind weiß (nicht) um seine Fähigkeiten* • *Das Kind wertet seine Fähigkeiten ab/auf*
I	• Die Kinder werden in zwei gleich große Mannschaften geteilt (z.B. Mannschaftswahl) • Beide Mannschaften stellen sich hintereinander auf, so dass ersten Kinder auf gleicher Höhe starten können • Auf Startkommando läuft jeweils erste Kind los • Als Regel gilt, dass die Kinder auf dem Hinweg im Slalom um die Hütchen herum und auf dem Rückweg den direkten Weg zu ihrer Mannschaft laufen sollen • Nächste Läufer darf dann loslaufen, wenn das Kind, das vorher gelaufen ist, ihn berührt hat • Gewonnen hat die Mannschaft, bei der als Erstes alle Mannschaftsmitglieder den Parcours durchlaufen haben und wieder in einer Reihe stehen		

II	• Nachdem das erste Kind den Parcours allein durchlaufen hat und wieder bei Mannschaft ist, fasst es den nächsten Läufer bei der Hand und sie laufen zu zweit durch den Parcours • Genauso wird mit dem dritten, vierten und fünften Läufer verfahren, bis sich eine lange Kette von Läufern gebildet hat, die gemeinsam durch den Parcours laufen.	• *Das Kind sagt, an welcher Stelle es laufen möchte* • *Schätzt sich das Kind in Bezug zu bestimmten Aufgaben oder allgemein ein?* • *Vergleicht sich das Kind mit anderen? Mit wem?* • *Welche Rolle hat das Kind in der Gruppe?*	• *Das Kind zeigt ... Gefühle nach Ausführung einer Aufgabe* • *Das Kind ist in der Gruppe (nicht) anerkannt*
III	• Der jeweilige Läufer bekommt in jede Hand einen Gymnastikstab, mit deren Hilfe er einen Ball durch Parcours führen soll • Wieder an seiner Mannschaft angelangt sollten Gymnastikstäbe und Ball dem nächsten Läufer übergeben werden.		

Was meinst du, was du alles kannst?!

Kompetenzbereiche des SK: **Selbsteinschätzung**, Fähigkeitskonzept
Materialien:
Einzel- oder Gruppensituation E+G
Beobachtungs- und Förderschwerpunkte: **psychosozial, motorisch**, perzeptiv, **kommunikativ**, **kognitiv**

Grad	Durchführung mit unterschiedlichen Schwierigkeitsgraden	spezielle Beobachtungsmöglichkeiten SK	Fragen und/oder Interpretationsmöglichkeiten
I	• Aufgabenerklärung: es werden zuvor verschiedene Stationen aufgebaut, die unterschiedliche motorische Kompetenzen erfordern • Ziel ist es zunächst, dass das Kind zu verschiedenen Zeitpunkten einschätzt, ob es die Aufgabe(n) bewältigen kann - nach einem ersten Blick auf die Station - nach einer ersten Aufgabenerklärung - nachdem der Pädagoge es vorgemacht hat	• *Wie äußert sich das Kind zu einzelnen Stationen (speziell, allgemein)?* • *Zeigt es Unsicherheit bzw. Misstrauen bzgl. der eigenen Fähigkeiten?* • *Hat es evtl. Sorge vor Überforderung?* • *Verändert sich das Verhalten nach der ersten Aufgabenerklärung? Inwiefern?* • *Schaut es bei der Demonstration zu?* • *Verändert sich Verhalten, nach der Demonstration der Aufgaben? Inwiefern?* • *Äußert sich das Kind bei einzelnen Stationen zu den Anforderungen? (Schwere der Aufgabenstellung, eigene Kompetenzen, Aufbau der Stationen, andere Kinder)*	• *Das Kind zeigt positives Selbstvertrauen und glaubt an das Gelingen der bevorstehenden Aufgabe* • *Das Kind zeigt niedriges Selbstvertrauen und bezweifelt Gelingen der Aufgabe* • *Das Kind zeigt eine niedrige Erwartungshaltung* • *Das Kind zeigt eine hohe Erwartungshaltung* • *Das Kind ist abwartend und äußert sich vor dem Start der Aufgabe nicht* • *Das Kind kann eigene Fähigkeiten angemessen einschätzen* • *Das Kind überschätzt seine Fähigkeiten* • *Das Kind unterschätzt seine Fähigkeiten*
II	• Mögliche Stationen: 1. auf zwei Füßen hüpfen 2. balancieren vorwärts auf umgedrehter Langbank 3. über einen Kasten klettern 4. durch einen Tunnel kriechen 5. auf eine Sprossenwand klettern 6. herunterspringen von einer Sprossenwand 7. in eine Hängematte krabbeln 8. schaukeln in einer Hängematte		

<table>
<tr>
<td>II</td>
<td>

- nachdem die Stationen das erste Mal durchlaufen sind und die Äußerungen des Kindes jeweils zu verschiedenen Zeitpunkten beobachtet wurden, erfolgt eine Aufgabe für die Kinder/das Kind
- es soll überlegt werden, welche Station man wie umwandeln könnte, damit diese

  a) entweder leichter zu bewältigen ist oder
  b) eine neue Herausforderung darstellt

</td>
<td rowspan="2">

- *Fordert das Kind Hilfe ein? (von Kind, Pädagoge...)*
- *An welcher Station verweilt das Kind evtl. länger? Warum? (Genuss, Bewältigung)*
- *Wie äußert sich das Kind nach dem ersten Durchlaufen des Parcours?*
- *Hat das Kind Wunsch nach Wiederholung? (Übung/Lernen, Können/Freude)*
- *Welche Ideen bringt das Kind zur Variation ein? Sind es aus Sicht des Pädagogen und/oder der Kinder Steigerungen oder Abschwächungen der Anforderung?*
- *Wie reagiert das Kind auf Vorschläge anderer Kinder?*
- *Fühlt das Kind sich durch neue Vorschläge über-/unterfordert, angespornt, ...?*
- *Wie schätzt das Kind neue Anforderungen ein?*

</td>
<td rowspan="2">

- *Das Kind erkennt und steht zu seinen Kompetenzen*
- *Das Kind vergleicht sich mit anderen und bezieht Selbsteinschätzung darauf*
- *Die Einschätzungen des Kindes verändern sich gemäß der Aufgabenbewältigung*
- *Die Einschätzungen des Kindes wirken weniger reflektiert*
- *Nach der Bewältigung einer Aufgabe scheint das Kind sich wohl zu fühlen, stolz zu sein und zeigt ein erhöhtes Selbstwertgefühl*
- *Nach der Aufgabenausführung erscheint das Kind nicht zufrieden und zeigt niedriges Selbstwertgefühl*
- *Das Kind kann seine Fähigkeiten bzgl. motorischer Anforderungen schätzen und auf diese verweisen*
- *Das Kind sucht neue Herausforderungen*

</td>
</tr>
<tr>
<td>II</td>
<td>

- die Kinder und/oder der Pädagoge bringen Ideen ein und dabei ist auf die Reaktionen der anderen Kinder zu achten (nicht für alle Kinder muss der Schwierigkeitsgrad erhöht oder abgeschwächt werden)
- Ziel ist es erneut, dass das Kind zu verschiedenen Zeitpunkten einschätzt, ob es die Aufgabe(n) bewältigen kann
  - nach einem ersten Blick auf die neue Station
  - nach der Aufgabenerklärung
  - nachdem Pädagoge es vorgeführt hat

</td>
</tr>
</table>

II-III	• mögliche Varianten der o.g. Stationen: 1. entlang gehen oder auf einem Bein hüpfen 2. balancieren vorwärts auf breiter Langbank oder balancieren rückwärts 3. mit Räuberleiter auf Kasten gelangen od. mit Seil 4. gemeinsam durch breiteren Tunnel kriechen oder mit geschlossenen Augen durch Tunnel kriechen 5. Variation der Höhe 6. herunterklettern oder von höheren Sprosse springen 7. in eine Hängematte gehoben werden oder klettern 8. schaukeln lassen oder im Stehen schaukeln	• *Ist die Einschätzung im Vergleich zur ersten Situation differenzierter oder eher global?* • *Vergleicht sich das Kind mit anderen Kindern oder Bezugspersonen?* • *Hat bzw. äußert das Kind Ziele?* • *Welche Reaktionen und Äußerungen sind beim Kind beobachtbar?* • *Verbalisiert es Lösungsstrategien?* • *Sucht das Kind neue Wege oder ist es auf bestimmten Weg fixiert?* • *Reaktionen nach Ausführung der Aufgabe?* • *Wie schätzt das Kind am Abschluss der Stunde seine Fähigkeiten ein?* • *Welche Aufgaben bevorzugt es bei eigener Zusammenstellung?* • *Wählt das Kind eher „Sicherheiten" oder sucht es Herausforderungen?*	• *Aufgrund der erzielten Erfahrungen kennzeichnet sich die Selbstwertschätzung des Kindes als ...* • *Das Kind ist offen für Variationen* • *Das Kind sucht Lösungsstrategien* • *Lösungsstrategien dienen der Bestätigung seiner Selbst bzw. Könnens* • *Das Kind sucht den Vergleich mit anderen* • *Das Kind reagiert scheinbar vorschnell auf neue Aufgaben* • *Die individuelle Selbsteinschätzung wird durch .... beeinflusst* • *Bewegung ist ein Medium, mittels dem das Kind Freude hat, Stärken zeigen kann, Neues ausprobieren kann, ... oder es sich nicht voll entfalten kann, Unterstützung bedarf*
III	• Das Kind soll abschließend einschätzen, wie es verschiedene Stationen bewältigt hat		
III	• Das Kind soll aus den vorhandenen Aufgaben selbst einen Parcour mit seinen Lieblingsaufgaben zusammenstellen		
III	• Fragen bzgl. Befindlichkeit nach Bewältigung, nach Einschätzung gesamter Leistungen (Verlauf), nach Anerkennung der eigenen Fähigkeiten		

Knoten lösen

Kompetenzbereiche des SK:	**Körperkonzept, Selbstbild-Soziales Selbst, Fähigkeitskonzept**
Materialien:	Seile
Einzel- oder Gruppensituation:	G
Beobachtungs- und Förderschwerpunkte:	**psychosozial**, **motorisch**, **perzeptiv**, **kommunikativ**, **kognitiv**

Grad	Durchführung mit unterschiedlichen Schwierigkeitsgraden	spezielle Beobachtungsmöglichkeiten SK	Fragen und/oder Interpretationsmöglichkeiten
I	• mit einem Seil einen Knoten anfertigen + lösen • am Bsp. Schuh einen Knoten machen + lösen	• *inwiefern bringt sich das Kind in den Spielverlauf ein?* • *hat das Kind eine aktive oder ausschließlich teilnehmende Rolle?* • *Welche Rolle möchte das Kind einnehmen?* • *Welche Ideen bringt das Kind ein?* • *Welche Lösungsstrategien zeigt es?* • *Wie schätzt das Kind seine eigenen Fähigkeiten ein bzgl. Knoten erstellen und lösen ein?* • *Inwiefern kooperiert das Kind mit anderen?* • *wird das Kind durch andere beeinflusst?* • *Kann sich das Kind mit seinem Körper räumlich orientieren?* • *Kennt das Kind eigene Körperteile?*	• *Das Kind hat (keine) Kenntnis eigener Fähigkeiten* • *Das Kind bewertet seine eigenen Fähigkeiten (nicht)* • *Das Kind vergleicht sich (nicht) mit anderen Kindern* • *Das Kind zeigt folgende Reaktionen auf Handlungen oder Lösungsvorschläge anderer...* • *Das Kind ist in der Gruppe (nicht) akzeptiert* • *Das Kind nimmt eine führende/folgende Rolle ein* • *Das Kind kooperiert mit anderen Kindern (nicht)* • *Das Kind kann sich räumlich-körperlich orientieren* • *Das Kind hat Kenntnis vom Körper* • *Das Kind kann sich auf andere*
I-II	• jedes Kind hat in jeder Hand das Ende eines Seiles (als „verlängerter" Arm) und die Kinder sind durch die Seile so miteinander verbunden, dass ein Kreis entsteht → durch die „verlängerten Arme" ist der direkte Körperkontakt nicht so eng → des weiteren ist in dieser Variante der Knoten besser handhabbar und durchschaubar • ein außenstehendes Kind verknotet den Kreis → Arme, Hände, Beine u.s.w. • ein hinzukommendes Kind versucht, Knoten zu lösen		
II-III	• Gruppe bildet einen Kreis durch Handanfassung • ein außenstehendes Kind verknotet den Kreis → Arme, Hände, Beine u.s.w. • das hinzukommende Kind oder Kinder versucht/en, den Knoten zu lösen		

III	• Gruppe bildet einen Kreis durch Handanfassung • ein außenstehendes Kind verknotet den Kreis → Arme, Hände, Beine u.s.w. • Gruppe versucht, Knoten zu lösen	• *entwickelt das Kind Eigeninitiative od. orientiert es sich an anderen?* • *Kann das Kind sich auf andere einstellen?* • *Zeigt das Kind Durchsetzungsvermögen? Inwiefern?* • *Wie ist die Stellung des Kindes innerhalb der Gruppe? Führt es andere oder passt es sich an?* • *inwieweit kann das Kind Körperkontakt zulassen?* • *Wie lange kann das Kind Körperkontakt aushalten?* • *Äußert sich das Kind zu eigenen Kompetenzen?* • *Äußert sich das Kind zu anderen Personen?*	*Kinder einstellen* • *Suche oder Vermeidung von körperlicher Nähe (Genießen, Aushalten, Akzeptanz,...); mögliche Gründe?* • *Das Kind nimmt eigenen Körper (nicht) wahr* • *Das Kind verfügt über kognitive, motorische, ... Fähigkeiten* • *Das Kind entwickelt Strategien*
III	• Gruppe bildet einen Kreis • jedes Kind fasst zwei weitere Hände an, jedoch nicht direkten Nachbarn → Verknoten • Knoten soll von außenstehendem Kind oder Kindern gelöst werden		
III	• Gruppe bildet einen Kreis • jedes Kind fasst zwei weitere Kinder an, jedoch nicht direkten Nachbarn → Verknoten • der Knoten soll von Gruppe wieder gelöst werden		

Freier Fall

Kompetenzbereiche des SK: **Fähigkeitskonzept, Selbsteinschätzung**
Materialien: Bänke, kleine Kästen, große Kästen, Kletterwand, dicke Matten, kleine Matten, Sprungbrett
Einzel- oder Gruppensituation E+G
Beobachtungs- und Förderschwerpunkte: **psychosozial, motorisch, perzeptiv, kommunikativ, kognitiv**

Grad	Durchführung mit unterschiedlichen Schwierigkeitsgraden	spezielle Beobachtungsmöglichkeiten SK	Fragen und/oder Interpretationsmöglichkeiten
I-II	• Vorerfahrungen/-übungen zum Springen von verschiedenen Höhen (auf Kästen, Mattenbergen, Sprossenwänden etc.)	• *Wählt es Schwierigkeitsgrade selbständig, orientiert es sich an anderen oder an einer Vorgabe?* • *Welche Anforderungen und Schwierigkeitsgrade wählt das Kind?* • *entwickelt das Kind Lösungsstrategien für neue Herausforderungen?* • *Wie geht das Kind mit neuen Herausforderungen um (Risikobereitschaft, Unsicherheit, Skepsis, Zuversicht bzgl. ..?)* • *wie reagiert das Kind auf Erfolg/Misserfolg?*	• *Das Kind wählt Anforderungen entsprechend eigener Fähigkeiten* • *Das Kind über-/unterschätzt sich* • *eigene Fähigkeiten werden (nicht) wahr genommen* • *Das Kind kennt eigene Fähigkeiten (nicht)* • *Das Kind verfügt über (keine, wenig) Erfahrung* • *Das Kind bewertet eigene Fähigkeiten (nicht)* • *Das Kind zeigt sich ängstlich, unsicher, mutig... in ... Situation*
II	• verschiedene Materialien in verschiedenen Größen (Sprungbrett, kleiner Kasten, großer Kasten u.a) werden hintereinander in eine Reihe gestellt • vorwärts herunter gehen/krabbeln auf Wbm • vorwärts Herunterspringen von Materialien auf Weichbodenmatte • die Höhen sind jeweils frei wählbar und können teilweise oder alle ausprobiert werden		
III	• rückwärts Herunterspringen von Materialien auf Weichbodenmatte		

II- III	**Variation/Zusatz:** • Gruppenmitglieder fassen sich fest an, so dass sie nebeneinander eine „Trage" bilden • Ein Kind legt sich auf diese Trage und lässt sich dann von Gruppenmitgliedern tragen • Auf ein Kommando werden die Gruppenmitglieder das Kind kurz hoch und fangen es dann wieder auf	• *Wie schätzt das Kind seine Fähigkeiten ein? bzgl. Höhe, Anforderung, Sprungtechnik, Bewältigung von Neuem* • *Vergleicht sich das Kind mit anderen (wem?)* • *Zeigt das Kind Risikobereitschaft und Mut?* • *Nimmt das Kind Hilfestellung(en) an?* • *Äußert sich das Kind zu seinen Fähigkeiten (Stolz, Freude, Selbstverständlichkeit...)* • *Werden Vorerfahrungen des Kindes erkennbar oder vermutet?* *→ evtl. Alltagsrelevanz von Springen und Fallenlassen; Bericht bzgl. Erfahrungen* • *Äußert das Kind Vertrauen zu der Gruppe?* • *Äußert sich das Kind nonverbal zu der Gruppe?* • *Wie schätzt sich das Kind nach der jeweiligen Aufgabenausführung ein?*	• *Das Kind scheint gutes Selbstvertrauen zu haben (Beispiel)* • *Aussagen zum Selbstwertgefühl nach der Handlungsausführung* • *Das Kind vertraut den Gruppenmitgliedern* • *Das Kind verfügt über motorische Fertigkeiten:....* 
III	**Variation/Zusatz:** • Das Kind sitzt im Hocksitz in der Mitte auf einem Schwungtuch; die anderen Kinder drehen das Schwungtuch langsam im Kreis um das Kind in der Mitte herum; auf ein Kommando wird das Schwungtuch nach außen fest gezogen und das Kind in der Mitte fällt → Halt durch die Gruppe		
II- III	**Variation/Zusatz:** • Liegen auf dem Rücken auf einer festen Weichbodenmatte; Gruppe stemmt Wbm hoch (Höhe variabel) und lässt auf gemeinsames Kommando Matte mit Kind fallen		
III	• Zurück zu Materialien: Versuch, sich vorwärts und/oder rückwärts von ausgewähltem Material und Höhe fallen zu lassen auf eine Weichbodenmatte		

Atomspiel

Kompetenzbereiche des SK:	**Körperkonzept, Selbstbild- Soziales Selbst**
Materialien:	Musik
Einzel- oder Gruppensituation:	G
Beobachtungs- und Förderschwerpunkte:	**psychosozial, motorisch**, perzeptiv, **kommunikativ**, **kognitiv**

Grad	Durchführung mit unterschiedlichen Schwierigkeitsgraden	spezielle Beobachtungsmöglichkeiten SK	Fragen und/oder Interpretationsmöglichkeiten
I	• Stopp-Spiele allgemein → freies gehen oder laufen im Raum und auf vereinbartes Signal = Stopp	• *Nimmt das Kind Signale wahr? → Reaktionsfähigkeit* • *Kann das Kind seinen Körper plötzlich stoppen/anhalten?* • *Das Kind kann sich am eigenen Körper orientieren* • *Wird das Kind durch andere beeinflusst?* • *Welche Einstellung zeigt es zu anderen Kindern?* • *Kooperiert das Kind mit anderen?* • *Entwickelt das Kind Eigeninitiative oder orientiert es sich an anderen?* • *Hat das Kind Durchsetzungsvermögen?* • *Ist das Kind als Partner beliebt/anerkannt?*	• *Das Kind nimmt seinen Körper (nicht) bewusst wahr* • *Das Kind verfügt über (kein) Körperwissen und/oder -orientierung* • *Das Kind zeigt (wenig/keine) Kompetenzen bzgl. Körperschema* • *Das Kind hat in der Gruppe (k)eine führende Rolle* • *Das Kind kann Zusammenhänge erkennen und zuordnen* • *Das Kind kennt seinen Körper und bestimmte Eigenschaften (nicht)* • *Wie verhält sich das Kind anderen Personen gegenüber?*
II	• Alle Kinder gehen/laufen im Raum • Stopp bleiben alle stehen • Dazu wird vom Pädagogen ein Merkmal (z.B.: Zahl/ Buchstabe Name/ Haarfarbe/ Augenfarbe/ Alter/ Kleidung etc.) genannt • Gemäß der Nennung von Zahl und Merkmal finden sich entsprechende Anzahl Kinder mit entsprechendem gleichen Merkmal zusammen		
III	• Zusätzlich zur Zahl/ Haarfarbe/ Augenfarbe/ Kleidung etc. wird vom Außenstehenden (Pädagoge/Kind) ein Körperteil hereingerufen, an welchem sich die Kinder berühren sollen		
III	• Zusätzlich zum Körperteil wird eine weitere Zahl gerufen. • So bedeutet zum Beispiel die Anweisung „Zwei und drei Knie!“, dass sich zwei Kinder zusammentun und sich an drei Knien berühren sollten		

Dreibeinlauf

Kompetenzbereiche des SK:	**Körperkonzept, Selbstbild-Soziales Selbst, Fähigkeitskonzept**
Materialien:	Seile, Hütchen/Pylone
Einzel- oder Gruppensituation:	G
Beobachtungs- und Förderschwerpunkte:	**psychosozial**, **motorisch**, **perzeptiv**,**kommunikativ**, **kognitiv**

Grad	Durchführung mit unterschiedlichen Schwierigkeitsgraden	spezielle Beobachtungsmöglichkeiten SK	Fragen und/oder Interpretationsmöglichkeiten
I	• Jedes Kind sucht sich einen Partner • Partner fassen sich an den Händen an und bewältigen gemeinsam ein Spiel (z.B. Stopptanz, Fangen)	• *Welchen Partner wählt Kind?* • *Äußert sich das Kind über den Partner?* • *Welche Rolle nimmt das Kind ein?* • *Wie verhält sich das Kind dem Partner gegenüber?* • *Kann sich das Kind auf den Partner einstellen bzw. einlassen?* • *Findet ein Wechsel der führenden und folgenden Rolle statt?* • *Ist das Kind kooperativ?* • *Entwickelt das Kind Strategien?* • *Kann das Kind seinen Körper unter gegebenen Bedingungen koordinieren?* • *Inwieweit kann das Kind Körperkontakt zulassen?* • *Wie lange kann das Kind Körperkontakt aushalten?* • *Äußert sich das Kind zu seinen eigenen oder fremden Fähigkeiten?*	• *Bevorzugung eines Partners durch das Kind* • *Rolle innerhalb der Gruppe* • *Das Kind ist (nicht) kooperativ* • *Das Kind besitzt (keine) Kenntnisse vom eigenen Körper* • *Das Kind kennt seine eigenen Fähigkeiten (nicht)* • *Das Kind reagiert auf (Miss-) Erfolg mit ...* • *Das Kind mag körperlichen Kontakt bzw. Nähe (nicht)* • *Das Kind bewertet eigene Handlungen positiv/negativ* • *Das Kind stellt sich anderen gegenüber positiv/negativ, besser/schlechter ...* • *Das Kind verfügt (nicht) über ... motorische Kompetenzen*
II	• Partner werden mit einem Seil an den Händen zusammengebunden und bewältigen gemeinsam ein Spiel nach Wahl		
II	• Partner werden mit einem Seil an Bein aneinander gebunden • Gehen mit Partner • Gemeinsame Bewältigung eines Spieles nach Wahl		
II	• Allgemeines Fangspiel mit und ohne Freimal kann mit verbundenen Händen/Füßen gespielt werden		
II	• Gemeinsames Durchlaufen eines Hütchenparcour ohne „anzuecken"		
III	• Durchlaufen eines komplexeren Parcours mit unterschiedlichen Bewegungsanforderungen (Klettern, Springen, Balancieren etc.)		

Brücken bewältigen

<u>Kompetenzbereiche des SK:</u> **Fähigkeitskonzept, Selbsteinschätzung**
<u>Materialien:</u> Schaukelringe (2 Paar), 2 Bänke, 1 Balken, kleine Kästen, 3 große Kästen, Kletterwand, 2 dicke Matten, kleine Matten
<u>Einzel- oder Gruppensituation</u> E+G
<u>Beobachtungs- und Förderschwerpunkte:</u> psychosozial, **motorisch**, **perzeptiv**, **kommunikativ**, **kognitiv**

Grad	Durchführung mit unterschiedlichen Schwierigkeitsgraden	spezielle Beobachtungsmöglichkeiten SK	Fragen und/oder Interpretationsmöglichkeiten
I	• Balancieren auf einer Langbank am Boden (breite Seite) mit/ohne Hilfestellung	• *Das Kind wählt Schwierigkeitsgrade selbständig* • *Das Kind orientiert sich an anderen, an Vorgabe, an sich selbst* • *Das Kind berichtet über Erfahrung(en)* • *Das Kind probiert .... selbständig, auf Anregung... aus* • *Das Kind kann Hilfestellung (nicht) annehmen* • *Das Kind meidet neue oder riskante Situationen/Herausforderungen* • *Das Kind vergleicht sich mit ... (anderen)* • *Das Kind entwickelt eigene Lösungsstrategien*	• *Das Kind nimmt seine eigenen Fähigkeiten (nicht) wahr* • *Das Kind kennt eigene Fähigkeiten (nicht)* • *Das Kind wählt die Anforderungen (nicht) entsprechend eigener Fähigkeiten aus* • *Das Kind über-/unterschätzt sich* • *Das Kind verfügt (nicht) über Erfahrung* • *Das Kind bewertet eigene Fähigkeiten (nicht)* • *Das Kind zeigt sich ängstlich, mutig, unsicher in ... Situation* • *Das Kind sucht neue Herausforderungen*
II	• Balancieren auf einer Langbank am Boden (schmale Seite) mit/ohne Hilfestellung		
II	• Balancieren auf schräg eingehängter Langbank (breite Seite) mit/ohne Hilfestellung; Schräge durch Kinder bestimmt + variabel; oder nebeneinander verschiedene Schrägen		
II-III	• Balancieren auf schräg eingehängter Langbank (schmale Seite) mit/ohne Hilfestellung; Schräge durch Kinder bestimmt + variabel; oder nebeneinander verschiedene Schrägen		
II	• Balancieren auf gerade eingehängter Langbank (breite Seite) mit/ohne Hilfestellung; Höhe durch Kinder bestimmt + variabel; oder Anbieten verschiedener Höhen nebeneinander		

I-III	• Vorübungen/-erfahrungen zum Klettern und Springen → verschiedene Höhen + Sprungtechniken • Dauer variabel in Abhängigkeit von Kindern	• *Wie geht das Kind an die Aufgabenstellung heran?* • *Wie ist die Einschätzung des Kindes nach der Aufgabendurchführung?* • *Wie reagiert das Kind auf Erfolg/Misserfolg* • *äußert sich das Kind zu seinen Fähigkeiten (Stolz, Freude, Selbstverständlichkeit...)?* • *existiert längeres Nachdenken, spontanes Handeln; revidiert das Kind seine Selbsteinschätzung während der Praxis?*	• *Das Kind kann Fähigkeiten bzgl. Höhe, Breite, ...(nicht) einschätzen* • *Das Kind scheint gutes Selbstvertrauen zu haben* • *Das Kind trifft folgende Aussagen zum Selbstwertgefühl:...*
	→ dann erst Verknüpfung Elemente Balancieren und Springen		
II	• vorwärts Springen von verschieden hohen und breiten Langbänken		
III	• bei Sicherheit: rückwärts Springen von verschieden hohen und breiten Langbänken		

Felswand

Kompetenzbereiche des SK: **Fähigkeitskonzept, Selbsteinschätzung**
Materialien: Kletterwand, dicke Matten
Einzel- oder Gruppensituation E+G
Beobachtungs- und Förderschwerpunkte: psychosozial, **motorisch**, **perzeptiv**, **kommunikativ**, **kognitiv**

Grad	Durchführung mit unterschiedlichen Schwierigkeitsgraden	spezielle Beobachtungsmöglichkeiten SK	Fragen und/oder Interpretationsmöglichkeiten
II	• freies Springen von verschiedenen Höhen • die Höhe ist variabel und eine schrittweise Steigerung möglich	• *Welche Anforderungen und Schwierigkeitsgrade wählt das Kind aus?* • *Orientiert sich das Kind an anderen?* • *Wie schätzt das Kind seine eigenen Fähigkeiten ein?* • *Über-/unterschätzt sich das Kind?* • *entwickelt das Kind Lösungsstrategien (für neue Herausforderungen)?* • *Vergleicht sich das Kind mit anderen (wem?)* • *wie reagiert das Kind auf Erfolg/ Misserfolg?* • *Erscheint das Kind risikobereit, mutig?* • *äußert sich das Kind zu seinen Fähigkeiten (Stolz, Freude, Selbstverständlichkeit...)* • *werden Vorerfahrungen erkennbar?* → *evtl. Alltagsrelevanz von Springen; Bericht bzgl. Erfahrungen*	• *Das Kind nimmt seine eigenen Fähigkeiten (nicht) wahr* • *Das Kind orientiert sich an anderen (Kind, Pädagoge, ...)* • *Das Kind wählt die Anforderungen (nicht) entsprechend eigener Fähigkeiten aus* • *Das Kind zeigt sich ängstlich, unsicher, mutig, ... in ... Situation* • *Das Kind scheint gutes Selbstvertrauen zu haben (Bsp.)* • *Das Kind kennt eigene Fähigkeiten* • *Aussagen zum Selbstwertgefühl nach der Handlungsausführung* • *Das Kind vertraut Gruppenmitgliedern in ... Situationen (Bsp.)* • *Das Kind begegnet Herausforderungen offen/ist scheu* • *Das Kind verfügt über Erfahrung* • *Das Kind bewertet eigene Fähig-*
II	• Ausprobieren verschiedener Sprungtechniken • Austausch von Ideen der Kinder und Ausprobieren verschiedener Sprünge		
II	• vorwärts Herunterspringen auf Weichbodenmatte		
III	• rückwärts Herunterspringen auf Weichbodenmatte		
III	• evtl. gemeinsames Springen von Kindern der Gruppe → Kinder sind durch Seil oder/und Handanfassung miteinander verbunden		
III	Variationen: • Kinder können eine Felswand ihrer Wahl bauen • Z.B. zwei Weichbodenmatten senkrecht nebeneinander gestellt als ein zu erklimmender Felsen • Oder gemeinsam einen Mattenberg bauen		

		• Zeigt das Kind Vertrauen zu der Gruppe → äußert sich Kind verbal oder sind evtl. nonverbal Aspekte diesbezüglich zu vermuten? • Wie schätzt sich das Kind nach der jeweiligen Aufgabenausführung ein?	keiten wie folgt... • Das Kind über-/unterschätzt sich • Das Kind verfügt über motorische Fertigkeiten: ... • Das Kind zeigt sich koopertations-bereit/-fähig

Flussüberquerung

Kompetenzbereiche des SK: **Fähigkeitskonzept, Selbsteinschätzung**
Materialien: Teppichfliesen, Kästen, Weichbodenmatten (Wbm)
Einzel- oder Gruppensituation G+E
Beobachtungs- und Förderschwerpunkte: psychosozial, **motorisch**, **perzeptiv**, **kommunikativ**, **kognitiv**

Grad	Durchführung mit unterschiedlichen Schwierigkeitsgraden	spezielle Beobachtungsmöglichkeiten SK	Fragen und/oder Interpretationsmöglichkeiten
I	• Gehen von Teppichfliese zu Teppichfliese • Var.: Gehen auf Zehenspitzen, Fersengang, ...	• *Wählt das Kind Anforderungen und Schwierigkeitsgrade selbst aus?* • *Orientiert sich das Kind an anderen? (Kind, Pädagoge, ...)* • *Entwickelt das Kind Lösungsstrategien für neue Herausforderungen?* • *Erscheint das Kind risikobereit?* • *Wie reagiert das Kind auf Misserfolg/Erfolg?* • *Welches Verhalten zeigt das Kind? es wirkt: (un-)sicher, mutig, ängstlich, zuversichtlich, ...* • *Vergleicht sich das Kind mit anderen? Mit wem?* • *Wie schätzt das Kind seine eigenen Fähigkeiten ein?* • *äußert sich das Kind zu seinen Fähigkeiten? (Stolz, Freude, Selbstverständlichkeit...)*	• *Eigene Fähigkeiten werden vom Kind (nicht) wahr genommen* • *Das Kind wählt Anforderungen entsprechend eigener Fähigkeiten aus* • *Das Kind scheint ein gutes Selbstvertrauen zu haben (Bsp.)* • *Das Kind über-/unterschätzt sich* • *Das Kind kennt eigene Fähigkeiten (nicht)* • *Das Kind verfügt über (keine) Erfahrung* • *Das Kind bewertet eigene Fähigkeiten (nicht)* • *Das Kind kann seine Fähigkeiten (nicht) real einschätzen*
I	• Springen von Teppichfliese zu Teppichfliese • Var.: Schlusssprung, Einbeinsprung, ...		
II	• Gehen über verschieden hohe/große Materialien • Springen von leicht erhöhten Materialien zu anderen Materialien (Höhen variabel)		
II	• drei große Kästen hintereinander im Abstand von ca. 2 m; zwischen den Kästen liegen Wbm; auf den Wbm steht zwischen 2 großen Kästen 1 kleiner Kasten; • das Kind kann somit von Kasten zu Kasten einen Zwischenschritt auf kleinen Kasten machen		

Äste überspringen

<u>Kompetenzbereiche des SK:</u> **Fähigkeitskonzept, Selbsteinschätzung**
<u>Materialien:</u> Seil, Markierungen
<u>Einzel- oder Gruppensituation</u> E+G
<u>Beobachtungs- und Förderschwerpunkte:</u> psychosozial, **motorisch**, **perzeptiv**, **kommunikativ**, **kognitiv**

Grad	Durchführung mit unterschiedlichen Schwierigkeitsgraden	spezielle Beobachtungsmöglichkeiten SK	Fragen und/oder Interpretationsmöglichkeiten
II	• im Raum wird ein „Ast"/Zauberschnur gespannt, welche vom Kind übersprungen werden soll; → verschiedene Höhen; verschiedene Anlaufstrecken (Weiten); verschiedene Sprungtechniken sind frei wählbar und/oder können festgelegt bzw. vorgeschlagen werden → bei vorgegebenen Maßen können diese markiert werden (Kreppband, Pylone o.ä.)	• *das Kind wählt Anforderungen und Schwierigkeitsgrade selbständig aus* • *orientiert sich das Kind an anderen?* • *Welche Höhen, Strecken. Techniken wählt das Kind?* • *Entwickelt das Kind Lösungsstrategien* • *Wie reagiert das Kind auf Erfolg/Misserfolg?* • *Wie schätzt das Kind seine Fähigkeiten ein?* • *nimmt das Kind Herausforderungen an, erscheint es risikobereit, mutig?* • *Wie wirkt das Verhalten des Kindes? (un-)sicher, mutig, ängstlich* • *Vergleicht sich das Kind mit anderen?* • *äußert sich das Kind zu seinen Fähigkeiten (Stolz, Freude, Selbstverständlichkeit...)*	• *Das Kind nimmt seine eigenen Fähigkeiten (nicht) wahr* • *Das Kind kennt eigene Fähigkeiten (nicht)* • *Die Anforderungen werden (nicht) entsprechend eigener Fähigkeiten ausgewählt* • *Das Kind scheint (kein) Selbstvertrauen zu haben* • *Das Kind über-/unterschätzt sich* • *Das Kind verfügt über (keine) Erfahrung* • *Das Kind bewertet eigene Fähigkeiten (nicht)* • *Aussagen zum Selbstwertgefühl nach der Handlungsausführung*
III	• gespannte Zauberschnur wird von Kind/Pädagoge bewegt → Gruppenmitglieder können Grad der Beweglichkeit bestimmen (geringer/mittlerer/starker oder/und langsamer/mittlerer/schneller „Ausschlag")		

Anhang

Im Anhang befinden sich:

ein Beobachtungsbogen zum Selbstkonzept,
der IEP zum Selbstkonzept
und
das Glossar für den IEP
sowie

Beispiele für Diagnostische Menüs

Beobachtungsbogen von Aspekten des Selbstkonzeptes

(Eggert/Reichenbach 2003)

Aspekt des SK	Frage
KÖRPERKONZEPT	
Körperschema - kognitive Komponente	
Körperwissen	• Welches Wissen hat das Kind von seinem Körper (Körperteile, Körperbau, Körperfunktionen, Mechanismen, ...)? • In wie weit kennt das Kind den Aufbau, die Struktur und die Ausdehnung des eigenen Körpers? • Wie verläuft die Unterscheidung von rechts und links? • In welcher Form zeigt das Kind sein Wissen (verbal, nonverbal, auf der Handlungsebene, auf der kognitiven Ebene)?
Raum-Zeit	• Wie erfolgt der Umgang mit räumlichen Strukturen (Orientierung im Raum)? • Wie erfolgt der Umgang mit zeitlichen Strukturen (Orientierung bzgl. Zeit, zeitlicher Abfolgen)?
Körperorientierung	• In welcher Weise vergleicht und setzt das Kind Informationen über die Lage, Form und Ausdehnung seines Körpers in Beziehung zueinander? • Vergleicht das Kind neue Informationen mit bereits vorhandenen, gespeicherten Erfahrungen? • Kann sich das Kind am und im eigenen Körper orientieren? • Weiß das Kind welche Gliedmaßen es hat und wie diese in Beziehung zueinander stehen? • Welche Mittel setzt es zur Orientierung ein?
Körperausdehnung	• Wie schätzt das Kind seine körperlich-räumlichen Grenzen ein? • Was hat es für ein kognitives Bild von seinem Körper (Größe, Breite, Umfang)? • Nimmt das Kind seinen eigenen Körper wahr?
Körpergefühl - affektive Komponente	
Körperausdruck	• Was drückt das Kind mit seinem Körper in bestimmten Situationen aus bzw. was könnte es damit ausdrücken? • Welche Körperhaltungen könnten evtl. innere Haltungen ausdrücken (hier: Vorsicht bzgl. Interpretationen!)? • Setzt das Kind seinen Körper ein, um z. B. verbale Aussagen nonverbal zu untermauern (z.B. Füße stampfen, gestikulieren, Minenspiel)?
Körperbewusstsein	• Inwiefern kann das Kind seine Aufmerksamkeit auf seinen Körper und dessen Funktionen richten? • Kann das Kind seinen Körper bewusst wahrnehmen? • Setzt das Kind seinen Körper in Vergleich zu anderen Körpern und/oder Idealvorstellungen? • Wie ist der persönliche emotionale Umgang mit dem eigenen Körper? • Welche Erfahrungen liegen zugrunde?
Körpereinstellung	• Welche Einstellungen hat das Kind allgemein zu seinem Körper und seinen Funktionen? • Ist das Kind allgemein (un-)zufrieden mit seinen körperlichen Merkmalen, Funktionen und Fähigkeiten? • Wie zeigt sich die Einstellung des Kindes zu seinem eigenen Körper? • Wie bewertet das Kind seinen Körper (Gliedmaßen, Aufbau, Struktur, Ausdehnung, Funktionen etc.)? • In welcher Art und Weise spricht das Kind in speziellen Situationen von bzw. über seinen Körper?
Körperausgrenzung	• Kann das Kind den eigenen Körper von anderen (personalen und materialen) Körpern abgrenzen?

FÄHIGKEITSKONZEPT	
Wahrnehmung	• Nimmt das Kind seine eigenen Fähigkeiten wahr? • Wie nimmt das Kind seine eigenen Fähigkeiten wahr (selbst, durch andere, durch Vergleich....)? • Vergleicht das Kind seine eigenen Leistungen oder Fähigkeiten mit denen anderer Bezugspersonen (Kinder, Peers, Familie, Fernsehen...), um ein Bild von seinen Fähigkeiten zu erhalten? • Wie erfolgt ein evtl. Vergleich (bzgl. Leistung, Durchführung, Lernweg ...)? • Wie reagiert das Kind auf (in)direkte Mitteilungen anderer bzgl. der eigenen Leistungen bzw. Fähigkeiten (Stolz, Abwehr, Gleichgültigkeit, ...)?
Kenntnis	• Weiß das Kind um seine eigenen Fähigkeiten (physisch, psychisch, sozial...)? • Kann das Kind seine Fähigkeiten nennen bzw. die Kompetenz(en) darstellen? • Macht das Kind Aussagen bzgl. dem Erwerb bzw. des Erlernens der Fähigkeit? • Gibt das Kind etwas von seiner individuellen Lerngeschichte preis oder sind Informationen diesbezüglich bekannt? • Berichtet es von früheren Fähigkeiten und Wegen des Erreichens von Kompetenzen? • Zeigt das Kind Risikobereitschaft oder Zurückhaltung aufgrund des Wissens um seine eigenen Fähigkeiten?
Bewertung	• Welche Fähigkeiten sind für das Kind relevant? • Wie schätzt das Kind seine eigenen Fähigkeiten (Über-/ Unterschätzung)? • Wie bewertet das Kind seine eigenen Fähigkeiten bzw. Kompetenzen? • Welche Gefühle zeigt es bzgl. der eigenen Fähigkeiten (Leistungsfähigkeit)? • Wie realistisch erscheinen die Vorstellungen des Kindes von seinen eigenen Fähigkeiten?
	• Stimmen Wahrnehmung, Kenntnis und Bewertung der eigenen Fähigkeiten überein? Wo gibt es Differenzen? Wie zeigen sich diese Differenzen?
SELBSTEINSCHÄTZUNG	
SELBSTEIN-SCHÄTZUNG	• Welche Erwartungen hat das Kind an sich selbst (Erfolg, Misserfolg)? • Wie geht das Kind mit Erfolg und/oder Misserfolg um (Frustrationstoleranz)? • Wie schätzt das Kind seine eigenen Fähigkeiten im Vorhinein ein? • Schreibt es sich bestimmte Eigenschaften stets zu oder ist die Einschätzung der eigenen Kompetenzen aufgabenabhängig? • Formuliert das Kind für sich ein Ziel bei bzw. vor Bewältigung der Aufgabe? • Setzt das Kind die Einschätzung seiner Selbst in Beziehung zu (eigenen oder fremden) moralischen Vorstellungen? • Kann das Kind seine eigenen Kompetenzen anerkennen? • Sieht das Kind seine eigenen Kompetenzen positiv? • Welches Verhalten zeigt das Kind nach einer bewältigten Aufgabe (Stolz, Suche nach Anerkennung, Freude, Abwertung u.a.)?
Selbstvertrauen	• Wie schätzt das Kind seine Fähigkeiten bzgl. der kommenden aktuellen Anforderungen konkret ein? • Glaubt es an das Meistern der Aufgabe?
Selbstwertgefühl	• Wie fühlt sich das Kind nach der Bewältigung der Aufgabe? • Wie schätzt das Kind heute seine Kompetenzen ein?

Selbstwertschätzung	• Wie schätzt das Kind seine Fähigkeiten bzgl. bestimmter Anforderungen (motorisch, kognitiv, psychosozial, kommunikativ) generell ein? • Welche bisherigen Erfahrungen prägen diese Einschätzung?
SELBSTBILD & SELBSTBEWERTUNG	
SELBSTBILD	• Wie schätzt das Kind seine eigenen Handlungen „objektiv" ein? • Was weiß es über seine eigenen Kompetenzen? • Wie beschreibt das Kind seine eigenen Kompetenzen?
SELBSTBEWER-TUNG	• Wie bewertet das Kind emotional seine eigenen Handlungen? • Kann es Gefühle bzgl. der Bewertungen eigener Handlungen zeigen (Stolz, Trauer, Glücklichsein u. a.)?
Realselbst	• Welche Vorstellungen hat das Kind von seinem äußeren Erscheinungsbild? • Zeigen sich in den Vorstellungen von sich selbst Einflüsse von Einstellungen, Werten und/oder Gewohnheiten? • Weiß das Kind um seine soziale Identität (Schichtzugehörigkeit, Nationalität, Etikettierungen)? • Gibt es Personen oder Gegenstände, welche für das Kind sehr wichtig sind?
Idealselbst	• Zeigt bzw. äußert das Kind Vorstellungen, wie es gern sein möchte (Äußeres, Eigenschaften, Fähigkeiten...)? • Hat das Kind ein Ideal bzw. Vorbild (Bezugspersonen, Peers, Fernsehen, Comics...)? • An welchen bzw. wessen Idealen orientieren sich die Idealvorstellungen des Kindes (Kultur, Gesellschaft, Familie, Schule...)? • Sind diese Vorstellungen nach Einschätzung des Beobachters (un-) realistisch? • Hebt das Kind besonders positive Merkmale von sich hervor?
Soziales Selbst	• Äußert sich das Kind zu anderen Personen oder Gruppenmitgliedern in Bezug auf sich selbst (z.B.: ich glaube, dass mir X das sowieso nicht zutraut)? • Welche Rollen nimmt ein Kind wann ein? • Wie stellt sich das Kind gegenüber anderen Personen dar? • Warum stellt sich das Kind evtl. in unterschiedlichen Gruppen, Situationen o.ä. verschieden dar? • Wie sieht sich das Kind in Bezug zu anderen Personen (bei bestimmten Aufgabenstellungen)? • Wie verhält sich das Kind anderen Personen gegenüber? • Wie sehen andere Personen das Kind bzgl. verschiedener Anforderungen und Situationen bzw. wie meint das Kind, dass diese Personen es sehen?

I - E - P

IEP speziell zum Selbstkonzept

Individueller Entwicklungsplan

Version ...

Copyright by Dietrich Eggert & Christina Reichenbach (05/2003)

Name des Kindes: .... Datum: ....
Geboren am: ....
Anschrift: ....
Schule/Kiga:.. Klasse: ....
Beobachtungsteam: ....
Berichtzeitraum: ....

Stärken des Kindes

Förderbedarf

Selbstkonzept des Kindes

Sichtweise des schulischen und sozialen Umfeldes

Sichtweise der Eltern

Kooperation mit den Eltern

Fördervorschläge
Förderschwerpunkt bzw. Ausgangspunkt für die Förderung:
weiterer möglicher Förderbedarf bzw. spätere aufbauende Förderung:

Weitere Vorgehensweise (ankreuzen)	
O Ziele der nächsthöheren Förder- und Entwicklungsstufe anstreben O Vertiefen der aktuellen Entwicklungsstufe O Zurückgreifen auf eine vorhergehende Entwicklungsstufe	<u>**weitere Unterstützungen erforderlich durch:**</u> O Eltern O Beratungslehrer in der Schule O Elternberatungen O Jugendamt O Fachärztliche Untersuchungen O Therapiemaßnahmen (Logopädie, Ergotherapie, ...) O ... O ..

Tabellarische Übersicht über besondere Ereignisse in Lebenslauf und Schullaufbahn des Kindes

Jahr	Ereignis/ Auffälligkeiten	Rahmen/ Bedingungen	Förderbedarf	Förderung

Das soziale Umfeld des Kindes

Familie (Mitglieder, Wohnorte etc.):

Wohnsituation und Wohnlage:

Ethnische Herkunft der Familie:

Psychosoziale Situation der Familie (Einkommen, soziale Stellung, Bildungsniveau, Umgebung):

Freizeit, Sport und andere Aktivitäten des Kindes in seinem Umfeld (und der Familienmitglieder):

Konzeption bzw. Anforderungsprofil der Schule/des Kindergartens:

Beschreibung der räumlichen und materiellen Bedingungen in der Schule/im Kiga:

Rolle des Kindes im Klassenverband/der Gruppe, Freundschaften in der Schule/im Kiga und außerhalb:

Der Blickwinkel des Kindes: seine Sichtweise der Situation und der Förderbedürfnisse

Datum	Beobachtungen
	Fähigkeitskonzept - Äußerungen des Kindes zu eigenen Fähigkeiten *Wie bewertet das Kind seine eigenen Fähigkeiten?* *Nimmt das Kind seine eigenen Fähigkeiten wahr?* *Sind dem Kind seine eigenen Fähigkeiten bekannt?* **Körperkonzept - Äußerungen des Kindes in Bezug auf seinen Körper** *Wie ist das Körperschema in seinen einzelnen Bereichen ausgebildet?* *Wendet das Kind sein Wissen um den eigenen Körper an? Wenn ja, in welchen Situationen?* *Wie äußert sich das Kind zu seinem Körper?* *Inwiefern nutzt das Kind seinen Körper als Mittel, um Gefühle auszudrücken?* **Realselbst** *Äußert sich das Kind über sich selbst, sein Können und sein Wissen?* **Idealselbst - Äußerungen des Kindes zu Wünschen die eigene Person betreffend** *Macht das Kind Äußerungen, wie es gern sein möchte? (Vorbilder)* **Soziales Selbst** *Äußert sich das Kind in Bezug zu anderen Personen (soziales Umfeld)?* *Welche Einschätzung nimmt das Kind durch das soziale Umfeld wahr?* *Äußert sich das Kind zu Fremdeinschätzungen und deren Bedeutsamkeit für sich selbst?*

Datum	*Wie möchte sich das Kind gegenüber anderen Personen darstellen?*
	Was nimmt das Kind an, welche Stellung es innerhalb von Gruppen (Familie, Freunde, Peers) hat? *Wann und inwiefern vergleicht sich das Kind mit anderen?* **Selbsteinschätzung** *Äußert sich das Kind zu Erwartungen an sich selbst?* *Welche Erklärung(en) hat das Kind für Erfolg oder Misserfolg?* *Äußert das Kind Ziele in Spiel- und Handlungssituationen?* *Belohnt sich das Kind nach Spielhandlungen? Nach welchen Handlungen mag es sich belohnen?* *Hat das Kind bestimmte moralische Vorstellungen? Wenn ja, welche?* **Selbstwertgefühl** *(aktuelles Gefühl)* *Welche Gefühle äußert das Kind nach der Ausführung einer Handlung?* **Selbstvertrauen** *(Vorwegnahme eigenen Handelns)* *Welches Gefühl äußert das Kind vor dem Ausführen einer Handlung?* **Selbstwertschätzung** *(generalisiertes Konzept)* *Äußert sich das Kind verallgemeinernd über seinen Selbstwert?* *Schätzt sich das Kind eher positiv und eher negativ?* **Äußerungen des Kindes in Bezug auf das Problem, die Problemsituation bzw. den Anlass der Förderung?** **Welchen Förderbedarf sieht das Kind für sich? Welche Kompetenzen möchte es erwerben?** **Welche Bedeutung hat das vermeintliche Problem?**

Datum	Welche Lösungen für seine Probleme sieht das Kind für sich (individuelle Förderbedürfnisse)? Wann tritt das Problem des Kindes auf? In welchen Situationen erscheinen die „Defizite" bzw. Förderbedürfnisse am schwerwiegendsten? In welchen Situationen tritt das Problem nicht auf? Woran könnte das liegen? Hat das Kind für solche Situationen eine Vermeidungsstrategie, kann es die Förderbedürfnisse kompensieren? Wenn ja, welche Kompensationsmöglichkeiten hat es? Weitere Angaben:

Äußerungen von Bezugspersonen über das Kind, die Situation und die Förderbedürfnisse

Datum	Beobachtungen
	Angaben zur Beziehung zwischen Bezugsperson und Kind **In welchen Situationen und wie äußert sich das Kind über sich selbst?** **Wann und in welchen Situationen äußert sich das Kind über seine Freunde?** **Wann und in welchen Situationen äußert sich das Kind über Schule/Klasse oder Kiga?** **Wann und in welchen Situationen äußert sich das Kind zu eigenen Stimmungen und Gefühlen?** **Fähigkeitskonzept - Äußerungen des Kindes zu eigenen Fähigkeiten** *Wie sehen Sie die Fähigkeiten des Kindes?* *Wie bewertet das Kind aus Ihrer Sicht seine eigenen Fähigkeiten?* *Nimmt das Kind aus Ihrer Sicht seine eigenen Fähigkeiten wahr?* *Sind dem Kind seine eigenen Fähigkeiten aus Ihrer Sicht bekannt?* **Körperkonzept - Äußerungen des Kindes in Bezug auf seinen Körper** *Wie ist Ihrer Ansicht nach das Körperschema und das Körpergefühl des Kindes ausgebildet?* *Wie ist das Körperschema in seinen einzelnen Bereichen ausgebildet? Hat das Kind aus Ihrer Sicht Wissen von seinem Körper?* *Wendet das Kind sein Wissen um den eigenen Körper an? Wenn ja, in welchen Situationen?*

Datum	*Wie äußert sich das Kind zu seinem Körper? Wie schätzen Sie die Gefühle, die das Kind in Bezug auf seinen Körper äußert, ein?* *Inwiefern nutzt das Kind aus Ihrer Sicht seinen Körper als Mittel, um Gefühle auszudrücken?* **Realselbst** *Wie äußert sich das Kind über sich selbst, sein Können und sein Wissen? Entsprechen diese Äußerungen Ihrer Ansicht nach der Realität?* **Idealselbst - Äußerungen des Kindes zu Wünschen die eigene Person betreffend** *Macht das Kind Äußerungen, wie es gern sein möchte? (Vorbilder) Sind diese Wünsche, Vorstellungen erreichbar oder weichen sie stark von den Möglichkeiten zur Umsetzung ab? Finden Sie die Vorbilder, Wünsche des Kindes für das Kind selbst erstrebenswert?* **Soziales Selbst** *Äußert sich das Kind in Bezug zu anderen Personen (soziales Umfeld)? Wie verhält sich das Kind in der Klasse/Gruppe/Familie? Welchen Stand hat es innerhalb der Gruppe?* *Angaben zu tatsächlichen und erwünschten Freunden:* *Welche Einschätzungen werden dem Kind durch sein Umfeld weitergegeben?* *Sind aus Ihrer Sicht Fremdeinschätzungen für das Kind bedeutend? Welche Einschätzungen sind aus Ihrer Sicht wichtig für das Kind?* *Wie stellt sich das Kind gegenüber anderen Personen dar? Ist diese Darstellung unterschiedlich? (situationsspezifisch, gruppenspezifisch, ...)* *Welche Stellung nimmt das Kind tatsächlich aus Ihrer Sicht innerhalb von Gruppen (Familie, Freunde, Peers) ein?* *Wann und inwiefern vergleicht sich das Kind mit anderen? Sind diese Vergleiche aus Ihrer Sicht für das Kind bedeutsam?* **Selbsteinschätzung** *Hat das Kind aus Ihrer Sicht eine hohe/niedrige/angemessene Erwartungshaltung?*

Datum	*Welche Erklärung(en) hat das Kind aus Ihrer Sicht für Erfolg oder Misserfolg?*
	Belohnt sich das Kind nach Spielhandlungen? Nach welchen Handlungen mag es sich belohnen? *An welchen moralischen Vorstellungen lehnt sich das Kind aus Ihrer Sicht an?* **Selbstwertgefühl** *(aktuelles Gefühl)* *Welche Gefühle äußert das Kind nach der Ausführung einer Handlung? Welches Selbstwertgefühl zeigt das Kind wann?* **Selbstvertrauen** *(Vorwegnahme eigenen Handelns)* *Welches Gefühl äußert das Kind vor dem Ausführen einer Handlung? Wie geht das Kind an Handlungsausführungen heran?* **Selbstwertschätzung** *(generalisiertes Konzept)* *Hat das Kind aus Ihrer Sicht eine hohe, angemessene oder niedrige Selbstwertschätzung= Schätzt sich das Kind eher positiv und eher negativ ein?* **Äußerungen der Bezugsperson in Bezug auf das Problem, die Problemsituation bzw. den Anlass der Förderung?** **Welchen Förderbedarf sieht die Bezugsperson für das Kind? Welche Kompetenzen sollte es erwerben?** **Welche Bedeutung hat das vermeintliche Problem für die Bezugsperson?** **Welche Lösungen sieht die Bezugsperson für die Probleme?** **Wann tritt das Problem des Kindes auf?** **In welchen Situationen erscheinen die „Defizite" bzw. Förderbedürfnisse am schwerwiegendsten?** **In welchen Situationen tritt das Problem nicht auf? Woran könnte das liegen?**

Datum	
	Hat das Kind für solche Situationen eine Vermeidungsstrategie, kann es die Förderbedürfnisse kompensieren? Wenn ja, welche Kompensationsmöglichkeiten hat es? Weitere Angaben:

Beobachtungen des einzelnen Diagnostikers[1]

Datum	Beobachtungen + Beobachtungssituationen
	Selbsteinschätzung
	Selbstbewertung
	Selbstbild
	Realselbst
	Idealselbst
	Soziales Selbst
	Körperkonzept
	Fähigkeitskonzept
	Weitere Beobachtungen: Verhalten in der Gruppe

[1] Hier wird empfohlen den Beobachtungsbogen zum Selbstkonzept als Grundlage zu nehmen.

	Umgang mit kognitiven Anforderungen (allgemeines Problemlöseverhalten und Denkstrategien) Sprachliche Kompetenzen (verbale/nonverbale Kommunikation) Kompetenzen in anderen Entwicklungsbereichen (Bewegung, Wahrnehmung, Kunst, ...)

Weitere Beobachtungen bzw. gesammelte Informationen aus anderen Informationsquellen (z.B. Gutachten)

Zusammenfassung der einzelnen Beobachtungen im Rahmen eines TEAMs

Datum	Momentaner Eindruck
	Wichtig erscheinende Punkte
	Förderbedürfnisse aus heutiger Sicht
	Zentrale Beobachtungsschwerpunkte
	Erste Hypothesen - zum Verhalten des Kindes - zu den Ursachen - zu möglichen Interventionen - u.a.
	Noch ausstehende Informationen
	Weiteres Vorgehen/Fördervorschlag
	Nächster vereinbarter Termin

Entwicklungsprotokoll für:
Überlegungen zum Aufbau und Planung der Förderung

Datum	Momentaner Stand
	Anlass der Erstellung eines Förderplanes
	Ziele für die Lebensplanung des Kindes
	Momentaner Entwicklungsstand (IST)
Datum	**Momentaner Entwicklungsverlauf und Ziele der Förderung im Überblick**
	Grobziele der Förderung
	Feinziele der Förderung
	Äußere Bedingungen für die Durchführung der Förderung (Raum, Personal, Eltern(mit)arbeit, Konzept, etc.
	Welche Ziele könnten als nächstes erreicht werden? Welches ist die Zone der nächsten Entwicklung?
	Welches Vorgehen wird gewählt, um nächsten Entwicklungsschritt oder Ziel zu erreichen? (Darlegung der Förderschritte, Planung)
	Hilfreiche und/oder hemmende Faktoren für eine Förderung des Kindes
	Welche Modifikationen sind erforderlich?
	Besonderheiten im Umgang mit dem Kind?
	Getroffene Absprachen (Regeln, Verträge, Abmachungen, ...)
	Einsatz begleitender diagnostischer Instrumente

Glossar zum Individuellen Entwicklungsplan für das Selbstkonzept		
zu erfassende Komponente	**Methode / Vorgehen der Erfassung**	**Beispiel**
Körperkonzept *kognitive Komponente: Körperschema* • *Körperorientierung* • *Körperausdehnung* • *Körperwissen* • *Kenntnis von Raum und Zeit*	• Gespräch → aktuell/spontan und speziell situationsbezogen → Vergleich	• in aktuellen Spielsituationen auf Äußerungen bzgl. eigenen Körpers achten • in aktuellen Spielsituationen nach der Handlungssituation Frage bzgl. Einschätzung des eigenen Körpers stellen • vor Spiel- und Handlungssituationen bzgl. Handlungsplanung fragen
	• Interview → verallgemeinernd bzw. grundlegende(re) Einschätzung	• Fragen bzgl. Wissen um körperliche Aspekte (Ausdehnung, Gewicht, Körperbau, Kenntnis; Orientierung, R-Z, Rechts-Links)
	• Zeichnung(en) → aufgabenbezogen speziell oder allgemein	• Menschzeichnung • Zeichnung von einzelnen Körperteilen (evtl. nach Größen, Breiten ordnen, Rechts-Links) • Mensch zeichnen in Zusammenhang mit Raum + Wegen • Zeichnung Lieblingsort • Zeichnung von Lage- und/oder Handlungsplan
	• Sortierverfahren → Wissensabfrage	• Zuordnung von Körperteilen → Vgl. • Bandolos zu Raum, Zeit, Körperkenntnis, Größen etc. • Bilder von Körperhaltungen und Ausmaßen zu eigenem Körper zuordnen • Rechts-Links-Unterscheidung

zu erfassende Komponente	Methode / Vorgehen der Erfassung	Beispiel
<u>*emotionale Komponente: Körpergefühl*</u> • *Körpereinstellung* • *Körperbewusstsein* • *Körperausdruck* • *Körperausgrenzung*	• Gespräch → aktuell/spontan und speziell situationsbezogen → Vergleich	• in aktuellen Spielsituationen auf Reaktionen bzgl. eigenen Körpers achten • in aktuellen Spielsituationen auf Umgang mit eigenem Körper achten und ansprechen • in aktuellen Spielsituationen nach der Handlungssituation Frage bzgl. Gefühle des eigenen Körpers stellen • Frage nach bisherigen Erfahrungen
	• Interview → verallgemeinernd bzw. grundlegende(re) Einschätzung	• Fragen bzgl. Körpergefühl(en) → situationsbezogen (Sport, Alltag, Gruppe) • Fragen bzgl. Nutzung und Präsentation des eigenen Körpers (Kleidung, Training) • Frage nach positiven und negativen Bewertungen des eigenen Körpers, seiner Teile und Funktionen
	• Zeichnung(en) → aufgabenbezogen speziell oder allgemein	• Menschen in verschiedenen Stimmungen zeichnen • seine liebste Körperhaltung zeichnen • liebste Körperteile zeichnen
	• Spiel- und Handlungssituationen	• Ausdrucks-Spiele (Tanz, Mimik, Gestik, Stimmungen)
	• Sortierverfahren	• Bilder von Menschen in verschiedenen Stimmungen zuordnen zu eigenen Empfindungen • Bilder von Körperhaltungen und Ausmaßen zu eigenem Körper

zu erfassende Komponente	Methode / Vorgehen der Erfassung	Beispiel
<u>Fähigkeitskonzept</u> • *Wahrnehmung eigener Fähigkeiten* • *Wissen um eigene Fähigkeiten* • *Bewertung eigener Fähigkeiten*	• Gespräch → aktuell/spontan und speziell situationsbezogen → Vergleich	• in aktuellen Spielsituationen auf Reaktionen bzgl. eigener Fähigkeiten achten • in aktuellen Spielsituationen nach der Handlungssituation Frage bzgl. Einschätzung der eigenen Fähigkeiten stellen • vor Spiel- und Handlungssituationen um Einschätzung eigener Fähigkeiten (Wissen + Wahrnehmung) bitten • welche Bedeutung hat ein spezielles Problem für das Kind? → Belastung, Beeinflussung von Beziehungen • wann tritt ein Problem auf, wann nicht? • Wunsch nach Lösungs- und Handlungsstrategien
	• Interview → verallgemeinernd bzw. grundlegende(re) Einschätzung → zeitliche Konsistenz → Vergleich	• Unterteilung nach verschiedenen Lebens- und Arbeitsbereichen (Schule/Fächer, Lehrer; Familie/Haushalt, Hobbys; Freunde/Hobbys, Spiele) → kognitive, motorische und soziale Kompetenzen • konkrete Fragen nach Einschätzung eigener Fähigkeiten; Nachfrage bzgl. Bewertung/Wissen • welche Bedeutung hat ein Problem für das Kind? → Belastung, Beeinflussung von Beziehungen • wann tritt ein Problem auf, wann nicht?
	• Fragebogen → offene Beantwortung → Antworten gemäß Skalierung → zeitliche Konsistenz → Vergleich	• Fragen bzgl. verschiedener Lebens- und Arbeitsbereiche (Schule/Fächer, Lehrer; Familie/Haushalt, Hobbys; Freunde/Hobbys, Spiele) → kognitive, motorische und soziale Kompetenzen • Bedeutung von Problemen für das Kind? → Belastung, Beeinflussung von Beziehungen • wann tritt ein Problem auf, wann nicht?

zu erfassende Komponente	*Methode / Vorgehen der Erfassung*	*Beispiel*
Realselbst • *das Sein einer Person* • *das Können einer Person* • *das Wissen einer Person*	• Gespräch → situationsbezogen, spontan	• welche Vorstellungen existieren vom eigenen körperlichen Erscheinungsbild? • Frage, wie sich die Person selbst sieht (Kompetenzen, Schwierigkeiten bzgl. verschiedener Lebensbereiche) • Frage bzgl. eigener Einstellungen, Werte und Gewohnheiten • Fragen nach Gegenständen und Personen, welche von emotionaler Bedeutsamkeit sind • Gespräch in Spiel- und Handlungssituationen bzgl. situationsbezogenem Wissen und Können • wie bewertet sich das Kind selbst • Reaktionen zu aktuellen Fördersituation und(zu Schwierigkeiten

zu erfassende Komponente	Methode / Vorgehen der Erfassung	Beispiel
Realselbst	• Interview → strukturiert, geplant	• Fragen bzgl. sozialer Identität (Etikettierungen, Staatsangehörigkeit, Schicht) • welche Vorstellungen existieren von eigenen körperlichen Erscheinungsbild? • Frage, wie sich die Person selbst sieht (Kompetenzen, Schwierigkeiten bzgl. verschiedener Lebensbereiche) • Frage bzgl. eigener Einstellungen, Werte und Gewohnheiten • Fragen nach Gegenständen und Personen, welche von emotionaler Bedeutsamkeit sind • wer hat welche Anforderungen an das Kind? (Familie, Lehrer, Großeltern, Verwandte)
	• Zeichnungen	• zeichnen von Gegenständen und Personen, welche von emotionaler Bedeutsamkeit sind • Zeichnung der eigenen Person (Körper) → Auslassungen, Detailtreue
	• Checklisten	• Adjektivlisten, die Angaben zur Einschätzung der eigenen Person machen
	• Selbstzeugnis	• ich kann besonders gut ... • ich kann weniger gut ....

zu erfassende Komponente	Methode / Vorgehen der Erfassung	Beispiel
Idealselbst	• Gespräch	• Frage, wie die Person gern sein möchte bzw. würde → Nennen von und Vergleich mit Vorbildern • wie bewertet sich das Kind selbst
	• Interview	• Frage, wie die Person gern sein möchte bzw. würde → Vergleich mit Vorbildern • Frage nach Vorbildern, Idolen → aus verschiedenen Lebensbereichen
	• Checklisten	• Adjektivliste, die Angaben zu Wünschen, Vorstellungen zur eigenen Person machen
	• Zeichnungen	• Wunschbild zeichnen lassen
	• Spiele	• Rollenspiele → Schlüpfen/Verwandeln in ein „Vorbild" bzw. Ideal

zu erfassende Komponente	Methode / Vorgehen der Erfassung	Beispiel
Soziales Selbst	• Gespräch → spontan in Spiel- und Handlungssituationen	• wie sieht sich die Person in Bezug zu anderen Personen (soziales Umfeld) • wie denkt die Person, denkt das Umfeld über sie (wahrgenommene Einschätzung) • welche Fremdeinschätzungen sind der Person wichtig → emotionale Bedeutsamkeit • wie stellt sich die Person selbst anderen gegenüber dar → Berücksichtigung: Anerkennung, Rollenausübung • Abhängigkeit der Selbsteinschätzung von anderen
	• Interview → geplant und strukturiert	• wie sieht sich die Person in Bezug zu anderen Personen (soziales Umfeld) • wie denkt die Person, denkt das Umfeld über sie (wahrgenommene Einschätzung) bzw. wie nimmt sie die Umwelt wahr • welche Fremdeinschätzungen sind der Person wichtig und warum → emotionale Bedeutsamkeit • wie stellt sich die Person selbst anderen gegenüber dar → Berücksichtigung: Anerkennung, Rollenausübung • Abhängigkeit der Selbsteinschätzung von anderen
	• Checklisten	• Sicherheit in sozialen Situationen • Einfluss von „Vergleichsnormen"
	• Zeichnen	• Stellung innerhalb verschiedener Gruppen (Familie, peers, Sport ...)
	• Fragebogen → freie Antworten → Antworten gemäß Skalierung	• Stellungen innerhalb von Gruppen • Fragen analog Interview/Gespräch • Frage nach bestem Freund

zu erfassende Komponente	Methode / Vorgehen der Erfassung	Beispiel
Selbsteinschätzung • *(Miss-) Erfolgserwartung* • *Kausalattribuierung* • *Zielorientierung* • *Belohnungsstruktur* • *moralische Selbsteinschätzung*	• Spiel- und Handlungssituationen • Sortierverfahren • Gespräch	• Beachten von Aspekten der Selbsteinschätzung während der Spiel- und Handlungssituationen → mdl. Äußerungen, Teilnahme am Geschehen • Einschätzung der eigenen Leistungen • Reaktion(en) auf Erfolg und Misserfolg • Vorgabe von Sätzen und Person entscheidet bzgl. Antwortmöglichkeit und somit bzgl. Kausalattribuierung • was motiviert und wie lange? • Reaktionen auf „Moralverstöße"
Selbstwertgefühl	• Gespräch • Spiel- und Handlungssituationen	• aktuelles Erlebnis, wie sich Person selbst einschätzt (aktuelles Gefühl) • Einschätzung der eigenen Leistungen
Selbstvertrauen	• Gespräch • Spiel- und Handlungssituationen	• aktuelles Erlebnis, wie sich Person selbst einschätzt (Vorwegnahme eigenen Handelns) • Vertrauen in eigene Fähigkeiten • Frage bzgl. eigener Fähigkeiten in verschiedenen Arbeitsbereichen
Selbstwertschätzung	• Gespräch • Spiel- und Handlungssituationen	• inwieweit ist Konzept bisheriger Wertezuordnungen übersituativ und generalisiert?

Diagnostische Menüs

Diagnostisches Menü zur Erfassung des Selbstkonzeptes eines Jungen

(erstellt von: Christina Lücking & Ch. Reichenbach)

Klientel: *Kinder im Alter von 8-9 Jahren*
Situation: *Psychomotorische Gruppenförderung*
Thema: *„Irgendwie anders" (anlehnend an eine Geschichte von Cave & Ridell)*
Begründung: *Dieses Thema wurde gewählt, da in einer Einzelsituation mit dem Jungen namens Janni diese Geschichte vorgelesen wurde und Janni hier erstmals für die Pädagogin sichtbar Gefühle gezeigt, erkannt und benannt hat und sich zudem sehr empathisch mit dem „Irgendwie anders" zeigte.*
Erfassung von: *Selbsteinschätzung, Selbstbewertung, Reales Selbst, Ideales Selbst, Soziales Selbst*
Zusätzliche Beobachtungsmöglichkeiten: *motorische Kompetenzen (....), sozial-emotionales Verhalten, ...*
Dauer: *max. 25 Minuten/Woche, da Janni näheren Kontakt zu anderen Kindern noch nicht länger standhalten kann*
➔ vorläufig geplantes Menü erstreckt sich insgesamt über 9 Wochen

Geschichte	Aufgabe aus dem SKI o.a.
Einleitung: *Die Pädagogin stellt den Gedanken einer fortlaufenden Geschichte vor. Jede Woche soll im Rahmen der Stunde ein Teil der Geschichte von „Irgendwie anders" vorgestellt werden, bis sie komplett ist.*	
Es war einmal ein Wesen namens „Irgendwie anders". *a) „Irgendwie anders" sah .... (groß/klein, dick/dünn, braun/weiß, ... Eigenschaften) aus → Pädagogin nennt Bsp.* *b) Pädagogin fragt: was meint ihr, wie „irgendwie anders aussieht, wenn ihr so den Namen hört?* *c) So, jetzt habt ihr ... beschrieben, wie würdet ihr denn euch selbst beschreiben? Dies beantworten, bevor die Geschichte weitergeht*	*- Figur aufmalen: die Kinder sollen nun Figuren aufmalen, die ihrer Fantasie entsprechen* *- Selbstbeschreibung und evtl. Selbstbild* *- Steckbrief II (sich selbst malen)*
„Irgendwie anders" versuchte immer Kontakt zu anderen Mit-Wesen zu bekommen, welche ihn aber leider immer aus dem Weg gingen, da sie sagten, dass er „irgendwie anders" sei	*- Frage: was ist für das Kind „irgendwie anders"/"abnorm"; auch in Bezug auf andere (Beispiele + warum ist das für dich anders?)* *- Frage: gibt es Situationen, in denen ihr Euch auch wie „Irgendwie anders" irgendwie anders fühlt?*
Er versuchte: *• Dinge zu spielen, die sie gespielt haben,* *• sich so anzuziehen wie sie,* *• zu malen wie sie,* *• so mutig zu sein wie sie*	*- jedes Kind macht einen Vorschlag zu einem Bereich (z.B. Lieblingsspiel;...)* *- oder: Vorgaben machen* *- Was kannst du denn alles? → Vorlage „Heute kann ich" oder „Was du alles kannst"*

Eines Tages stand er vor allen anderen Kindern und sie sagten, dass er weg gehen soll	- Frage: hast du das schon mal selbst erlebt bzw. bei jemanden gesehen? Wann und wo war dies evtl.? - Frage; was meint ihr, warum „Irgendwie anders“ weg gehen sollte?
„Irgendwie anders“ geht nach Hause, schaut sich im Spiegel an und er fragt sich warum er „irgendwie anders“ ist. Er beschreibt sich im Vergleich zu anderen und stellt sich vor, wie er gern sein würde.	- Frage: was macht dich denn als Janni aus? → wir können der Frage ja mal auf den Grund gehen: Kinder stellen sich vor einen Spiegel: was hab ich, was du nicht hast? Was unterscheidet uns voneinander?→ „Steckbriefe I+II“) - Körperkonzept (Merkmale: Größe (was glaubt ihr, wie groß ihr seit?) Wer hat die größten Füße?... → „Wie groß bin ich?“ oder „Körperteile abbilden“ - „Anders“ heißt nicht bescheuert, sondern verschieden / unterschiedlich zu sein (thematisieren!)
Nach allen Träumereien, wacht „Irgendwie anders“ wieder auf und wird ganz traurig, da er es nicht geschafft hat, zu den anderen dazu zu gehören und so allein ist.	- Frage: kennt ihr das Gefühl? Wann war das? Wie habt ihr Euch da gefühlt?? Schlecht / gut... → wie hat sich das angefühlt? Wie hast du dich bewegt (gesprungen, gehüpft, nach unten gebeugt...?) - Jeder soll eine Stimmung nennen und zeigen, wie er sich dazu bewegt → Bewusstmachung, dass es unterschiedliche Gefühle, Äußerungen, Körperhaltungen, ...gibt→ „Körperhaltungen“
Da klopft es an der Tür: poch poch ... er erschreckt sich und denkt, dass sich jemand verirrt hat, da er keine Freunde hat.	- Frage: was glaubt ihr, wer da vor der Tür steht? Was glaubt ihr, wen wünscht er sich herbei? Wen wünscht er sich wohl gar nicht herbei? (Was beeinflusst meine Selbstwertschätzung / soziales Selbst) - Frage: Was glaubt ihr, wie er sich fühlt? → wie würdet ihr euch fühlen?→ „Stufenleiter“
Vor der Tür steht ein in seinen Augen seltsames Wesen, das freut sich, ihn zu sehen und sagt, dass es genau zu ihm wolle.	- soziales Selbst → was andere über mich denken - Frage: wie fühlt sich „Irgendwie anders“ / wie fühlt sich das „seltsame Wesen“? Wie könnte er sich fühlen?→ evtl. „Befindlichkeitsfragebogen II“ - Frage: wir könnten die Blicke sein?; Spiegel: Mimik/Gestik - Wer kann am erstaunlichsten, oder erschrockensten, ... schauen → Vergleiche! - Gesichtsausdrücke malen - Gesichter formen (Luftballon mit Vogelsand füllen) → vor und nach der Stunde eigene Stimmung benennen (5 verschiedene Stimmungen zur Auswahl, vorher erarbeiten)
Er fragt warum? Und das seltsame Wesen sagt: „Ich habe so viel von dir gehört, wir haben anscheinend sehr viel gemeinsam und sind uns sehr ähnlich“ Daraufhin sagt „irgendwie anders“: „wir sind uns keineswegs ähnlich, du musst mich verwechseln. Guck mal, du siehst ja ganz anders aus als ich.“	- aufmalen, wie das „seltsame Wesen wohl aussehen könnte - Unterschiede zu „Irgendwie anders“ aufzeigen...warum glaubt „Irgendwie anders“, dass sie nichts gemeinsam hätten? - Bezug zu vorherigen Stunden → Spiegel
Daraufhin sagt „Seltsames Wesen“: „Genau! Wir sind beide einzigartig. Auch wenn wir uns äußerlich nicht ähneln, so suchen wir doch beide einen Freund.“	- Frage: wir haben festgestellt, es gibt kaum äußerliche Gemeinsamkeiten? Was könnte man gemeinsam haben? Was wollte man gemeinsam haben? Was hat man gemeinsam? - In Bezug auf die Gruppe: Was hast du mit ...gemeinsam; zum Schluss: was haben wir alle gemeinsam - Gemeinsamkeit der beiden Figuren? - Was habt ihr gemeinsam? Was habt ihr für einen Wunsch, was erhalten bleiben soll? Was soll / kann an Gemeinsamkeiten entstehen??
Da stimmte „Irgendwie anders zu“ und sie freuten sich beide und spielten gemeinsam....	- Dann machen wir alle gemeinsam, zusammen, untrennbar und als Team ein Abschlussspiel und legen evtl. ein Ritual fest.

Selbstkonzept Menü für einen Jungen

(Dietrich Eggert)

Das eigene Befinden mit Smilies (aus Papier oder besser Pappe) darstellen. Der Pädagoge erklärt die Smilies (Lächeln, Trauer, Unentschieden) und stellt Fragen: „Wie geht es dir heute ?".....

Gegenseitig Körperumrisse auf dem Fußboden (mit Kreide) oder auf Tapeten malen. Das Kind darf aussuchen, wer zuerst malen darf. Der Beobachter beginnt und sagt: „Das gefällt mir besonders an mir (dir)...." Dann kann der Pädagoge dem Kind zeigen (oder vom Kind zeigen lassen) wo sich welcher Körperteil befindet und fragen, was es damit anfangen kann.
Mund, Nase, Augen, Haare, Finger etc. zeichnen lassen und dazu befragen. Eventuell Stärken oder Schwächen beschreiben lassen: ich kann besonders gut.... ich kann weniger gut.... es ärgert mich an mir, dass.......

Bewegungsparcours im Raum aufbauen. Beginn an der Tür und Ende in einer ruhigen Ecke mit Sofa. Das Kind kann sich immer entscheiden, ob es einen schwierigeren Weg oder einen sicheren leichteren Weg wählt.

Zum Schluss treffen sich Beobachter und Kind auf dem Sofa und lesen gemeinsam z.B. aus dem Buch „Lotta aus der Krachmacherstrasse" von Astrid Lindgren etwas vor.

Das Kind darf von Zuhause erzählen, was es gern in seiner Freizeit macht, wer und wie seine Freunde sind, wie es sich mit seinen Eltern versteht, worüber es sich im Alltag freut und ärgert und was ihm ggf. wehtut. (Hat es Schwierigkeiten dabei, etwas von sich zu erzählen, dann kann der Beobachter auch zuerst etwas von sich erzählen.)

Ggf. direkte Fragen zum Selbstkonzept stellen (Wer bin ich ? Was will ich ? etc.)

Diagnostisches Menü

(Maria Harms)

Zielgruppe:	Kinder einer Schule für Lernhilfe
Alter:	12 Jahre; Klasse 6
Ort:	Schule; nach dem Unterricht in einer Einzelsituation
Zeit:	90 Minuten
Material:	Vorlagen; Videokamera

1. *Interview zum Selbstkonzept*

2. *Koffer packen!*

3. *Fortsetzung Interview*

4. *Wie groß bin ich?*

5. *Was ich an mir mag! (Var. Massagebild)*

Menü für das Selbstkonzept für 4 Kinder mit Lernschwierigkeiten im Alter von 4-6 Jahren

R. Lienert
S. Bächler
F. Dütsch
N. Küpfer
(Zürich/2003)

Bewegungslandschaft mit Tieren

- *Die Kinder wählen sich ein Tier aus*
- *Es existiert eine freie Spiel- und Bewegungssituation*
- *Ein Kind, welches in die Rolle eines Tieres geschlüpft ist, kann den anderen Kindern vorzeigen, was es am liebsten und/oder besten macht*
- *Evtl.: Wechsel der Tierrollen*
- *Reflexion:*
    - *Kinder zeichnen lassen mit dem Auftrag: „Zeichnet was Euch zu dieser Spielstunde in den Sinn kommt!"*
    - *Anschließend können die Pädagogen den Kindern Fragen zu ihren Zeichnungen stellen; z.B.: was hat dir gefallen? Was war schwierig? Was hat das Tier für Qualitäten?*

<u>Beobachtungsmöglichkeiten:</u>

- *Ist das Kind risikobereit?*
- *Ist das Kind mutig?*
- *Wie schätzt das Kind seine eigenen Fähigkeiten ein?*
- *Welches Tier wählt das Kind?*
- *Wie reagiert das Kind auf Erfolg oder Misserfolg?*
- *Wie bewältigt das Kind neue Anforderungen?*
- *Welche Schwierigkeitsgrade wählt das Kind?*
- *Orientiert sich das Kind an anderen Kindern?*

Menü für das Selbstkonzept

erstellt von: Monika, Pia, Nadine, Johanna u.a.(Zürich/2003)

Zielgruppe: *6-7 jährige Imigrantenkinder mit geringem Sprachverständnis*
Anzahl: *2-3 Kinder*

Bewegungs- und Abenteuerparcours

Der Parcours besteht insgesamt aus 8 Stationen, von denen die erste Station und die letzte Station jedes Kind durchläuft. Außerdem soll das Kind drei weitere Stationen durchqueren, wobei es sich stets zwischen zwei Stationen mit unterschiedlichen Schwierigkeitsgraden entscheiden kann.

Station	Alternative	Mögliche Beobachtungen
Station I: Das Kind kommt in der Förderung an. Es findet zu Beginn ein Gespräch statt: Befinden, Inhalte der Stunde etc.		• *Wie äußert sich das Kind über sein Befinden?*
Station 2: Es ist ein großer Kasten aufgebaut und an der Decke hängt ein Seil. Gegenüber dem Kasten befindet sich eine labile Schaumstoffkissenwand. Das Kind soll auf den Kasten steigen und sich mit Hilfe des Seiles in die Schaumstoffwand schwingen und ggf. fallen lassen. Ist die Schaumstoffwand überquert, kommt die nächste Station.	*Station 2: Im Raum liegen oder stehen hintereinander mehrere Hula-Hoop-Reifen. Diese Reifen soll das Kind durchlaufen, ohne diese zu berühren. Hat es alle Reifen erfolgreich durchquert, kommt die nächste Station.*	• *Welchen Weg wählt das Kind?* • *Zeigt es sich mutig, risikobereit?* • *Welche Lösungsstrategien setzt es ein?* • *Welche Kompetenzen zeigt das Kind?*
Station 3: An dieser Station steht ein Rollbrett. Das Kind durchfährt einen Weg voller Gefahren (z.B. wilde Tiere) und sollte versuchen, nicht vom Weg abzukommen. Ist der kurze, aber schwierige Weg bewältigt, wartet schon die nächste Station.	*Station 3: An dieser Station steht ein Rollbrett. Das Kind durchfährt einen Weg, der sicherer ist, aber eine deutlich längere Strecke aufweist. Ist der lange Weg bewältigt, wartet bereits die vorletzte Station.*	• *Wie bewältigt das Kind den Weg?* • *Wie schnell kann das Kind den Weg durchqueren?* • *Zeigt es Gefühle oder äußert es Befinden?*
Station 4: Es sind verschieden große und hohe Materialien (Steine), die von dem Kind im laufen oder hüpfen überquert werden sollen. Das Ziel ist nicht mehr weit.	*Station 4: Hier findet das Kind den Eingang eines abgedunkelten Tunnels vor, durch den es kriechen muss, wenn es zum Ziel gelangen möchte.*	• *Welche Bewegungsform wählt das Kind?* • *Wie geht es mit der Herausforderung um?*
Am Ziel angekommen, treffen sich alle Kinder und tauschen sich über ihr Befinden nach dem Abenteuerparcours aus. Dazu können z.B. Smileys verwendet werden, die bestimmte Gefühle ausdrücken (glücklich, freudig, unklar, traurig, weinerlich. Es können auch Fotos oder Zeichnungen von den einzelnen Stationen angefertigt werden, so dass jedes Kind anhand der Fotos seine Gefühle besser zuordnen und ausdrücken kann.		• *Äußert sich das Kind zu seinem Befinden?* • *Ist eine Veränderung im Vergleich zum Beginn erkennbar?*

Das MUT-Menü

(Chr. Reichenbach)

Zielgruppe: *Kinder im Alter zwischen 6-8 Jahren*
Rahmen: *psychomotorische Entwicklungsförderung in einer Kleingruppe (max. 5 Kinder)*
Ziel: *Erfassung primär von Selbsteinschätzung und Fähigkeitskonzept*
Dauer: *zwischen 6-12 Wochen (abhängig von Gruppendynamik)*

Vorgehen und Aufgaben	Ziele und Beobachtungshinweise
• *Das Thema „Mut“ im Rahmen der Förderung aufgreifen und die Kinder fragen, ob sie Interesse hätten, sich länger mit diesem Thema zu beschäftigen.*	• *Einführung in die Thematik* • *Sammeln von Ideen der Kinder + Einstellen auf Bedürfnisse*
• *Gesprächskreis:* *wer und was ist für dich mutig?*	• *Die Kinder können hier Personen oder Aktionen/Tätigkeiten/Handlungen nennen, die sie selbst als „mutig“ empfinden* • *Nennt das Kind Handlungen/Situationen aus dem Alltag (Familie, Freunde, Schule, Fernsehen, ...)?*
• *Wie sehen Angst und Mut aus?* • *Welcher Gesichtsausdruck steht für welches Gefühl?(zeichnen, aus Zeitschriften, vormachen, ...)* • *Die Kinder können ihren Vorstellungen freien Lauf lassen. Die Pädagogin kann auch Stichworte geben, wie z.B.: Haltung, Mimik, Gestik, Atmung, Stimme, ...*	• *Welche Vorstellungen hat jedes Kind von Angst und Mut?* • *Hat das Kind Erfahrungen mit Angst/Mut?* • *Aus welchen Bezugssystemen nennt das Kind Beispiele?*
• *Was Tiere tun, wenn sie Angst haben?: Nennen, was Tiere bei Gefahr tun → z.B.: Igel rollt sich zusammen, Wolf fletscht Zähne, Hund kneift Schwanz ein, Katze faucht, Vogel kreischt...* *→ hier können auch die Tier-Bilder des SKI genutzt werden* • *Frage, ob die Kinder diese Tiere nachahmen können? Anregung, die Tiere nachzuahmen.* • *Frage, ob die Kinder jeweils ein Tier besonders mögen aufgrund seiner Eigenschaften? → „Wunschtierbild“*	• *Welche Ideen und Vorstellungen hat das Kind?* • *Wie schätzt das Kind die Fähigkeiten von Tieren ein?* • *Welches Tier wählt das Kind spontan zur Nachahmung?* • *Kann das Kind sich in verschiedene Tiere hinein versetzen?* • *Verbalisiert das Kind seine „Tier-Handlungen“?* • *Welches „Wunschtier“ hat das Kind? Und welche Eigenschaften hat dieses Tier?*
• *Was tut Mensch, um Angst zu verbergen?* *→ z.B.: zittern, schwitzen, flüchten,*	• *Welche Ideen und Vorstellungen hat das Kind?* • *Kann von den Ideen auf eigene*

Gänsehaut, Zähneklappern, darüber reden, ... • *Welche Strategien der Tiere finden Kinder wann am besten?*	*Lösungsstrategien geschlossen werden?*
• *Die Kinder versuchen nun, sich in verschiedene Ausdrücke von Angst und Mut hineinzuversetzen, indem bestimmte Rollen gespielt werden.* → *es können Rollenspiele angeleitet werden* → *es können mittels Begriffen auf Karten einzelne Situationen von den Kindern nachgestellt werden*	• *Inwiefern kann sich ein Kind in verschiedene Rollen mit unterschiedlichen Stimmungen hinein begeben?* • *Kann es sein Befinden über den Körper ausdrücken?*
• *Gespräch: was möchtest du gerne können, damit du von dir sagen kannst, dass du mutig bist?* • *Was ist hier für dich in diesem Raum mutig oder könnte es sein?* • *Pädagoge fragt, die Kinder, ob und wie sie dieses Ziel evtl. erreichen können?*	• *Die Kinder können Aussagen über Wünsche bzgl. Fähigkeiten machen sowie über das Bedürfnis, dies evtl. zu erlernen.* • *Ist eine Zielorientierung vorhanden?* • *Einschätzung eigener Fähigkeiten; Realselbst, Selbstvertrauen, Selbstwertschätzung* • *Sammeln von Wünschen und Ideen der Umsetzung.*
• *Der Pädagoge schreibt für jedes Kind mindestens einen Wunsch auf, den das Kind am Ende der „Mut-Zeit“ erlernt haben möchte*	• *Reflexion des Kindes bzgl. Fähigkeitskonzept sowie Realselbst und Idealselbst*
Ideen könnten im Bewegungsbereich sein: - *springen und fallen lassen(Schluchten)* - *Balance halten (Rodeo, Wippe, Wackelbank, ...)* - *Tempsteigerung (schiefe Ebene, Schleudern mit Rollbrett, ...)* - *Zusammen sind wir mutiger und stark (gemeinsames Durchqueren von Bewegungsaufgaben)*	• *In vorgeschlagenen oder ausgewählten Bewegungssituationen können Beobachtungen bzgl. des Körperkonzeptes sowie des Fähigkeitskonzeptes einzelner Kinder erzielt werden* • *Wie geht das Kind mit Erfolg/Misserfolg um?* • *Welche Bedeutung haben für das Kind soziale Zuschreibungsprozesse?*
• *Als wichtig wird am Ende der Stunde jeweils eine Reflexionseinheit erachtet. Hier können sich die Kinder über ihr Befinden, über Inhalte etc. austauschen.*	• *Beobachtungen bzw. Hinweise zum Realselbst und zur Selbsteinschätzung allgemein*
• *Außerdem können in einem gemeinsamen Gespräch Regeln und/oder Tipps für die Kinder gemeinsam erarbeitet werden, was ihnen helfen kann, mutig zu sein, z.B.:* - *Ich sage, was ich denke und fühle!* - *Ich kann mir Mut zureden!* - *Ich kann um Hilfe bitte!* - *....*	• *Welche Ideen bringt das Kind ein?* • *Welche Gedanken sind ihm scheinbar wichtig?* • *Welche Lösungsstrategien bevorzugt das Kind?* • *Welchen „Regeln“ stimmt das Kind zu bzw. kann es annehmen?*

Menü für ein Mädchen mit geistiger Behinderung im Alter von 6 Jahren

(Nagott/Reichenbach)

Rahmen: Entwicklungsförderung in einer Einzelsituation
Ziel: Erfassung primär von Körperkonzept
Dauer: 60 Minuten

Aufgabe	Beobachtungs-/ Interpretationsmöglichkeiten
• *Als Erstes soll überprüft werden, ob Begrifflichkeiten wie „groß" und „klein" zugeordnet werden können. Als Hilfsmittel dient dabei eine Matroschka.*	• *Können Größen allgemein unterschieden werden?* • *Sind Begrifflichkeiten vorhanden? (Körperschema)*
• *Als nächstes sollen die Begriffe des Gesichts der Puppe benannt werden* • *Anschließend soll das Mädchen versuchen, die gleichen Teile bei sich im Gesicht zu zeigen*	• *Können Merkmale des Gesichts genannt werden?* • *Gelingt ein Transfer auf die eigene Person?*
• *Die eigene Hand umzeichnen* • *Wem gehört die Hand und wodurch kennzeichnet sie sich aus?*	• *Macht das Kind Äußerungen bzgl. des Körpergefühls beim Umzeichnen?*
• *Weitere Begriffsklärungen am eigenen Körper → z.B. „Zeig mir mal deinen Kopf."*	• *Begrifflichkeiten zuordnen können (Schema)*
• *Körperumrisse umzeichnen* • *Dabei die Körperteile nochmals nennen*	• *Verfestigung Körperschema + Körpergefühl*
• *Betrachten der Körperumrisse* • *Frage: wer ist das?*	• *Erkennt sich das Mädchen wieder?* • *Kann es sich wieder hineinlegen?*
• *Benennen der gezeichneten Körperteile*	• *Ist ein Körperwissen vorhanden?*
• *Ausgeschnittene Körperteile auf deinen eigenen Umriss legen*	• *Können die ausgeschnittenen Teile zugeordnet werden? (Struktur)*
• *Es wird ein Holzpuzzle von einem Jungen/Mädchen betrachtet* • *Frage: Bist du ein Junge oder Mädchen?*	• *Frage bzgl. Identität (Geschlecht)* • *Verfügt das Kind über ein globales Wissen?*
• *Die Puzzleteile des Mädchens auf den eigenen Körper legen und Begriffe wiederholen/klären*	• *Zuordnung von Holz-Puzzle zu Originalteilen ist ihr (nicht) möglich*
• *Puzzle von Holz-Mädchen vervollständigen* • *Ggf. Puzzleteile auf Ansage nehmen → z.B.: „Nimm jetzt einen Arm..."*	• *Weiß das Mädchen, inwiefern die Körperteile zusammengehören?*
• *Die Puzzleteile auf eine andere Person drauf legen*	• *Kann das Mädchen behutsam den Körper eines anderen berühren?*

Diagnostisches Menü zum Körperkonzept

(Ch. Reichenbach)

<u>Man nehme:</u>

1-5 Kinder im Alter zwischen 6-8 Jahren
4 Förderstunden
1-2 Pädagogen
1 Bewegungsraum
1 Videokamera

<u>1. Stunde:</u> Steckbrief I Verharren in verschiedenen Körperhaltungen Fortbewegen in verschiedenen Körperhaltungen	<u>2. Stunde:</u> Magnetische Körperteile Körperteile abbilden Was ich an meinem Körper mag?!
<u>4. Stunde:</u> Felswand Massagebild	<u>3. Stunde:</u> Atomspiel Massagebild

Menü zur Erfassung von Aspekten des Selbstkonzeptes
(Christina Reichenbach)

Aufgabe	*Beobachtungsmöglichkeiten*	*Mögliche Förderung/ Intervention*
Anfangsrunde ***→ Erzählen über individuelle (bedeutsame) Ereignisse der letzten Woche***	Emotionales Befinden; eigene Darstellung; Information über (Selbst-) Erfahrung; Selbstbeobachtung; Kommunikationsverhalten; Beziehungsebene und Offenheit gegenüber Gruppe;	Fragen bzgl. eigener Befindlichkeit und Anregung zur Komm.; Gestaltung Beziehungsebene; → Selbsteinschätzung
Aufwärmspiel ***→ magnetische Körperteile***	Kenntnisse bzgl. eigenen Körpers (Körperkonzept, Körperschema); Wahrnehmung des eigenen Körpers; Umgang mit eigenem Körper; Körpergefühl	Körpererfahrung; Körperschema (Orientierung, Ausdehnung, Kenntnis); Verbalisieren + Selbsterfahrung; Veränderung Körperausdruck → Körperkonzept
Herzschlag hören ***→ Kinder legen sich nach dem Laufen auf den Erdboden/Matte und hören mit einem Heulrohr ihren eigenen Herzschlag + Hören des Herzschlages von einem anderen Kind***	Körperkenntnis (Wo ist das Herz?); Eingehenkönnen auf Selbsterfahrung und Ruhe; auditive Wahrnehmungsfähigkeit; Vergleich mit anderen	Thematisierung Herz; Fühlen Herzschlag; Entspannungsfindung; Reflexion, warum Herzschläge unterschiedlich schnell/ langsam, laut/leise sind → Körperkonzept
Gesprächskreis: Besprechung des weiteren Verlaufs / Themas ***→ hier: was mein Körper alles kann***	Ideen, was eigene Körper kann; Erfahrungen; Wünsche; sozialer Austausch und Kommunikation	Reden und Ausreden lassen; Strukturierung+Verbalisierung von Erfahrungen; → Körperkonzept, Selbsteinschätzung
Was kann mein Körper? Was kann welches Körperteil? Fragen bzgl. welchen Körperteil Kind am liebsten mag, mit welchem Körperteil es die meisten Erfahrungen hat bzw. viele Fähigkeiten kann etc.;	Bevorzugung Körperteile; Erkunden, warum welche Körperteile präsent sind; Ausprobieren der Fähigkeiten innerhalb der Gruppe; Umgang mit Erfolg/ Misserfolg;	Ausprobieren der Vorschläge anderer Kinder und so Hineinversetzen in andere Körpererfahrungen; Vergleich mit anderen; → Fähigkeitskonzept; Realselbst; soziales Selbst;
Piepmaschine	Wahl des Körperteils (Differenziertheit); Kenntnisse der suchenden Kinder; Art des Körperkontakts (Umgang mit anderen Personen);	Klärung, Benennung, Korrektur der Körperteile; Körperkenntnis; → Körperkonzept
Abschlussrunde	Emotionen bzgl. Stundengeschehen; Reflexion der Stundeninhalte; „Verarbeitung";	Zuhören; Bestätigung; Motivation; → Selbstbild

Menü zur Erfassung von Aspekten des Selbstkonzeptes Var.

(Christina Reichenbach)

Zielgruppe: *Kinder im Alter von 8-12 Jahren*
Ziel: *Überblick über verschiedene Aspekte (Fähigkeit, Körper, Selbst)*
Dauer: *60 Minuten*
Material: *abhängig von Wahl der Praxissequenz*

Aufgabe	Beobachtungsmöglichkeiten	Mögliche Förderung/ Intervention
Anfangsrunde ***→ Erzählen über individuelle (bedeutsame) Ereignisse der letzten Woche***	Emotionales Befinden; eigene Darstellung; Information über (Selbst-) Erfahrung; Selbstbeobachtung; Kommunikationsverhalten; Beziehungsebene und Offenheit gegenüber Gruppe;	Fragen bzgl. eigener Befindlichkeit und Anregung zur Komm.; Gestaltung Beziehungsebene; → Selbsteinschätzung
Aufwärmspiel ***→ magnetische Körperteile***	Kenntnisse bzgl. eigenen Körpers (Körperkonzept, Körperschema); Wahrnehmung des eigenen Körpers; Umgang mit eigenem Körper; Körpergefühl	Körpererfahrung; Körperschema (Orientierung, Ausdehnung, Kenntnis); Verbalisieren + Selbsterfahrung; Veränderung Körperausdruck → Körperkonzept
Gesprächskreis: Besprechung des weiteren Verlaufs / Themas → hier: was mein Körper alles können will	Ideen, was eigene Körper kann und was er können sollte/will; Erfahrungen; Wünsche; sozialer Austausch und Kommunikation	Reden und Ausreden lassen; Strukturierung und Verbalisierung eigener Erfahrungen; Bestätigung, Motivation → Selbsteinschätzung, Fähigkeitskonzept, Realselbst
Was würde ich (mit meinem Körper) gerne können?; Erarbeitung Lösungs- und Handlungsmöglichkeiten und Praxissequenz	Idealselbst (Wunschbild, Reflexion eigene Möglichkeiten)	Bewusstmachung eigener Wünsche; Fragen nach Handlungsstrategien zur Verwirklichung der eigenen Wunschvorstellungen; → Idealselbst
Ideen Praxissequenz: - ***Mutprobe*** - ***Klettern + Springen*** - ***Fallen lernen*** - ***Drehen und Schleudern***	Wünsche / Bedürfnisse; Emotionen; Beziehungsgestaltung Handlungsplanung; Anerkennung anderer Gruppenmitglieder; Umgang mit Erfolg/ Misserfolg	Fähigkeiten (Motorik, Raum-Zeit u.a.); Vertrauensaufbau; Umgang mit neuen Erfahrungen; → Realselbst; Idealselbst; soziales Selbst
Piepmaschine	Wahl des Körperteils (Differenziertheit); Kenntnisse der suchenden Kinder; Art des Körperkontakts (Umgang mit anderen Personen);	Klärung, Benennung, Korrektur der Körperteile; → Körperkonzept
Abschlussrunde	Emotionen bzgl. Stundengeschehen; Reflexion der Stundeninhalte; „Verarbeitung";	Zuhören; Bestätigung; Motivation; → Selbstbild

„Indianer-Probe"

(Sandra Bode)

Schwerpunkt: Fähigkeitskonzept
Ort: Turnhalle
Material: Indianerfedern, Trommelmusik, Kassettenrekorder, Schaukelringe (2 Paar), 2 Bänke, 1 Balken, kleine Kästen, 3 große Kästen, Kletterwand, 2 dicke Matten, Zauberschnur, Hütchen, kleine Matten

Aufgabe	Spielhandlung	(Förder-) Ziele
	Heute verwandeln wir uns alle in Indianer *(jedes Kind bekommt eine Indianerfeder als Kopfschmuck).* Indianer tanzen gerne, deshalb wollen wir gemeinsam einen Indianertanz tanzen *(die Kinder bilden einen Kreis, fassen sich bei den Händen und tanzen gemeinsam zu Trommelmusik)*	Einstimmung in die Thematik Bewegungsdrang kompensieren
Indianerprobe	Weil es bei den Indianern wichtig ist, mutig zu sein, machen sie ab zu eine „Indianer-Probe", bei der jeder Indianer zeigen kann, was er sich zutraut *(die Kinder sollen eine Gerätelandschaft mit fünf versch. Stationen überwinden. An jeder Station gibt es 2-3 Schwierigkeitsstufen. Die Kinder wählen die Schwierigkeitsstufe selber)*	Einschätzung der eigenen Fähigkeiten Risikobereitschaft
	Reflexion: Wo wart ihr am mutigsten? Wo musste man am mutigsten sein? Habt ihr euch über- bzw. unterschätzt? Habt ihr manchmal ein bisschen Angst gehabt?	Kinder lernen ihre Erfahrungen zu verbalisieren, und bekommen Anregung sich ihre Erfahrungen noch mal bewusst zu machen

„Im Zauberschloss"

(Sandra Bode)

Schwerpunkt: Körperschema, Körperausdehnung
Ort: Turnhalle
Material: Schnelle Musik, Kassettenrekorder, Zauberhut für Pädagogen, Gymnastikstab, Kästen, Kastenteile, Matten, Barren, Schwungringe, Seile, Reifen, Hütchen, Fahnenstangen

Aufgabe	Spielhandlung	(Förder-) Ziele
Aufwärmgymnastik	Wir befinden uns auf dem Weg zum Zauberschloss des Zauberers Hokuspokus. Wenn man normal geht oder läuft kann man das Schloss nicht erreichen, deshalb müssen wir .... (z.B. auf dem linken Bein hüpfen, krabbeln o.ä.) (die Kinder bewegen sich zur Musik frei im Raum. Der Lehrer gibt die Bewegungsweise vor)	Einstimmung in die Thematik Bewegungsdrang kompensieren Körperkenntnis (insbesondere Rechts-Links- Unterscheidung)
Durch Tore laufen	Am Zauberschloss angekommen treffen die Kinder auf den Zauberer (Lehrer mit Zauberhut). „Ich bin der Zauberer Hokuspokus und bevor ihr mein Schloss betreten dürft, müsst ihr unter meinem Zauberstab hindurchgehen." (Zauberer hält den Stab. Das jeweilige Kind bestimmt wie hoch bzw. tief der Stab gehalten werden muss, damit es genau darunter hindurchpasst)	Einschätzung der eigenen Körpermaße und der räumlichen Ausdehnung des eigenen Körpers
Wie groß bin ich	Wir erkunden das Zauberschloss. In dem Schloss gibt es viele Türen und Tore. Aber man muss vorsichtig sein: die Tore dürfen nicht berührt werden. Wer ein Zaubertor berührt, wird verzaubert und erstarrt Haben die Kinder ihre ersten Erkundungen gemacht, fängt der Zauberer an die Kinder zu verzaubern: Er spricht einen Zauberspruch und zaubert die Kinder ganz groß (Kinder sollen sich strecken), ganz klein (kriechen), ganz breit (Arme zur Seite ausstrecken) oder ganz dünn (Arme an Körper pressen). Die Kinder sollen in ihrer jeweiligen Körperhaltung dann nur noch durch die Tore laufen, durch die sie, ohne diese zu berühren, durchpassen.	
Durch Tore laufen	Verlassen können wir das Zauberschloss nur, wenn wir wieder unter dem Zauberstab hindurchgehen. Am Schluss zaubert der Zauberer alle Kinder in den Sitzkreis	

Staffel-Olympiade

(Sandra Bode)

Kompetenzbereich: Selbsteinschätzung
Ort: Turnhalle
Material: Anstecknadeln o.ä, Hütchen, kleine Kästen, vier Gymnastikstäbe und zwei Bälle,

Auf-gabe	Spielhandlung	(Förder-) Ziele
	Lehrer spielt Sport-Moderator: „Herzlich willkommen zur weltbekannten Staffel-Olympiade! Ich freue mich sehr, die berühmtesten Sportler des Landes heute hier begrüßen zu dürfen. Jedes Kind erhält ein Sportlerabzeichen zum anstecken. Meine Damen und Herren, heute werden diese Spitzensportler in zwei Teams gegeneinander antreten. Es werden zwei Mannschaftskapitäne ausgewählt, die dann Mannschaften wählen.	Einstimmung in die Thematik Identifikation mit der Rahmenhandlung Soziale Stellung innerhalb der Klasse.
Staffellauf	Die Staffel-Olympiade beginnt. Die Mannschaften stellen sich in einer Reihe hintereinander auf. Der Moderator erklärt die Laufwege Variation 1: um Hütchen laufen Variation 2: um Hütchen laufen und den nächsten Läufer abholen (Kette bilden) Variation 3: mit zwei Gymnastikstäben einen Ball um Hütchenparcours führen Eventuell zwischen den Staffelläufen neue Mannschaftskapitäne und Mannschaften wählen lassen, damit gewährleistet ist, dass jedes Kind mal verliert bzw. gewinnt	Reaktionen auf Erfolg bzw. Misserfolg, Attributionsstil, Leistungsmotivation, Sozialverhalten (z.B. Umgang mit der gegnerischen Mannschaft bei Erfolg bzw. Misserfolg)
	Die Sportler werden über die Staffel-Olympiade interviewt: Wie habt ihr euch gefühlt beim Gewinnen/Verlieren Wenn ihr verloren habt, woran lag es? Wo gab es Probleme oder Streit?	Bewusstmachung und Verbalisieren der Erfahrungen, Attributionsstil

Brieffreunde

(Sandra Bode)

Kompetenzbereich: Realselbst, Selbstbild, Ausdehnung des Selbst
Ort: Klassenzimmer
Material: Stifte, Steckbrief I

Aufgabe	Spielhandlung	(Förder-) Ziele
	Stellt euch vor, ihr habt einen Freund, mit dem ihr euch regelmäßig Briefe schreibt. Ihr kennt euch nur von den Briefen, habt euch aber noch nie gesehen. Euer Brieffreund möchte euch gerne näher kennen lernen. Er möchte wissen, wie du aussiehst, was du in deiner Freizeit tust usw.	
Steckbrief	*Weil du keinen Fotoapparat hast, malst du ein Bild von dir. du versuchst dich möglichst genau zu malen, damit er dich erkennt, falls er dich mal besuchen möchte.* *Jedes Kind bekommt ein AB auf dem es sich selbst bildnerisch darstellen soll. Eventuell können die Kinder einen kleinen Brief dazu schreiben, in dem sie ihre Hobbys und Interessen vorstellen und beschreiben, was ihnen besonders gut/ schlecht an sich selbst gefällt.*	*Selbstbild, Kenntnis des eigenen Körpers und seiner Teile* *Interessen* *Einstellung zur eigenen Person*
Koffer packen	*Dein Brieffreund lädt dich ein, ihn besuchen zu kommen. Er wohnt allerdings weit weg, so dass es eine längere Reise wird. Male die Gegenstände und Personen auf, die dir besonders wichtig sind und die du auf deine Reise gerne mitnehmen würdest.* *Was würdest du auf keinen Fall mitnehmen, weil du es nicht magst?*	*Ausdehnung des Selbst* *Sympathien/ Abneigungen*

Auf einem anderen Planeten

(Sandra Bode)

Schwerpunkt: Soziales Selbst, Sozialverhalten, Kooperationsfähigkeit, ...
Ort: Turnhalle
Materialien: Kastenteile

Auf-gabe	Spielhandlung	(Förder-) Ziele
	Wir machen heute eine Reise zu einem fremden Planeten. Immer drei Kinder besetzen ein Raumschiff und machen sich auf den Weg. Die Kinder steigen jeweils zu dritt in ein Kastenteil und bewegen sich damit frei im Raum. Es können Hindernisse aufgestellt werden, die überwunden werden müssen.	Kooperationsfähigkeit Empathie
Magnetische Körperteile	Auf dem Planeten herrscht eine seltsame Anziehungskraft: wir werden an bestimmten Körperteilen und in einer bestimmten Gruppenanzahl aneinander angezogen, wie Magneten. Dann werden wir wieder voneinander abgestoßen und schweben frei im Raum.	Kooperationsfähigkeit, Soziale Stellung des Kindes innerhalb der Gruppe Kooperationsfähigkeit
Gordischer Knoten	Uns begegnet ein seltsames Wesen mit vielen Armen und Händen, die sich anscheinend verknotet haben. Es bittet uns um Hilfe und wir versuchen den Knoten zu lösen.	
	Wir steigen wieder in unsere Raumschiffe und reisen zur Erde zurück.	

„Meine Fähigkeiten und wie ich gerne wäre"

(Sandra Bode)

Schwerpunkt: Fähigkeitskonzept, Realselbst, Idealselbst,
Ort: Turnhalle, Klassenraum
Materialien: Stifte, Vorlagen Arbeitsblätter

Aufgabe	Spielhandlung	Beobachtungen
	• Begrüßung und Einleitung zur ersten Übung: „Jeder Mensch hat Dinge, die er besonders gut kann und andere, die er nicht so gut kann..."(Gruppentisch)	
Was ich alles kann!	• Die Kinder sollen aufmalen was sie besonders gut können und was sie nicht so gut können. (Einzelarbeit) • Überleitung zur nächsten Aufgabe: Jeder Mensch hat Wünsche was er gerne können würde, wie er gerne sein würde..."	• Fähigkeitsselbst-konzept → welche Fähigkeiten aus welchen Lebensbe-reichen, Schulfächern ... • Realselbst
Wunsch-Tier-Bild	• Die Kinder sollen sich als Wunsch-Tier malen. (Einzelarbeit) • Kinder schlüpfen in die Rolle ihres Wunsch-Tieres (Freies Spiel) • Kinder stellen ihr Wunsch-Tier vor („Was wärst du gerne und warum?") (Sitzkreis)	• Idealkonzept (Vorstellung des Kindes, wie es gerne sein würde) • Zusammenhang zwischen Realselbst und Idealselbst
	• Abschlussspiel nach Wunsch der Kinder • „Das große Tschüss!"	• Gemeinsamer Abschluss

Als praktisches Beispiel für eine differenzierte Informationsgewinnung hier nun das Diagnostisches Menü einer Motopädin: ***„Anmeldung zum Astronautentraining"***.

Anhand dieses Diagnostische Menüs wird sehr gut ein **praktisches Vorgehen** und die damit verbundene Haltung zum Kind deutlich. Außerdem zeigt dieses Menü detailliert auf, welche **Variationsmöglichkeiten** für die jeweiligen Aufgaben möglich sind.
Dieses Menü soll keinen moralischen Maßstab darstellen, sondern es dient ausschließlich als ausführliches Beispiel.

"Anmeldung zum Astronautentraining"

(von Juliane Giesbert 04/2003)

Zielgruppe: Kinder und Jugendliche im Alter zwischen 13 und 14 Jahren
Ziel: Erfassung von Informationen zum Selbstkonzept
Schwerpunkte: Selbsteinschätzung, Fähigkeitskonzept, Körperkonzept
Ursprung: SKI

man nehme:

- 4 – 6 Kinder und Jugendliche im Alter zwischen 13 und 15 Jahren
- eine Turnhalle oder Bewegungsraum mit unterschiedlichen Klein- und Großmaterialien
- ein Stunde Zeit (60 min)
- wenn möglich eine Videokamera
    - Blatt „Stimmungsbarometer"
    - Fragebogen zur Selbsteinschätzung I (modifiziert): „Anmeldebogen für ein Astronautentraining" mit
        - Feld mit Fragen zur Person (Name, Alter, Geschlecht, Wohnhaft, 3 Eigenschaften ...)
        - Feld für die aktuelle Stimmung
        - Feld für den Fingerabdruck
        - Ausgewählten Fragen des Fragebogens zur Selbsteinschätzung I
        - Feld für die Aufgabe „Male dich und was dir wichtig ist"
    - Buntstifte und weiche Bleistifte, Stempelkissen, doppelseitiges Klebeband, Scheren
    - Karten mit abgebildeten Astronauten
    - Kassettenrekorder, ruhige oder spannende Musik, evtl. Aufnahme eines „Count down"
    - Seile oder Band, Kleinmaterial: Korken, Würfel, Glocken, Stab, Wäscheklammern, Tücher etc.
    - bemalte Taucherbrillen oder Tücher, um die Augen zu verbinden

1. Aufgabenauswahl/ Ursprung:

1) Einleitung ____ Frei
2) Stimmungsbarometer ____ SKI
3) Fragebogen zur Selbsteinschätzung I ____ SKI
4) Fingerabdruck ____ Frei
5) Körperhaltungen ____ SKI
6) Am Faden entlang ____ SKI
7) Male dich und was dir wichtig ist ____ SKI

1. Detaillierte Vorstellung der Aufgaben:

1) Einleitung

Beobachtungsschwerpunkte:
Konzentration, Motivation, Sprache, Kommunikationsfähigkeit u. -bereitschaft

Einleitung in das Thema:
Die Kinder / Jugendlichen sitzen im Sitzkreis und werden von der Pädagogin auf die letzte Stunde angesprochen, in der sie sich in der Turnhalle an Ringen unter die Turnhallendecke gezogen haben, um sich dann herunter fallen zu lassen. Sie greift die Antworten auf und formuliert, dass die Kinder / Jugendlichen „ganz hoch hinaus" wollen und dass sie dazu ein ganz spezielles Astronautentrainingsprogramm vorbereitet habe.

Sie erzählt, dass die Astronauten ja am 'Höchsten' hinaus kämen. Dazu müssten sie aber ein hartes Training durchlaufen und unter vielen extremen Bedingungen topfit sein. Sie müssten viel Vertrauen in ihre Kollegen haben und sich auf sie verlassen können. Niemand sonst wäre so weit von der Erde entfernt und könne uns aus so weiter Entfernung betrachten, wie die Astronauten es im Weltall können. Sie erzählt, dass die Gruppe die einmalige Chance habe, sich für ein Astronautentraining der besonderen Art zu bewerben.

Variationsmöglichkeiten:
- Ideensammlung mit den Kindern / Jugendlichen oder Vermittlung durch die Pädagogin zu der Frage: Was sind Astronauten? Was sind ihre Aufgaben? Was ist Schwerelosigkeit? Kennt jemand eine Situation, die der Schwerelosigkeit nahe kommt (z.B. unter Wasser)?
- Die Pädagogin weckt die Neugierde der Kinder / Jugendlichen über Bilder / Fotos von Astronauten, einer Raumkapsel, dem Mond, der Erde etc.
- Sie spielt ein Tonband ab, sodass zu Beginn der Stunde, wenn die Kinder / Jugendlichen in die Halle kommen, ein 'Count down' mit einem Raketenstart zu hören ist.
- Sie zeigt den Kindern / Jugendlichen ein Buch (z.B. „Was ist was" – Buch) und weckt darüber die Neugierde
- Sie schafft aktuellen Bezug zu einem Raketenstart, von dem in der Presse / Nachrichten berichtet wird
- Sie fragt die Kinder / Jugendlichen, ob sie bekannte 'Weltraummissionen / Raketenstarts' kennen – woher? (z.B. Film „Apollo 13")

2) *Stimmungsbarometer*

Beobachtungsschwerpunkte:
Selbsteinschätzung, Selbstbewertung, Selbstbild, Soziales Selbst, Motivation

Aufgabenbeschreibung u. Verhalten der Pädagogin:
Alle sitzen im Sitzkreis.
Die Pädagogin leitet die Aufgabe ein, indem sie erklärt, dass es bei Astronauten sehr wichtig sei, dass sie sich aufeinander verlassen können. Dazu müssten sie jedoch von einander wissen, wie es dem Anderen gehe.

Sie stellt die Aufgabe „Stimmungsbarometer" vor und erklärt sie.
In der Zeit, in der das Arbeitsblatt ausgefüllt wird, sollte eine ruhige Atmosphäre herrschen, sodass sich die Kinder / Jugendlichen auf sich konzentrieren können. Wenn jeder die zutreffenden Antworten angekreuzt oder individuelle Veränderungen vorgenommen hat (z.B. durch weitere Abstufungen oder indem Bereiche nicht beantwortet werden etc.), können die Kinder / Jugendlichen / Pädagogin ihre Stimmung den anderen mitteilen.

Die Pädagogin leitet das Gespräch darüber ein, indem sie fragt, wer sein Stimmungsbarometer vorstellen möchte. Die Kinder / Jugendlichen können dies verbal tun oder den anderen ihr Blatt zeigen. Die Pädagogin greift Stimmungen auf oder gibt Hilfestellungen bei der Verbalisierung der Stimmungen. Sie regt an, dass die Kinder / Jugendlichen Ursachen und Gemeinsamkeiten / Unterschiede benennen. Ziel ist, dass jeder seine Stimmung mitteilt. Jedoch gibt es keinen Zwang sich zu äußern.

Sie greift noch einmal die Stimmung jedes Kindes / Jugendlichen auf und macht deutlich, dass das Wissen um die eigene Stimmung sehr wichtig sei. Die Stimmung muss auch in den „Anmeldebogen zum Astronautentraining" eingetragen werden.

Die Pädagogin verteilt die „Anmeldebogen" (Fragebogen zur Selbsteinschätzung I 'modifiziert').

Variationsmöglichkeiten:
- Arbeitsblatt „Stimmungsbarometer"
  - Die Kinder / Jugendlichen kreuzen an, was auf sie zutrifft
  - Es werden weitere Unterteilungen / Abstufungen vorgenommen; die Bereiche werden ausgeweitet
  - Die Kinder / Jugendlichen erzählen, welche Begriffe auf sie zutreffen z.B. sie fühlen sich neugierig, hatten einen schönen oder schlechten Tag etc. / evtl. Grund benennen

- Die Kinder / Jugendlichen machen durch ihre Körpersprache deutlich, was auf sie zutrifft und was nicht – die anderen erkennen daraus, dass es dem Darstellenden z.B. gut geht, schlecht geht, dass er müde ist etc.
- Die Pädagogin / Kinder / Jugendlichen verbalisieren Übereinstimmungen und Unterschiede
- Gemeinsam wird überlegt, ob es weitere Übereinstimmungen / Unterschiede gibt
- Gemeinsam wird überlegt, ob es gemeinsame „Auslöser" gibt (z.B. Stress / Erfolg in der Schule, in der Gruppe) und ob/wie die Kinder / Jugendlichen darauf reagieren

3) Fragebogen zur Selbsteinschätzung I

Beobachtungsschwerpunkte:
Selbsteinschätzung, Selbstbild, Selbstbewertung, Real- und Idealselbst, Soziales Selbst; Fähigkeitskonzept

Aufgabenbeschreibung u. Verhalten der Pädagogin:

Die Kinder / Jugendlichen bekommen von der Pädagogin den „Fragebogen zur Selbsteinschätzung I", der für dieses Menü verändert wurde. Der Fragebogen zur Selbsteinschätzung dient in diesem Menü als „Anmeldebogen zum Astronautentraining" und ist dementsprechend benannt. Die Kinder / Jugendlichen bewerben sich damit für dieses Training und evtl. weitere „Trainingseinheiten" in den folgenden Bewegungsstunden sowie einem Abschluss im Schwimmbad (Training im 'schwerelosen Raum'), einem Flug mit einer „richtigen" Rakete auf einer Kirmes oder einem Besuch in einer Sternenwarte zur Sternenkunde.

Auf der ersten Seite des Bewerbungsbogens finden sich Fragen zur Person (Name, Alter, Geschlecht, Hobbys / Interessen, eine Frage zu drei Eigenschaften, die die Person ausmacht, etc.). Daraufhin folgt ein Feld, in das die aktuelle Stimmung eingetragen werden soll sowie ein markiertes Feld für einen Fingerabdruck (siehe Aufgabe 2, 4).

Die Pädagogin führt den Fragebogen ein, indem sie die Kinder / Jugendlichen fragt, was sie wohl zuerst ausfüllen müssen. Sie greift die Antworten auf und fasst noch einmal zusammen, dass die persönlichen Daten und die Stimmung eingetragen werden sollen.
Sie lässt den Kindern / Jugendlichen Zeit dazu.

Die Pädagogin lenkt die Aufmerksamkeit auf die Aufgabe 4 (Fingerabdruck). Den Fragebogen erwähnt sie, indem sie den Kindern / Jugendlichen erzählt, dass diese Aufgaben erst am Ende der Stunde ausgefüllt werden sollen.

Vorgesehen ist, dass die Kinder / Jugendlichen die Fragen zu den Aufgaben 5 und 6 am Ende der Stunde beantworten, also nachdem sie die Aufgaben praktisch durchgeführt haben.
Die Pädagogin kennt die einzelnen Fragen und kann während der praktischen Durchführung verbale und nonverbale Signale und Aussagen der Kinder / Jugendlichen aufgreifen und dadurch ihre Einstellungen und Sichtweisen verstärken. Sie kann unterschiedliche Herangehensweisen, Erwartungen oder Bewältigungsstrategien verbalisieren und Vermutungen über Gefühlsregungen anstellen und äußern. So kann sie die Kinder / Jugendlichen für die Fragen sensibilisieren, die sie im Anschluss an die praktische Ausführung beantworten sollen. Eine Möglichkeit besteht auch darin, dass die Kinder / Jugendlichen die Fragen vor der Durchführung lesen, da sie den Fragebogen vorliegen haben. Für die Kinder / Jugendlichen könnte dies eine Hilfe darstellen, weil sie so ihre Konzentration darauf richten und die Aufgaben unter diesem Aspekt ausgerichtet durchführen könnten. Vorgesehen ist dies jedoch nicht, da sich die Aufmerksamkeit vom eigentlichen Erleben wegrichtet. Ziel ist es, dass die Kinder / Jugendlichen sich zu erst aktiv erleben bevor sie über ihr Selbstkonzept nachdenken, es aufschreiben und sich im Gespräch dazu äußern.

Für die letzte Aufgabe wird der Fragebogen zur Selbsteinschätzung I durch ein markiertes Feld erweitert, in das die Kinder / Jugendlichen sich malen und was ihnen wichtig ist (vergleiche Aufgabe 7 „Male dich und was dir wichtig ist“).

Der Fragebogen „Anmeldebogen zum Astronautentraining“ soll als Gesprächsgrundlage dienen. Es wird im ersten Schritt von jedem Kind / Jugendlichen alleine und für sich ausgefüllt. Ein weiterer zentraler Schritt ist dann der Austausch über das Erlebte und die Erfahrungen. Dieser Austausch kann zwischendurch stattfinden und ist z.B. zu verschiedenen Zeitpunkten und in unterschiedlicher Qualität angedacht. Am Ende der Stunde ist ein Erfahrungsaustausch vorgesehen, der zuerst durch allgemeine Fragen begonnen wird. Fragen können sein: „Was war die interessanteste Übung und warum? Was hat dir Spaß / keinen Spaß gemacht und warum? Welche Frage war am einfachsten / schwierigsten zu beantworten? Wo hast du dir die meisten Gedanken gemacht…?“.
Die Reflexion kann je nach Bereitschaft der Kinder / Jugendlichen erweitert werden. Die Kinder / Jugendlichen können sich auch untereinander Fragen stellen und ihre Erfahrungen austauschen. Es ist aber auch möglich, dass sich ein Kind / Jugendlicher nicht beteiligt und nur zuhört, denn es soll freiwillig sein, sich zu äußern. Möglich ist auch, dass ein Kind / Jugendlicher oder die

Pädagogin in einem Gespräch unter vier Augen die eine oder andere Frage aufgreift und vertieft.

Differenzierungsgedanke / Schwierigkeitsgrade

- Jeder Teilnehmer füllt für den Fragebogen zur Selbsteinschätzung I aus und / oder die Gruppe spricht über die Fragen / Antworten und entwikkelt gemeinsame Antworten
  - Jeder Teilnehmer schreibt zum Anfang der Stunde seine Antworten in den Fragebogen (Selbstvertrauen / Selbstwertschätzung)
  - Jeder Teilnehmer schreibt zum Ende der Stunde seine Antworten in den Fragebogen (Selbstwertgefühl / Selbstwertschätzung)
  - Verschiedene Antwortmöglichkeiten sind vorgegeben. Die Teilnehmer können die zutreffenden Antworten ankreuzen (siehe Fragebogen zur Selbsteinschätzung III)
  - Die Pädagogin liest die Fragen vor und das Kind / der Jugendliche schreibt die Antworten auf oder äußert sie verbal
  - Das Kind / der Jugendliche gibt ein Interview. Interviewer ist die Pädagogin oder ein Kind / Jugendlicher (Aufnahme durch ein Mikrophon, ansonsten Kegel als Mikrophon etc.)
  - Der Fragbogen wird erst von jedem Teilnehmer alleine ausgefüllt und dann als Grundlage für ein Gespräch genutzt (alleine mit der Pädagogin / in der Gruppe)
  - Die Pädagogin / die Kinder / Jugendlichen machen Gemeinsamkeiten / Unterschiede / Ursachen + Auslöser deutlich

- Der vorgegebene Fragebogen wird a) übernommen b) modifiziert wie z.B.
  - Er wird benannt: „Aufnahmebogen zum Astronautentraining"
  - Es beginnt mit einem Frageteil zu formalen Daten wie z.B. Name, Alter, Geschlecht, Hobbys / Interessen, 3 Eigenschaften, die mich auszeichnen etc.
  - Der Fragebogen wird durch die Aufgabe „Stimmungsbarometer", „Fingerabdruck", „Male dich und was dir wichtig ist" erweitert
  - Es werden einzelne Fragen aus dem Fragebogen herausgenommen
  - Verschiedenen Fragen aus dem Fragebogen werden zu unterschiedlichen Aufgaben des Menüs in Bezug gesetzt

4) Fingerabdruck

Beobachtungsschwerpunkte:
Körperorientierung, Körperwissen, Körperbewusstsein, Auge – Hand – Koordination, Geschicklichkeit, Selbstvertrauen, Selbstwertgefühl

Aufgabenbeschreibung u. Verhalten der Pädagogin:
Die Kinder / Jugendlichen werden dazu befragt, was ein Fingerabdruck ist, welche Eigenschaften er hat, wie er erzeugt wird und wo er gebraucht wird. Ideen dazu werden gesammelt oder durch die Pädagogin vermittelt. Die Pädagogin erklärt die Aufgabe und die Kinder / Jugendlichen machen einen Abdruck eines Fingers oder mehrerer Finger (individuelle Entscheidung der Kinder / Jugendlichen). Dabei werden sie durch die Pädagogin darin bestärkt und dazu aufgefordert, die Strukturen (Formen, Linien, etc.) ihres Abdrucks zu untersuchen und sie mit anderen zu vergleichen.

Variationsmöglichkeiten:

- Ideen sammeln, wie ein Fingerabdruck genommen werden kann (Ideensammlung der Kinder / Jugendlichen oder Vermittlung durch die Pädagogin)
- Ideensammlung: Wodurch zeichnet sich ein Mensch aus – was macht ihn einzigartig? (Ideensammlung in der Gruppe, Vermittlung durch die Pädagogin)
- „Experiment“ (Wer kann einen Fingerabdruck nehmen?) - jeder für sich alleine / in Zweier – Gruppen / in der Gesamtgruppe
- Einen Fingerabdruck nehmen – welcher Abdruck genommen wird entscheidet jeder für sich oder die Gruppe einigt sich auf einen Finger
- Spiel: Fingerabdrücke erraten / zuordnen
- Spiel „Detektiv“: Ein Fingerabdruck wird gesucht – die Gruppenmitglieder sollen herausfinden, zu wem der Fingerabdruck gehört
- Von jedem Finger einen Abdruck nehmen (evtl. bunt für verschiedene Finger, rechte o. linke Hand)
- Beschreiben wie ein Fingerabdruck aussieht, Strukturen erkennen und benennen (Sammlung in Untergruppen, in der Gesamtgruppe oder Vermittlung durch die Pädagogin)
- Präsentation des eigenen Fingerabdrucks (evtl. auf Folie für Tageslichtprojektor) oder z.B. Vorstellung: „Mein Fingerabdruck ist ...“ (an Hand von Fragen: Was zeichnet meinen Abdruck aus: Kurven, Linien, deutliche / undeutliche Strukturen etc.)

5) Körperhaltungen

Beobachtungsschwerpunkte:
Körperkonzept, Körperausdruck, Körpergefühl, Real- und Idealselbst, Soziales Selbst, Fähigkeitskonzept, Raumgefühl, Raumorientierung

Aufgabenbeschreibung u. Verhalten der Pädagogin:
Einleitung:
Die Kinder / Jugendlichen sitzen im Sitzkreis.
Die Pädagogin stellt die Frage, welche Körperhaltungen ein Astronaut einnehmen kann/muss, um auf die unterschiedlichen Bedingungen, denen er ausgesetzt ist, reagieren zu können. Gemeinsam wird überlegt, welche Körperhaltungen und Fortbewegungsarten der Astronaut nutzt. Die Ideen können evtl. durch Bilder, auf denen Astronauten abgebildet sind oder durch die Pädagogin ergänzt werden.
Ideen können sein: Brust rausstrecken, Oberkörper gerade halten und Kopf hoch halten damit der Astronaut einen schweren Anzug und Geräte tragen kann; sich „klein" machen, denn in einer Raumkapsel ist es eng; in den Fußgelenken nachfedern- Übung fürs Gehen auf dem Mond; ausgedehnte, langsame Bewegungen wegen geringerer Gravitation (Bewegungen im Zeitlupentempo) etc.

Die Pädagogin fragt die Kinder / Jugendlichen, ob sie die Körperhaltungen oder Bewegungen vormachen möchten (Pantomime). Daraus kann sich ein Ratespiel ergeben.

Aufbau von Trainingszonen:
Sie greift im nächsten Schritt auf, dass Astronauten für solche Extremsituationen viel trainieren müssen und fragt die Kinder / Jugendlichen nach Ideen für spezielle Trainingszonen.
Sie greift die Ideen der Kinder / Jugendlichen verbal auf und unterstützt die Ideensammlung durch Karten, auf denen Vorschläge für mögliche Trainingszonen dargestellt sind (z.B. eine Barrenschaukel als Mondschaukel, eine Weichbodenmatte vor einer Sprossenwand als Sprungturm oder Matten über Kästen, die einen Kriechtunnel andeuten sollen).

Da vorgesehen ist, dass vier Trainingszonen aufgebaut werden sollen, bittet die Pädagogin die Kinder / Jugendliche sich zu zweit zu einem Bauteam zusammen zu schließen und zu überlegen,
- welche zwei Zonen sie aufbauen wollen (eigene Ideen u. Variationen erwünscht),
- wo sie sie aufbauen wollen,
- welches Material sie dafür benötigen.

Die Ideen und Vorstellungen der Bauteams werden anschließend in der Gesamtgruppe gesammelt. Die Kinder / Jugendlichen sollen sich möglichst selbständig mit dem anderen Bauteam absprechen und Vereinbarungen / Kompromisse bzgl. der Station, des Materials und des Standortes treffen. Die Pädagogin kann diesen Prozess verbal begleiten und ggf. geäußerte Vorschläge, Angebote, Standpunkte und Gründe etc. verdeutlichen.

Die Bauteams bauen vier Stationen auf. Die Pädagogin kann in dieser Zeit die Kinder / Jugendlichen beobachten, ihnen auf Nachfrage oder aus eigenem Antrieb heraus Hilfestellungen geben (z.B. durch Fragestellungen/Bewegungsfragen) und sie verbal begleiten, d.h. evtl. Schritte der Handlungsplanung oder -ausführung verbalisieren.

Ausprobieren der Körperhaltungen und Fortbewegungsarten im Aufbau:
In dem Bauteam werden anschließend die Stationen ausprobiert, d.h. die Kinder / Jugendlichen bewegen sich in einer Trainingszone in verschiedenen Körperhaltungen und probieren unterschiedliche Fortbewegungsarten aus.

Die Pädagogin verbalisiert die Bewegungen, die die Kinder / Jugendlichen ausführen, z.B. „(Name) macht gerade das 'Falltraining'. Er klettert bis zur obersten Sprosse und lässt sich auf den Rücken fallen / (Name) übt die Schwerelosigkeit. Er bewegt sich ganz langsam". Weiter fragt sie die Kinder / Jugendlichen, ob sie noch andere Ideen haben oder bringt eigene Ideen ein.

Es findet ein fließender Wechsel zwischen den Trainingszonen statt und es wird soviel Zeit gegeben, dass jedes Kind / jeder Jugendliche einmal in jeder Übungszone gewesen sein kann.

Fangspiel:
Die Pädagogin leitet ein Fangspiel ein.
Sie verkündet, dass sich ein Virus eingeschlichen habe und die Astronauten befallen wolle. Sie gibt sich als Fänger (Virus) in das Fangspiel ein.
Das Fangspiel bezieht sich auf alle Trainingszonen. Im Verlauf des Spiels greift sie die Ideen und Veränderungsvorschläge auf oder bringt eigene Variationsmöglichkeiten ein. Dadurch stimmt sie das Spiel auf die Kinder / Jugendlichen ab.

Variationsmöglichkeiten:

- Sammlung: Was sind Körperhaltungen, in denen sich ein Mensch fortbewegen kann und für welche Art für Fortbewegung werden sie eingenommen?
  - Ideensammlung durch die Kinder / Jugendlichen oder Vermittlung durch die Pädagogin

- Beispiele ausprobieren (in Untergruppen, in Gesamtgruppe); eigene Ideen ausprobieren, Beispiele aus der Sammlung oder Vorgabe durch die Beispiele auf den Karten)
- verbalisieren, was die Körperhaltungen auszeichnet - was gesehen wird (Pädagogin, ein Kind als Reporter, wechselnde Rollen)
- Spiel: „Mein rechter, rechter Platz ist frei ..." mit verschiedenen Körperhaltungen
- Gefriertanz – im Raum zu unterschiedlicher Musik in unterschiedlichen Körperhaltungen verharren. (Musik z.B. Meditationsmusik, Hermann v. Venn „Weg da...")
- Spiel: „Denkmal bauen"

• Aufbau von Trainingszonen
  - Planung des Aufbaus in Gesamtgruppe, Untergruppe (Bauteams), jeder alleine
  - Vorgabe durch die Pädagogin bzgl. – Rahmen (Anzahl der Stationen etc.)
    - Materialvorgabe
    - Vorgabe der Stationen (über Bilder, Beschreibungen)
    - Strukturvorgabe: (Untergruppen, Zeit, etc.)
  - Gemeinsamer Aufbau oder in Untergruppen (Bauteams); mit (ohne) Hilfe der Pädagogin

• Körperhaltungen und Fortbewegungsarten ausprobieren
  - Unterteilung des Raumes (eine Hälfte = Zeitlupentempo, andere Hälfte = Zeitraffer)
  - Variation der Raumgestaltung: Hindernisse einbauen (Matten, Kästen, Bank zum Balancieren); Raum „Zeitlupentempo": dicke Weichbodenmatten; Raum „Zeitraffer": viele Materialien, die umgangen werden müssen z.B. Ständer, Kästen, Hütchen (viele Richtungswechsel)
  - verbalisieren, was die Körperhaltungen / Fortbewegungsarten auszeichnet – was gesehen wird (Pädagogin / ein Kind als Reporter, wechselnde Rollen)
  - verschiedene Aspekte der Bewegung werden fokussiert z.B. viele (wenig) Körperteile sind involviert, (groß-) kleinräumige Bewegungen, langsame oder schnelle Bewegungen etc.
  - Steigerung des Bewegungstempos

6) Am Faden entlang

Beobachtungsschwerpunkte:
Selbsteinschätzung, Raumgefühl, Raumorientierung, Wahrnehmung und Orientierung in der Zeit, Soziales Selbst, Körperkonzept, Fähigkeitskonzept, Ausdauer, Gelenkigkeit, Gleichgewicht

Aufgabenbeschreibung u. Verhalten der Pädagogin:
Einleitung / Planung / Umsetzung:
Die Kinder / Jugendlichen werden von der Pädagogin in dem Sinne angesprochen, dass sich Astronauten in der Realität sehr schnell auf die, sich verändernden Bedingungen einstellen müssen, was durch einen Parcours trainiert werden könne. Sie fragt die Kinder / Jugendlichen danach, was ein Parcours darstellt.
Die Pädagogin greift die Ideen auf (einzelne Stationen werden so hintereinander aufgebaut, dass sie einen Weg ergeben). Sie regt die Planung für den Parcours in der Gesamtgruppe an und gibt vor,

- -> dass jeder sich eine Station aussuchen soll, die er in den Parcours einbauen möchte,
- -> dass alle Stationen durch ein Seil miteinander verbunden werden sollen,
- -> dass jede Station angekündigt werden soll z.B. durch einen Knoten im Seil oder verschiedene Materialien, die an dem Seil befestigt werden.

Sie begleitet die Kinder / Jugendlichen bei der Planung und fordert sie im Anschluss daran auf, die Planung umzusetzen. Die Kinder / Jugendlichem bauen den Parcours möglichst selbständig auf. Die Pädagogin begleitet sie und kann Hilfestellungen auf Nachfrage oder nach eigenem Ermessen einbringen.

Praktische Erprobung:
Die Kinder / Jugendlichen durchlaufen den Parcours. Die Pädagogin beobachtet die Bewegungen / Strategien und Aussagen der Kinder / Jugendlichen und verbalisiert sie.

Der Parcours soll im zweiten Schritt „blind“, d.h. mit geschlossenen Augen durchlaufen werden. Die Pädagogin führt diese Aufgabe ein, indem sie von einem „angeblichen Stromausfall“ in der Raumstation berichtet. Sie fordert die Kinder / Jugendlichen auf, sich zu zweit zusammen zu schließen. Sie können sich entscheiden, wer zuerst eine Schutzbrille aufsetzen möchte, durch die er nichts sehen kann. Dieser durchläuft den Parcours, wobei ihn der andere begleitet und für seine Sicherheit sorgt (anschließend wechselnde Rollen).

In einem weiteren Schritt werden zwei freiwillige Kinder / Jugendliche gesucht, die aus der Turnhalle heraus und in den Umkleideraum gehen, um sich auf eine notwendige „Außenmission“ vorzubereiten.
Mit den verbleibenden zwei Kindern / Jugendlichen plant die Pädagogin einige Veränderungen des Parcours und führt diese aus. Sie fragt die Kinder / Jugendlichen, ob sie sich zutrauen, die zwei Kinder / Jugendlichen der „Außenmission“ ruhig und sicher durch den Parcours zu führen.
Bei „Ja“ → Kind / Jugendlicher holt ein anderes Kind / Jugendlichen herein und führt es „blind“ (Schutzbrille) durch den Parcours (anschließend wechselnde Rollen)
Bei „Nein“ → Pädagogin begleitet Kind / Jugendlichen bei der Aufgabe, den anderen „blind“ durch den Parcours zu führen (anschließend wechselnde Rollen)

Variationsmöglichkeiten:

- <u>Planung und Aufbau des Parcours</u>
  - Jedes Kind / jeder Jugendliche darf eine Aufgabe nennen, die es/er enthalten haben möchte
  - Die Kinder / Jugendlichen treffen zusammen eine Auswahl an Stationen
  - Die Pädagogin gibt Stationen / Aufbau vor
  - Reihenfolge der Hindernisse wird a) von den Kinder b) gemeinsam in der Gruppe oder c) von der Pädagogin vorgegeben
  - Für den Parcours steht (keine) eine begrenzte Materialauswahl zur Verfügung, die a) von den Kindern / Jugendlichen ausgesucht oder b) von der Pädagogin vorgegeben wird
  - Der Aufbau geschieht in der Gesamtgruppe / Bauteams / jeder für sich (seine Station)
- <u>Durchlaufen des Parcours</u> mit (ohne) Begleitung anderer Kinder / Jugendlicher / Pädagogin
  - Für den Korken kann ein akustisches Signal eingesetzt werden wie z.B. eine kleine Glocke. Aufgrund dieses Signals kann das Kind / der Jugendliche schätzen, wann das Hindernis erreicht wird
  - Der Parcours wird so aufgebaut, dass alle Hindernisse eng aufeinander folgen und a) das Seil wird (nicht) als Strukturhilfe befestigt, b) die Hindernisse werden durch Teppichfliesen miteinander verbunden, c) ein akustisches Signal (Klingel) erfolgt, sodass das Kind / der Jugendliche in die Richtung des Signals gehen muss bis er zum nächsten Hindernis gelangt.
  - Die Materialien, die ein Hindernis ankündigen, werden variiert z.B. Stab, Glocke, Tuch etc.

- Das Kind / der Jugendliche durchquert den Parcours auf unterschiedliche Fortbewegungsarten
- Das Kind / der Jugendliche durchquert den Parcours in unterschiedlichem Tempo
- Das Kind / der Jugendliche wechselt seine Körperhaltungen während er den Parcours durchquert
    - Die Hindernisse bekommen Zuschreibungen wie z.B. Mattenschaukel = Mondschaukel, Sprossenwand = Fallen lassen. Die Zuschreibungen werden mit den Kindern / Jugendlichen erarbeitet, von den Pädagogen vorgegeben
    - Ein Kind / Jugendlicher macht seine Idee oder einen Vorschlag zur möglichen Fortbewegungsart durch ein Hindernis vor
    - Die Fortbewegungsarten werden mit geöffneten / geschlossenen Augen im Hindernisparcours ausprobiert
- Die Kinder / Jugendlichen überlegen alleine / in der Gruppe welche Hindernisse sie schnell durchqueren, für welche Hindernisse sie mehr Zeit benötigen
- Die Kinder / Jugendlichen tauschen sich darüber aus, welche Hindernisse sie einfach erleben und welche Hindernisse schwer zu durchqueren sind

7) Male dich und was dir wichtig ist!

Beobachtungsschwerpunkte:
Körperwissen, Selbstbild, Soziales Selbst, Auge – Hand – Koordination, Lateralität

Aufgabenbeschreibung u. Verhalten der Pädagogin:
Die Kinder / Jugendlichen werden von der Pädagogin darin bestärkt, dass sie die praktischen Herausforderungen gut gemeistert haben. Sie stellt die letzte Aufgabe mit Hilfe des Anmeldebogens zum Astronautentraining (Fragebogen zur Selbsteinschätzung I) vor.

Die Pädagogin erklärt den Kindern / Jugendlichen, dass

- die Fragen so ausgefüllt werden soll, dass es für sie persönlich stimmt,
- es kein „richtig“ oder „falsch“ gibt,
- der Bogen nicht öffentlich ist (ihn keiner sehen darf, von dem sie es nicht wollen).

Sie schlägt mit den Kindern / Jugendlichen den Fragebogen auf, sieht sich mit ihnen exemplarisch einige Fragen und auch das letzte Feld für die Aufgabe 7 an (Male dich und was dir wichtig ist).

Sie befragt die Kinder / Jugendlichen nach ihren Ideen zu dieser Aufgabe und fasst für alle zusammen, dass zu jeder Bewerbung ein Passfoto gehöre, dass ruhig individuell ausfallen dürfe und sie, und was ihnen wichtig ist, darstellen solle.

In der Zeit, in der die Kinder / Jugendlichen diese Aufgabe ausführen, kann ruhige Musik eingespielt werden.
Falls ein Kind / Jugendlicher schneller als andere fertig ist, kann die Pädagogin mit ihm über sein Bild ins Gespräch kommen. Daraus können sich weitere Ideen zum Malen ergeben.

Zum Schluss der Stunde wird der Anmeldebogen zum Astronautentraining genutzt, um mit den Kindern / Jugendlichen ins Gespräch zu kommen (siehe Aufgabenbeschreibung: Anmeldebogen zum Astronautentraining, Aufgabe 3)

Variationsmöglichkeiten:

- Es wird die Vorlage aus dem Selbstkonzept genommen oder ein Blatt, dass später mit einem Paspertou oder Rahmen versehen wird
- Unterschiedliche Stifte werden angeboten (z.B. Wasserfarben, Bunt- oder Filzstifte, Wachsmalkreiden)
- Die Kinder / Jugendlichen können eine Collage erstellen, indem sie z.B. ein Passfoto aufkleben und ihren Körper weiter malen
- Sie können bestimmte Körperteile, die sie mögen / nicht mögen hervorheben, indem sie sie z.B. farblich gestalten (gelb = mag ich, blau = mag ich nicht)
- Sie können den Körperteilen Merkmale oder Eigenschaften zuschreiben (dazu schreiben)
- Sie können sich in ihrer Lieblingskleidung /an ihrem Lieblingsplatz malen
- Sie können Gegenstände / Tiere / Personen dazu malen, die ihnen wichtig sind

Begründung der Menüzusammenstellung / Aufgabenauswahl:

Damit umfassende Informationen zum Selbstkonzept der Kinder / Jugendlichen erfasst werden können, bedarf es einer angemessenen Beobachtungssituation.
Die Kinder / Jugendlichen kennen sich aus den seit einem Jahr wöchentlich stattfindenden Bewegungsstunden und darüber hinaus aus dem alltäglichen Umfeld.

Es war wichtig, das Menü in der Turnhalle durchzuführen, da der Eindruck bestand, dass die Kinder / Jugendlichen sich sehr gerne bewegen und oft bei Konzentrationsaufgaben äußern, dass sie sich bewegen möchte. Aus diesem Grund wurde darauf geachtet, dass die Planung einen **Wechsel zwischen ruhigen**, die Konzentration ansprechenden Schreibaufgaben **und aktiven Tun** und Erleben vorsieht.

Der **Schwerpunkt dieses Menüs** wurde durch den umfangreichen Teil des Fragebogens und den Aufgaben „Stimmungsbarometer" und „Male dich und was dir wichtig ist" auf die Selbsteinschätzung gelegt. Da aber zudem das Körperkonzept der Kinder / Jugendlichen beobachtet werden sollte, wurden die Aufgaben zu den Körperhaltungen und Fortbewegungsarten sowie die Aufgabe des Fingerabdrucks ausgewählt. Experimente oder Aufgaben mit geschlossenen Augen zu erfüllen stellt für die Kinder und Jugendlichen meines Erachtens eine Herausforderung dar und fördert die Motivation. Zudem sollte im Verlauf des Menüs auf Ideen und Vorstellungen eingegangen und diese aufgegriffen werden, so dass sie weiterhin motiviert und aufmerksam bleiben.

Der **Rahmen der „Astronauten**" bietet sich für dieses Menü an, da die Kinder und Jugendlichen sich für dieses Thema interessieren. Sie kennen sich gut darin aus, verfolgen Raketenstarts oder -abbrüche interessiert am Fernsehen und berichten davon. Zudem kann somit an die vorhergegangenen Stunden angeknüpft werden, da sie dort an Seilen und Ringen „hoch hinaus" wollten.

Bei der Durchführung der Aufgaben können die Kinder und Jugendlichen die Rolle von (angehenden) Astronauten einnehmen, müssen es aber nicht, da das Thema in eine Bewerbungssituation eingebunden ist. Diese Situation soll jedoch nicht auf Leistung sondern auf **Individualität** ausgerichtet sein. Dies wird durch die offene Frage- und Aufgabenstellung begünstigt und es soll zudem immer wieder betont werden. Dadurch soll erreicht werden, dass eine spannungsfreie und **angenehme Atmosphäre** geschaffen wird, die Kinder / Jugendlichen bei sich bleiben und einen guten Zugang finden, um die Fragen offen zu beantworten.

Falls die Kinder / Jugendlichen für einzelne Aufgaben mehr Zeit benötigen, als vorgesehen ist, soll ihnen entsprechende Zeit eingeräumt werden. Zwar ist die Gesprächsrunde zum Ende der Stunde geplant und sollte dort auch stattfinden, jedoch ist sie so wichtig, dass sie nicht unter Zeitdruck stattfinden sollte. Eine Möglichkeit würde darstellen, dass der Bewerbungsbogen zur nächsten Stunde wieder mit mitgebracht und dann als Grundlage für eine Diskussionsrunde genutzt wird.

Literatur

- ALFERMANN (1998): Selbstkonzept und Körperkonzept. In: Bös, K./ Brehm, W. (Hrsg.): Gesundheitssport. Ein Handbuch. Schorndorf: Hofmann, 212-220.
- ALTERHOFF, G. (1994) Grundlagen klientenzentrierter Beratung. (2. Aufl.) Stuttgart, Berlin, Köln: Kohlhammer.
- AMFT, H./GERSPACH, D./MATTNER, D. (2002): Kinder mit gestörter Aufmerksamkeit. Stuttgart: Kohlhammer.
- AMMANN, W.; PETERS, H. (1981): Stigma Dummheit. Bewältigungsargumentationen von Sonderschülern. Rheinstätten: Schindele.
- ASENDORPF & VAN AKEN (1993): Deutsche Versionen der Selbstkonzeptskalen von HARTER, Zeitschrift für Entwicklungspsychologie und Päd. Psychologie, Band XXV, Heft 1, 64-68.
- ASHMAN,A. & ELKINS,J. (Eds) (1990): Educating Children with special needs. New York – Sydney: Prentice Hall.
- BALDERING, D. (1993): Selbstkonzepte von Kindern im Grundschulalter. Frankfurt a.M.: Verlag Peter D. Lang.
- BANDURA (1982): The psychology of chance encounters. American Psyhologist, 37, 747-755.
- BETZ/BREUNINGER (1982): Teufelskreis Lernstörungen. Analyse und Therapie einer schulischen Störung. München-Wien-Baltimore: Urban & Schwarzenberg.
- BIELEFELD, J. (1991): Körpererfahrung. Grundlagen menschlichen Bewegungsverhaltens. Göttingen: Hogrefe.
- BODE, S. (2001): Diagnose- und Fördermöglichkeiten des Selbstkonzeptes von Kindern mit Lernschwierigkeiten in der Psychomotorik. Unveröff. Staatsarbeit Universität Hannover.
- BOMMERT, H. (1982) Grundlagen der Gesprächspsychotherapie: Theorie- Praxis Forschung. Stuttgart, Berlin, Köln: Kohlhammer.
- BORCHERT, J. (1980): Affektive Persönlichkeitsmerkmale im Vergleich von Haupt- und lernbehinderten Sonderschülern. In: Zeitschrift für Heilpädagogik , 174-178
- BORTZ, J./DÖRING, N. (1995): Forschungsmethoden und Evaluation. Heidelberg: Springer.
- BROCKHAUS (1998): Die Enzyklopädie. Mannheim: F.A. Brockhaus GmbH.
- BRONFENBRENNER, U. (1989): Ecological sysstems theory. Annal of child Development, 6, 187-249.

- BROPHY, J.E./GOOD, T.L. (1976): Die Lehrer-Schüler-Interaktion. München, Berlin, Wien: Urban & Schwarzenberg.
- CLEVER,A., BEAR, G. & JUVONEN, J., (1992): Discrepancies between competence and importance in self-perceptions of children in integrated classes, The Journal of Special Education, Vol.26, No 2, 2/1992.
- COVINGTON, M.V. (2000): Goal theory, motivation, and school achievement: an integrative review. In: annual rev. Psychol.
- DENZ, C./SCHRÖDER,C./EGGERT, D. (1980): Macht die Sonderschule für Lernbehinderte ihre Schüler ängstlicher? – eine empirische Untersuchung über den Zusammenhang zwischen Angst und Sonderschulbesuch, Zeitschrift für Heilpädagogik, 31, 3, 159-168.
- DÖNHOFF-KRACHT, D. (1980): Aspekte des Selbstkonzeptes jugendlicher lernbehinderter Schüler. Frankfurt a.M.: Verlag Peter D. Lang.
- DREESMANN, H. (1982): Unterrichtsklima: Wie Schüler den Unterricht wahrnehmen. Weinheim und Basel: Beltz.
- EGGERT, D./PETER, T. (1992): DIAS - Diagnostisches Inventar auditiver Alltagshandlungen. Dortmund: borgmann publishing.
- EGGERT, D. u.a. (1993): DMB - Diagnostisches Inventar motorischer Basiskompetenzen bei lern- und entwicklungsauffälligen Kindern im Grundschulalter. Dortmund: borgmann publishing
- EGGERT, D. (1996): Kurs Selbstkonzept, Int. Arbeitskreis Sonnenberg, unveröff. Manuskript .
- EGGERT, D. (1997): Von den Stärken ausgehen...Dortmund: borgmann publishing
- EGGERT, D./LÜTJE-KLOSE, B. unter Mitarbeit (1998): Theorie und Praxis der psychomotorischen Förderung. Textband. Dortmund: borgmann publishing.
- EGGERT, D.//WEGNER-BLESIN, N. (2000): DITKA. Diagnostisches Inventar taktil-kinästhetischer Alltagshandlungen von Kindern im Vorschul- und Grundschulalter. Dortmund: borgmann publishing.
- EGGERT, D./Bertrand, L. (2002): RZI – Raum-Zeit-Inventar. Dortmund: borgmann publishing.
- EGGERT, D. (2003): Die psychologische Diagnostik der geistigen Behinderung zwischen Klassifikation und Individualisierung. In: Irblich, D./Stahl, B. (Hrsg.): Menschen mit geistiger Behinderung. Göttigen: Hogrefe, 476-501.
- EPSTEIN, S. (1979): Entwurf einer integrativen Persönlichkeitstheorie. In:

Filipp, S.H. (Hrsg.): Selbstkonzept-Forschung. Probleme, Befunde, Perspektiven. Stuttgart: Klett-Cotta, 15-43.

- FILIPP, S.-H. (1978): Aufbau und Wandel von Selbstschemata über die Lebensspanne. In: Oerter, R. (Hrsg.): Entwicklung als lebenslanger Prozess. Hamburg: Hoffmann und Campe, 111-135.
- FILIPP, S.-H. (Hrsg.) (1979): Selbstkonzept-Forschung. Probleme, Befunde, Perspektiven. Stuttgart: Klett-Cotta.
- FISCHER, K. (1996): Körpererfahrung und Identität als Grundbegriffe der Psychomotorik. In: Motorik. Heft 3, 102-105.
- FISCHER, K. (1999): Psychomotorik in der Entwicklung. Schorndorf: Hofmann.
- FREY, H.-P. & HAUSSER (1987): Entwicklungslinien sozialwissenschaftlichere Identitätsforschung, in: FREY,H.-P.(Hrsg.), Identität : Entwicklungen psychologischer und soziologische Forschung, Stuttgart: Enke.
- GARTNER/JIRASKO (1999): Ehrgeizige Eltern und schlechte Schulleistungen. Fördern überhöhte elterliche Ausbildungswünsche die kindliche Prüfungsangst? In: Report Psychologie 24 (4), 272-279.
- HALLAHAN,D.P. & KAUFFMAN, J.M. (1988): Exceptional Children, Englewood Cliffs. NJ: Prentice Hall.
- HARTER, S. (1983): Development perspectives on the self-system. In: P.H. Mussen (Series Ed.) & E.M. Hetherington (Vol. Ed.), Handbook of child psychology: (Vol.4). Socialization, personality, and social development (4th ed., pp.275-385). New York: Wyley.
- HARTER, S. (1985): Self – perception profile for children, Denver: University of Denver Press.
- HECKHAUSEN, H. (1988) Motivation und Handeln: Lehrbuch der Motivationspsychologie. Berlin, Heidelberg, New York: Springer.
- HEIM,R. & BRETTSCHNEIDER,W.-D. (2002): Sportliches Engagement und Selbstkonzeptentwicklung im Jugendalter, Zeitschrift für Erziehungswissenschaft, 5. Jahrgang, Heft 1, 118-138
- HEITKER, P. (1992): Erhebung zum Selbstkonzept bei sehbehinderten und nichtsehbehinderten Schülern. Examensarbeit, Heidelberg
- HOBMAIR, H. (1997) (Hrsg.): Psychologie. Köln: Stamm.
- HÖHN, E. (1973) Der schlechte Schüler: Sozialpsychologische Untersuchungen über das Bild des Schulversagers. München: Piper & Co.
- HOFER, M. (1969) Die Schülerpersönlichkeit im Urteil des Lehrers: Eine dimensionsanalytische Untersuchung zur impliziten Persönlichkeitstheorie. Weinheim: Beltz.

- HOFMANN, C. (2001): Selbstkonzept und geistige Behinderung: zum Stand der Forschung, Zeitschrift für Heilpädagogik, 8/ 2001.
- JULIUS, M. (2000): Identität und Selbstkonzept von Menschen mit geistiger Behinderung. In: Behindertenpädagogik, Heft 2/2000, S.175-194.
- KIRK/GALLAGHER/ANASTASIOW (2000): Educating Exceptional Children. Boston, New York: Houghton Mifflin Company.
- KMK-EMPFEHLUNGEN zum Förderschwerpunkt Lernen vom 01.10.1999. In: Schulverwaltungsblatt, 1/2000, 10-17.
- KOHUT (1991): Die Heilung des Selbst. Frankfurt a.M.: Suhrkamp.
- KONIECKI (1991): Köperästhetik und Behinderung – Untersuchungen zur Körpererfahrung von Jugendlichen mit DOWN´s Syndrom, Unveröffentlichte Examensarbeit, Institut für Sonderpädagogik, Universität Hannover.
- KRAMPEN, G.: Kausalattribiuierung guter Noten und Selbstkonzepte eigener Fähigkeiten in vier Kohorten lernbehinderter Sonderschüler. In: Heilpädagogische Forschung, 133-143.
- KRAMPEN, G.; Zinßer, A. (1981): Effekte der Sonderschulzuweisung auf das Selbstkonzept und Attrubuierungsverhalten von Schülern. In: Zeitschrift für empirische Pädagogik 5, 125-135.
- KRUG, F.-K. (2001): Didaktik für den Unterricht mit sehbehinderten Schülern. Reinhardt: München.
- KRUPITSCHKA, M .(1983): Das Selbstkonzept des Schülers. Regensburg:
- KRUPITSCHKA, M. (1990): Selbstbild und Schulleistung. Salzburg: Otto Müller Verlag.
- LASKOWSKI, A (2000): Was den Menschen antreibt. Entstehung und Beeinflussung des Selbstkonzeptes. Frankfurt/New York: Campus.
- LAUTH, G./WILMS, W. (1981): Ursachenerklärung von Erfolg und Mißerfolg lernbehinderter Sonderschüler im Verlaufe des Sonderschulbesuches. In: Heilpädagogische Forschung 9, S.229-241.
- LEYENDECKER, C. (1985): Körpererfahrung und Behinderung – ein Diskurs zur Frage der Identitätsfindung Körperbehinderter. In: Sonderpädagogik, 15, 1, 1 – 15.
- LÜDTKE, O./KÖLLER, O. (2002): Individuelle Bezugsnormorientierung und soziale Vergleiche im Mathematikunterricht - der Einfluss unterschiedlicher Referenzrahmen auf das fachspezifische Selbstkonzept der Begabung. In: Zeitschrift für Entwicklungspsychologie und Pädagogische Psychologie, 34, 3, (1),156-166.

- LÜPKE, H. v./VOSS, R. (2000): Entwicklung im Netzwerk. Ökosystemisches Denken und professionsübergreifendes Handeln in der Entwicklungsförderung. Neuwied: Luchterhand.
- LUXEN, U. (2003): Emotionale und motivationale Bedingungen bei Menschen mit geistiger Behinderung. In: IRBLICH,D. & STAHL,B., 2003, (Hrsg), Menschen mit geistiger Behinderung, Göttingen: Hogrefe.
- MEYER, W.-U. (1973): Leistungsmotiv und Ursachenerklärung von Erfolg und Mißerfolg. Stuttgart: Klett-Cotta.
- MEYER, W.-U. /PLÖGER, F.-O. (1979): Scheinbar paradoxe Wirkungen von Lob und Tadel auf die wahrgenommene eigene Begabung. In: Filipp, S.H. (Hrsg.): Selbstkonzept-Forschung. Probleme, Befunde, Perspektiven. Stuttgart: Klett-Cotta, 221-235.
- MEYER, W.-U. (1984): Das Konzept der eigenen Begabung. Auswirkungen, Stabilität und vorauslaufende Bedingungen. In: Psychologische Rundschau, Heft 3, 136-150.
- MÖHLENKAMP (2001): Selbstkonzept von Schülern mit einer Lernbehinderung. Unveröff. Staatsarbeit. Universität Hannover.
- MÖLLER, J. und KÖLLER, O. (1995): Kausalattributionen von Schulleistungen: reaktive und nicht-reaktive Befragungen. Zeitschrift für Entwicklungspsychologie und Pädagogische Psychologie, XXVII, Heft 3, 268-287.
- MÖLLER, J. (1999): Soziale, fachbezogene und temporale Vergleichsprozesse bei der Beurteilung schulischer Leistungen: Paradoxe Wirkungen von Lob und Tadel. Zeitschrift für Entwicklungspsychologie und Pädagogische Psychologie, 31, (1), 11-17
- MOSER, U. (1986): Das Selbstkonzept des lernbehinderten Schülers. In: VHN 55/2, 151-160.
- MÜLLER, E. (1999): „Vertrauen in die eigene Stärke entwickeln...“, Donaueschingen: Staatl. Akademie für Lehrerfortbildung.
- MRAZEK, J. (1991): Einstellung zum eigenen Körper. Grundlagen und Befunde. In: Bielefeld, J.: Körpererfahrung. Grundlagen menschlichen Bewegungsverhaltens. Göttingen: Hogrefe.
- MUMMENDY, H.-D. (1993): Methoden und Probleme der Messung von Selbstkonzepten. In: Filipp, S.H. (Hrsg.): Selbstkonzept-Forschung. Probleme, Befunde, Perspektiven. Stuttgart: Klett-Cotta.
- NEUBAUER, W.F. (1976): Selbstkonzept und Identität im Kindes- und Jugendalter. München: Reinhardt.
- OERTER, R./MONTADA, L. (2002): Entwicklungspsychologie. Hogrefe: Beltz.
- PAWLIK, K. (Hrsg.) (1976): Diagnose der Diagnostik. Stuttgart: Klett-Cotta.

- PAULUS, P (1991): Körpererfahrung und Selbsterfahrung in persönlichkeitspsychologischer Sicht. In: Bielefeld, J.: Körpererfahrung. Grundlagen menschlichen Bewegungsverhaltens. Göttingen: Hogrefe.
- PETILLION (1982): Soziale Beziehungen zwischen Lehrern, Schülern und Schulgruppen. Weinheim: Beltz.
- PIRNEY, L. (1993): Kindgemäße Entspannung. Lichtenbusch-Belgien:
- RHEINBERG, F./ENSTRUP, B. (1977): Selbstkonzept der Begabung bei Normal- und Sonderschülern gleicher Intelligenz: Ein Bezugsgruppeneffekt. In: Zeitschrift für Entwicklungspsychologie und Pädagogische Psychologie, S.171-180.
- ROGERS, C. R. (1976) Entwicklung der Persönlichkeit. Stuttgart: Klett.
- ROGERS, C. R. (1991) Eine Theorie der Psychotherapie, der Persönlichkeit und der zwischenmenschlichen Beziehungen. Entwickelt im Rahmen des klientenzentrierten Ansatzes. (3.Aufl.) Köln: GwG .
- RUSTEMEYER, R. (1993): Aktuelle Genese des Selbst. Motive der Verarbeitung selbst-relevanter Rückmeldungen. Münster: Verlag
- SCHLIPPE, A. v./SCHWEITZER, I. (2000): Lehrbuch der systemischen Therapie und Beratung. Göttingen, Zürich: Huber.
- SCHREIBER-WARNECKE, A. (2000): Die Auswirkungen einer (früh-) kindlichen Hörschädigung auf die kindliche Identitätsentwicklung in der Mutter Kind Beziehung, Pilotprojekt des Deutschen Schwerhörigenbundes „Audiotherapie“, 42
- SENCKEL,B., 2003, Psychologische Grundlagen zum Verständnis geistig behinderter Menschen als Basis für Begegnung und Veränderung, 68-144 In: IRBLICH,D. & STAHL,B., 2003, (Hrsg), Menschen mit geistiger Behinderung, Göttingen: Hogrefe.
- SCHÜTZ, A. (1997): Interpersonelle Aspekte des Selbstwertgefühls: die Beschreibung der eigenen Peson im sozialen Kontext, Zeitschrift für Sozialpsychologie, Band 28, 92-108.
- SCHWARZ, D./DZAKULA, A./VERMERR, A./KLUGIST, I. (1999): Die Messung der selbstwahrgenommenen Kompetenz von Kindern und Jugendlichen mit Cerebral-Parese. In: Motorik 22, 2.
- SELIGMAN & PETERSON (1986): A learned helplessness perspective on childhood depression, in: RUTTER, M., IZARD, C. & Read,P., Depression in young people: Developmental and clinical perspectives, New York, Guilford.
- SELIGMANN, M.E.P.(1986): Erlernte Hilflosigkeit. Weinheim: Beltz.
- SELIGMANN, M.E.P. & ELDER, G.H. (1986): Learned Helplessness and life-span development, un: SORENSEN,A.B.. & WEINERT, F.E. & SHER-

ROD, L.R., (Eds) Human development and the life course: multidisciplinary perspectives, Hillsdale,NJ: Erlbaum.

- SEITZ, W. (1977) Persönlichkeitsbeurteilung durch Fragebogen. Braunschweig: Westermann.
- SPECK, O. (1998): System Heilpädagogik, München: Reinhardt
- STURZBECHER, D. & FREYTAG, R. (1999): Ein Vergleich elterlicher und kindlicher Einschätzungen der Eltern – Kind – Interaktion und ihre entwicklungsprognostischen Wertes, Zeitschrift für Entwicklungspsychologie und Päd. Psychologie, Band 31, 1 , 32-44.
- SUHRWEIER, H./HETZNER, R. (1993): Förderdiagnostik für Kinder mit Behinderungen. Berlin: Luchterhand.
- TAUSCH, R./ TAUSCH, A. (1991) Erziehungspsychologie. Begegnung von Person zu Person. (10. Aufl.) Göttingen, Toronto, Zürich: Hogrefe.
- THIENWIEBEL (1991): Zur Problematik der Selbstsicherheit bei Sehbehinderten. Examensarbeit. Heidelberg.
- THIENWIEBEL (1996): Selbstsicherheit und Sehbehinderung. Identifikation von Problembereichen bei sehbehinderten Jugendlichen und ein Versuch einer pädagogischen Bearbeitung. Diss. Heidelberg.
- TIEDEMANN, J./FABER, G. (1995): Mädchen im Mathematikunterricht: Selbstkonzept und Kasalattributionen im Grundschulalter. In: Zeitschrift für Entwicklungspsychologie und Pädagogische Psychologie, 27 (1), 61-71.
- TIEDEMANN, J. (2000): Gender-related beliefs of teachers in elementary school mathematics. Educational studies in mathematics, 41, 191-207.
- TIEDEMANN, J. (2000): „Parent's gender stereotypes and teachers' beliefe „ Journal of Educational Psychology, 92, 144-151.
- VERMEER, A. (1984): Opinions on the desirability of competitive sport for the mentally retarded. In: Hal, L. v./Rarick, G.L./Vermeer, A.: Sport for the mentally handicapped. Haarlem (NL): De Vrieseborch.
- VERMEER, A. (1990) : Motor development. Adapted physical activity and mental retardation. Basel, München: Karger.
- VOSS, H. (1992): Untersuchung des Selbstkonzepts körperbehinderter Menschen, Unveröff. Examensarbeit, Institut für Sonderpädagogik, Universität Hannover.
- WALTHES, R. (1999): Förderschwerpunkt Sehen. In: VDS (Hrsg.): Sonderpädagogische Förderung in der BRD. Materialien. Würzburg: S. 35-40.

- WIDEAMANN (1992): Differences in Adolescents´Self-Concept As a Function of Academic Level, Ethnicity, and Gender. In: American Journal on Mental Retardation. 96, No. 4, 387-404.
- WINKLER-METZKE, C./STEINHAUSEN, H.C. (2001): Merkmale der Schulumwelt und psychische Befindlichkeit, Zeitschrift für Entwicklungspsychologie und Pädagogische Psychologie, 3, (1),30-41
- WITHBOURNE, S.K./WEINSTOCK, C.S. (1982): Die mittlere Lebensspanne. München, Wien Baltimore:
- WOCKEN, H. (1983): Am Rande der Normalität: Untersuchungen zum Selbst- und Gesellschaftsbild von Sonderschülern. Heidelberg: Schindele
- WÜBBE, M. (1998): Möglichkeiten und Grenzen der Diagnostik von Wahrnehmungsleistungen sowie der Wahrnehmungsförderung in der Schule. In: Eberwein, H./Knauer, S. (Hrsg.): Handbuch Lernprozesse verstehen. Weinheim: Beltz.
- ZIMMER, R. (1999): Handbuch der Psychomotorik. Theorie und Praxis der psychomotorischen Förderung von Kindern. Basel/Wien: Herder.

Dieter Krowatschek / Uta Hengst

Mit dem Zauberteppich unterwegs

Entspannung in Schule, Gruppe und Therapie für Kinder und Jugendliche
◆ 2006, 352 S., mit Audio-CD (72 Min.), Format 16x23cm, fester Einband,
ISBN 3-938187-12-3, Bestell-Nr. 9355,
€ 29,80

Jutta Bläsius

Spiele in Bewegung bringen

Tischspiele als Basis neuer Spiel- und Bewegungsideen
◆ 2005, 124 S., Format 16x23cm, Ringbindung, ISBN 3-8080-0565-3,
Bestell-Nr. 1158, € 17,50

Dietrich Eggert u.a.

Theorie und Praxis der psychomotorischen Förderung

Textband und Arbeitsbuch
◆ **6., verb. u. erweiterte Aufl. 2005**, zusammen 520 S., Format 21x28cm, br + Ringbindung, ISBN 3-86145-283-9,
Bestell-Nr. 8526, € 34,80

Dietrich Eggert / Christina Reichenbach

DIAS – Diagnostisches Inventar auditiver Alltagshandlungen

◆ **2., völlig überarb. Aufl. 2005**, 240 S., enthält 1 CD mit Alltagsgeräuschen, fester Einband, ISBN 3-86145-273-1,
Bestell-Nr. 8525, € 25,50

Krista Mertens / Ad Verheul u.a.

Snoezelen

Anwendungsfelder in der Praxis
◆ 2005, 288 S., Format 17x24cm, fester Einband, ISBN 3-8080-0577-7,
Bestell-Nr. 1225, € 21,50

Krista Mertens / Ute Wasmund-Bodenstedt

10 Minuten Bewegung

◆ **5., verb. u. überarb. Aufl. 2006**, 168 S., Format 16x23cm, Ringbindung, ISBN 3-8080-0575-0,
Bestell-Nr. 1126, € 15,30

Albert Janssens

Entwicklung fördern

Ein Arbeitsbuch für Eltern und Erzieher
◆ 2005, 120 S., Format DIN A5, br,
ISBN 3-938187-04-2, Bestell-Nr. 9357, € 15,30

Andreas Dutschmann

Das Konfliktlösungstraining für Eltern und Pädagogen (KLT)

Lösungsstrategien, Tipps und Tricks
◆ 2005, 288 S., mit Kopiervorlagen für die Eltern, Format 16x23cm, fester Einband,
ISBN 3-938187-06-9, Bestell-Nr. 9359,
€ 26,80

Novitäten

Wir bringen Lernen in Bewegung® ...

Dorothea Beigel

Beweg dich, Schule!

Eine „Prise Bewegung" im täglichen Unterricht der Klassen 1 bis 10
◆ 2005, 256 S., in Farbe, Format 16x23 cm, fester Einband, ISBN 3-938187-15-8, Bestell-Nr. 9367,
€ 22,80

Klaus Miedzinski / Klaus Fischer

Die Neue Bewegungsbaustelle

Modell psychomotorischer Förderung – Lernen mit Kopf, Hand, Herz und Fuß
◆ Nov. 2006, ca. 280 S., farbige Gest., Format 16x23cm, fester Einband,
ISBN 3-938187-09-3, Bestell-Nr. 9352,
€ 22,50 bis 30.11.06, danach € 24,60

Helmut Köckenberger

Rollbrett, Pedalo und Co.

Bewegungsspiele mit Materialien aus Psychomotorik, Sport und Freizeit
◆ 2006, 240 S., Format 16x23cm, fester Einband,
ISBN 3-938187-20-4, Bestell-Nr. 9372, € 21,50

Hans Jürgen Beins (Hrsg.)

Kinder lernen in Bewegung

◆ Nov. 2006, ca. 140 S., mit Video-DVD (ca. 60 Min.), fester Einband, ISBN 3-938187-24-7,
Bestell-Nr. 9370,
€ 22,50 bis 28.2.06, danach € 25,50

Silke Schönrade / Raya Limbach

Die Abenteuer der kleinen Hexe im Buchstabenland

Ein psychomotorischer Zugang zum Lernen von A-Z
◆ 2005, 208 S., farbige Abb., Format 16x23cm, fester Einband,
ISBN 3-86145-276-6, Bestell-Nr. 8336, € 20,40

Martin Vetter / Ulrich Kuhnen / Rudolf Lensing-Conrady

RisKids

Wie Psychomotorik hilft, Risiken zu meistern
◆ März 2007, ca. 250 S., Format 16x23cm, fester Einband, ISBN 3-86145-278-2,
Bestell-Nr. 8340, € 22,50

Christina Reichenbach

Bewegungsdiagnostik in Theorie und Praxis

Bewegungsdiagnostische Verfahren und Modelle
Bedeutung für Praxis und Qualifizierung
◆ 2006, 224 S., Format 16x23cm, br,
ISBN 3-938187-30-1, Bestell-Nr. 9378, € 19,50

novipsycho 29.6.06

BORGMANN MEDIA
verlag modernes lernen borgmann publishing
Postfach • D-44005 Dortmund • Kostenlose Bestell-Hotline: Tel. 0800 77 22 345 • FAX 0800 77 22 344
Ausführliche Informationen und Bestellen im Internet: www.verlag-modernes-lernen.de

Diagnose und Integration

Das Selbstkonzept Inventar (SKI) für Kinder im Vorschul- und Grundschulalter

Theorie und Möglichkeiten der Diagnostik

Dietrich Eggert / Christina Reichenbach / Sandra Bode

2003, 368 S., farbige Abb., Format 16x23cm, fester Einband
ISBN 3-86145-245-6, **Bestell-Nr. 8566, sFr 44,90, € 25,50**

DITKA

– Diagnostisches Inventar taktil-kinästhetischer Alltagshandlungen von Kindern im Vorschul- und Grundschulalter

Dietrich Eggert / Nicola Wegner-Blesin

2000, 304 S., Format 16x23cm, Ringbindung
ISBN 3-86145-192-1, **Bestell-Nr. 8559, sFr 44,90, € 25,50**

RZI

– Raum-Zeit-Inventar der Entwicklung der räumlichen und zeitlichen Dimension bei Kindern im Vorschul- und Grundschulalter und deren Bedeutung für den Erwerb der Kulturtechniken Lesen, Schreiben und Rechnen

Dietrich Eggert / Lucien Bertrand

2002, 352 S., Format 16x23cm, Ringbindung

ISBN 3-86145-210-3, **Bestell-Nr. 8562, sFr 43,30, € 24,60**

DMB

– Diagnostisches Inventar motorischer Basiskompetenzen

Dietrich Eggert unter Mitarbeit von Günter Ratschinski

4., überarb. Aufl. Sept. 2007, ca. 280 S., Format 16x23cm, fester Einband
ISBN 3-86145-295-2, **Bestell-Nr. 8524, sFr 51,30, € 29,80**

DIAS

– Diagnostisches Inventar auditiver Alltagshandlungen

Dietrich Eggert / Christina Reichenbach

2., völlig überarbeitete Auflage 2005, 240 S., Format 16x23cm, mit CD Alltagsgeräusche (61 Min.), fester Einband
ISBN 3-86145-273-1, **Bestell-Nr. 8525, sFr 44,90, € 25,50**

Von den Stärken ausgehen

Individuelle Entwicklungspläne (IEP) in der Lernförderungsdiagnostik

Dietrich Eggert unter Mitarbeit von Christina Reichenbach/Christina Lücking

5., verb. Aufl. Feb. 2007, ca. 400 S., mit ausdruckbaren Formularvorlagen auf CD-ROM, Format 16x23cm, gebunden
ISBN 3-86145-291-X, **Bestell-Nr. 8545, sFr 51,30, € 29,80**

Theorie und Praxis der psychomotorischen Förderung

Textband und Arbeitsbuch

Dietrich Eggert

6., verb. Aufl. 2005, 520 S. (Theorieband 272 S., br/Arbeitsbuch 248 S., Ringbindung), Format 21x28cm,
ISBN 3-86145-283-9, **Bestell-Nr. 8526, sFr 59,90, € 34,80**

Bitte fordern Sie auch unseren umfangreichen Gesamtkatalog an!

Portofreie Lieferung durch: BORGMANN MEDIA

verlag modernes lernen borgmann publishing

Postfach • D-44005 Dortmund • Kostenlose Bestell-Hotline: Tel. 0800 77 22 345 • FAX 0800 77 22 344
Ausführliche Informationen und Bestellen im Internet: www.verlag-modernes-lernen.de